厦门大学南强丛书（第七辑）编委会

厦门大学南强丛书 【第七辑】

在研：国家自然科学基金项目"高校学生分类成长规律体系及培养机制研究"(71964008)
结题：国家社会科学基金(教育学科)国家重点课题"大学生学习情况调查研究"(AIA100007)

国家大学生学情发展研究

史秋衡◎著

厦门大学出版社 | 国家一级出版社
XIAMEN UNIVERSITY PRESS | 全国百佳图书出版单位

图书在版编目(CIP)数据

国家大学生学情发展研究/史秋衡著.—厦门:厦门大学出版社,2020.12
(厦门大学南强丛书.第7辑)
ISBN 978-7-5615-7814-8

Ⅰ.①国… Ⅱ.①史… Ⅲ.①大学生—学习—现状—研究—中国 Ⅳ.①G645.5

中国版本图书馆 CIP 数据核字(2020)第 088931 号

出 版 人	郑文礼
责任编辑	曾妍妍
封面设计	李夏凌
技术编辑	朱 楷

出版发行 厦门大学出版社

社　　址 厦门市软件园二期望海路 39 号
邮政编码 361008
总　　机 0592-2181111　0592-2181406(传真)
营销中心 0592-2184458　0592-2181365
网　　址 http://www.xmupress.com
邮　　箱 xmup@xmupress.com
印　　刷 厦门集大印刷厂

开本 720 mm×1 000 mm　1/16
印张 19
插页 4
字数 313 千字
版次 2020 年 12 月第 1 版
印次 2020 年 12 月第 1 次印刷
定价 72.00 元

厦门大学出版社
微信二维码

厦门大学出版社
微博二维码

本书如有印装质量问题请直接寄承印厂调换

总　序

　　在人类发展史上，大学作为相对稳定的社会组织存在了数百年并延续至今，一个很重要的原因在于大学不断孕育新思想、新文化，产出新科技、新成果，推动人类文明和社会进步。毋庸置疑，为人类保存知识、传承知识、创造知识是中外大学的重要使命之一。

　　1921年，爱国华侨领袖陈嘉庚先生于民族危难之际，怀抱"教育为立国之本"的信念，倾资创办厦门大学。回顾百年发展历程，厦门大学始终坚持"博集东西各国之学术及其精神，以研究一切现象之底蕴与功用"，产出了一大批在海内外具有重大影响的精品力作。早在20世纪20年代，生物系美籍教授莱德对厦门文昌鱼的研究，揭示了无脊椎动物向脊椎动物进化的奥秘，相关成果于1923年发表在美国《科学》(Science)杂志上，在国际学术界引起轰动。20世纪30年代，郭大力校友与王亚南教授合译的《资本论》中文全译本首次在中国出版，有力地促进了马克思主义在中国的传播。1945年，萨本栋教授整理了在厦门大学教学的讲义，用英文撰写 *Fundamentals of Alternating-Current Machines*（《交流电机》）一书，引起世界工程学界强烈反响，开了中国科学家编写的自然科学著作被外国高校用为专门教材的先例。20世纪70年代，陈景润校友发表了"1＋2"的详细证明，被国际学术界公认为对哥德巴赫猜想研究做出了重大贡献。1987年，潘懋元教授编写的我国第一部高等教育学教材《高等教育学》，获国家教委高等学校优秀教材一等奖。2006年胡锦涛总书记访问美国时，将陈支平教授主编的《台湾文献汇刊》作为礼品之一赠送给耶鲁大学。近年来，厦门大学在能源材料化学、生物医学、分子疫苗学、海洋科学、环境生态学等理工医领域,在经济学、管理学、统计学、法学、历史学、中国语言文学、教育学、国际关系及区域问题研究等人文社科领域不断探索,取得了丰硕的成果,出版和发表了一大批有重要影响力的专著和论文。

书籍是人类进步的阶梯,是创新知识和传承文化的重要载体。为了更好地展示和传播研究成果,在 1991 年厦门大学建校 70 周年之际,厦门大学出版了首辑"南强丛书",从申报的 50 多部书稿中遴选出 15 部优秀学术专著出版。选题涉及自然科学和社会科学,其中既有久负盛名的老一辈学者专家呕心沥血的力作,也有后起之秀富有开拓性的佳作,还有已故著名教授的遗作。首辑"南强丛书"在一定程度上体现了厦门大学的科研特色和学术水平,出版之后广受赞誉。此后,逢五、逢十校庆,"南强丛书"又相继出版了五辑。其中万惠霖院士领衔主编、多位院士参与编写的《固体表面物理化学若干研究前沿》一书,入选"三个一百"原创图书出版工程;赵玉芬院士所著的《前生源化学条件下磷对生命物质的催化与调控》一书,获 2018 年度输出版优秀图书奖;曹春平副教授所著的《闽南传统建筑》一书,获第七届中华优秀出版物奖图书奖。此外,还有多部学术著作获得国家出版基金资助。"南强丛书"已成为厦门大学的重要学术阵地和学术品牌。

2021 年,厦门大学将迎来建校 100 周年,也是首辑"南强丛书"出版 30 周年。为此,厦门大学再次遴选一批优秀学术著作作为第七辑"南强丛书"出版。本次入选的学术著作,多为厦门大学优势学科、特色学科经过长期学术积淀的前沿研究成果。丛书作者中既有中科院院士和文科资深教授,也有全国重点学科的学术带头人,还有在学界崭露头角的青年新秀,他们在各自学术领域皆有不俗建树,且备受瞩目。我们相信,这批学术著作的出版,将为厦门大学百年华诞献上一份沉甸甸的厚礼,为学术繁荣添上浓墨重彩的一笔。

"自强!自强!学海何洋洋!"赓两个世纪跨越,逐两个百年梦想,面对世界百年未有之大变局，面对全人类共同面临的问题，面对科学研究的前沿领域，面对国家战略需求和区域经济社会发展需要，厦门大学将乘着新时代的浩荡东风，秉承"养成专门人才、研究高深学术、阐扬世界文化、促进人类进步"的办学宗旨，劈波斩浪，扬帆远航，努力产出更好更多的学术成果，为国家富强、民族复兴和人类文明进步做出新的更大贡献。我们也期待更多学者的高质量高水平研究成果通过"南强丛书"面世，为学校"双一流"建设做出更大的贡献。

是为序。

厦门大学校长　张荣

2020 年 10 月

作者简介

史秋衡，国务院政府特殊津贴专家，国家专业技术二级教授，全国高等学校设置评议委员会委员，国家职业教育指导咨询委员会委员，教育部中国教育智库联盟顾问委副主任；厦门大学南强重点岗位教授，厦大高教质评所所长；贵师大校长助理兼教育学院院长、特聘教授；教育部"新世纪优秀人才"，福建省哲学社会科学创新领军人才，福建省高校领军人才。国家社会科学基金重大项目"构建服务全民终身学习的教育体系研究"首席专家，教育部哲社重大攻关项目"高等学校分类体系与设置标准研究"首席专家，国家社会科学基金教育学重点课题"大学生学习情况调查研究"首席专家，国家社会科学基金教育学重点课题"高等教育大众化阶段质量保障与评估体系研究"首席专家，马工程重大项目暨国家社科基金重大项目"深化教育领域综合改革研究"首席专家。

Foreword Ⅰ

Higher education is one of the most important sectors in all advanced societies. Colleges and universities teach the skills and abilities that form the essential foundation for modern economies and cultures. Yet we often have only indirect measures of the actual experiences that students have in college. For example, we know that on average, students with a college or advanced degree earn more than those who only complete secondary school or less. But what are the experiences that college students have that generate those more valuable and marketable skills and abilities? This type of information is essential for educators and policy makers seeking to strengthen the effectiveness of institutions of higher education. In order to develop this information, researchers must ask students themselves about their activities and behaviors in college.

This is what Professor Shi Qiuheng, Distinguished Professor and Director, Institution of Higher Education Quality & Assessment, Xiamen University, has done for China in the National College Student Survey (NCSS). The survey covers the period from 2010 to 2020. One goal of the study is to assess the extent to which the experiences and skills that students learn align with the goals set for universities in China. It develops a conceptual framework for linking the learning processes and activities in colleges to the desired outcomes. Using this framework and presenting empirical evidence on the presence of learning mechanisms and activities across different grades, subjects and institutional types, the analysis is able to assess the extent to which students are likely to achieve the learning outcomes needed to advance the country's economic and cultural development. Thus the book provides crucial guidance for higher education policy and teaching and offers insights into how the university and its practices can be adapted to better serve the current and future need for social and economic development in China.

In addition to insights and guidance for higher education in China, the design of the survey also allows international comparisons since the NCSS was designed based on similar surveys from other countries such as the National Survey of Student Engagement from the United States, the National Student Survey in the United Kingdom, and the Course Experience Questionnaire from Australia.

This book about the National College Student Survey breaks new ground in exploring the experiences of students in Chinese colleges and universities thus generating insights and suggestions for practices in those institutions as they work to strengthen the Chinese economy and society. It is an important resource for both Chinese and international readers interested in design and effectiveness of higher education.

Thomas Bailey

President, Teachers College, Columbia University

December 2020

Forword Ⅱ

It is with great pleasure that I write this forward for Distinguished Professor Shi's *Review of the National College Student Survey* (NCSS). This book is an intellectually rigorous analysis of an important survey and readers will benefit significantly from its insights.

Countries across the globe have expanded their higher education provision, and some, like China, at a historically very rapid pace. It is vital that we have a good understanding of how this expansion is impacting on both higher education itself and the student experience. We need to have an appreciation not just of the value of higher education for students once they enter the labour market, for example how it impacts on their earnings, but also the wider social and personal value of higher education. The NCSS is able to capture students' views on a lot of these issues, as well as give us insights into students' assessment of their higher education as a formative experience. This book is therefore very timely, providing as it does a comprehensive account of students' responses to the National College Student Survey.

Of course there has been much criticism of student surveys, both from a technical perspective (for example low response rates) and from a conceptual point of view (students' contemporaneous views of the quality of their higher education may not be useful if many students only appreciate the value of their higher education some time into their working lives). This is why this book is so significant as it addresses these issues in great detail. It provides a conceptual framework within which one is able to think about the value of higher education. It explains why the NCSS is an important tool which can be used to determine some aspects of the quality of the student experience. It also provides a detailed account of the limitations of the survey and how it might be improved. The empirical analysis it presents gives us useful insights into a globally important part of the education system and one that will be facing significant change over the next decade.

In summary, this is an important and timely overview of the NCSS that will be of great interest to policymakers, economists of education and other educationalists grappling with questions about the changing nature of higher education in the 21st century.

Anna Vignoles

Professor, Faculty of Education, University of Cambridge

December 13, 2020

前　言

国家的未来在人才，人才培养质量是高等教育发展的生命线，是建设教育强国的核心要义，而人才培养质量的提升离不开对"学生"这一人才培养主体的研究。以笔者为首席专家的"大学生学习情况调查研究"（课题批准号：AIA100007），致力于对大学生学习与发展规律的高水平研究。自 2010 年由国家社会科学基金教育学重点课题的最高级别立项，至今已整整十年。在这十年期间，项目组在笔者的主持下，通过严谨、高要求的开题，经历了艰苦的国际文献与各国问卷收集，访谈了国内外相关著名学者，进行了自主知识产权的课题研究方案与本土化问卷的设计，于 2011 年开展了大学生学情的首轮调查。调查的主要对象为在校大学生，学生一方面作为人才培养质量的承载者，对学习的结果进行综合评价，主要体现为学生学习收获、满意度等方面的调查；另一方面作为人才培养质量的体验者对学习的过程进行评价，主要体现在学习观、学习方式、课堂教学以及学习投入/参与等方面的调查。

项目组十年来已获得国内外许多协作校的大力支持。在各校的积极组织下，大学生们认真参与调查，并促成了"国家大学生学情调查（National College Student Survey，NCSS）数据库"的建立。截至 2020 年，NCSS 数据库已累计收集全国有效样本百万及巴基斯坦、文莱、英国等国家全国样本，参与调查的国内外协作校达近 500 所；国内涵盖所有类型的高校，涉及绝大多数省市自治区；国际独立项目扩展到巴基斯坦、文莱等国，建成了巴基斯坦、文莱国家大学生学情子库；项目组也将调查的视野拓展到国际合作的层面，2018 年起，项目组联合英国剑桥大学开展了中英两国"大学生学情调查"，双方在共享调查工具的基础上，一同问诊与交流了两国大学生的学习现状，并在相关指标中发现了中英两国大学生学情的趋同性和差异性。

虽然，"大学生学习情况调查研究"早已结题，但对国家大学生学情调查的重任并没有因此终止。2019 年，笔者又立项主持了国家自然科学基金项目"高校学生分类成长规律体系及培养机制研究"（71964008）。项目组始终以国家大学生学情调查为己任,继续发挥研究型数据库在致力于高等教育研究和实践中的作用,并获得了国内外学术界和实践层面的高度肯定。截至 2020年,项目组已经出版的 8 部专著中,2 部获教育部奖,还有多篇(部)论著获省社科优秀成果奖。基于"国家大学生学情调查(NCSS)数据库"的 11 篇博士学位论中,1 篇获首届全国优秀教育博士专业学位论文奖,1 篇获全国高教学会优秀博士学位论文奖,1 篇获全国高教学会优秀博士学位论文提名奖,1 篇获福建省优秀博士学位论文,这些获奖内容涉及学生压力、学习方式、学习满意度、学习力等研究话题。除此之外,项目组成员还在《教育研究》《新华文摘》、SSCI 以及新华通讯社最高内参《国内动态清样》等发表顶级文章。其中,《教育研究》已有 7 篇,SSCI 已有 1 篇。2019 年 7 月,笔者主办了"大学生成长与成功国际学术研讨会",获得了美国哥伦比亚大学师范学院校长 Thomas Bailey 教授和英国剑桥大学教育学部副部长 Anna Vignoles 教授等国内外著名专家大力支持并发表主旨报告;2020 年,Thomas Bailey 校长和 Anna Vignoles 部长还为本专著欣然作序。这表明大学生学情研究重要性和笔者的研究成果得到国际顶尖学者的积极认同。在实践层面,项目组每年都会及时地向参与调查的协作高校提供院校大学生学情调查分析报告,以为协作高校教育教学改革提供学生视角的现实依据。总体而言,项目组的研究成果在国内外、在学术界和高校实践中,都取得了有目共睹的卓越成绩。

本书是在已有高水平研究成果的基础上,对项目组 10 年工作的回顾,期望通过 10 年的大学生学情调查研究发现规律,回应高等教育研究与实践中存在的问题与误区。本书首先以"国家大学生学情调查(NCSS)数据库"为平台,从大学生学情的视角来解读大学使命五大发展维度,即"教学相长"、"科学研究"、"社会服务"、"文化承创"、"国合交流",运用大学生学情的数据反映我国大学使命的履行现实,并从教育现代化的视域审视高等教育现代化的进程及其在大学生学情的指标映照与趋势变化。同时,从 NCSS 的理论创新指标和中国特色学情指标的解读反映国家重点立项自主知识产权的发展维度。本书的第二、三章主要从国家大学生学情要素的角度分析了项目组所坚持的整体性、中国特色和包容性等特征,具体表现为项目组对本土化调查工具的开发、对开展国际合作的坚持等方面,透过大学生学情的视角,直指当下高等教育改革所存在的问题。在进一步回顾大学生学习各要素的相关研究之后,运用模型建构等方式呈现出我国分类大学生的学习情况和学习结构,为高等教育改革提供现实依据。在实证模型的基础上,本书从课程论、人力资本、政策评价、公共产品和教学论的多学科视角分析了国家大学生学情理论模型,并就国家大学生学情调查的原创之处进行了总结与提炼。

　　国家大学生学情发展研究的终极使命是服务于人才培养,因此,本书的最后一章是对国家大学生学情研究的升华,即实证规律和理论模型的建构最终要上升到教学论的高度。经实证研究发现,大学生的成长规律具有其特殊性,大学教学也具有其特殊性,因此,把握好国家大学生学情研究这一人才培养的核心抓手,是实现高等教育"立德树人"之现实诉求的重要发展路径。

　　国家大学生学情研究从大学生主体视角出发,以数据库为支撑,在对全国大学生学习情况调查的基础上形成实证研究成果,注重与大学生和协作校的交互印证,为高校履行三大职能与五大使命,提升人才培养质量,实践"立德树人",提供客观、准确的实证依据。同时,又与国际大学生学情调查、人才培养研究的焦点、成果和评估范式接轨,致力于为实现教育现代化及建成高等教育强国提供重大对策和建议。这样一项既"立地"又"顶天"的研究极大地充实了世界范围内的大学生学情研究,也推进了我国高等教育理论的创新与完善。虽然课题已经结束,但笔者及笔者所带领的团队会将大学生学情研究坚持下去,这是笔者作为高等教育研究者的使命与责任,为我国高等教育强国建设贡献力量,为世界高等教育发展贡献智慧。

史秋衡

2020 年 6 月

目　录

第一章 国家大学生学情首十年调查综述

第一节 国家拓展大学职能与使命的发展维度

中华人民共和国成立 70 多年来，大学三大职能与五大使命①不断丰富与交互促进，实现了从一到五的演变与升华。新形势下"高校肩负着人才培养、科学研究、社会服务、文化传承创新、国际交流合作的重要职能与使命"，既是国家顶层设计对大学使命的精准定位和全面升华，也是大学实现立德树人、加强文化建设，增强文化自信的应有之责。大学的职能与使命有其内在逻辑，相辅相成，统一于大学立德树人的实践中，推动了大学生学习与发展由传统向现代，由封闭向开放，由单一向多维的转变。

一、"教学相长"的指标解读与趋势变化

"教学相长"是人才培养最理想的状态。"教学相长"出自《礼记·学记》，是我国传统教育思想的精髓，有着丰富的内涵。关于教学相长的含义，有学者认为主体指向是教师，意指教师从教中有所学；②有学者认为主体应该是学生，"教"在此被理解为学生对老师的"效仿"，"学"指学生的自学，也就是说，学生通过效仿老师和自学自修而成才；发展至今，更多学者倾向于认同教学相长的主体既包括教师，也包括学生，是指师生之间的相辅相成，共同促进。根据这个理解，教学相长中的"相"是过程，即指师生互动，"长"是结果，指师生互动所产生的积极效果。可以认为，师生互动的质量与"教""学"的实际效果息息

---

① 史秋衡，季玟希. 中华人民共和国成立 70 年来大学职能的演变与使命的升华[J]. 江苏高教，2019(06)：1-7.

② 杨国华. 论"因材施教"与"教学相长"[J]. 中国大学教学，2015(09)：12-13.

相关。诚如哈佛大学前校长博克所言:"真正影响教育品质的事发生在大学课堂和师生互动的教学情景中。"师生互动的教学情景越丰富多样,学生参与和回应的效果越好,说明教育的品质越高,越能够接近教学相长的理想状态。反之,则不然。

师生互动包含多种形式,可以转化为多项指标。本研究按教学过程的基本环节,将师生互动分解为目标设定—组织设计—评价反馈—课外辅导等四个维度共 14 个可观测的二级指标。"目标设定"包括"老师的教学目标清晰"、"老师的教学能够理论联系实际"、"老师的教学注重学科间的交叉与融合"等 3 个指标;"组织设计"包括"老师经常让我们进行小组讨论"、"老师会经常鼓励我们发言"、"上课时,老师注重启发我们思考"、"老师能够以具体案例讲解知识"、"老师会通过开展活动来教学"、"老师会鼓励我们使用网络平台(或手机 App)学习、讨论"、"老师会采用翻转课堂组织我们课下自学、课上讨论"等 7 个指标;"评价反馈"包括"老师的评价标准很公正"、"老师对我们的作业做出有益的反馈"、"我从老师那里得到有用的学习建议"等 3 个指标;"课外辅导"包括"老师会为我们提供各种课外辅导"1 个指标。2011—2016 年只涵括其中的 9 项(见表 1-1),2017 年增加了 5 项指标(见表 1-2)。[①]

表 1-1　2011—2019 年我国大学生对教师教学水平评价均值

指标	2011	2012	2013	2014	2015	2016	2017	2018	2019
老师经常让我们进行小组讨论	3.37	3.68	3.65	3.79	3.97	4.00	4.14	4.25	4.35
老师会经常鼓励我们发言	3.96	4.23	4.19	4.31	4.47	4.46	4.50	4.56	4.65
老师的教学能够理论联系实际	3.81	4.05	4.10	4.16	4.32	4.38	4.43	4.52	4.59
上课时,老师注重启发我们思考	3.74	4.03	4.05	4.15	4.31	4.37	4.46	4.53	4.62
老师会为我们提供各种课外辅导	3.37	3.66	3.71	3.79	3.94	3.98	4.14	4.23	4.32
老师的评价标准很公正	3.63	3.87	3.95	4.05	4.16	4.26	4.41	4.48	4.56
老师对我们的作业做出有益的反馈	3.54	3.99	4.02	4.14	4.25	4.33	4.45	4.50	4.57
我从老师那里得到有用的学习建议	3.73	4.16	4.19	4.28	4.40	4.46	4.55	4.57	4.65
老师的教学目标清晰	3.73	3.84	3.91	3.97	4.08	4.16	4.63	4.64	4.71

---

① 本书所涉及的数据分析均为本科生数据。

表 1-2　2017—2019 年我国大学生对教师教学方式评价均值

指标	2017	2018	2019
老师能够以具体案例讲解知识	4.56	4.62	4.68
老师会通过开展活动来教学	4.29	4.40	4.48
老师的教学注重学科间的交叉与融合	4.41	4.48	4.56
老师会鼓励我们使用网络平台(或手机 App)学习、讨论	4.39	4.51	4.63
老师会采用翻转课堂组织我们课下自学、课上讨论	4.22	4.35	4.47

　　2011—2019 年的本科生调查数据显示,我国大学生对"师生互动"的评价整体呈上升趋势,所有指标的均值都在平均分之上,标准分值从 2011—2019 年上升了 13 个点及以上(见表 1-3、图 1-1)。从时间纵向看,2011—2019 年间,所有指标中"老师对我们的作业做出有益的反馈"的标准分值差最大;"老师经常让我们进行小组讨论"及"老师的教学目标清晰"其次;"我从老师那里得到有用的学习建议"、"老师会为我们提供各种课外辅导"以及"老师的评价标准很公正"等指标的标准分值差也比较高;其余各项标准分值差也在 13 个点以上,但相对而言,上述几项更为突出。

表 1-3　2011—2019 年我国大学生对教师教学水平评价情况的标准分值

指标	2011	2012	2013	2014	2015	2016	2017	2018	2019
老师经常让我们进行小组讨论	47.32	53.50	52.90	55.78	59.32	60.06	62.74	64.96	67.02
老师会经常鼓励我们发言	59.22	64.48	63.92	66.12	69.56	69.18	70.00	71.16	73.08
老师的教学能够理论联系实际	56.08	60.96	62.04	63.18	66.40	67.54	68.66	70.44	71.84
上课时,老师注重启发我们思考	54.80	60.64	60.92	62.88	66.32	67.44	69.00	70.64	72.40
老师会为我们提供各种课外辅导	47.42	53.10	54.06	55.80	58.90	59.62	62.80	64.46	66.38
老师的评价标准很公正	52.52	57.50	59.10	61.04	63.22	65.08	68.16	69.72	71.14
老师对我们的作业做出有益的反馈	50.80	59.72	60.28	62.82	64.90	66.66	68.88	69.90	71.50
我从老师那里得到有用的学习建议	54.48	63.26	63.64	65.50	67.96	69.12	71.00	71.52	72.92
老师的教学目标清晰	54.44	56.82	58.32	59.32	61.54	63.08	72.52	72.82	74.26

　　注:标准分值的计算方式为:符合度/满意度/收获度="非常符合/非常满意/非常同意"比例×100+"符合/满意/同意"比例×80+"基本符合/基本满意/基本同意"比例×60+"基本不符合/基本不满意/基本不同意"比例×40+"不符合/不满意/不同意"比例×20+"非常不符合/非常不满意/非常不同意"比例×0,满值 100。90~100 为优;80~89.99 为良;70~79.99 为中;60~69.99 为合格;60 以下为不合格。

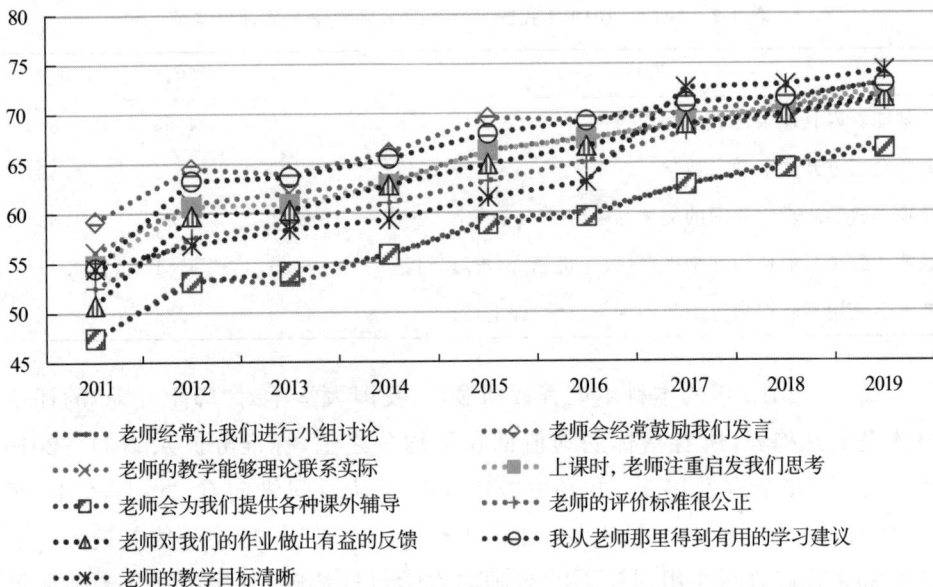

图 1-1　2011—2019 年我国大学生对教师教学水平的评价情况标准分值变化趋势

从横向比较看,2019 年各项指标均值由高到低分别为"老师的教学目标清晰"(4.71)、"老师能够以具体案例讲解知识"(4.68)、"老师会经常鼓励我们发言"与"我从老师那里得到有用的学习建议"并列(4.65)、"老师会鼓励我们使用网络平台(或手机 App)学习、讨论"(4.63)、"上课时,老师注重启发我们思考"(4.62)、"老师的教学能够理论联系实际"(4.59)、"老师对我们的作业做出有益的反馈"(4.57)、"老师的评价标准很公正"和"老师的教学注重学科间的交叉与融合"并列(4.56)、"老师会通过开展活动来教学"(4.48)、"老师会采用翻转课堂组织我们课下自学、课上讨论"(4.47)等。其中,均值排在最末的是"老师经常让我们进行小组讨论"(4.35)与"老师会为我们提供各种课外辅导"(4.32)。

通过横纵数据的比较分析来看,一些"师生互动"的指标经过多年努力,取得了切实的改善和提高,如"老师的教学目标清晰"和"我从老师那里得到有用的学习建议";一些指标虽然有了较大改善,但仍显不足,如"老师经常让我们进行小组讨论"和"老师会为我们提供各种课外辅导";2017 年新增的 5 个指标总体上学生评价偏高,既说明教师在师生互动上与时俱进,也说明学生对新颖的教学方式接纳度更高(见表 1-4、图 1-2)。

相较而言,早期一些偏于传统的指标在各个环节的表现上并不是特别突出。如"老师经常让我们进行小组讨论"和"老师会为我们提供各种课外辅导"的评价得分较其他指标得分来说偏低,均处于合格水平。"老师的教学能够理论联系实际"、"老师的评价标准很公正"以及"老师对我们的作业做出有益的反馈"和"我从老师那里得到有用的学习建议"等指标也处于中等水平。"师生互动"在这些方面的成效有所改善,但局限性也依然存在。教师需要在传统形式上做一些新的尝试与改革,采用混合式教学、小班化教学、线上线下相结合等多种方式,科学设计教学内容,强化学生地位,提高师生互动质量,促进"教学相长"的实效。

表 1-4　2017—2019 年我国大学生对教师教学方式评价情况的标准分值

指标	2017	2018	2019
老师能够以具体案例讲解知识	71.20	72.50	73.64
老师会通过开展活动来教学	65.72	67.92	69.60
老师的教学注重学科间的交叉与融合	68.16	69.54	71.26
老师会鼓励我们使用网络平台(或手机 App)学习、讨论	67.80	70.12	72.66
老师会采用翻转课堂组织我们课下自学、课上讨论	64.38	67.08	69.30

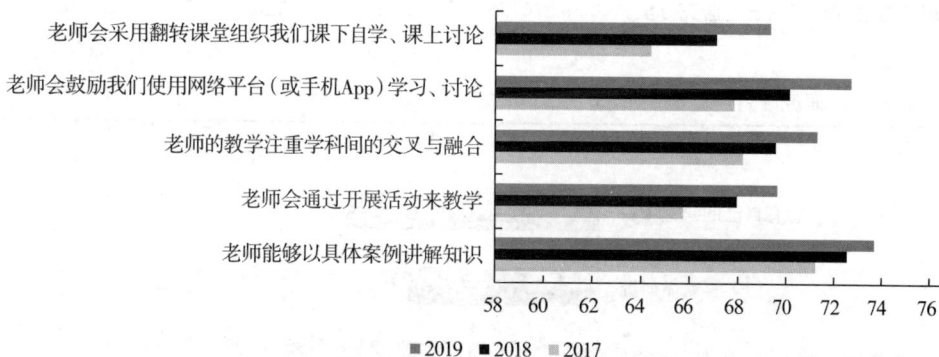

图 1-2　2017—2019 年我国大学生对教师教学方式的评价情况标准分值变化趋势

二、"科学研究"的指标解读与趋势变化

科学研究是大学的重要职能及使命,是培养高层次创新型人才的重要途径。大学生参与科学研究,有利于学以致用,促进理论学习与实践应用的有机结合;有利于因材施教,激发大学生创新精神和意识,培养创新思维和能力;有利于提高质量,促进大学生科研素养和综合实力的提升。

本研究从两个方面考察大学生参与科学研究的实际情况:一是大学生参与科学研究的主观意愿,表现为积极性,共分为 5 个观测指标;二是大学生参与科学研究的实践,区分为校园学术活动、科研课题和科创竞赛三个维度,含 4 个指标,通过均值、频次统计考察大学生参与科学研究的趋势变化和现状。

大学生参与科学研究的主观意愿与实践频次之间存在着密切关联。2018 年开始研究增加了大学生科研积极性的自评量表,包括 5 个相关指标,采用的是五分量表(完全不同意、不同意、不确定、同意、完全同意),目的在于考察大学生参与科学研究的主观意愿。数据显示,我国大学生参与科学研究的积极性方面,虽然 2019 年我国大学生的科研积极性与 2018 年相比,略显出提升的趋势,但总体情况仍不是特别的理想(见表 1-5)。

从同意度百分比(见表 1-5、图 1-3)来看,2019 年"想有自己的研究项目"

表 1-5　2018—2019 年我国大学生科研积极性自评描述统计

指标	2018 年(N=80457)			2019 年(N=150141)		
	均值	标准差	同意度百分比/%	均值	标准差	同意度百分比/%
渴望学到课程最新研究成果	3.85	0.76	71.25	3.90	0.74	72.50
想了解所学领域如何开展研究	3.89	0.76	72.25	3.95	0.73	73.75
想要学会本领域的学术研究方法	3.85	0.76	71.25	3.92	0.73	73.00
喜欢做研究	3.47	0.93	61.75	3.54	0.91	63.50
想有自己的研究项目	3.62	0.93	65.50	3.67	0.91	66.75

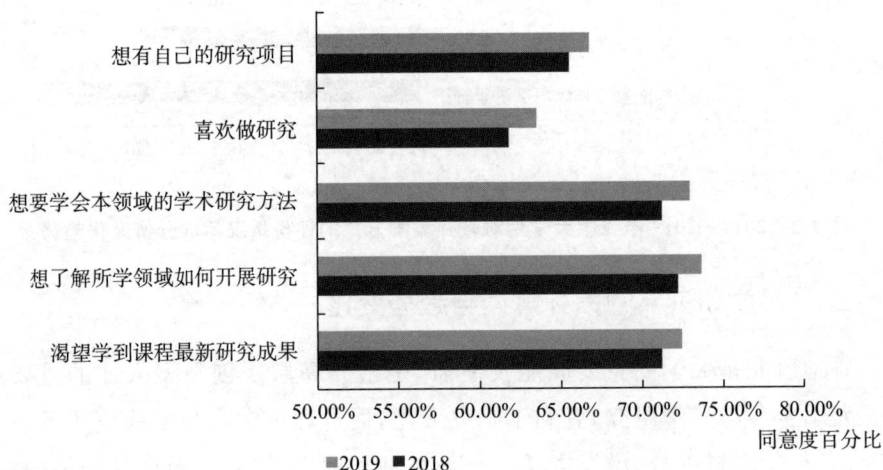

图 1-3　2018—2019 年我国大学生科研积极性及变化趋势

的学生同意度百分比为 66.75％,"喜欢做研究"的学生同意度百分比为 63.50％,"渴望学到课程最新研究成果","想了解所学领域如何开展研究", "想要学会本领域的学术研究方法"的同意度百分比均超过 70％。这说明仍有小部分学生对待科研学习较为迷茫,没有形成确定性的科研积极性。

大学生参与科学研究的实践,被区分为校园学术活动、科研课题和科创竞赛三个维度,含 4 个指标。其中,校园学术活动含学术沙龙、工作坊和实验室三种活动形式,合并为 1 个指标;科研课题分为教师主持、同学主持和自己申请 3 种,单列为 3 个指标。从 2012—2019 年的统计数据来看,学生参与校园学术活动(学术沙龙、工作坊或实验室活动)的频次呈逐年上升的趋势(见表 1-6、图 1-4)。"从来没有"参加过校园科学研究活动的学生比例由 22.1％(2012年)下降至 12.1％(2019 年),"很少"参与此类科研训练的学生比例由 27％ (2012 年)下降至 15.2％(2019 年)。"比较经常"参加此类科研训练活动的学生比例由 7.7％(2012 年)上升至 15.4％(2019 年),"经常"参加的学生比例由 3.4％(2012 年)上升至 9.5％(2019 年)。虽然总体趋势是向上的,但我国大学生参加科学研究活动的频次依旧较少,截至 2019 年,仍有近二分之一的大学生比较少甚至从来没有参加过学术沙龙、工作坊或实验室活动。

表 1-6　2012—2019 年我国大学生参加学术沙龙、工作坊或实验室活动频次情况

单位:％

频次	2012 年	2013 年	2014 年	2015 年	2016 年	2017 年	2018 年	2019 年
从来没有	22.10	23.00	21.00	21.40	20.20	13.20	13.70	12.10
很少	27.00	26.80	27.10	25.50	25.20	16.00	16.10	15.20
比较少	18.30	18.90	18.70	17.80	18.10	19.00	18.80	18.20
有时	21.50	21.00	22.00	22.20	22.40	29.40	29.20	29.70
比较经常	7.70	6.90	7.30	8.10	9.20	13.50	14.00	15.40
经常	3.40	3.40	4.00	5.00	4.90	8.80	8.10	9.50

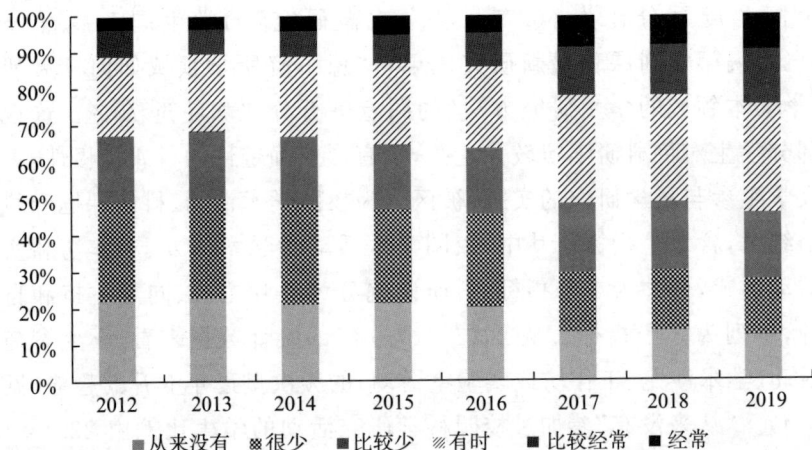

图 1-4　2012—2019 年我国大学生参加学术沙龙、工作坊或实验室活动的频次变化趋势

　　科研课题是大学生参与科学研究的重要形式。按科研课题主持人的不同,分为教师主持、同学主持和学生自己申请 3 种。2012—2016 年间,大学生参与教师主持的科研课题频次有一定的增加。没有参加过的人数比例,从 2012 年的 74.2% 下降到 2016 年的 68.8%,下降了 5.3%;参加 1 次的大学生人数比例相对增长较快,由原来的 15.6% 上升到 18.9%;参加过 2 次的人数比例由 5.6% 上升到 6.9%,参加过 3 次、4 次、5 次及以上的人数比例有一定增加,但增加比例不超过 1 个百分点(见表 1-7、图 1-5)。总体上参加 1 次及以上科研课题的大学生占比,截至 2016 年达到 31.1%。大学生参与同学主持,以及自己申请科研课题频次,在 2012—2016 年间,总体也呈上升趋势(见表 1-8、图 1-6)。其中,有过 1 次参加同学主持和自己申请科研课题经历的大学生比例增长相对快一些,2 次及以上经历的比例增长相对比较缓慢(见表 1-9、图 1-7)。

表 1-7　2012—2016 年我国大学生参与老师的科研课题频次情况

单位:%

频次	2012 年	2013 年	2014 年	2015 年	2016 年
0 次	74.20	73.30	72.70	69.90	68.80
1 次	15.60	16.00	16.30	17.30	18.90
2 次	5.60	6.00	6.20	7.20	6.90
3 次	2.50	2.40	2.40	2.90	2.80
4 次	1.00	1.00	1.00	1.10	1.10
5 次及以上	1.10	1.30	1.40	1.80	1.50

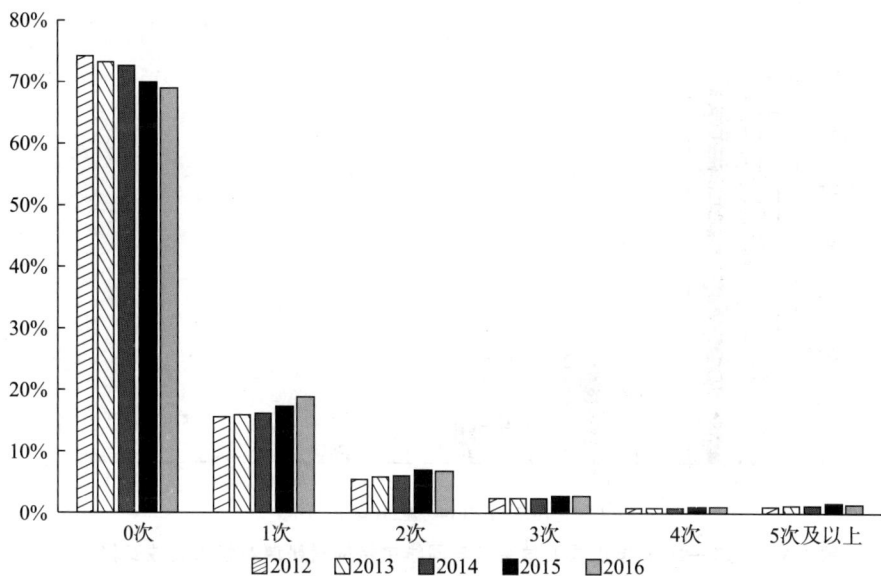

图 1-5　2012—2016 年我国大学生参与老师的科研课题经历次数变化趋势

表 1-8　2012—2016 年我国大学生参与同学主持的科研课题频次情况

单位：%

频次	2012 年	2013 年	2014 年	2015 年	2016 年
0 次	70.00	70.50	69.20	67.80	66.20
1 次	18.00	17.80	18.60	18.60	20.30
2 次	6.60	6.40	6.80	7.50	7.60
3 次	2.90	2.60	2.80	3.20	3.10
4 次	1.20	1.10	1.10	1.10	1.10
5 次及以上	1.40	1.60	1.60	1.80	1.60

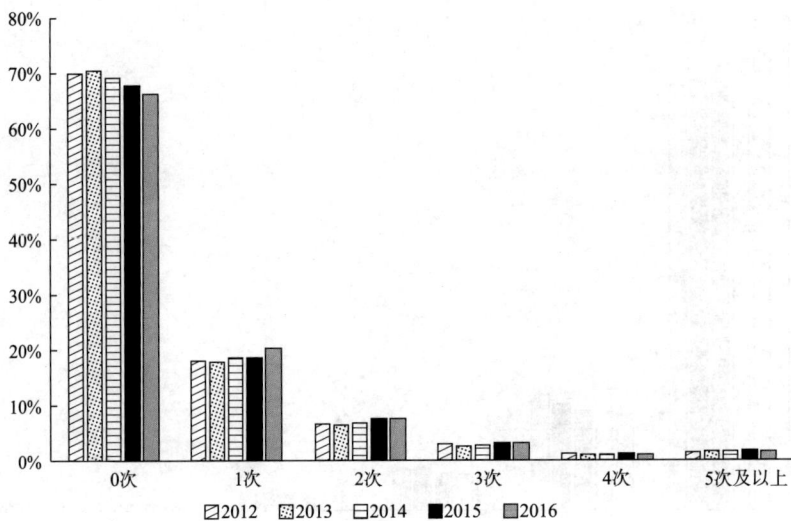

图 1-6　2012—2016 年我国大学生参与同学主持的科研课题经历次数变化趋势

表 1-9　2012—2016 年我国大学生自己申请科研课题的频次情况

单位：%

频次	2012 年	2013 年	2014 年	2015 年	2016 年
0 次	81.60	80.40	79.70	78.90	76.40
1 次	11.20	11.80	12.60	12.50	14.80
2 次	3.60	4.00	4.00	4.40	4.60
3 次	2.00	1.90	1.90	2.20	2.10
4 次	0.90	0.90	0.80	0.90	1.00
5 次及以上	0.70	1.00	1.00	1.10	1.10

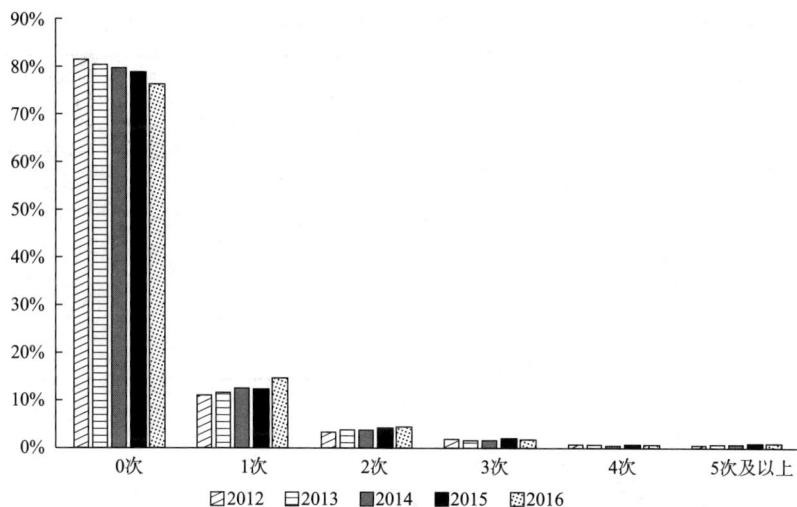

图 1-7　2012—2016 年我国大学生自己申请科研课题的经历次数变化趋势

　　2017 年开始,本项目组将"我参与老师的科研课题经历次数"、"我参与同学主持的科研课题经历次数"和"自己申请到的科研课题经历次数"三个指标合并为一个指标,即"我参与科研课题的经历次数"。表 1-10 和图 1-8 展示了2017—2019 年我国大学生参与科研课题的经历次数及变化趋势,从中可以看出,2017—2019 年我国大学生参与科研课题的经历次数变化并不明显,但在各频率段的学生比例上有略微差异。参加过 0 次即从未参与过科研课题的学生比例呈现缓慢上升态势,由 57.85%(2017 年)增加至 59.2%(2019 年)。参与过 1 次和 2 次科研课题的学生比例逐年略微下降,分别由 19.36%(2017年)下降至 17.7%(2019 年),由 9.83%(2017 年)下降至 9.4%(2019 年)。参与过 3 次、4 次和 5 次及以上科研课题的学生比例略微增加,但增幅微弱。由此可见,2017—2019 年我国大学生参与科研课题的经历次数呈现不平衡的两极分化趋势,从未参与和参与过 3 次及以上科研课题的学生比例均在缓慢增加,且截至 2019 年,从未参与过科研课题的学生人数高达总人数的五分之三(59.2%)。

表 1-10　2017—2019 年我国大学生参与科研课题的频次情况

频次	2017 年(N=72456)		2018 年(N=80457)		2019 年(N=150141)	
	人数	百分比/%	人数	百分比/%	人数	百分比/%
0 次	41917	57.85	46951	58.36	88890	59.20
1 次	14031	19.36	15180	18.87	26619	17.70
2 次	7122	9.83	7585	9.43	14072	9.40
3 次	3991	5.51	4485	5.57	8667	5.80
4 次	2670	3.68	2954	3.67	5890	3.90
5 次及以上	2725	3.76	3302	4.10	6003	4.00

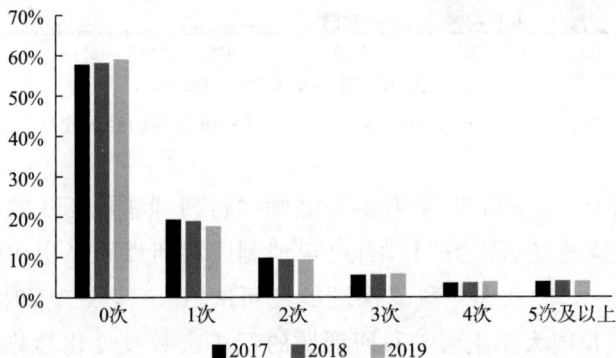

图 1-8　2017—2019 年我国大学生参与科研课题的经历次数及变化趋势

　　科创竞赛是大学生参与科学研究的第三种重要形式。通过 2012—2019 年我国大学生参加各种科创竞赛(如挑战杯或专业技能比赛)的频次统计分析 (见表 1-11、图 1-9),发现我国大学生参加各类科创竞赛的次数逐年递增,从未参加科创竞赛的大学生比例下降显著,由 2012 年的 61.8% 下降到 2019 年的 48.6%;参加过 1 次的大学生比例虽有所下降,但参加过 2 次、3 次、4 次、5 次及以上科创竞赛的学生比例却显著上升。参加过 2 次及以上的大学生比例, 从 2012 年的 16.9% 上升到 31.1%,科创竞赛的普及率上升较快,但仍有近一半的学生没有参加过科创竞赛。

表 1-11　2012—2019 年我国大学生参加科创竞赛(如挑战杯或专业技能比赛)次数情况

单位:%

频次	2012	2013	2014	2015	2016	2017	2018	2019
0 次	61.80	64.40	60.60	61.30	58.50	54.00	51.80	48.60
1 次	21.20	19.50	21.30	20.40	21.20	19.30	19.10	20.20

续表

频次	2012	2013	2014	2015	2016	2017	2018	2019
2次	9.40	8.90	10.10	9.90	11.00	11.50	12.30	13.30
3次	4.10	3.70	4.20	4.30	4.80	6.60	7.30	8.00
4次	1.40	1.30	1.30	1.40	1.60	3.90	4.00	4.20
5次及以上	2.00	2.30	2.40	2.60	2.90	4.80	5.60	5.60

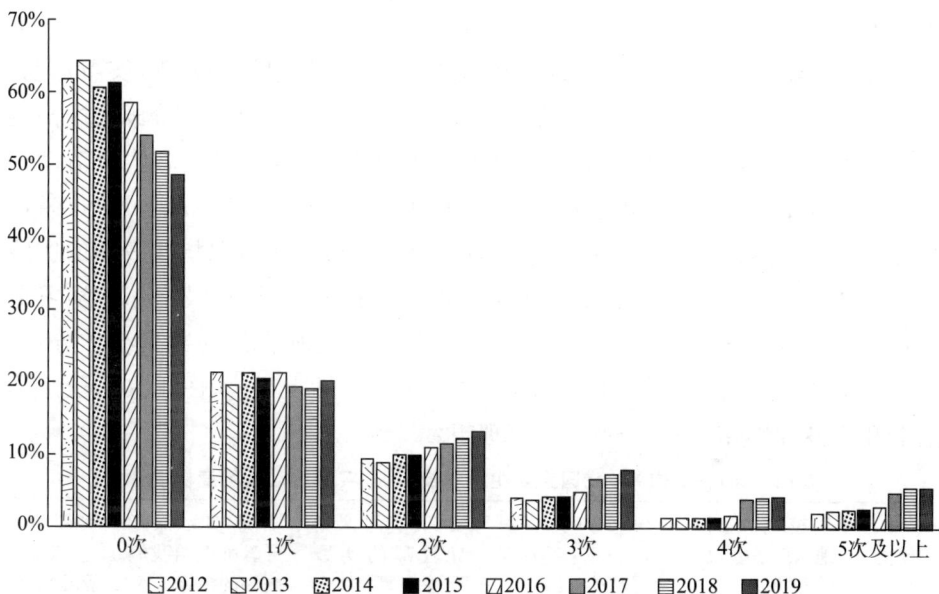

图1-9 2012—2019年我国大学生参加科创竞赛(如挑战杯或专业技能比赛)频次变化趋势

　　总体来看,大学生参与科学研究的主观愿望不是特别强烈,参与的实际情况也不是很理想。造成这种现象的原因有很多:一是大学生对科学研究与自身发展的紧密联系认识不足,认为本科教育阶段的主要任务是牢固掌握专业基础知识和技能,科学研究应该是研究生教育阶段发展的能力;二是科学研究项目的设计与开展存在科学性、合理性问题,因而无法起到激励大学生参与的积极作用。面对现实,学校一方面应该继续鼓励大学生参与科学研究,将参与科学研究相关活动纳入人才培养方案中,或纳入学生评优评奖的指标体系中;另一方面,学校需要优化科学研究的项目规划和活动设计,了解大学生的参与偏好,丰富科研形式和内容,从内涵建设方面增强学生参与科学研究的积极体验,从而达到更为有效、持续的效果。

三、"社会服务"的指标解读与趋势变化

当前,社会服务作为高校职能及使命已渐成趋势。大学生参与社会服务,于社会而言,有利于知识的传播、应用与更新,促进社会生产生活品质的提升;于学校而言,有利于产教融合人才培养模式的改革与深化,促进大学生社会责任意识与服务能力的培养;于大学生而言,参与社会服务可以体现个人的社会价值,在社会实践中学会认知、学会做事、学会生活、学会生存,提高综合素质和能力。

我国大学生参与社会服务的主要形式是参加学校组织的实训/实习活动。通过学生对学校组织实训/实习活动的认可度评价,可以窥探现阶段我国高校社会服务职能的履行情况。研究设计了我国大学生对学校实训/实习活动认可度的调查量表,分成 5 个指标,包括学生对"学校的实训基地/实习单位条件很好"、"学校为我们提供很多实训/实习机会"、"实训/实习课指导教师的实践经验丰富"、"实训/实习课指导教师能给我们耐心的指导"以及"实训/实习课收获很大"5 个指标。通过 2011—2019 年问卷调查所收集的数据统计分析,发现我国大学生对学校实训/实习活动的认可度(见表 1-12、图 1-10),虽总体呈上升趋势,但标准分值仍不算十分理想。

表 1-12 2011—2019 年我国大学生对学校实训/实习活动认可度标准分值

年份	学校的实训基地/实习单位条件很好	学校为我们提供很多实训/实习机会	实训/实习课指导教师的实践经验丰富	实训/实习课指导教师能给我们耐心的指导	实训/实习课收获很大
2011 年	48.50	44.32	51.22	52.40	52.86
2012 年	51.32	51.08	58.16	59.90	60.98
2013 年	52.96	52.42	59.10	60.48	60.94
2014 年	54.42	54.24	60.34	61.80	62.26
2015 年	56.42	56.34	62.50	64.14	64.86
2016 年	57.86	57.84	63.24	64.44	64.80
2017 年	60.74	61.06	65.60	66.74	66.70
2018 年	62.12	62.96	66.82	67.74	67.28
2019 年	64.04	64.52	68.32	69.38	69.12

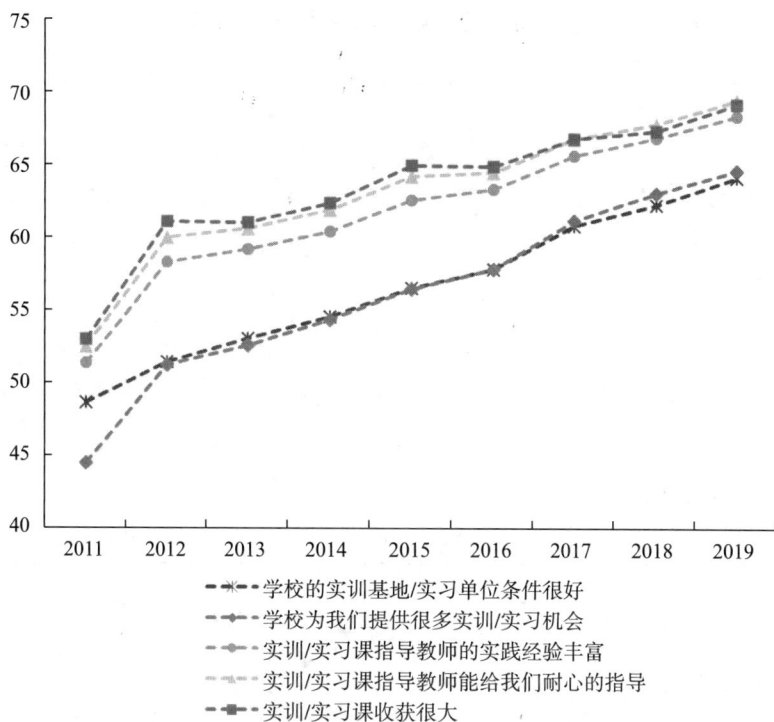

图 1-10　2011—2019 年我国大学生对学校实训/实习活动认可度的标准分值变化趋势

　　截至 2019 年,学生对实训/实习单位条件和实训/实习机会的认可度,相对其他几项偏低,对"实训/实习课指导教师的实践经验丰富"、"实训/实习课指导教师能给我们耐心的指导"、"实训/实习课收获很大"三个题项的得分接近中等水平线,说明我国高校在实训/实习活动建设方面仍有很大的进步空间。

　　2017 年,项目将大学生参与社会服务的形式做了类别划分,分为参与社团活动、志愿者活动和社会实践活动三大类。通过 2017—2019 年三年的追踪调查,发现我国大学生参加课外活动的频次有一定起伏,但不是很明显(见表 1-13)。比较 2017 年,参加过 0 次即从未参加过校内社团活动的学生比例至 2019 年下降了 0.7 个百分点;参加过 1 次校内社团活动的学生比例下降了 1.3 个百分点(由 13.7%下降至 12.4%);参加过 2 次校园活动的学生比例下降了 0.9 个百分点;参加过 3 次、4 次的学生比例较为稳定,略上升了 0.2 个百分点。参加过 5 次及以上的学生比例至 2019 年增加了 2.6 个百分点。整体看来,2019 年我国大学生参加校内社团活动的经历次数有所增加,但增幅不明显(见图 1-11)。

表 1-13　2017—2019 年我国大学生参加课外活动的自评频次

单位：%

年份	参与社会服务的形式	0 次	1 次	2 次	3 次	4 次	5 次及以上
2017 年		9.10	13.70	21.50	14.40	6.30	35.00
2018 年	参加校内社团活动	10.40	14.00	21.30	14.30	6.20	33.60
2019 年		8.40	12.40	20.60	14.60	6.50	37.60
2017 年		16.60	17.80	18.60	12.70	6.00	28.30
2018 年	参加志愿者活动	14.80	15.10	16.60	12.60	6.50	34.50
2019 年		14.10	15.20	18.30	14.30	6.80	31.30
2017 年		10.80	18.70	22.90	16.50	7.30	23.80
2018 年	参加社会实践活动	10.20	17.80	22.50	16.20	7.10	26.20
2019 年		8.50	16.70	22.80	17.80	8.40	26.00

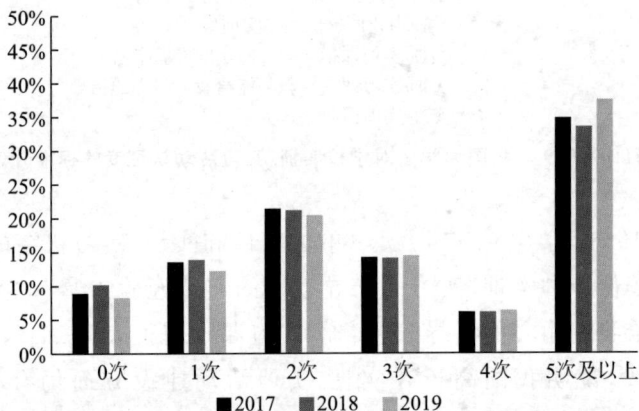

图 1-11　2017—2019 年我国大学生参加校内社团活动的经历次数变化趋势

　　2017—2019 年大学生参加志愿者活动的频次（见图 1-12）显示，参加过 0 次即从未参加过志愿者活动的学生逐年减少，由 16.6%（2017 年）下降至 14.1%（2019 年）。相较于 2017 年、2018 年和 2019 年我国大学生参加过 1 次志愿者活动的学生比例由 17.8%分别下降至 15.1%和 15.2%，参加过 4 次的学生比例逐年缓慢增加，参加过 5 次及以上的学生比例在 2018 年增幅明显，由 28.3%上升至 34.5%，但 2019 年又回落至 31.3%。参加过 5 次及以上的志愿者活动的学生比例最高，约占总人数的三分之一。这表明近年来我国大学生志愿服务意识略微增强，这与各高校鼓励学生积极参与志愿活动密不可分。

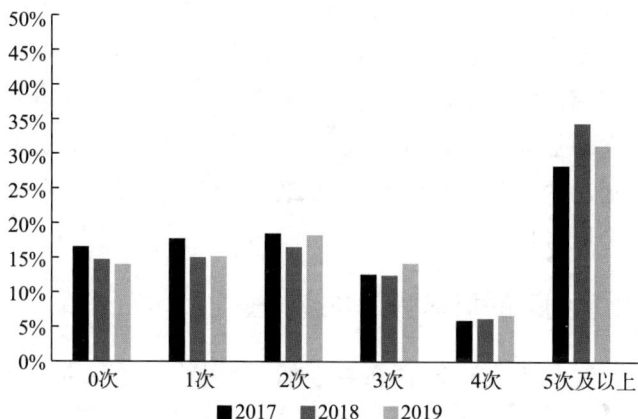

图 1-12　2017—2019 年我国大学生参加志愿者活动的经历次数变化趋势

　　2017—2019 年我国大学生参加社会实践活动的经历次数较为稳定,在各频率段有略微变化(见图 1-13)。其中从未参加过和参加过 1 次的学生比例逐年减少,参加过两次社会实践活动的学生比例无明显变化,2019 年参加过 3 次和 4 次的学生比例高于 2017 年和 2018 年,参加过 5 次及以上社会实践活动的学生比例高于其他频次段的学生比例,约占总人数的四分之一。和参加校内社团活动与志愿者活动的经历次数相比,我国大学生参加社会实践活动在各频次段的学生比例差异最小,且在这三类课外活动中,参加过 5 次及以上的学生比例均高于其他各频次段。

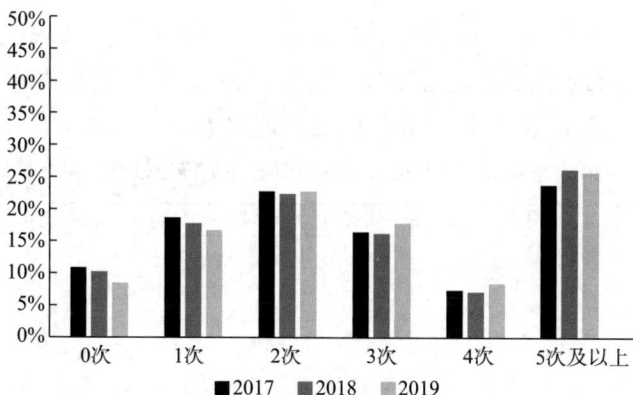

图 1-13　2017—2019 年我国大学生参加社会实践活动的经历次数变化趋势

　　总体来看,我国大学生对实训/实习的社会服务形式认可度逐年上升,参与校园社团活动、志愿者活动以及社会实践活动的频次有所增加,至少参加过1次及以上课外活动的学生比例占到了 90% 左右,有 1/3 左右的大学生参加各类课外活动,显著高于其他频次的学生比例,说明大学生有参加课外活动的积极性。学校在增加大学生课外活动机会、丰富课外活动形式的前提下,需进一步深化课外活动的内涵,以知识、技能、理念的先进性提高课外活动的品质,提升大学生社会服务的能力。

四、"文化承创"的指标解读与趋势变化

　　大学教育与文化承创之间存在着天然、密切的联系。高校具有广阔的文化视野和强大的文化创新能力,承担着传承弘扬中华优秀传统文化,推动社会主义先进文化建设,树立文化自信的历史使命。学生既是文化承创的培养对象,也是文化承创的主要载体。从学生视角对大学"文化承创"职能的履行情况进行评价,具有较强的现实意义。

　　"文化承创"的完整表达为"文化传承与创新"。文化传承是文化创新的基础,文化创新推动文化传承不断向前发展。文化传承与创新注重大学生不同层次思维能力的培养,大致可以区分为认知理解、综合分析、逻辑推理和批判创新等四个层面。本研究以这四个层面为基本维度,并确立了 5 个观测指标,以把握大学生文化传承与创新能力发展的基本情况。

　　在"认知理解"思维发展方面,研究以"大学生能够更好地理解不同背景(文化、民族、家庭、性别、信仰等)的人"为指标,考察大学生的认可度。通过比较 2012—2019 年大学生的自评数据(见表 1-14、图 1-14),发现我国大学生对大学学习能够帮助自己更好地理解不同背景的人的认可度,整体呈现缓慢上升趋势。截至 2019 年,自评得分的标准分值达到 76.52,处于中等水平。

表 1-14　2012—2019 年我国大学生通过大学学习能够更好地理解不同背景的人的认可度

年份	完全不同意/%	不同意/%	基本不同意/%	基本同意/%	同意/%	完全同意/%	标准分值
2012 年	1.0	1.7	5.7	38.7	38.1	14.8	71.12
2013 年	1.4	1.7	5.2	38.0	37.6	16.2	71.50
2014 年	1.0	1.4	4.7	37.3	38.3	17.3	73.66
2015 年	0.9	1.2	4.1	35.6	39.4	18.9	73.56
2016 年	0.6	0.9	3.5	34.0	40.9	20.0	74.70
2017 年	0.7	0.9	3.5	32.5	39.6	22.8	75.56
2018 年	0.6	0.8	3.5	33.0	41.4	20.7	75.18
2019 年	0.5	0.7	2.9	30.5	42.9	22.6	76.52

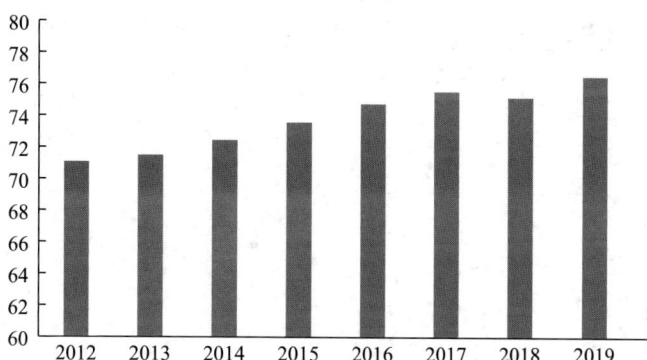

图 1-14　2012—2019 年我国大学生能够更好地理解不同背景的人的认可度标准分值变化趋势

现对"综合分析""思维发展""逻辑推理""批判创新"方面的相关研究指标数据做如下分析(见表 1-15 及表 1-16)。在"综合分析"思维发展方面,以大学生"在数据基础上得出自己的结论"为主要观测指标。2018—2019 年的大学生自评结果显示,有超过 70% 的学生认为他们能够在数据基础上得出自己的结论,均值 2018 年为 3.84 分,2019 年为 3.90 分(见表 1-16)。其中,近五分之三的学生同意其能够在数据基础上得出自己的结论,有将近五分之一的学生完全同意自己能够在数据基础上得出自己的结论,也有约五分之一的学生不确定自己是否具备该能力和水平,这表明站在学生的视角来看,我国大部分大学生具备在数据基础上得出自己结论的能力(见表 1-15、图 1-15)。

表 1-15　2018—2019 年我国大学生创新批判能力认可度

单位:%

指标	完全不同意		不同意		不确定		同意		完全同意	
	2018 年	2019 年	2018 年	2019 年	2018 年	2019 年	2018 年	2019 年	2018 年	2019 年
我会在数据基础上得出自己的结论	0.80	0.70	3.60	2.90	22.30	19.80	57.50	58.50	15.80	18.20
我会尝试对专家的观点提出质疑	1.70	1.50	9.20	8.40	39.20	38.20	39.10	40.00	10.80	11.90
我会检查论著作者提出的结论是否符合逻辑	1.50	1.30	8.30	7.00	31.00	29.20	47.00	48.90	12.20	13.70
我会将自己的观点与该主题的权威观点进行比较	1.10	1.00	5.20	4.30	23.20	20.90	56.60	58.10	13.90	15.70

表 1-16 2018—2019 年我国大学生创新批判能力自评情况

指标	2018 年(N＝80457)			2019 年(N＝150141)		
	均值	标准差	同意度百分比/%	均值	标准差	同意度百分比/%
我会在数据基础上得出自己的结论	3.84	0.76	71.00	3.90	0.74	72.50
我会尝试对专家的观点提出质疑	3.48	0.87	62.00	3.52	0.87	63.00
我会检查论著作者提出的结论是否符合逻辑	3.60	0.86	65.00	3.67	0.84	66.75
我会将自己的观点与该主题的权威观点进行比较	3.77	0.79	69.25	3.83	0.77	70.75

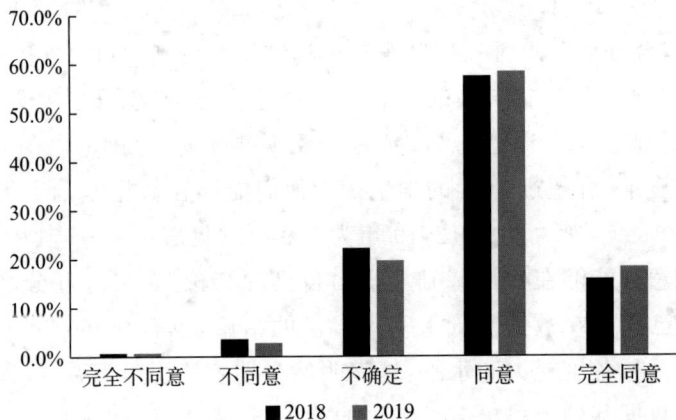

图 1-15 2018—2019 年我国大学生会在数据基础上得出自己结论的同意度百分比

在"逻辑推理"方面,以大学生"检查论著作者提出的结论是否符合逻辑"为观测指标,评分显示有 65% 左右的学生同意他们会检查论著结论的逻辑性,均值 2018 年为 3.60,2019 年为 3.67(见表 1-16)。其中,近半数的学生同意自己会检查论著作者提出结论是否符合逻辑,超过 10% 的学生完全同意这一说法,同时仍有约 30% 的学生还不确定自己是否会这么做。近 10% 的学生不同意甚至完全不同意自己会检查作者提出结论是否符合逻辑。这一自评数据现象表明我国仍有小部分大学生不具备逻辑推理和批判意识,高校应对此予以重视(见表 1-15、图 1-16)。

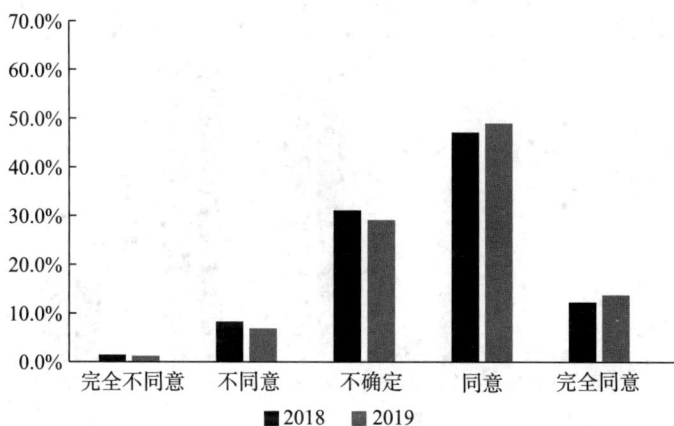

图 1-16　2018—2019 年我国大学生会检查论著作者提出结论是否符合逻辑的同意度百分比

在"批判创新"方面,有大学生"尝试对专家的观点提出质疑"和"将自己观点与该主题的权威观点进行比较"两个指标。截至 2019 年,63％的学生同意"会尝试对专家观点提出质疑",均值为 3.52(见表 1-16);约五分之二的学生同意其会尝试对专家的观点提出质疑,超过 10％的学生完全同意,同时也有近五分之二的学生并不确定自己是否会尝试质疑专家的观点,有约 10％的学生不同意甚至完全不同意自己会尝试质疑专家的观点(见表 1-15、图 1-17)。这一数据现象反映出我国部分大学生仍旧缺乏质疑精神,且对于是否质疑专家观点持模棱两可态度的学生比例将近 40％,我国高校应进一步鼓励学生勇于质疑,坚持真理,培养学生的批判和质疑精神。70.75％的学生同意"会尝试将自己的观点与该主题的权威观点进行比较",均值为 3.83(见表 1-16)。其中有近 60％的学生同意自己会这么做,有不到 20％的学生完全同意,同时也有约五分之一的学生不确定是否会将自己观点与该主题权威观点进行比较,不同意甚至完全不同意的学生约占 5％(见表 1-15、图 1-18)。整体来看,我国大部分大学生具备将自己的观点与该主题权威观点进行比较的能力,但是高校仍应对此继续重视。

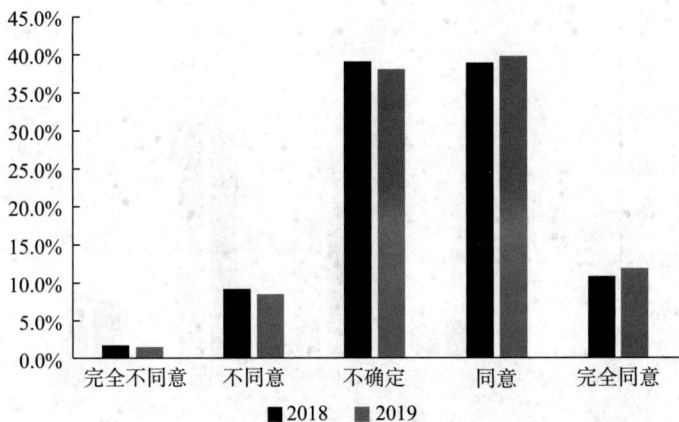

图 1-17　2018—2019 年我国大学生会尝试对专家观点提出质疑的同意度百分比

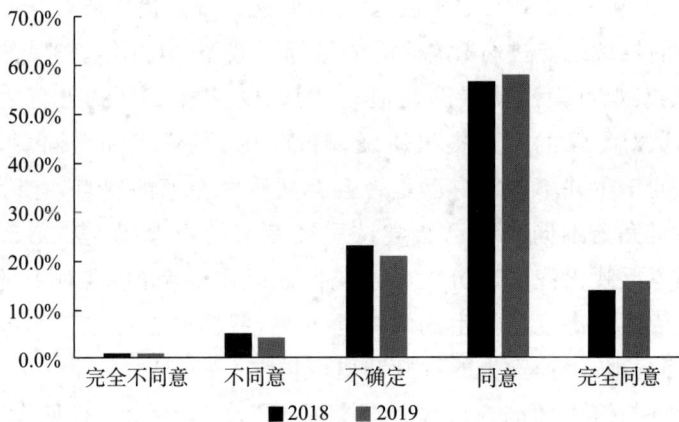

图 1-18　2018—2019 年我国大学生会将自己的观点与该主题权威观点进行比较的同意度百分比

　　总体而言,大学生通过大学学习促进了他们不同层次思维能力的发展。从表 1-16 可以看出,大约 2/3 的大学生认为他们在认识理解、综合分析、逻辑推理以及批判创新方面都具备了一定的能力,达到了一定的水平。从各项能力指标的自评均值看,总体仍处于中等水平。学生评价的结果反映了本科教育对大学生思维品质重视程度和培养能力的不足。如前所述,大学生是文化传承与创新的重要载体,大学生思维活跃,拥有相对系统的学科/专业知识与能力。大学本科教育阶段是大学生思维能力和水平上升的关键时期。在这个时期,大学教育应采取有效的教学方式和手段,促进大学生思维品质的提升,从不同层面,锻炼大学生对复杂问题、抽象问题的理解能力、分析能力以及批判创新能力。

五、"国合交流"的指标解读与趋势变化

"国际合作与交流"是伴随高等教育国际化发展趋势,而延伸出来的大学新的重要使命。积极开展"国际合作与交流",是我国高等教育人才培养面向世界、迎接挑战、展现自信的重要体现。2012 年,教育部颁布《关于全面提高高等教育质量的若干意见》中对高等教育国际合作与交流,提出要积极引进优质资源,大力实施走出去战略、全面实施留学中国计划的三项建议;2017 年国务院印发《统筹推进世界一流大学和一流学科建设总体方案》也提出要加强高等教育国际合作与交流,不断提升大学的国际化办学水平。当前,我国高等教育人才培养的国际合作与交流日益频繁,与世界高水平大学合作开展学生交换、学分互认、联合培养等项目已渐成趋势,未来,也将持续推进并不断深化。

我国大学生参与国际交流与合作的学习经历,可以从一定程度上反映我国高校"国合交流"的进展与开放程度。数据显示,2011 年虽然有近一半的学生认为学校制定了鼓励学生外出交流的政策,但参加国外交流学习的学生人数仍然仅占总人数的 4.9%,大多数学生(占比 89.8%)仍主要是参与国内的交流学习(见图 1-19)。

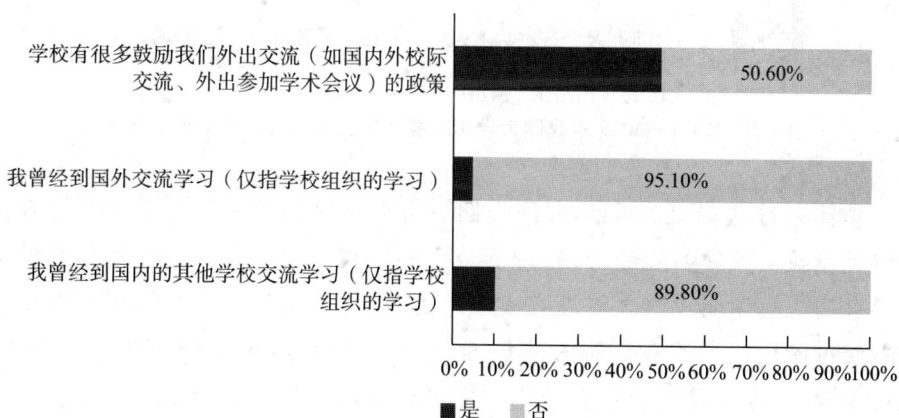

图 1-19　2011 年我国大学生是否有国内外交流经历自评情况

2012 年开始,项目组对"大学生参加学校组织的国内外交流学习经历"的考察重心,从"有无"转向了"频次统计"。2012—2019 年的追踪调查数据显

示,我国大学生到境外交流学习的经历次数发生了积极的变化(见图 1-20)。特别是"没有境外交流学习经历"的学生占比,在 2012—2019 年间呈下降趋势。特别是从 2017 年开始,没有境外交流经历的学生占比下降趋势明显,有过 2 次及以上境外学习经历的学生占比呈明显的上升趋势。还有一部分学生拥有 5 次及以上境外交流学习的经历。相比较而言,我国大学生到国内其他学校参与交流学习的次数,仍然居多。共同的特征是,从 2017 年开始,我国大学生"没有到国内其他学校参与交流学习"的人数比例也呈明显的下降趋势,参加过 1~5 次交流学习的学生比例明显增多(见图 1-21)。

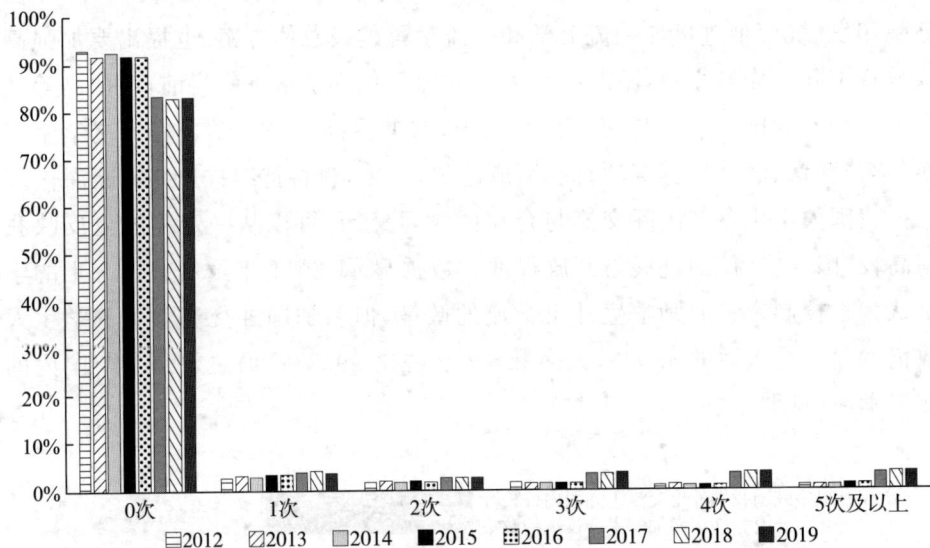

图 1-20 2012—2019 年我国大学生到境外交流学习经历次数变化趋势

整体来看,截至 2019 年,我国仍旧有近四分之三的大学生从未有过在国内其他学校交流学习的经历,超过五分之四的大学生从未有过到境外交流的学习经历。这说明我国高等教育人才培养的"国际交流与合作",仍然处于比较初级的阶段。高校意识到人才培养的国际化趋势,也在积极拓展和跟进。从 2017 年数据所发生的积极变化中可以窥探出高校所做出的积极努力。但人才培养国家化进程的推动,在政策制定、办法实施、项目落地,以及学生参与度扩展延伸方面,仍存在很多具体的问题和障碍,需要逐步解决。高校可以依托国家宏观层面的政策支持,从"内涵建设"和"外部延伸"两个方面,积极探索人才培养国际化的有效路径和实施办法,尽可能充分利用国际教育资源,搭建

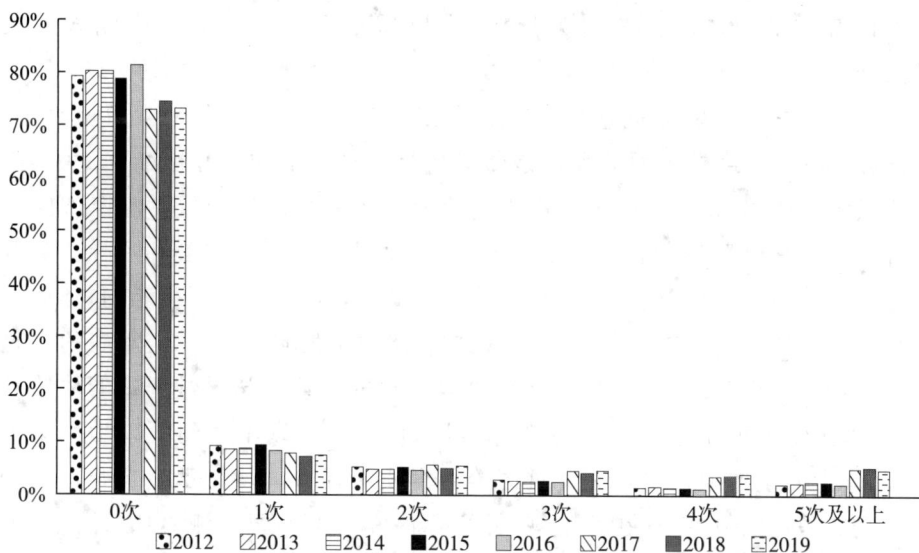

图 1-21　2012—2019 年我国大学生到国内其他学校交流学习经历次数变化趋势

国际交流与合作平台，从数量上增加大学生国合交流的参与度，从质量上提升大学生国合交流的教育品质。

第二节　教育现代化视域的发展维度

一、现代化进程与大学生学情

（一）关注大学生学情是提升高等教育质量的应有之义

《国家中长期教育改革和发展规划纲要（2010—2020 年）》（以下简称《纲要》）指出，优先发展教育、提高教育现代化水平，对建设现代化国家具有决定性意义。提高质量是教育改革发展的核心任务，是建设高等教育强国的基本要求。《纲要》和教育部《全面提高高等教育质量的若干意见》都提出，要提高人才培养质量，牢固树立人才培养在高校工作中的中心地位。树立科学的质量观，把促进人的全面发展、适应社会需要作为衡量教育质量的根本标准。树立以提高质量为核心的教育发展观,走以质量提升为核心的内涵式发展道路。①

　　高等教育的质量首先应该是学生的发展质量,学生在整个学习历程中,在认知、技能、态度等方面的收益是衡量高等教育质量的核心标准。② 大学生是质量的主体,其就读经验可以作为高等教育质量和评价的重要监控依据。③ 高等教育的首要而基本的职能是育人,学生是教学活动的中心和主导。高等教育质量的内涵,很大程度上等同于学生的培养质量。对大学生参与、体验高等教育学习情况的调查是进行学生发展研究的出发点,④对学生发展的全过程进行调查研究,关注学生在学期间的学习质量和整个学习过程中的体验和活动,基于学生视角去探讨高等教育质量如何,才是真正做到了以学生为中心,从学生的主体地位出发去促进高等教育质量提升。虽然学生自我评价的数据只能是近似数据(存在价值观、社会称许性),不如智力测验那么可靠,但是已有研究表明二者并不存在显著差异。⑤

　　对高等教育质量的关注,经过了一个渐进的过程,最终形成了以学生发展为中心的视角。质量是高等教育的核心,提高教育质量是高等教育发展的根本目标,而高校办学质量和人才培养质量的最本质的体现就是学生的学习质量。从国外情况来看,对高等教育质量的界定,经历过从关注投入性指标如各种人财物力等作为衡量标准,到关注以学生为中心的产出性指标,如学生的学习收获、在学体验等。我国也面临着同样的情形,"传统的学校评估和大学排行榜往往侧重学校的师资力量、科研成果、经费、规模等,对作为高等教育主体的大学生关注很少,对高校的实际教学情况重视不够,忽视全面提高高教质量的基础——培养人才职能,无法为改进高校教学工作提供直接的依据"⑥。高校应重视大学生成长规律,改变人才培养质量与评价看重办学条件而不看重

① 国家中长期教育改革和发展规划纲要(2010—2020 年)[EB/OL].[2019-10-17].http://old.moe.gov.cn/publicfiles/business/htmlfiles/moe/info_list/201407/xxgk_171904.html.
② 陈玉琨,杨晓江,等.高等教育质量保障体系概论[M].北京:北京师范大学出版社,2004:59.
③ 周作宇,周廷勇.大学生就读经验:评价高等教育质量的一个新视角[J].大学(研究与评价),2007(01):27-31.
④ 文静.大学生学习满意度:高等教育质量评判的原点[J].教育研究,2015,36(01):75-80.
⑤ Pike G R. The Relationship Between Self Reports of College Experiences and Achievement Test Scores [J]. Research in Higher Education,1995,36(1):1-21.
⑥ 史秋衡,郭建鹏.我国大学生学情状态与影响机制的实证分析[J].教育研究,2012(02):109-121.

学生认知情感共同成长的现状,全程化、全方位地构建提升学习质量的大学生成长路径,使立德树人落到实处。①

（二）基于大学生学情的高等教育质量提升推进教育现代化的实现

《中国教育现代化 2035》将"基本理念"单列一节,系统提出了推进教育现代化的八大基本理念:更加注重以德为先,更加注重全面发展,更加注重面向人人,更加注重终身学习,更加注重因材施教,更加注重知行合一,更加注重融合发展,更加注重共建共享。② 这八大基本理念,遵循了教育规律和人才成长规律,也顺应了国际教育发展趋势。③ 对大学生学情的关注和研究正是基于对学生的成长规律的探索,为达到促进学生全面发展和终身发展的最终目标,关注学生在学习过程中的学习能力、创新能力、人际交往、品德修养等综合素质各方面的培养和塑造,这实际上与推进教育现代化的基本理念高度契合,也必将推动实现现代化建设的前进步伐。

"今天,党和国家事业发展对高等教育的需要,对科学知识和优秀人才的需要,比以往任何时候都更为迫切。"④现代化的本质是人的现代化,从人的现代化到社会的现代化,再到国家的现代化是一个持续过程,因此,对人的成长成才的关注是现代化进程中的必然趋势。面对新时代背景下高等教育强国建设的基本要求,高校应以立德树人为根本任务,实现全过程全方位全员育人。关注大学生学习情况,开展大学生学习情况的调查研究,探究大学生在学期间所面临的学业收获和压力,学校适应和学习投入,学习观念和风格,能够进一步把握学生成长过程中的问题和规律,最终达到学生在高等教育阶段的学习过程和学习体验等方面全方位提升的良好局面,大学生的学习质量得到整体提升,最终成长为德智体美劳全面发展的人才。学生的成长成才,走向社会能够肩负起民族复兴的时代重任并为之提供智力支持,创新引领教育现代化和社会现代化的实现。

大学生学习质量的提高意味着高等教育质量的本质提升,质量是推动教

---

① 史秋衡. 大学生学习情况究竟怎样[J]. 中国高等教育,2015(Z1):68-70.

② 中共中央、国务院印发《中国教育现代化 2035》[EB/OL]. [2019-10-17]. http://www.xin-huanet.com/politics/2019-02/23/c_1124154392.html.

③ 教育部负责人就《中国教育现代化 2035》和《加快推进教育现代化实施方案(2018—2022年)》答记者问[EB/OL]. [2019-10-17].http://www.xinhuanet.com/politics/2019-02/23/c_1124154488.htm.

④ 习近平. 在北京大学师生座谈会上的讲话[N]. 光明日报,2018-05-03 (2).

育现代化进程的根本抓手,并从本质上推动教育现代化进程。基于大学生学习情况的高等教育质量提升,能调动高等教育利益相关者的积极性,以学生为中心,优化学校的教学活动、管理制度等,对于促进课程改革,提升教学水平,完善学科专业发展结构布局,改进高等教育服务质量等具有重要意义。此外,对新工科建设、医学教育等学科专业学生群体学习情况的重点关注,也可以在关键节点上助力教育现代化的快速实现。

(三)从教育质量提升到教育现代化再到教育强国建设的逻辑进程

"提高质量是高等教育发展的核心任务,是建设高等教育强国的基本要求,是实现建设人力资源强国和创新型国家战略目标的关键。"①质量是高等教育强国的质的规定性之一,建设高等教育强国必须全面提高高等教育质量。社会现代化的本质是人的现代化,人的现代化要以教育现代化为前提,要不断实现从教育大国向教育强国迈进,促进人的全面发展和成长成才。就教育现代化的概念来说,不仅仅是外在的,如学校建筑如何,硬件设施设备如何;更不是单纯关注一些量化指标性的问题,如教师学历结构、毛入学率等;而应关注教育现代化的深刻内涵,如学生的学习方式、学习观念和态度,学生的能力、素质、品性,学生的发展、成长和成功等。因此,基于大学生学情促进高等教育整体质量的提高,是实现高等教育现代化、建设高等教育强国的基础。

"教育兴则国家兴,教育强则国家强。"②党的十九大开启了加快教育现代化、办好人民满意教育、建设教育强国新征程。"建设教育强国是中华民族伟大复兴的基础工程,必须把教育事业放在优先位置,加快教育现代化,办好人民满意的教育。"③党的十九大提出了到 2035 年基本实现社会主义现代化、到 21 世纪中叶把我国建成富强民主文明和谐美丽的社会主义现代化强国的两个阶段划分的战略部署,④体现了建设教育强国与建设现代化强国的目标具有一致性,教育优先发展战略对全面建设社会主义现代化强国的先导性和

①　史秋衡,郭建鹏. 我国大学生学情状态与影响机制的实证分析[J]. 教育研究,2012(02):109-121.

②　习近平. 在北京大学师生座谈会上的讲话[N]. 光明日报,2018-05-03 (2).

③　习近平. 决胜全面建成小康社会夺取新时代中国特色社会主义伟大胜利——在中国共产党第十九次全国代表大会上的报告[R]. 北京:人民出版社,2017:45.

④　习近平. 决胜全面建成小康社会夺取新时代中国特色社会主义伟大胜利——在中国共产党第十九次全国代表大会上的报告[R]. 北京:人民出版社,2017:28.

基础性地位。[①]

　　从教育现代化与社会现代化关系来看,教育现代化是社会主义现代化建设的重要组成部分,教育现代化是全面现代化的坚强支撑,教育现代化对社会现代化建设发挥着引领和助推的基础作用,从教育的现代化到促进国家和社会的现代化建设是一个逐步递进的过程。教育率先现代化既是国家决策的战略部署,也是实现国家现代化的必然选择。[②] 从教育现代化与教育强国关系来看,教育现代化的过程是为了达到建设高等教育强国的目标。同时,教育现代化是达成教育强国建设目标的手段和重要支撑。教育强国是发展的结果和目标,是教育现代化的结果;而现代化是一个过程,是通往教育强国的整个变化过程。

二、现代化进程在大学生学情的指标映照

(一)对大学收获的关注是从学生视角对教育质量的衡量

　　"读大学能让大学生收获什么?"这个问题本身涵盖的一个期望和预设是:读大学能够让大学生收获到一定的东西,也就是大学生涯使得学生累积到的一系列变化,诸如知识、能力、情感、价值等。与传统的质量评价不同,大学生学习收获是衡量高等教育质量的新理念和视角。[③] 这个观点也被称之为增值价值观。增值或者收获越大,代表着高等教育的质量越高。对于大学生学习收获可分为学术性成长和社会性成长,学术性成长主要体现为对专业知识和技能的掌握,社会性成长主要体现为国际视野、多元文化意识、合作沟通以及社会适应能力等。[④] 其中,如果以学生的学业成绩来评价高等教育质量,一般采用结果性客观性的测评方式;而学生在学期间的收获,则是以学生主观自评的方式来衡量的。学习收获是学生对自身大学期间所增长的知识的内容和结构、阅历见闻、能力素养、情感体验等所有因素的整体性和综合性的评价。学

---

① 钟贞山. 以人民为中心的教育现代化:理论、实践与内涵实现[J]. 国家教育行政学院学报,2018(01):56-61.

② 史秋衡. 教育率先现代化:实现国家现代化的必然选择——纪念邓小平"三个面向"题词30周年[J]. 教育研究,2013,34(09):4-11,32.

③ 汪雅霜. 大学生学习投入度对学习收获影响的实证研究——基于多层线性模型的分析结果[J]. 国家教育行政学院学报,2015(07):76-81.

④ 杨院,李艳娜,丁楠. 大学生学习投入类型及其与学习收获关系的实证研究[J]. 高教探索,2017(03):74-77.

习收获的大小与高等教育质量高低有着直接的联系,学生作为高等教育的中心,所体验到的收获大小是观测高等教育质量的直接参照标准。

(二)大学生对高校的满意度高低勾勒出高等教育发展的总体容貌

大学生学习满意度是对大学期间教育教学过程的一种反馈,大学生通过感知大学教学、学习过程形成的满意度是学生主体对高等教育质量的评价,是从大学生视角关注高等教育质量。[①]"以大学生为主体,通过学习满意度的测评,可反映其所在院系制度建设的效果,从多方面折射出高等教育质量管理的现状,给进一步提升高等教育质量作出参照。"[②]

学生对所学专业的满意度,是对高校所进行的最主要的育人和教学活动的总体评价。学生主观性的体验和满意度反馈,能够反映出一定的实际问题和共性问题,关注学生对所学专业的满意度高低,对比各个专业满意度的情况,深究产生不同满意度水平的原因,是一种遵循着从教育教学的实践中发现问题,并促进问题解决的整体路径,本质上是一种科学的认识论和方法论。学生对不同专业的满意度水平不同,这种差别能够促使对高校专业设置和结构调整、专业建设和发展规划、学校的特色专业和优势专业发展方向、专业建设效果评估等,起到重要的指示作用。

学生对学校任课教师满意度的高低,体现在师生互动和师生关系中,学生所体验到的满意程度。人际互动中的体验和感受如何、人与人之间交流相处状态一定程度上可以反映社会现代化的程度。同时,由于师生关系相较于人与人之间的基础关系更为特殊,教师的言谈举止、教学风格与方法等都对正处于知识能力增长、世界观价值观人生观转变过程中的大学生影响深远。所以,从这个角度来说,给予大学生主体评价教师教学行为的权利,关注大学生对任课教师的满意度高低,更能体现出我国在教育强国建设和现代化的进程中,对大学生的主体地位和主体权利的关切。研究学生对教师满意度上的趋势变化,有利于发挥生评教的引导作用,对学校教育教学活动,包括教师教学能力、教师队伍结构、教学方法、教学技术手段等各个方面,起到一定的促进改善作用。

学生对个人目前学习情况的自评,是学生基于主体视角,对高等教育质量、学生培养情况、个人学习状况的整体呈现。关注大学生对自身学习情况满

---

① 文静. 大学生学习满意度:高等教育质量评判的原点[J]. 教育研究,2015,36(01):75-80.

② 史秋衡,文静. 大学生学习满意度测评逻辑模型的构建[J]. 大学教育科学,2013(04):53-60.

意与否,意味着学生进入大学前对接受高等教育阶段个人的学习情况有着预期和规划。满意度高,则表示学生对自己的学习学业规划、学习效果、大学适应情况、学业压力应对、学习方式、学习效率和效果等有一个较积极和正面的自我感受和体验。反之,则说明学生在个人学习情况上面临着一定程度的不满意、压力或者困难,这种情况可能与学生个体层面、教师教学层面、学校管理服务层面有着一定的关系。其逐年的变化趋势以及与对所学专业、任课教师的对比情况,可以反映出近年来的大学生学习情况的发展规律,大学生的主体意识、学习能力、对教育资源和教育情况的诉求。深究其中原因,从学生、教师、学校等角度针对性采取相应的措施,改善学生的学习状况,提高学习质量,进而促进高等教育质量提高,推动现代化进程的快速实现。

学生对所在学校的总体满意度情况,反映出学生作为高等教育的享受者、亲历者,对高等教育活动发生的机构本身的综合评价。分析学生对所在学校总体满意度连续多年的变化趋势,可以把握现代化进程中,学校在服务学生、提升学生体验品质、提高高等教育质量等方面的总体水平和未来走向。关注全国大学生对所在学校的总体满意度,分析近年来的趋势变化,能够反映当前高校发展建设的整体水平,对了解高等教育现代化建设和教育强国建设的进度状况,提供有效的参照。同时,分析趋势变化的影响因素和背后原因,有助于解决现代化进程中的症结和关键节点性问题,对促进教育现代化建设有重要作用。当前,我国"双一流"建设在推进教育现代化和教育强国建设上发挥重要作用,对不同类型高校的满意度情况及其趋势进行分类研究,可作为对"双一流"建设和推进教育现代化建设的成效和问题的重要参照物;此外,深入分析不同年级、不同专业学生对所在学校的满意度的情况并做对比研究,则可进一步把握细化分类下的群体和个性化特征。

(三)大学生学校认同感和归属感反映出高等教育服务质量好坏

如果重新选择,是否选择这所大学,这个指标无论对在校生还是毕业生都是有效的。新生入学时对学校的最初印象,再到高年级学生对所在学校认识的深入,再到毕业生对母校的感情,在这个指标中,反映了学生对学校是否有认同感、归属感。学校在学生心中的情感价值和社会价值的高低,与学生在大学期间的一切学习活动、校园生活紧密相关,并在无形之中影响着学生在校期间的行为表现、社会人际、精神状态、学习态度等。人的精神风貌和内心世界,是从微观层面去检验现代化建设水平和程度的重要参考指标。关注学生是否还会选择这所学校的人数比例、趋势表现,是从精神层面关注学生学习和成长的深刻表现。挖掘学生是否愿意重新选择这所学校的原因，可以针对性的改善学校的质量和水平，避免出现学生对大学的憧憬与现实之间存在落差的负面情况。

三、现代化进程映照在大学生学情的指标趋势变化

21世纪以来，我国高等教育经历了数量剧增到质量提升的发展历程。近十年来，加强大学内涵建设、提升人才培养质量、推进教育现代化一直是高校教育改革的主旋律。众多改革举措的成效如何，有效的检验指标和绩效评估办法很多，而且这方面的探索也还在持续进行中。立足高等教育培养人才这一根本职能，则大学生的学习情况、学习体验与院校满意度是映照高等教育质量与现代化进程的最直观指标。基于此，课题组连续九年（2011—2019）组织开展大规模学情调查，调查分析大学生对大学期间的学习收获的自我评价，深入了解大学生对所学专业、任课老师、自己学习状况的满意度情况，对于自己就读院校的满意度评价，由此来观测、反映高等教育现代化建设成效在受教育者群体中的具体表现。

调查结果可以从宏观角度把握我国高等教育质量、专业建设、师资队伍、教育教学、学习支持体系等的发展状况，查摆其中的问题和短板，对教育现代化和整个社会的现代化建设将有重要意义。

（一）大学生学习收获评价：总体上升趋势明显，年度存在差异

大学生的大学学习收获是高等教育质量的核心衡量指标，表1-17是2011—2019年我国大学生对"读大学收获很大"的自评数据，包括各年度的人数、均值、标准差、同意度百分比。表1-17显示我国大学生对"读大学收获很大"的自评均值逐年增加，从2011年的4.17上升至2019年的4.79；标准差逐年下降趋势明显，2011年至2019年标准差由1.14下降到0.92。显然，大学生对学习收获的正向评价逐年升高且集中趋向凸显，说明大学对于大学生的学习成长支持力度在不断提升，且校方的这种努力已经被学生所感知并在他们身上得到体现。这从该选项的同意度百分比数据趋势得到进一步佐证。图1-22是根据调查对象对"读大学收获很大"的同意度百分比标准分绘制的年度变化趋势图，由2011年的63.4%上升到2019年的75.8%，九年间上升了12.4个百分点，增长速率虽然有所不同，但总体上升趋势十分明显。这表明近十年来，从大学生主观感知的学习收获维度上，高等教育质量确实不断改善，值得称道与欣喜。

表 1-17 2011—2019 年我国大学生对"读大学收获很大"的自评情况

年份	人数	均值	标准差	同意度百分比/%
2011 年	74687	4.17	1.14	63.4
2012 年	59032	4.38	1.07	67.6
2013 年	70226	4.42	1.08	68.4
2014 年	48958	4.47	1.05	69.4
2015 年	121133	4.60	1.03	72.0
2016 年	77102	4.66	0.98	73.2
2017 年	72456	4.72	0.99	74.4
2018 年	80457	4.72	0.95	74.4
2019 年	150141	4.79	0.92	75.8

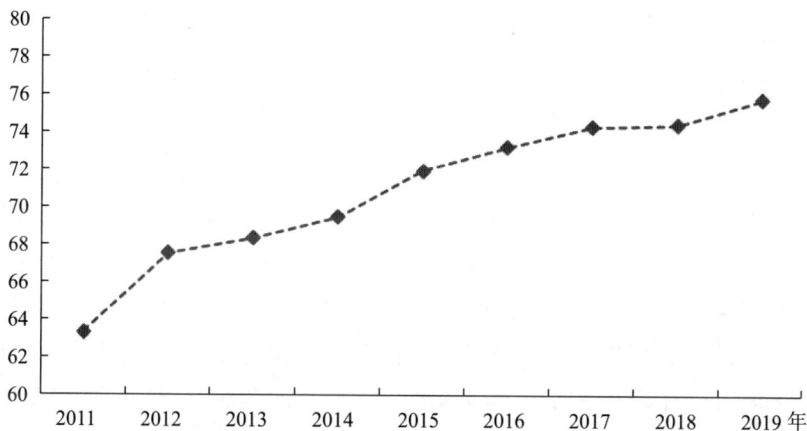

图 1-22 2011—2019 年我国大学生对"读大学收获很大"的认可度标准分值变化趋势

再细看表 1-17 中九年间调查数据变化,以 2015 年作为中位年份,前五年 (2011—2015)的均值从 4.17 增长到 4.60,净增 0.43;后五年(2015—2019)的均值从 4.60 增长到 2019 年的 4.79,净增 0.19,前后五年的增幅差异十分显著。同样地,同意度百分比的上升幅度前后五年之间的差异也很显著,从 2011 年的 63.4% 到 2015 年的 72.0%,上升了 8.6 个百分点;而后五年 (2015—2019)的百分比从 72% 上升到 75.8%,只上升了 3.8 个百分点。这背后深层的原因与机制值得进一步深入探讨。可能的解释是由于前五年,随着招生规模相对稳定,教育行政主管部门与各高校重视加大资金投入,改善硬件设施与技术支撑,办学条件的改善见效明显,大学生们亲身亲历,感觉增长了见识,开阔了视野与眼界,对于学习收获的评价随之提升。而到了后期 (2016—2019 年),学校管理改革与质量提升就要深入"深水区",即涉及学科专业建设、师资队伍优化、课堂教学改革、实践实训安排等内涵建设领域,这些方面的改革阻碍多、难度大、见效慢,因而在学生学习收获指标上呈现出相对缓慢的"高原"式态势。

看到上升趋势的同时,我们还应当理性看待大学生学习收获的真实情况,即便是 2019 年的最高值,认同自己"读大学收获很大"的学生也只有 75.8%,均值为 4.79(4 为基本满意,5 为满意,6 为非常满意),也就是达到中等水平。就是说还有 24.2% 的学生不认可上大学有很大收获,这是一个不可忽视的庞大群体,应当引起社会、政府、高校及学生等各方高度关注与重视。

该指标的变化趋势情况可以说是我国教育现代化建设的一个局部缩影,教育的现代化进程中,我们不仅关注高等教育的外延建设,更注重的是内涵发展,这也是提高高等教育质量的核心要义。单纯的规模扩张方式只能达到短期效益,而对照我国的高等教育强国建设的长远目标来说,对内涵和质量的把握仍需要不断加强。

(二)大学生对专业与师资的满意度状况:呈缓慢提升态势,师资略优于专业

大学生的学习体验与主观满意度是对大学教育教学与学习实践情况的直接反馈。大学是高等专门性教育,专业是大学阶段学习钻研的核心领域,对所学专业是否满意相当程度上标识大学生学习投入状态,另外,与大学生日常接触交往最多的就是任课教师,"亲其师,信其道",对任课教师是否认可与满意也直接影响大学生学习积极性与创造性。为此,课题组于 2013—2019 年连续七年就大学生对"所学专业""对学校任课教师"的满意度开展调查,题项按六级计分,从 1 到 6 为从"非常不满意"到"非常满意",得分在 4 以上则表示在该维度上"基本满意"。调查结果见表 1-18。

表 1-18　2013—2019 年我国大学生学习满意度自评情况描述统计

年份	项目	我对所学专业的满意度	我对学校任课教师的满意度	我对自己现在学习情况的满意度
2013 年 (N=70226)	均值	4.00	4.20	3.82
	标准差	1.09	0.95	1.11
	标准分	59.96	63.98	56.38
2014 年 (N=48958)	均值	3.99	4.23	3.80
	标准差	1.10	0.94	1.13
	标准分	59.70	64.68	56.00

续表

年份	项目	我对所学专业的满意度	我对学校任课教师的满意度	我对自己现在学习情况的满意度
2015 年 （N＝121133）	均值	4.12	4.35	3.93
	标准差	1.08	0.93	1.12
	标准分	62.44	67.02	58.48
2016 年 （N＝77102）	均值	4.14	4.40	3.93
	标准差	1.05	0.90	1.10
	标准分	62.82	68.02	58.60
2017 年 （N＝72456）	均值	4.21	4.46	3.95
	标准差	1.08	0.95	1.15
	标准分	64.22	69.12	59.04
2018 年 （N＝80457）	均值	4.22	4.48	4.00
	标准差	1.06	0.93	1.12
	标准分	64.48	69.66	59.90
2019 年 （N＝150141）	均值	4.32	4.56	4.09
	标准差	1.04	0.92	1.09
	标准分	66.36	71.34	61.84

从表 1-18 可见,2013—2019 年我国大学生对所学专业、学校任课教师的满意度得分均值、标准差与标准分,大学生对所学专业的满意度均值由 2013 年的 4.00 上升至 2019 年的 4.32,净增 0.32 分;标准分值由 59.96(2013 年)上升至 66.36(2019 年),净增 6.4 个百分点,目前处于合格水平线。从年度发展走势看,总体上是缓慢、低速的渐长,其间还有微弱的起伏回落,比如 2014 年(3.99)的均值稍低于 2013 年(4.00);标准差数值的起伏状况更明显些,表明大学生中对于所学专业的满意度存在较大的个别差异。这是符合客观事实的,表明调查真实可信。表 1-18 显示,我国大学生对学校任课教师的满意度自评呈现相对均衡的逐年缓慢上升趋势,均值得分由 4.2(2013 年)上升至 4.56(2019 年),净增 0.36 分;标准分值由 63.98(2013 年)上升至 71.34(2019 年),净增 7.36 个百分点,刚刚达到中等水平线。

从所学专业和任课教师两个指标的满意度得分相比,大学生对任课教师的满意度高于所学专业,到 2019 年,任课教师的满意度进入中等水平(标准分＞70%),而专业的满意度还处于合格水平(标准分＞60%)。但是,若从七年间两个指标的得分增幅上考察,则二者不相上下,相差无几,大学生在专业与任课教师上的满意度均值分别增长为 0.32 和 0.36,彼此相差 0.04。这说明专业内涵建设、教师队伍优化、课堂教学改革等还有较大提升空间,七年间高校在这些领域所作的努力取得的进展与成效显示度还不是很高。

同时,从专业和教师满意度指标趋势变化也反映出我国现代化建设的趋势向好,但是目前整体发展水平需要不断提升。现代化进程落实到微观层面,便是从具体的观测指标着手,挖掘出影响大学生满意度高低的重要因素,并依此对相关问题加以改善,以期克服现代化建设过程中可能出现的问题,总结高等教育质量提升的经验教训,实现教育强国梦。

(三)大学生对自己学习情况的评价:呈极低速渐长走势,总体状态向好发展

大学生是学习与教育的主体,所有外在促进高等教育质量提升的措施和手段都只是"外因",最终都需要通过大学生主体这个"内因"才能起作用。表1-18中第三列数据是关于大学生对于"自己现在学习情况"的满意度自评得分情况,大学生对自己学习情况的满意度均值由 3.82(2013 年)上升至 4.09(2019 年),标准分值由 56.38(2013 年)上升至 61.84(2019 年),目前刚刚达到合格水平线。

从数据变化情况看,大学生的学习情况自评得分在调查的七年当中总体上呈现极低速很缓慢的增长走势。这表明大学生的学习情况在逐渐改观,他们对于自己学习情况的反观反思也在逐渐向好发展。

表1-18 数据显示,2013—2017 五年间,满意度得分均值全部低于 4 分("基本满意"),一直到 2018 年满意度均值首次达到 4.00,也就是总体达到基本满意状态,到了 2019 年,均值达到 4.09。一年之间均值净增 0.09,标准分净增 1.94 个百分点,相比 2013—2017 五年间的极低速增幅来说,这个增长速度是很可观的。为什么在 2018 到 2019 会出现这样的跃升呢?对此可能的解释是,2018 年 6 月教育部在四川大学召开全国本科教育工作大会,再次吹响了加强本科教育质量的号角,会上提出的"四个回归"直指教师要提升教学质量,学生要回归本分刻苦勤奋学习,之后各大高校都在如何激发学生学习内驱力上狠下功夫,抓牢导向,树立典型,提供支持与保障体系,推动大学生专心学习刻苦学习。在这股潮流下,大学生们廓清模糊认识,确立目标,用功学习,所以对于自己的学习情况有了比较明显的肯定性评价。

所学专业、任课教师与学生自身学习状态之间是一个动态的有机整体,它们之间内在紧密相连,共同影响大学生的学习成果。图 1-23 呈现了大学生对所学专业、任课教师和自己学习情况的满意度评价年度变化走势,若对这三项满意度进行排序,从高到低依次是对学校任课教师的满意度最高,对所学专业

的满意度次之,对自己学习情况的满意度最低。这个调查结果提示我们,大学生是大学教育的主体,他们是否积极参与和投入,决定高校教育教学管理改革与质量工程建设的产出成效,任何改革举措都应当充分考虑"大学生"维度的需要、体验与满意度感受。

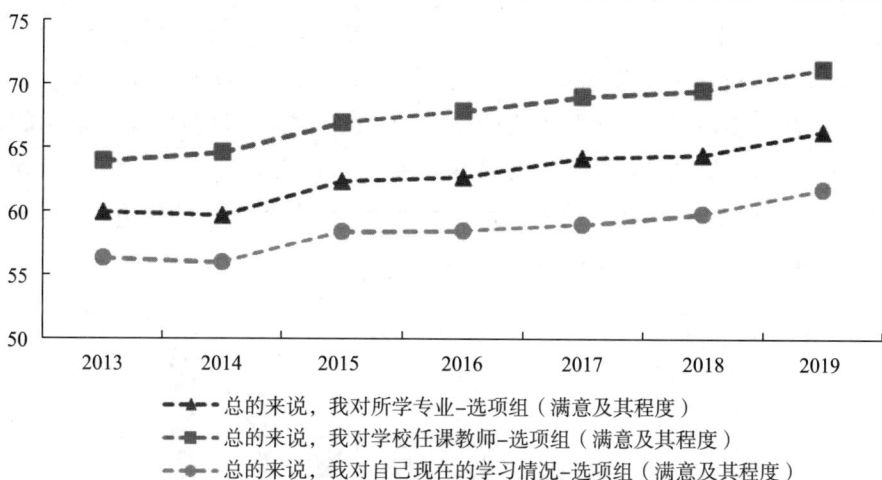

图 1-23　2013—2019 年我国大学生总体满意度自评情况标准分值的变化趋势

　　教育现代化的过程也即人的现代化,人的主体地位仍然要得到尊重、关注。在高等教育系统中,大学生最主要的活动和最根本的任务是学习、成长和全面的发展,大学生的主体地位最应该体现在学生的学习活动中,关注对个人学习状况的满意与否的自我评价,即重视大学生主体地位的最直接体现。教育的现代化程度越高,人的现代化程度也就越高,大学生对自己学习情况的满意度越高,个人也能够得到最大限度的发展。从目前大学生对自身学习状况满意度指标趋势来看,人的现代化发展水平还在不断提升,教育现代化建设还需要不断加快推进。

　　(四)大学生对学校的整体认同情况:满意度处一般水平,学校归属感偏低

　　前面我们调查了解了大学生关于专业满意度、师资及自我学习状态的评价水平(见表 1-18、图 1-23),从与大学学习收获相关度较高的具体指标来考察掌握大学生对大学学习收获和自我学习情况的满意程度。那么,大学生对于学校的总体评价和整体满意度如何,这在很大程度上影响他们的学校归属感,也与大学生在读期间能否积极投入校园生活、发奋图强存在高度相关。

图 1-24 是关于我国大学生对所在学校满意度自评数据绘制的年度变化趋势。图 1-24 显示,2012—2019 年之间,学生对所在学校的满意度呈现逐年上升趋势,从 2012 年标准分不足 58％,到 2019 年接近 68％,8 年间提升了近 10 个百分点,进步十分明显。从柱状图中我们也看到,增长速率的差异也比较突出,其中三个年度提升速度较快,即 2013 年较之 2012 有跃升(标准分超过 60％),2017 年较之 2016 年增幅较大,再就是 2019 年较之 2018 年,增幅也相当可观。此外各年份基本呈现缓慢上升走势。八年持续上升走势表明多数高等院校在办学质量、支持力度、服务水平等方面的努力改善得到了学生的认可,学生对院校的整体满意度持续向好发展。不过直到 2019 年,满意度标准分才刚刚超过 67％,也就是达到一般合格水平,仍有相当大的提升空间,需引起我国高校及教育行政部门的充分重视。

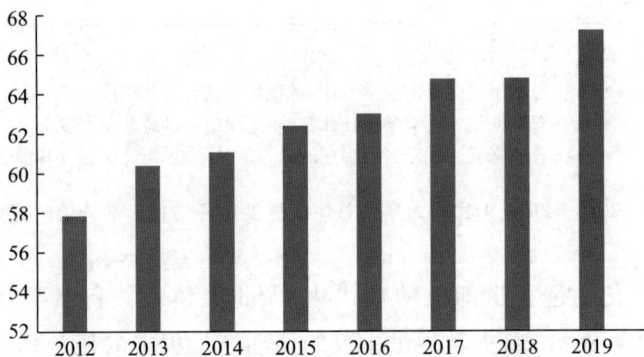

图 1-24　2012—2019 年我国大学生对所在学校满意度变化趋势

　　一方面,大学生对学校的满意度一定程度受到大学生关于大学形象的设想和对大学教育的期待的影响;另一方面,他们真实体验感知到的院校满意度水平又直接影响他们关于就读学校的价值评价与情感归属,直接影响他们大学期间的学习态度、行为表现和校园活动方式、学业成就等。为此,有必要了解把握大学生关于就读院校的认可度与归属感情况,研究设计了"如果让你重新选择的话,你还会选择目前上的这所大学吗?"这一问题展开调查,结果见图 1-25、图 1-26。

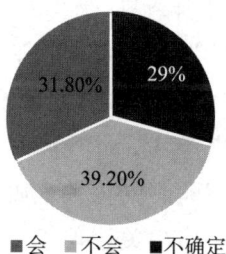

图 1-25 **2012 年我国大学生是否会重新选择目前就读的院校**

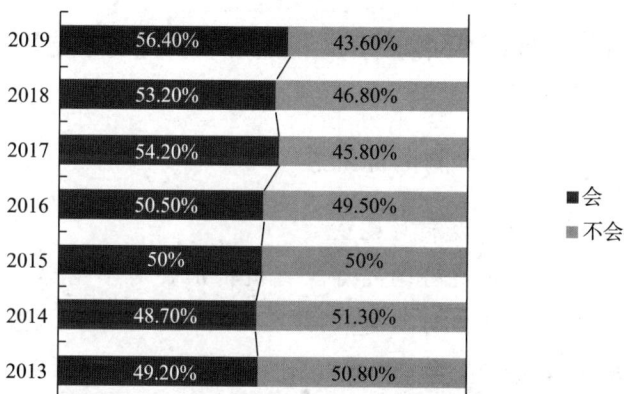

图 1-26 **2013—2019 年我国大学生"是否会重新选择目前就读的大学"**

图 1-25 显示,2012 年我国大学生会重新选择目前就读院校的比例为 29.0%,39.2%的学生不会重新选择目前就读的院校,此外还有 31.8%的学生存疑。能够在三个选项中明确肯定地选择"会重新选择当前就读的大学"的学生一定是对学校持有坚定的归属感的学生,可惜这部分比例只有 29%。2013 年以后,该题目选项更改为二选一("会"与"不会")。图 1-26 是 2013—2019 年我国大学生是否会重新选择目前就读的院校变化趋势图,图示表明学生愿意重新选择目前就读院校的比例呈现波动起伏式的渐增趋势。2015 年开始,"会"的人数比例超过半数,截至 2019 年"会"的学生比例增加至 56.4%。这就意味着整体上仍旧有超过五分之二的学生不会重新选择目前就读的院校,也就是说我国高校有超五分之二的大学生对当前就读院校的整体情况不太满意,缺乏深度认同与较强的情感归属,如果可以重新选择就会选其他高校。这背后的具体原因有待进一步深入探究考证,但是总体上大学生对就读学校的归属感较低确是不争的事实,这应该引起政府与高校的高度重视。

教育现代化建设的过程,是每一所高校教育质量的优化和提升过程。就读学校的特色、培养风格是否得到凸显,学生对学校的培养方式、教学活动等是否认同,在一定程度上决定了学生对所就读学校是否满意,以及重新选择的话是否还会选择目前就读的院校。从这一指标的趋势来看,高校在打造特色、服务学生、提高学生对学校的满意度、认同感和归属感方面仍稍显不足。教育强国建设有赖于教育质量的提升,而高等教育质量来自于学生培养质量,学生对就读院校的情感和认同,是深层次关注现代化程度和学生培养质量的表现。

第三节　国家重点立项自主知识产权的发展维度

一、国内外大学生学情指标综述

(一)世界大学生学情发展与展望

步入 21 世纪以来,世界各国高等教育机构加强对学生学习的关注,重视从学生角度不断提高高等教育质量,国际范围内大学生学习调查兴起,影响力不断扩大,研究成果日益增多。国际上开展大学生学情调查以美国、英国、澳大利亚等发达国家为主,开始时间早且影响力较大。

美国"全国大学生学习性投入调查"(National Survey of Student Engagement,NSSE)项目始于 1998 年,由美国高等教育管理系统中心(the National Center for Higher Education Management Systems)、印第安纳大学高等教育研究中心(the Indiana University Center for Postsecondary Research)、印第安纳大学调查研究中心(the Indiana University Center for Survey Research)共同进行管理和实施调查,对美国四年制本科院校在校学生的学习和个人发展情况开展年度调查,让学生、家长、教师、研究人员等利益相关者更多地了解不同类型高校学生的时间分配以及学习收获,旨在通过数据分析和结果反馈提高本科教育质量。NSSE 于 2000 年正式在美国全国范围内启动,此后每年举行一次全国性年度调查,调查开展范围与影响力不断扩大,参与院校不断增多。官方数据显示,2000 年首轮 NSSE 年度调查共有 276 所院校参与,NSSE 2018 年度调查参与院校达 511 所,自 2000 年以来已有 1600 多所大学参加。[①]

---

① NSSE. About NSSE[EB/OL]. [2019-10-17]. http://nsse.indiana.edu/html/engagement_ indicators.com.

除此之外,美国研究型大学学生学习经历调查(Student Experience in the Research University,SERU),由加州大学伯克利分校发起的国际合作项目及组织,旨在通过世界范围内不同研究型大学的学生经历的数据比较,获得真实的、有价值的数据信息,分析学生真实的学习与生活状态,为提高本科教育质量、生成院校规划和教育决策提供经验证据。自 2000 年开始实施,调查对象为本科生,在 2014 年将调查对象延展至研究生群体,在全球研究型大学中颇具声望。

英国"大学生调查"(National Student Survey,NSS)受学生办公室(Office for Students)[①]的委托,代表威尔士高等教育资助委员会(the Higher Education Funding Council for Wales)、北爱尔兰经济部(the Department for Economy Northern Ireland)、苏格兰资助委员会(the Scottish Funding Council)、英格兰健康教育(Health Education England)等政府部门,针对英国即将毕业大学生的一项调查,旨在收集学生对其课程质量的看法。英国 NSS 自 2005 年实施,参与调查高校数量众多,学生完成问卷积极性较高,2018 年有超过 70% 的毕业生参与并完成 NSS 调查,对英国高等教育质量产生了重要影响。

澳大利亚"大学生课堂体验调查"(Course Experience Questionnaire,CEQ)由澳大利亚政府教育部提供资金,自 2016 年开始由澳大利亚社会研究中心(Social Research Centre)管理,针对澳大利亚高等教育机构的毕业生(本科生和研究生),在完成课程大约四个月后和毕业生成果调查(Graduate Outcomes Survey)一起由毕业生完成。CEQ 自 1992 年在全国范围内开展,探索了与课程毕业生相关的高等教育经验的关键要素,主要集中在他们对课程质量的看法,他们的自我评价的技能水平以及他们对课程的总体满意度上。此外,CEQ 还是其他全国性调查的重要组成部分,和毕业生目的地调查(GDS)、研究生研究经验调查表(PREQ)共同组成澳大利亚毕业生调查(Australian Graduate Survey,AGS)[②],并且 CEQ 调查和数据被高等教育机构和政府广泛运用,凸显了它的权威性和影响力。与此同时,澳大利亚学生学习投入调查(The Australasian Survey of Student Engagement,AUSSE)由澳大利亚教育研究委员会(Australian Council for Educational Research)与参与的高等教育

---

① 在英国,学生办公室(OfS)是根据《高等教育研究法案》(Higher Education and Research Act,2017)设置的一个独立的公共机构,不是中央政府的一部分,但通过教育部(DfE)向议会报告。

② 澳大利亚毕业生调查(AGS)于 1972 年至 2015 年间每年进行一次。

机构联合开展,借鉴美国 NSSE 调查并进行本土化修改,包含学生参与调查表
(Student Engagement Questionnaire)、研究生版学习投入问卷(Postgraduate
Survey of Student Engagement)、教职人员版学习投入问卷(Staff Student En-
gagement Survey)三个部分。AUSSE 于 2007 年首次运行,旨在帮助激发有
关学生参与高等教育的以事实为中心的对话,并为机构提供信息,以帮助他们
监控和提高向学生提供的教育质量,目前已成为澳洲最大规模跨机构收集在
校学生数据的调查。[①]

此外需要关注的是,"高等教育学习成果评估"(Assessment of Higher
Education Learning Outcomes,AHELO)是经济合作发展组织于 2008 年开
始研发的大学生学习调查项目,其目标是直接评估全球范围内跨文化、跨地区
大学生的表现,不提供排名,旨在为高等教育机构提供有关学生学习成果的反
馈,并可以用来促进学生学习成果的改善。目前仍处于可行性研究阶段,已有
17 个国家或地区参与可行性研究。

随着国际大学生调查项目的兴起,国内大学生调查也开始得到重视和发
展。中国学生调查也可以分为两类,一是与国际接轨,基于国际已有学生调查
并进行本土化改进的学生调查。2007 年清华大学教育研究院派教师到美国,
与 NSSE 团队共同研发该调查的中文版本并开展比较研究,2009 年正式启动
"中国大学生学习性投入调查"(NSSE-China),目前已扩展为"中国大学生学
习与发展追踪研究"(China College Student Suruey,CCSS),运用国际通用调
查工具,通过科学规范的数据采集和系统研究,形成以"学"为中心,注重教育
过程的大学内在人才培养质量评价体系,对于学校改进教育过程,提高教育教
学质量,起到积极作用。[②] 二是自主创新,发展适合中国学生的学情调查。依
托 2010 年国家社会科学基金"十一五"规划教育学重点课题"大学生学习情况
调查研究"(课题批准号:A100007),笔者为项目首席专家,所领导的厦门大学
课题组自主设计问卷及开展了国家大学生学情调查(National College Student
Survey,NCSS)。课题组根据国内外大学生学习与人才培养的相关理论、调查
方案设计和实践进展,科学严谨地编制了具有自主知识产权的本土化的国家

① Coates H. Development of the Australasian Survey of Student Engagement (AUSSE)[J].
Higher Education,2010,60(1):1-17.
② 清华大学教育研究院. 中国大学生学习与发展调查项目建设[EB/OL]. [2019-10-17]. https://
www.tsinghua.edu.cn/publish/ioe/8242/2017/20170407172045415923287/2017040717204
5415923287_.html.

大学生学情调查问卷及研究方案,对全国大学生进行了每年定期抽样调查,建立了连续 10 年调查形成的大型的、结构化的国家大学生学情调查数据库。与此同时,还先后开展了巴基斯坦、文莱和英国的大学生学情调查或联合调查,并与剑桥大学等世界知名大学联合研究,国际影响力不断扩大。除此之外,北京大学教育学院开展了首都高校学生发展状况调查,西安交通大学高等教育研究所对陕西省高校毕业生就业、创业情况进行跟踪调查研究,这两项调查对我国部分地区的大学生学情展开调查和研究。

综合分析国际和国内大学生学情调查开展的历史与现状,可以发现未来世界大学生学情调查将朝着综合化与专业化方向不断发展。一方面,为了方便学生参与调查,多项不同类型的学生调查将整合为综合调查,并形成统一调查网站或是平台。例如澳大利亚将高等教育全过程的调查都集中在 The Quality Indicators for Learning and Teaching 网站上,包括学生体验(Student Experience)、毕业生就业(Graduate Employment)、毕业生满意度(Graduate Satisfaction)和雇主满意度(Employer Satisfaction)四个方面的调查,极大地方便了学生参加调查,同时也方便了研究机构和个人使用和分析数据。另一方面,通过已有大学生调查不断分化和发展出更加有针对性的专业调查,方便针对不同类型学校、不同类型学生展开深入分析和研究。例如,美国 NSSE 项目调查经过不断的发展,演化出了大学新生学习投入调查(Beginning College Survey of Student Engagement)、社区学院学生学习投入调查(Community College Survey of Student Engagement)、教师学生学习投入调查(Faculty Survey of Student Engagement)和法学院学生学习投入调查(Law School Survey of Student Engagement)。此外,大学生学习调查项目的发展离不开自主创新,只有真正适合所针对调查学生,才能够不断获取学生、教师、高校、政府、社会等多方的支持和信任,不断扩大其影响力。

(二)国际大学生学情指标构成与特征

世界范围内大学生学情调查是高等教育质量评估和监控的重要手段,从学生角度真实地了解高等教育机构人才培养质量,研究大学生学习和成长规律,具有非常重要的理论意义和实践价值。对国际大学生学情指标构成与特征展开全面、客观地分析,才能了解不同学情调查的侧重与特色,在此基础上方可进一步明晰我国大学生学情指标的特色与创新。

美国全国大学生学习性投入调查(NSSE)、研究型大学学生学习经历调查(SERU)、英国大学生调查(NSS)、澳大利亚大学生课堂体验调查(CEQ)、澳大利亚学生学习投入调查(AUSSE)以及高等教育学习成果评估(AHELO)这六项国际学生学习调查项目各有特色,需要进一步对比和分析。从覆盖范围来看,SERU 和 AHELO 项目主要针对的是全球不同国家和地区高等教育机构的学生,参与 SERU 联盟的包括来自美国、欧洲、中国、巴西、南非的多所著名研究型大学,经济合作与发展组织开展的 AHELO 项目设立之初就是为了跨国、跨文化的研究。从调查对象来看,除 SERU 针对研究型大学的学生之外,其他调查均未限定高校类型;从调查学生的学习阶段来看,只有 SERU 和 AUSSE 两个项目包含研究生,其他项目均是调查大学阶段的学生,另外 NSSE 和 AUSSE 只针对四年制的大学或者学院,NSS 和 AHELO 针对的高校类型不限;从调查学生的年级来看,NSS、CEQ 和 AHELO 针对的是即将毕业的学生。从调查结果的作用来看,NSS 调查影响最大,直接影响该机构的高等教育质量的评估和公共财政拨款,不断提高高等教育机构提升和改进教育质量和人才培养模式,同时也会促进学生改进学习和个体发展;其他调查项目仅影响高等教育机构和学生个人,并未和公共财政拨款直接关联。

其次,从六项学生调查项目指标体系构成进行分析。调查内容上,NSSE、SERU、NSS、CEQ、AUSSE 均对学生学习过程和学习成果展开调查,学生学习过程主要包含学习投入和课程体验方面的调查;AHELO 主要是针对学生的学习成果进行调查,包括通用技能和专业技能;除此之外,这六项学生调查均对学生个人背景信息进行调查,作为数据分析的重要参考和指标。调查指标体系上,NSSE 主要包含学习投入的四个方面,分别是学术挑战(Academic Challenge)、同伴学习(Learning with Peers)、教师经验(Experiences with Faculty)、学校环境(Campus Environment);[1]NSS 主要包括八个方面的指标,分别是课程教学(Teaching on my course)、学习机会评估和反馈(Learning opportunities Assessment and feedback)、学术支持(Academic support)、组织和管理(Organisation and management)、学习资源(Learning resources)、学习社区(Learning community)、学生意见(Student voice)和整体满意度(Overall Satisfaction);[2]CEQ 主要包含以下八个主题,分别是学习资源和支持(Resources and support systems contributing to student learning)、多数学生体验

① NSSE. About NSSE[EB/OL]. [2019-10-17]. http://nsse.indiana.edu/html/engagement_indicators.cfm.
② NSS. About the NSS[EB/OL]. [2019-10-17]. https://www.thestudentsurvey.com/institutions.php.

的质量(the quality of the wider student experience)、独立自主学习方法(independence and autonomy in approaches to learning)、课程整体感知(the perception of the course as an integrated whole)、兴趣水平(levels of intellectual interest)、挑战和刺激(challenge and stimulation)、课程内容相关和最新程度(the extent to which the course content is relevant and up-to-date)、学会学习和终身学习(learning to learn and the development of skills for lifelong learning);[①]AUSSE 主要包含学习投入和学习成果两个大的板块,其中学习投入上在 NSSE 的基础上增加至六个方面,分别是学术挑战(Academic challenge)、主动学习(Active learning)、师生互动(Student and staff interactions)、丰富教育经历(Enriching educational experiences)、学习环境的支持(Supportive learning environment)以及学习与就业的结合度(Work integrated learning),学习成果六个方面分别是高阶思维(Higher order thinking)、通用技能成果(General learning outcomes)、通用发展成果(General development outcomes)、总体平均成绩(Average overall grade)、辍学倾向(Departure intention)、总体满意度(Overall satisfaction);[②]SERU 总共包含学生背景信息(Input)、学习投入(Environment)、学习成果和学生满意度(Output)三个环节,学生背景信息总共六个方面分别是家庭经济社会地位(Socioeconomic status)、父母的受教育程度(Parental education)、个人性格(Personal characteristics)、高中成绩(High school GPA)、目标与志向(Goals and aspirations)、选择入读该校的原因(Reasons to choose this university),学习投入总共八个方面分别是合作学习(Collaborative Learning)、师生互动(Student-Faculty Interaction)、时间分配(Time Allocation)、研究参与(Research Engagement)、校园环境和多样性(Campus Climate and Diversity)、社区参与和公民参与(Community and Civic Engagement)、课余活动(Co-curricular Activities)、技术的使用(Uses of Technology),学习成果包括量化分析技能(Quantitative skills)、理解新学专业(Understanding the field of study)、外语技能(Foreign language skills)、领导力(Leadership skills)等,学生满意度包括学习经历(Academic experience)、社会经历(Social experience)、归属感(Sense of belonging)、学校

① McInnis, Craig. Development of the course experience questionnaire(CEQ)[M]. Department of Education, Training and Youth Affairs, Australia, 2001.

② Coates H. Development of the Australasian Survey of Student Engagement (AUSSE)[J]. Higher Education, 2010, 60(01): 1-17.

服务(Services)、总体价值(Overall value for money)等；[①]AHELO 总共包含三个方面，主要调查大学生毕业之时所具有的学习成果(leaning outcomes)，包括通用技能(Generic skills)、经济学专业技能(Economics)、工程学专业技能(Engineering)，其中通用技能面向所有学生，经济学和工程学专业技能面向这两个专业的学生。[②]（见表 1-19)

表 1-19　国际学生调查项目对比表

项目	覆盖范围	调查对象	调查内容	指标体系	结果影响
NSSE	本国为主	四年制大学或学院的学生	学习过程和学习成果	学术挑战、同伴学习、教师经验、学校环境	高校、学生
NSS	本国	毕业生	学习过程和学习成果	课程教学、学习机会评估和反馈、学术支持、组织和管理、学习资源、学习社区、学生意见和整体满意度	政府、高校、学生
CEQ	本国	毕业生	学习过程和学习成果	学习资源和支持、多数学生体验的质量、独立自主学习方法、课程整体感知、兴趣水平、挑战和刺激、课程内容相关和最新程度、学会学习和终身学习	高校、学生
AUSSE	本国为主	四年制大学或学院的学生，包括研究生和本科生	学习过程和学习成果	学习投入：学术挑战、主动学习、师生互动、丰富教育经历、学习环境的支持以及学习与就业的结合度；学习成果：高阶思维、通用技能成果、通用发展成果、总体平均成绩、辍学倾向、总体满意度	高校、学生
SERU	全球	研究型大学，包括研究生和本科生	学习过程和学习成果	学习投入：合作学习、师生互动、时间分配、研究参与、校园环境和多样性、社区参与和公民参与、课余活动、技术的使用；学习成果：量化分析技能、理解新学专业、外语技能、领导力等；学生满意度：学习经历、社会经历、归属感、学校服务、总体价值等	高校、学生
AHELO	全球	毕业生	学习成果	通用技能、专业技能	国家和高校

---

① SERU. SERU SURVEY CONCEPT MAP[EB/OL]. [2019-10-17]. https://cshe.berkeley.edu/seru/about-seru/ugseru-survey-design.

② OECD. Getting the right data：the assessment instruments for the AHELO feasibility study[EB/OL]. [2019-10-17]. http://www.oecd.org/education/skills-beyond-school/gettingtherightdatatheassessmentinstrumentsfortheahelofeasibilitystudy.htm.

综上所述，大学生的背景信息（Student Background）、学习投入（Academic Engagement）和学习成果（Learning Outcomes）三者构成接受高等教育前、中、后一个完整的学习与发展过程脉络。美国学者艾斯汀（Astin）提出"输入—环境—输出"（Input-environment-output）的框架以分析学生进入大学前、中、后的发展过程。[①] 其中"输入"对应于"背景信息"；"环境"即学校的教育环境以及学生对教育环境的利用程度，对应于"学习投入"；"输出"对应于"学习成果"，除此以外，还对应"学生满意度"（Student Satisfaction）。艾斯汀的框架成为国际上大学生学习调查项目的基本概念框架，具体项目可能在这三个方面有所侧重：有的调查项目侧重"学习投入"，有的项目侧重"学习成果"，有的项目侧重"学生满意度"。此外，不同调查项目所涉及的学习投入、学习成果、学生满意的具体内容也有所差异；但总体而言，大多数调查项目或直接或间接都包含学生背景信息、学习投入、学习成果、学生满意度（也有调查或研究将学生满意度置于学习成果之内）四个主要方面，通过这四个方面的调查，了解学生学习和发展的基本情况，也通过调查数据进一步分析和研究影响学生学习和成长的因素，从而对高校教育教学改进提供科学的参考信息，进而促进高校教育质量的改进，并方便公众对于高等教育质量的监督。

（三）中国大学生学情指标特色与创新

NCSS旨在进行国家大学生学情调查及状态分析，以便为政府和各协作校决策提供科学依据，更好地改善大学生的学习体验、过程质量和素质能力。2018年起，项目组还联合英国剑桥大学团队等合作开展"国家大学生学情调查"。国家大学生学情调查于2011年进行了首轮调查，此后每年进行年度调查。截止到2019年，全国大学生参与调查的总有效样本已达90余万份，覆盖国内外共计约300所各类高校。同时，课题组在这一数据库的基础上，围绕大学生学情的整体状态重要专题、规律规则开展了深入的分析和全面的研究，并形成了宝贵的研究成果，已出版专著7部，其中2部获教育部奖，已完成10篇博士学位论文，其中2篇获全国优博与1篇优博提名，国家级获奖成果论及学习方式、学生满意度、学生压力应对等学理研究话题；在国内《教育研究》、《新华文摘》、SSCI以及新华通讯社最高内参《国内动态清样》上发表顶级文章，并在教育部、国家教育行政学院、国内外重要学术会议和国内外著名大学所作的

---

① Astin A W. The Methodology of Research on College Impact，Part One[J]. Sociology of Education，1970，43(03):223-254.

报告中汇报了相关研究成果并取得广泛认可,内涵包括学业挑战度、学生能力建构与学生成功等多层面学术话题。

进入 21 世纪,高等教育大众化、市场化和全球化趋势不断加强,学生作为高等教育的最终产品,其在全球职业体系中的竞争力被日益看重。在这一情势下,针对学生的学习投入、学习过程和体验、学习结果与收获的调查纷纷出炉,NCSS 为中国本土学生而生,其主要创新在于问卷完全自主设计,具有完全自主知识产权,充分体现了自主创新和中国特色。第一,从调查覆盖范围来看,NCSS 以中国为主,其次在巴基斯坦、文莱展开调查,同时与英国剑桥大学进行合作调查,国际影响力不断扩大。第二,从调查对象来看,NCCS 针对国内专科以及本科所有年级学生,各个类型高校均开展调查,包含研究型、应用型、职业技能型等不同类型高校。第三,从调查内容来看,不仅包括个人背景学习、学习过程、学生成果三个方面的内容,还包含课堂体验、学生满意度、学生认为重要性程度方面内容,NCSS 调查问卷综合性程度高。第四,从调查指标体系来看,不仅包含已有国际通用学习相关指标,而且指标体系中的中国特色明显;从调查结果来看,NCSS 调查结果对教育行政部门进行决策、高校改进教育质量、学生个人改进学习状态都产生了重要影响,是一个多方共赢的调查。

清华大学教育研究院组织的 CCSS 项目在借鉴 NSSE 可比指标的基础上,构建了本土化的指标体系,分别服务于"体系分析"、"院校分析"、"个体学习诊断"三个层次目标,能够为院校提供不同维度上的人才培养质量监测数据,为改进院校人才培养过程、构建院校内部质量保障体系提供数据分析基础。从 2015 年起,为配合普通高校向应用型转型的需要,清华研究团队又设计应用型院校学情调查的工具。[①] CCSS 项目的特色与创新在于,将 NSSE 调查指标本土化,并增加了适合中国高校类型的调查工具。

二、NCSS 理论创新指标解读与趋势变化

站位于国家急需的大学生学情调查,反映出国家教育战略部署对当代大学生学习的关注,大学生学习情况关乎高等教育人才培养的方向与质量、关乎

---

① 清华大学教育研究院. 中国大学生学习与发展调查项目建设[EB/OL]. [2019-10-17]. https://www.tsinghua.edu.cn/publish/ioe/8242/2017/20170407172045415923287/20170407172045415923287_.html.

高等教育的质量生命线、关乎国家后备力量的培养与储备。正因如此,NCSS的调查与研究必须站在国内外已有研究成果的基础上,融合我国高等教育质量管理的理论研究成果,凝练当代大学生学习的要素与特点,以理论性、科学性与客观性相结合的视角进行研究设计与实施,有效反映出在校大学生的学习情况,实现理论创新,呼应国家重大议题。

（一）大学生学习体验及质量建构的逻辑主线与核心要素

NCSS是我国自主研发,完全自主知识产权的大学生调查与研究数据库。研究团队确立了以"质量"作为学情调查研究的核心与逻辑起点。在其设计之初,经历了理论梳理与文献综述、专家德尔斐调查、焦点团体访谈与使用者多轮访谈等方法,确立出以大学生学习体验为基线,来解构我国大学生在求学期间的学习要素,稳抓学习质量的各个关键节点;以大样本个体自我报告建立数据库,来反映我国大学生学习的总体与群体特征,并实现学情的长效监测。

基于高校教学的基本要素和人才培养的基本路线,综合目前大学生学习研究领域的多项成果,NCSS的研究以现象图析学作为最初的分析切入方式,从比格斯（Biggs）的完整 3P 学习模型来作用于学习观与学习方式的关联研究,从 Astin 的学生参与理论与 IEO 模型来搭建学习体验、学习投入、学习收获分析与评估的平台,由此实现了学习观、学习环境作用于大学生的学习方式,引致各项学习结果,包括学习的成绩、收获与满意度的基本结构模型。① 大学生的学习质量既作为研究的逻辑起点,又作为亟须突破的重大现实问题,从长期以来的研究中得知,它是大学学习学和高等教育质量的有机结合,也是大学生学习从过程到结果的综合体现,还是大学生自我感知与影响变量作用的必然结果。② 这是通过研究无限接近并进一步揭示了大学生学习的本质,同时也落实了大学生学习在高等教育质量体系构建中的重要地位,提出了"学生发展"的重要论断,成为进一步研究如何更好地引导学生成长成才的基石。

近十年来,在高等教育后大众化时期的大学生学习已经表现出了不同以往的外化行为,也反映出大学生学习的内涵、外延、思维动向、指标结构方面也赋予了新的特征。为此,NCSS的研究不仅需要立足大学学习学的基本思路,还需要加入时代元素,并结合国家战略方针和重大事件适时调整。总体而言,

① 史秋衡,汪雅霜. 大学生学习情况调查研究[M]. 北京:教育科学出版社,2015:86-88.
② 史秋衡,王芳. 国家大学生学习质量提升路径研究[M]. 厦门:厦门大学出版社,2018:8-11.

学情调查以大学生学习的本质性要素出发,在综合国内外问卷调查要素的基础上,形成了外部适应型要素、内部驱动型要素和综合型要素三大组群,并在其内部有各自指标群和具体指向。① 随着调查的持续开展,学习研究中的各类关键指标集群得到进一步明确,形成了包括学习观、学习投入在内的解释性要素,涵盖学习方式、课堂体验、学校适应性在内的中介/调节性要素,和以学习收获、学习满意度为表征的结果性要素三大类别,充分支撑起国家大学生学情要素的内涵。

(二)关注大学生在学习体验中的思想动向

NCSS 的设计、调查和研究,是对国家教育大政方针的贯彻执行,是对国家高等教育强国质量建设的有效回应。当前,在"立德树人"的思想统领下,如何引导大学生成长成才是高校人才培养改革亟待破解的难题,其中最重要的任务便是开发大学生自主学习的能力,从而有效调动他们深层次的学习动机,激发积极有效的学习行为。为此,学情调查关注到了大学生的学习动机,强调学生学习自主性的提升;通过各项影响因素的深入挖掘,了解大学生的学习兴趣,提高学习的能动性;通过对学习行为的观察与分析,重视起大学生的学习方式,提高学习的协作性,能够为教育教学改革提供学习特征方面的参考和依据,为大学生的终身学习能力培养打下坚实的基础。②

在调查中,NCSS 尝试着将大学生的学习行为与学习心态联系起来,一来利用大数据的思维模式寻求其关联,二来了解当代大学生的思想观念、价值观念和其外化的行为方式。在价值判断的模块,设计了对生活的向往、读大学的目标来考量大学生对学习和人生所持有的价值观。从 10 年间的连续数据来看,大学生对于生活的追求,其重要性排序从高到低依次为"家庭和睦、身心健康、经济富裕、受人尊敬、服务社会"(图 1-27),也就是说我国青年对于人生理想的追求,符合"修身齐家治国平天下"的经典价值观的学生成长逻辑顺序,也反映出"家国天下"的情怀。

① 史秋衡,文静. 大学生学习情况调查的要素解析[J]. 中国高等教育评论,2012,3(00):127-136.
② 史秋衡,汪雅霜. 大学生学习情况调查研究[M]. 北京:教育科学出版社,2015:14-19.

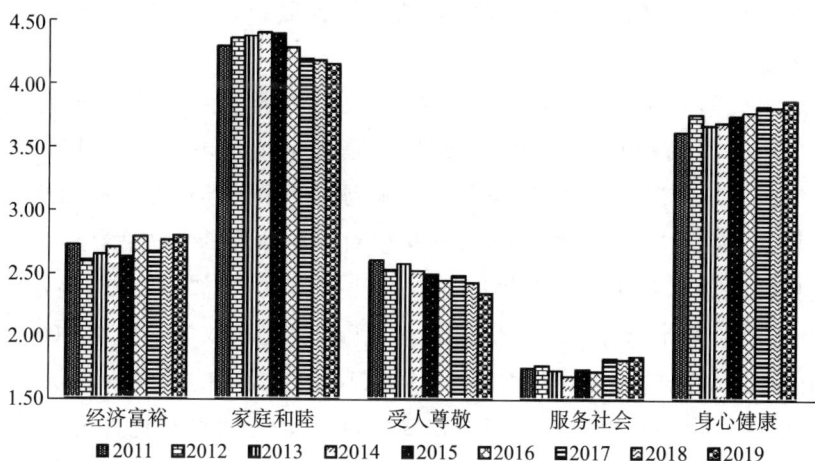

图 1-27　2011—2019 年我国大学生对"我想要的生活"排序

　　对于读大学有目标的同学占比在 70％～80％之间,没怎么想过的同学占比在 20％～30％之间波动(图 1-28),忠诚度则是 50％上下波动,并且 8 至 10 年间的数据跳跃不大,相对稳定。由此反映了大学生群体中虽然存在着部分缺乏目标、感觉"茫然"的同学,也是当代大学生"空心病"的写照,但多数学生在进校后能够相对理性地思考自己的人生,并将其付诸学习实践中,从而建立起对于自己所在学校的身份认同感。而上述数据反映出来的现象,值得我们

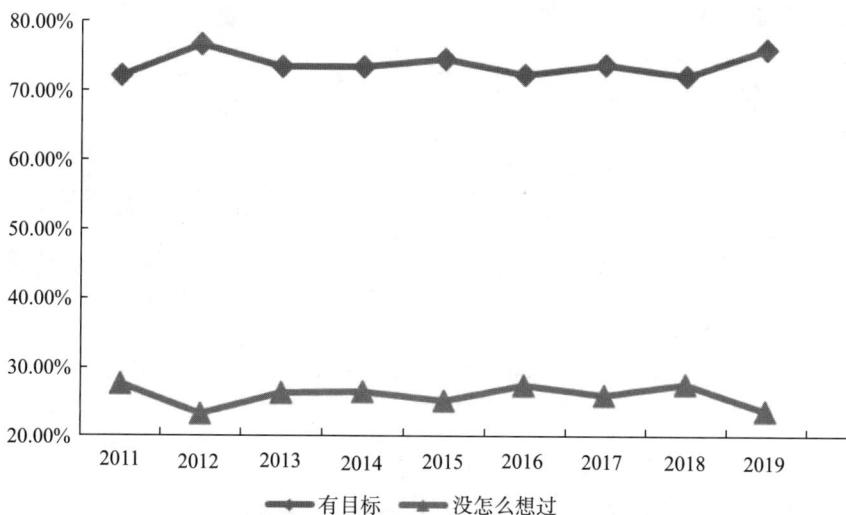

图 1-28　2011—2019 年我国大学生对"读大学的目标"自我评价情况

在学生学习辅导、生涯指导和心理健康教育等各项研究和具体工作中进一步挖掘和深思。

而对于大学生的思想动态,属于中央政治局常委会议关注的范畴,在NCSS中则通过思政理论课的模块来考察,是大学生对于当前开设政治理论课教与学的客观反映。当然,测量的逻辑必须是辩证的,从理论课的提供、学习意愿与状态两个方面同时进行,包括学生对该类课程的看法、教学水平与效果、影响程度、课堂表现几个方面进行。从已有的数据(如图1-29)显示,2012年至2019年间总体趋势呈现稳步提升,尽管满意度和教学效果在2016年出现了一个小幅下降的拐点,但学生对于思想政治课教师的教学水平认可程度逐年上升,也意识到了思政理论课的重要性,那么对于思政理论课的教学改革无疑是利好消息。2015年年底,教育部召开全国高校思想政治理论课建设工作会议,强调全面落实《普通高校思想政治理论课建设体系创新计划》,扎实推进高校思政课综合改革创新,不断提高思政课教育教学质量,在2016年教育工作要点中明确提出全面实施高校思政课建设体系创新计划。从图1-29可以看出,2016年展开的思政课程综合改革创新有较好的效果,虽然在2016年有小幅下降,但是后面连续三年均呈现上升趋势。

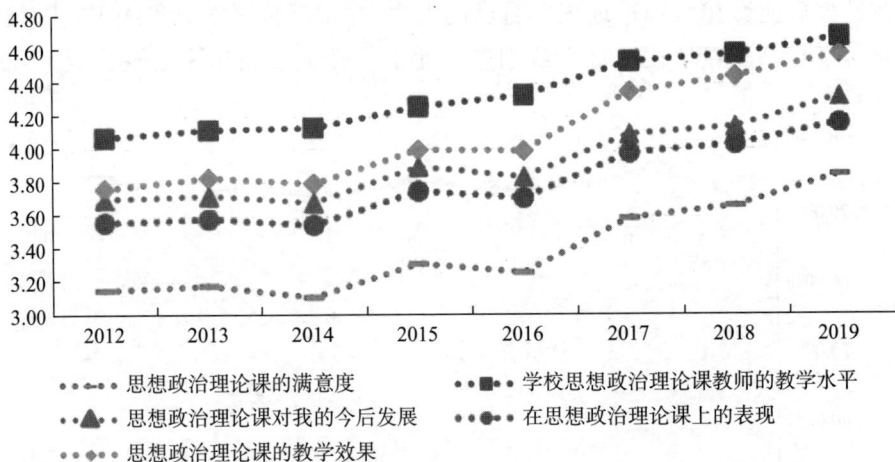

图 1-29　2012—2019 年我国大学生对思想政治理论课的自我评价情况

(三)关注当代在校大学生学习的时代特征

NCSS的调查与研究,是一个从无到有、从有到精的过程,不但形成了完全自主知识产权的学生学习与发展调研数据库,产出一批批科研成果,更是在不断探索的过程中,逐渐优化,以基本要素为蓝本,适时加入时代元素,因此更容易在连续的调查中,归结出十年来大学生学习的规律曲线与特征。

1. 大学生学习的"U 形特征"

考虑到我国基本经济制度和社会发展的实际情况,NCSS 将大学生的背景变量纳入影响因素,形成大学生参与学习的背景变量,也适合当前大学生多样化的现实特征。从各类型背景变量的分析来看,无论是人口统计学特征变量,还是院校特征变量,对于大学生的学习产生了不同程度的影响。其中比较突出的是年级对学习体验各项特征指标的影响,从大一到大四的不同年级,呈现了大一最高值,大二迅猛下降,大三继续走低,大四弱势反弹的现象,曲线上呈现出学习的"U 形特征"。[①] NCSS 课题组在多项科研成果中发布了这项研究结果,并提交了相关的咨询报告。该结果虽然一定程度上符合认识曲线,但却表明了"大二低谷"现象不容忽视,学习抑或迷茫的关键期在大二,无论是人才培养方案还是具体的学生工作,都必须将提升大二学生的学习力和思想动态放在重要的位置。

2. 大学生学习的相关要素及关联性

在关注学习的基本特征的基础上,NCSS 的调查与研究强调大学生学习各个要素的研究,经历了"庖丁解牛"式的解构过程,利用结构功能视角完成各个组件的分析;在此基础上,利用大样本的优势,采用大数据的"循证"方式分析各要素的相关性,实现了"证据重组"式的重构。那么在解构与重构交互进行的研究中,得到了有价值的结论,呈现出中国大学生的学习面貌。研究可知,大学生的学习观形成了以记忆知识为基础,随后才是应用知识的逻辑;重视同伴关系,这较大地影响到了大学生的学习成绩和总体学习收获,然而学习满意度最大的影响来自于学生主体的教学方式。[②] 由此可见,大学生学习的重点在于深层次学习方式和内在学习动机,高校培养学生自主学习的重点应放在教学关系、学习关系所构建的教与学共同体。

(四)特色指标对人才培养模式改革的反馈

由于完全是自主产权研发的大学生学情调查与研究系统,NCSS 在产生之初就充分考虑到了国情的特殊性,因此针对我国高等教育和学生学习的实

---

① 史秋衡,王芳. 国家大学生学习质量提升路径研究[M]. 厦门:厦门大学出版社,2018:123-276.

② 史秋衡,汪雅霜. 大学生学习情况调查研究[M]. 北京:教育科学出版社,2015:3.

际情况做出了原创性的设计。从多水平分析的结果来看,不同类型院校、不同学科大类的学生会采取不同的学习策略,深层学习方式与表层学习方式占比各有侧重,这就给基于课堂体验的学习方式的转变提供了参考,不同院校也基于各自类型进行合理设计,依据学科特点进行教育教学方法上的创新,并适时给予心理调适。[①] 如此一来,在教学改革、学习力构建的同时,完成高校特色化、水平化建设。

三、中国特色学情指标解读与趋势变化

自 20 世纪末,我国高等教育开始扩招以来,大学生数量迅速增多,高等教育毛入学率不断上升,高等教育得到了长足的发展。2014 年是我国高等教育发展的"超越点",这一年我国高等教育毛入学率超过了世界平均水平,达到 41.3%,高出世界平均水平 5.7 个百分点。2017 年全国教育事业发展统计公报显示,2017 年我国高等教育的毛入学率已达到 45.7%。[②] 事实上,早在 2016 年教育部发布的中国高等教育系列质量报告就曾指出,我国高等教育毛入学率预计到 2019 年达到 50% 以上,高等教育发展将进入普及化的新阶段。[③] 我国高等教育快速发展所取得的成就是有目共睹的,但同时也产生了新的矛盾。伴随着高校扩招,在校大学生数量急剧扩大,高校面临的困难不断增多,一是老校区不堪重负,无论是从教学设施设备上,还是生活设施上已无法满足日益增多的学生的需要;二是教师规模增长速度远落后于学生增长速度,大班授课现象普遍存在。在这个过程中,我国各地高校新校区建设如火如荼,高校教师规模不断扩大,在校生规模不断扩大,高等教育质量受到极大的冲击,这一阶段主要是我国高等教育外延式发展阶段。党的十九大明确提出了高等教育要实现内涵式发展,解决上一阶段我国高等教育快速发展所遗留的问题迫在眉睫。NCSS 正是关注这些与学生学习、生活息息相关的内容,运用大数据分析学生对于上一阶段遗留问题的看法,这不仅是已有问题解决与否的重要判断,同时也是高校内涵式转型发展的重要指标。

高校的根本任务是立德树人,高校内涵式转型发展怎么样,学生最具有发

---

① 郭建鹏,杨凌燕,史秋衡. 大学生课堂体验对学习方式影响的实证研究——基于多水平分析的结果[J]. 教育研究,2013,34(02):111-119.

② 教育部. 2017 年全国教育事业发展统计公报[EB/OL]. (2018-07-19)[2019-10-17]. http://www.moe.gov.cn/jyb_sjzl/sjzl_fztjgb/201807/t20180719_343508.html.

③ 诸葛亚寒. 首份高等教育质量"国家报告"出炉[N]. 中国青年报,2016-04-08(01).

言权也最有感受。NCSS 大数据分析正是践行强调以学生为主体的高等教育质量评估理念,同时也是注重以学生为主体的高等教育质量评估实践,通过对 NCSS 数据库进行大数据分析,得出很多具有中国特色的指标,同时也可以看出中国学情指标未来变化趋势。NCSS 关注的中国特色指标主要有学校的住宿条件、学校的餐饮、宿舍住宿人数、学校的学习风气、与室友的关系五个方面的满意度以及重要性程度,这些指标之所以具有中国特色并得到 NCSS 的重点关注,是因为这些指标和大学生在校的学习、生活体验直接相关,是影响高等教育质量的重要因素,但是在我国高等教育快速发展阶段这些指标并未得到足够的重视。

(一)良好的校园生活是学生达成高质量学习的重要保障

从表 1-20[①] 和图 1-30[②] 中可以看出我国大学生对学校住宿条件和宿舍住宿人数的满意度自评虽在 2013 年和 2016 年略微下滑,但在整体上呈现缓慢上升趋势,得分跨越合格线,目前仍旧处于合格水平。我国大学生对学校餐饮的满意度自评呈现逐年上升趋势,且目前也处于合格水平。2011—2019 年间我国大学生与室友的关系满意度自评得分基本均在 71~77 分之间,一直处于中等水平。该数据背后反映出近十年来我国高校普遍重视提升大学生的生活质量,改进宿舍居住条件和餐饮条件,且成效可见。此外,虽取得一定成效,但其学生满意度仍处于合格水平,我国高校在改善大学生在校生活质量上仍有较大的进步空间,高校需对此继续予以重视,保证一定的学生生活质量,为学生学习与发展创造更加适宜的外部环境。此外,相较于宿舍条件、住宿人数和学校餐饮的满意度而言,我国大学生的室友关系满意度最为稳定且得分最高。这说明我国大学生重视并努力维持良好的室友关系,同时也表明近十年来我国政府与高校并未把大学生的宿舍关系建设放在学生工作的重要位置,因此学生对室友关系的满意度维持在较为稳定的水平,没有出现改善的趋势。

---

① 表 1-20 罗列了 2011—2019 年我国大学生对于宿舍条件、住宿人数、学校餐饮和室友关系满意度与重要程度自评的相关描述统计结果,包括各维度人数、均值、标准差和标准得分情况。

② 图 1-30 以折线图的形式直观展示 2012—2019 年我国大学生在此四维度的满意度与重要程度自评得分的变化趋势。

表 1-20　2011—2019 年我国大学生在校生活满意度与重要程度描述统计

年份	项目	学校住宿条件满意度	学校餐饮满意度	宿舍住宿人数满意度	与舍友关系满意度	学校住宿条件重要程度	学校餐饮重要程度	宿舍住宿人数重要程度	与舍友关系重要程度
2011 (N=74687)	均值	3.57	3.40	3.86	4.62	4.61	4.57	4.63	4.94
	标准差	1.34	1.31	1.34	1.06	1.11	1.15	1.09	1.04
	标准分	51.50	48.04	57.2	72.42	72.12	71.36	72.58	78.72
2012 (N=59032)	均值	3.88	3.58	4.01	4.82	4.85	5.03	4.68	5.20
	标准差	1.33	1.31	1.30	0.95	0.97	0.96	1.00	0.87
	标准分	57.60	51.54	60.28	76.36	76.98	80.72	73.70	83.94
2013 (N=70226)	均值	3.78	3.68	3.96	4.77	4.92	5.03	4.76	5.17
	标准差	1.37	1.28	1.33	0.99	1.00	0.99	1.02	0.93
	标准分	55.64	53.46	59.26	75.52	78.36	80.66	75.14	83.42
2014 (N=48958)	均值	4.03	3.81	4.16	4.77	4.92	5.05	4.78	5.17
	标准差	1.29	1.27	1.24	0.97	0.96	0.95	0.99	0.89
	标准分	60.62	56.24	63.20	75.54	78.48	80.98	75.62	83.40
2015 (N=121133)	均值	4.12	3.95	4.26	4.87	4.97	5.09	4.83	5.20
	标准差	1.26	1.25	1.21	0.95	0.93	0.92	0.96	0.86
	标准分	62.40	58.94	65.26	77.34	79.32	81.80	76.62	84.10
2016 (N=77102)	均值	3.98	4.01	4.15	4.78	5.00	5.07	4.88	5.18
	标准差	1.32	1.20	1.27	0.96	0.92	0.91	0.94	0.85
	标准分	59.60	60.12	62.96	75.70	79.98	81.42	77.70	83.66
2017 (N=72456)	均值	4.20	4.25	4.34	4.81	5.00	5.06	4.89	5.15
	标准差	1.29	1.17	1.22	0.99	0.91	0.91	0.94	0.87
	标准分	64.12	64.86	66.76	76.06	80.06	81.16	77.86	83.00
2018 (N=80457)	均值	4.25	4.25	4.39	4.76	5.00	5.04	4.90	5.12
	标准差	1.24	1.16	1.16	0.99	0.89	0.89	0.92	0.86
	标准分	64.92	65.00	67.84	75.20	79.96	80.70	77.92	82.40
2019 (N=150141)	均值	4.34	4.40	4.47	4.58	4.83	5.03	5.07	4.93
	标准差	1.19	1.09	1.13	0.99	0.96	0.87	0.87	0.90
	标准分	66.88	67.96	69.46	71.60	76.70	80.56	81.34	78.72

2011—2019 年我国大学生对学校学习生活条件重要程度自评数据显示，

大学生对学校住宿条件重要性的认可度逐年增加,但增速趋缓,目前得分为良。大学生对学校餐饮重要程度和室友关系重要程度的认可度在 2012 年得到大幅增加,此后得分一直处于良好水平,这说明我国大学生普遍认同学校的餐饮条件与宿舍关系对自己的大学生活和学习较为重要。我国大学生对宿舍住宿人数重要程度的认可度逐年缓慢增加,整体得分仍处于中等水平。在这四个题项中,除 2019 年数据外,室友关系的重要程度均被排在首位,即我国大学生认为室友关系最为重要。

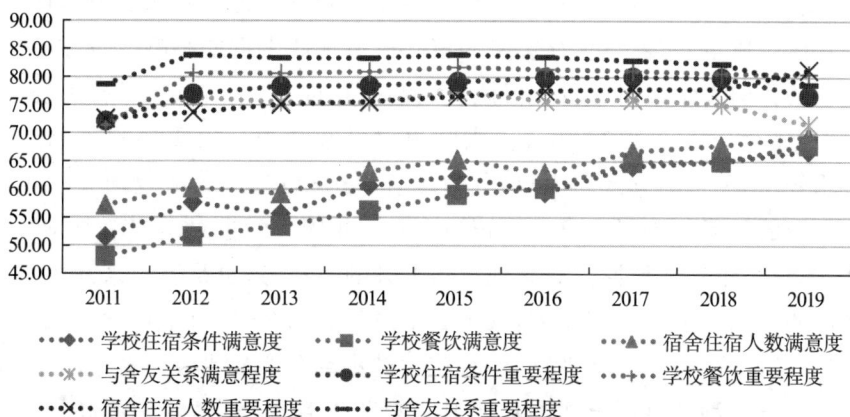

图 1-30　2011—2019 年我国大学生在校生活满意度与重要度变化趋势

综合这四个题项的满意度与重要程度自评得分可以直观地发现,2011—2019 年我国大学生对学校住宿条件、住宿人数、学校餐饮及室友关系的满意度自评得分都明显低于其重要程度得分,即学生普遍认为学校住宿条件、住宿人数、餐饮条件及室友关系较为重要,但高校所提供的住宿和餐饮质量尚未足够满足学生群体的切身需求,为此我国高校有待在学校住宿条件、宿舍人数配置和餐饮质量方面做出进一步改善。在室友关系方面,前文论述中已经发现,相比较住宿条件、宿舍人数和餐饮质量,室友关系的满意度和重要程度均为最高。尽管如此,室友关系的满意度得分尚处于中等水平,且明显低于其重要程度的自评得分,这说明我国大学生普遍最为期待进一步改善室友关系。

根据著名心理学家埃里克森的理论,大学生最迫切的需求是亲密需求,是否具有良好的人际关系在很大程度上决定了大学生培养是否成功。对于大学生而言,室友是其日常接触最为频繁,生活距离最近的同伴,离开家庭生活方式走向宿舍生活的他们在内心深处渴望拥有良好健康的室友关系。然而调查数据显示,2011—2019 年我国大学生对于室友关系的满意度标准分值始终处于中等水平,并未出现改善趋势,这意味着长期以来宿舍关系建设尚未引起高校及高等教育研究者的充分关注与重视,因此,可以把大学宿舍作为人才培养的一个重要阵地,积极引导和建设宿舍文化,充分发挥宿舍的文化教育和育人功能,从而提升大学生全面发展的成效与育人质量。[①]

(二)优良的学习风气是学校完成立德树人根本任务的重要保证

高校开展教学等各项育人任务都是以学生集体为基本单位,有班集体、学院集体、学校集体等,学生集体的学习风气将潜移默化地影响学生的学习、生活、心理健康、个人成长等各个方面,并对高校完成立德树人这一根本任务,提高人才培养质量、培养学生社会主义核心价值观产生重要影响。自 2013 年开始调查的我国大学生对学校学习风气满意度和重要程度自评数据(见表 1-21、图 1-31)显示,2013—2019 年我国大学生对学校学习风气重要程度的认可度得分均处于 83~85 分区间内,得分为良且较为稳定,这表明我国大学生普遍认为学校的学风氛围对自身学习较为重要。我国大学生对学校学习风气的满意度在 2014 年有些许回落后呈现逐年上升的态势,这也是近年来高校重视学风建设的成果。但是也应看到,截至 2019 年我国大学生对学校学习风气的满意度自评得分跨越中等水平线,仍有较大进步空间。相比较而言,大学生对学校学习风气的满意度得分明显低于其重要程度自评得分,这说明高校学风建设依然在路上。优良的学风是营造卓越育人环境,培养优秀人才的重要保证,各高校应继续重视学风建设,以推动实现高校立德树人的目标。

表 1-21　2013—2019 年我国大学生对学校学习风气满意度与重要程度自评描述统计

年份		学校学习风气满意度	学校学习风气重要程度
2013 (N＝70226)	均值	4.23	5.18
	标准差	1.14	0.94
	标准分	64.66	83.56
2014 (N＝48958)	均值	4.15	5.18
	标准差	1.12	0.90
	标准分	63.06	83.58

---

① 史秋衡. 大学生学习情况究竟怎样[J]. 中国高等教育,2015(Z1).

续表

年份		学校学习风气满意度	学校学习风气重要程度
2015 （N＝121133）	均值	4.25	5.21
	标准差	1.11	0.87
	标准分	65.02	84.12
2016 （N＝77102）	均值	4.28	5.2
	标准差	1.07	0.86
	标准分	65.62	84.02
2017 （N＝72456）	均值	4.38	5.18
	标准差	1.10	0.87
	标准分	67.48	83.68
2018 （N＝80457）	均值	4.49	5.16
	标准差	1.02	0.86
	标准分	69.66	83.18
2019 （N＝150141）	均值	4.58	5.21
	标准差	0.99	0.83
	标准分	71.60	84.08

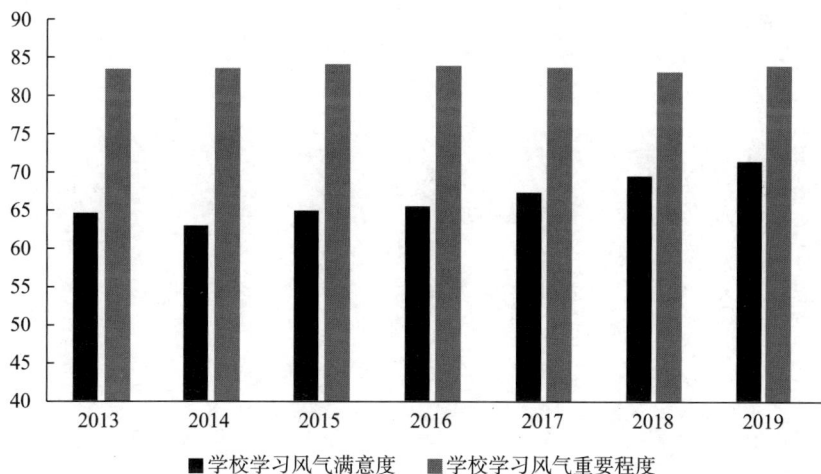

图 1-31　2013—2019 年我国大学生对学校学习风气满意度与重要程度变化趋势

整体来看,从大学生的视角出发,以上五项指标的重要程度均处于中等及良的水平,并且该五项指标的重要程度得分均高于其对应指标的满意度得分。若要对这五项指标重要程度的综合得分进行排序,则大学生对学校学习风气和室友关系重要程度的认可度最高,其次是学校餐饮质量,再次是学校住宿条件,重要程度最低的是宿舍住宿人数。若要对这五项指标的综合满意度得分进行排序,室友关系满意度最高,其次是学校学习风气满意度,再次是宿舍住宿人数满意度,宿舍住宿条件和学校餐饮的满意度相对最低。可见高校应着重加强学风建设,把改善宿舍关系放在学生工作的重要位置,为此有必要借助宿舍这一重要阵地加强学习风气建设,既有助于改善宿舍关系,又有利于营造良好的学风。此外我国高校还应继续重视学校住宿条件的改善,进一步提升学校餐饮质量,保证学生饮食均衡和健康,从而为学生提供更加适宜的生活环境。

第二章　国家大学生学情要素结构

第一节　国家大学生学情要素的变与不变

国家大学生学情调查开展以来,课题组始终坚持以先进的学习理念为指导,密切关注国内外知名学者在大学生学习领域的最新研究成果,坚持以科学、严谨的研究方法与研究工具进行分析论证,以促进大学生自身发展为旨归,重视大学生学习体验,自下而上反思我国高校人才培养模式,并不断扩展与挖掘大学生学情的重要内涵与意义,并将我国大学生学情调查的相关科研成果与世界知名高校的有关研究进行对话、讨论,期望以此能够进一步丰富我国大学生学情的探索与研究。

一、坚持国家大学生学情要素的整体性

国家大学生学情调查在构建自身理论基础与结构时,结合我国高等教育发展的顶层设计,在长达十年的研究过程中,为保证学情结构的完整性与先进性,不断完善大学生学情要素,体现大学生学情调查始终如一的学理性、科学性以及批判性。

第一,在建构大学生学情要素结构时,坚持研究的学理性。在建构大学生学情要素结构时,以当前国内外学者在大学生学习领域的重要研究成果以及心理学经典学习理论为基础,借鉴、吸收当前在大学生学习领域最新的研究成果,建立一整套概念体系与逻辑架构,使得大学生学情调查保持较强的理论性。大学生学情调查既是在我国高等教育质量发展以及现代高等教育质量保障体系不断完善过程中应运而生的,也是我国高等教育发展过程中从仅仅只关注学校向以学生为本,关注学生个体学习,重视学生与学校之间交互作用的动态发展的价值体现,是对高等教育本质的探索与回归。自 20 世纪 90 年代

以来,我国不断探索高等教育质量观和高等教育质量保障体系,逐渐形成了"五位一体"的高等教育评估制度。"五位一体"指学校的自我评估、政府力推的分类院校评估(包括合格评估、审核评估)、行业参与的专业认证与评估、实质等效的国际评估和以数据库为基础的常态监测等多主体、多形式的有机结合。[①] 在建构高等教育评估体系制度的基础上,走内涵式发展道路,提升高等教育质量是新时期我国高等教育发展的核心所在,大学生学习质量成为提高高等教育质量的最终落脚点,以学生为本,重视大学生学习体验,以大学生学习感受以及外在行为表现作为大学生学习的重要参考指标成为中外学者的共识。从 20 世纪 50 年代以来,以布卢姆的认知、情感、行为为框架的目标分类体系一直是美国教育评估和测量的主要理论基础,通过学生的认知、情感和行为表现来观察学生学习的实时状态成为大学生学习领域中的重要理论框架,在此基础上,到了 80 年代,学习动机、学业成就理论、学习投入等相关理论发展成熟并进入研究者的视野,研究者们将学习投入、学业成就的相互关系以及影响因素放入大学生学习的考察范围,弥补了只注重学生个体因素,忽视学生与环境、学生与学校的互动关系,将学生个体、学校以及家庭环境等纳入大学生学习的研究领域,将学习投入、学习过程与学习结果放在一起共同考察大学生学习,扩大了大学生学习研究领域的深度与广度,其间根据研究目的的不同,不同学者对学习投入、学习过程与学习成果产生不同的概念框架,构建的测量维度有不同程度的重叠与交叉,使得研究的理论基础存在不连续、不系统等问题,我国大学生学情调查经过十年的研究与不断探索,在吸取、修正前人的研究经验与问题基础上,形成了本研究自身较为完善的研究架构,以及具有自身特点的研究理论与框架。

第二,在建构大学生学情要素结构时,坚持研究的科学性。科学性是研究的重要标准之一,在研究过程中,从框架的制定、概念的界定、问卷与访谈的设计、样本的选取、样本分析到结论的形成,科学性都需要贯穿始终。本研究除了形成自身的理论框架之外,既严格遵守科学性原则同时又兼顾教育学的本质要求,将科学性与教育学的学科特性协调统一在一起。在概念界定上,研究对学情进行详细的界定。将学情从学生学习的投入、过程、产出方面进行静态描述,同时将学生之间互动、学生与学校的互动、学校的投入等动态因素进行

---

① 吴岩. 高等教育公共治理与"五位一体"评估制度创新[J]. 中国高教研究,2014(12):14-18.

描述,并将动态与静态建立横向联系,将我国大学生学情建立成七维度多阶层的理论分析模型,在每个维度的界定上,参照国内外学者的研究共识并结合本研究的具体研究目的,分别界定学习观、学习投入、学习方式、课堂体验、学校适应性、学习收获、学习满意度七个维度的基本内涵以及操作性定义,根据实践经验反复验证七个维度的操作性定义,最终形成本研究的理论框架结构以及各元素的基本内涵。在研究方法的使用上,本研究在兼顾质性研究与定量研究的基础上,采用"混合研究方法"进行研究,"混合研究方法"并不是将质性研究与量化研究简单地结合,而是根据两种具体研究方法的特点以及研究目的和研究内容的深入选取采用适当的研究方法,在研究进程中,混合的侧重点以及以哪种方法为主的情况会随着分析角度的不同而改变。在质性研究与定量研究的设计过程中,根据之前建立好的理论框架,定量研究的设计遵循客观、可观察、可测量的原则进行设计,其间经过多次修改、反复验证最后形成本研究较为鲜明的研究特色。相比较而言,质性研究的设计较为复杂,这主要由质性研究的特性所决定,如何将较为主观的感受变成客观的研究证据是采用质性研究的难点,本研究专门根据研究目的与内容对每个维度进行相应的访谈设计以及交叉设计,从多角度阐述事实与分析原因,从中找出共同的特质,由此产生访谈的提纲设计,从而避免主观、不严谨等问题的出现。在研究的采样与具体分析上,根据我国高校分布以及教育资源不均衡等特点,本研究采用大样本分层分类的抽样,本研究是建立在国家的层面上分析大学生学习情况,因此大样本抽样成为必要,十年间,国内外大学生学情调查涉及人数达 90 余万人次,涉及的学校达 300 多所,涵盖所有类型学校,国内涉及绝大多数省市自治区,是其他许多研究所不能比拟的。使用的统计方法也是多元化、多角度的,有现状的基本陈述、有因素的相互作用,还有大学生学习理论的模型建构等等。对于访谈的相关内容进行分析时,也采用了统计分析与具体场景下的事实描述,运用现象解释学的相关理论作为描述与分析的理论支撑,力图做到分析的科学性。

第三,在建构大学生学情要素结构时,坚持研究的批判性。我国大学生学情调查持续十年的时间,从论证到理论架构、问卷的发放以及分析,要保障十年的连续数据是非常不容易的,在此期间为保障研究的持续性、完整性、有效性,必须根据实际情况不断地做调整与修正。国家大学生学情调查在坚持学理性、科学性的同时,不断自我批判,为了十年的持续进行,以及研究的完整性大致经历了三个自我修正阶段。第一个阶段是理论架构和问卷结构建立阶段,在研究初期,我国大学生学情调查课题组经过翻阅大量文献,在反复论证的基础上建立自身的研究框架,在国内外测量工具系统研究的基础上建立七个维度的测量工具,每个测量维度涉及数十个测量观察点,观察学生学习观、课堂学习、同辈互动、课外学习、学校学习支持体系等多个方面,问卷经过前测与反复信效度检验,形成这一阶段连续的动态数据分析与初步结论,对当前我国大学生学情做了系统描述与深入分析。第二个阶段,除了保障研究的持续进行,在大规模调查之前,对理论基础以及测量工具进行自身的总结与批判,补充完善最新的理论成果,尤其是类似的研究成果,分析国内外最新研究成果,为改善自身的研究设计提供理论基础,通过对各个高校的深入接触,充分了解到高校人才培养改革以及在校大学生学习需求,为研究进一步更好进行提供现实性基础,结合最新理论成果和现实性基础,调整测量工具,在七个维度大致不变的情况下,根据理论解释和现实情况调整观察点,增加通识课程的调查内容,删减部分维度的观察点,以期适应当前学校与学生的现实诉求。第三个阶段,在保障研究的整体结构完整的情况下,前面的时间主要重视面上的调查,在完成大面积连续几年的大样本采样下,后续的研究主要从深入度上对测量工具进行反思与调整,为此课题组特意请来相关领域的专家一起研讨我国大学生学习情况,专门举办大学生学习与成就研讨会,听取专家意见,为课题的深入研究提供有力支持,在研讨与反思的过程中,大样本的测量仍旧持续进行,对应当前国家对高校大学生思想政治教育的要求增加思政学习模块,将维度变成模块,突出研究的持续性与深入性,突出某些模块的测量点,对其他模块的某些部分进行合并,缩减部分观察点,减少问卷体量,使研究重心从面上向点上转换,使得测量更具时代性。

二、坚持国家大学生学情要素的中国特色

国家大学生学情调查从最初设计开始就本着符合中国国情的研究特色,尽管国内外有许多研究者进行相关研究,但是由于文化和环境的差异,研究目的和内容也会有所不同,因此课题组在展开研究时,根据中国高等教育的特征进行系统、细致的分析,测量工具也是根据中国大学生的学习特点进行编制,具有完全自主原创性,能够针对中国高校出现的教育教学改革问题提供针对性的指导意义,并能够回应我国高等教育质量评估体制所面临的相关难点。

国家大学生学情要素的测量工具具有中国特色。在设计初期,根据国内外的研究成果,我们重点考察了影响较大的美国 NSSE、英国 NSS、澳大利亚

CEQ,以及 2009 年起清华大学教育研究院在国内进行的 CCSS,其使用的测量工具是在 NSSE 的基础上开发了汉化版 NSSE-China,同时结合中国本土教育情境,不断对工具进行修订和优化。英国与澳大利亚的调查沿用了 NSSE 的概念以及一脉相承的测量工具,主要从学生行为与院校特征两个方面关注学生的学习投入,包括五个维度的指标:学术挑战水平、主动与协作性学习、生师互动、支持性校园环境、拓展性教育经验。其后,NSSE 在 2013 年进行调整,将五个维度调整为:学术挑战、同辈学习、对教师的体验、校园环境、参与高影响力实践。[①] 清华大学在 2011 年发布的《基于学习过程的本科教育学情调查报告 2009》中指出:"大学生作为独立自主的学习者,其学习投入和学习行为与大学教育实践之间的互动,提炼的指标重在了解学生个体的学习态度、学习方式和学习经验,并直接与学生的学习收获相关联,加之其以学习者为中心、以学习过程为重点、以改进学校教育教学为目标的评价模式及理念,为我国业已形成的本科教育外部质量保障体系提供了重要的内部质量评价、问题诊断和改进工具。"[②]这些研究共同特点都是从学生的外显行为出发进行测量,NSSE 突出以学生学习为中心的测量理念,各个维度都是围绕学生学习开发的,关注学生个体学习的同时,也关注学生与教师以及与环境之间的互动,弥补了之前相关研究只重视个体的研究缺陷,然而该研究突出学生行为,强调观察点以学生的外显行为为主,具有较强的行为主义倾向,忽视大学生作为成熟个体的个体认知,以及大学是学校文化较为鲜明的集中地,学生的学习与学校文化之间有着密不可分的联系。课题组在总结相关研究成果的基础上,自主开发测量工具,以心理学、教育学以及文化学的相关理论为基础,针对我国大学生的学习特点和交往特点,结合我国大学生学习的实际情况,编制我国大学生学习观量表、课堂体验量表、学习动机量表、学习策略量表和学习收获量表,并进行了首次国家大学生学情实证调查研究。[③] 经过连续十年的调查,不断修订与完善,国家大学生学情调查形成较为完善的结构,分为过程性要素以及结果性要素,其中过程性要素包括学习观、课堂体验、学习参与/投入、学习

①　Mccormick A C, Gonyea R M, Kinzie J. Refreshing Engagement:NSSE at 13[J]. Change: The Magazine of Higher Learning,2013,45(3):6-15.

②　史静寰,涂冬波,王纾,等.基于学习过程的本科教育学情调查报告 2009[J]. 清华大学教育研究,2011,32(04):9-23.

③　史秋衡,郭建鹏.我国大学生学情状态与影响机制的实证分析[J]. 教育研究,2012(02):110.

方式,结果性要素包括学习收获和学习满意度,此外还涉及学生适应性等心理要素。

国家大学生学情要素的研究内容具有鲜明的中国特色。国家大学生学情调查的研究目的是要从大学生学习状况以及学习收获出发自下而上,通过问诊大学生学习为当前高校人才培养模式改革提供借鉴,为我国高等教育质量提升提供相应对策。针对我国大学生学习状况,国家大学生学情主要有四个方面的中国特色:第一个方面是研究我国大学生对学习的自我认知。由于大学生是成熟的学习个体,大学学习应该具有较强的自我驱动,然而我国的大学生在经历高中高强度的学习压力、单一的学习目标(考大学),甚至是被动的学习状况下进入大学学习,他们靠什么观念维持大学学习的持续进行?是应用的知识观还是识记的知识观都体现我国大学生学习的鲜明特征,因此研究他们的学习动机以及对学习的自我认知是极为必要的。通过十年的调查发现,我国大学生的学习观较为传统与落后,转变大学生学习观念,构建适应社会、具有发展理念的学习观是极为重要的。第二个中国特色是大学生对课堂教学环境的感知与体验,包括大学生课堂学习的学习策略与方式、课堂生师互动以及同伴学习。针对我国大学课堂教学仍然采用传统教学模式,课程大纲制定以专业学习为主,课程设置与社会需求相脱节,并没有考虑到学生的发展,仍然以知识为中心,造成专业知识越学越深,师生互动不积极,学生的情感越来越低等问题出现。另外我们在研究中发现,同伴学习以及室友关系是大学生学习的重要人际关系,同伴互助与室友关系对大学生学习的影响甚至高于教师的作用,这也是我国大学生学情的中国特色,针对上述问题我国各个高校也都在进行不同程度的人才培养模式变革,且做法不尽相同,只有充分了解我国大学生学习的具体体验,才能够为我国高校的人才培养模式变革提供有意义的参考。第三个中国特色是考察我国大学生学习的适应性,由于我国高中教育与高等教育之间有较大差异,许多大学生从进校开始就表现出极为不适应的状况,大学的学习模式与高中完全不同造成许多学生对于大学学习产生迷茫,同时随着就业压力的增大,学生在大学期间会产生各种心理问题。针对我国大学生学习的这种特征,课题组特别设计了学校适应性量表,观察大学生在校期间的心理与学习行为之间的差距,为我国大学生学习质量提供心理依据。第四个特色是针对我国高校办学而言的,一直以来我国高校办学都是由相关行政管理部门负责,高校办学质量也是由相关行政管理部门评定,缺少最大利益群体即学生群体的评价,针对这一情况,我们设计学习满意度模块,从学生视角测量大学生对本校的学习环境、教育教学制度、课程设置、教师教学等进行评价,从学生而非管理者视角发现问题,为我国高校进一步深化教学体制改革提供有价值的参考。

国家大学生学情要素是反映现阶段我国大学生学习状况的现状调查,从另一个意义上说,也是反映我国大学生学习质量的指标体系,因此,国家大学生学情要素也能够回应我国高等教育质量评估体系存在的问题,从这点上看,这是其他相关研究所不能比拟的,国家大学生学情调查可以为我国高等教育评估指标提供相应的完善建议。目前我国高等教育质量受到持续关注,我国高等教育质量究竟如何?不同院校的办学质量差异何在?我国一流大学与世界一流大学差距何在?这些问题一直萦绕在研究者、管理者以及大众心中。要回答这些问题需要对我国高等教育质量进行持续不断的监控与评估。事实上评估指标的设定,不仅仅是对各个院校办学质量的测评,其一二级指标的设立,权重的比例都成为各高校办学的风向标,在办学权不断下放的情况下,管理者对学校的监管主要通过评估指标进行监测,同时也向高校办学管理者传达国家对教育质量关注的重心,然而传统的院校评估以及大学排行榜往往只关注学校的规模、师资、科研成果、经费投入等等,虽然建立"五位一体"高等教育评估制度,根据相关利益者理论,在评估过程中加入相关利益群体的行业认证等,但是学生群体的呼声仍然很小,对于作为高等教育主体的学生的关注远远不够。另一方面,高等质量评估体系尽管加入以数据库为主的常态监测,较之前的评估有了较大改进以及科学依据,但是对于教学的实际过程监测力度还需加大,指标体系并未体现出高校的第一大职能——人才培养的重要性,"为了全面提高我国高等教育质量,必须坚持培养人才在大学教育中的中心地位和基础地位,针对不同类型高校的特点,探讨师生互动的不同方式及绩效,深化课程教学改革,加大教学投入,把教育资源配置和学校工作着力点集中到强化教学环节上来。"[①]国家大学生学情要素能够为大学教学实际过程提供更为实际、客观的观测点,为指标体系的改进提供学理、实践依据。同时,我国高等教育在发展过程中,对于高校的分类管理已经成为共识,多年的调查结果表明,不同院校大学生学习收获不尽相同,有着各自鲜明的学习特征,不同类型学校的教育教学风格应该与学生的学习特征相适应,并引导学生改进自身学

---

① 史秋衡,郭建鹏.我国大学生学情状态与影响机制的实证分析[J].教育研究,2012(02):119.

习中出现的问题,帮助学生更好发展,因此建立具有中国特色的国家大学生分类学情监测标准和分类教学评估系统显得尤为重要,如何将国家大学生学情各要素纳入到分类监测指标体系中,更好更全面、客观地把握我国各类高等教育学校的现状,分析高等教育现实中存在的问题,可以为研究者与管理者提供全新的视角。

三、国家大学生学情调查的包容性

包容性是中华民族传统文化的核心之一,文化的传承与发展缺乏包容性则很难延续,国家大学生学情调查也秉承这一优秀传统文化,才能够在这十年之间取得较大成就。包容性简单地说就是兼容并蓄、求同存异。国家大学生学情调查在研究期间,密切关注国内外学者的最新研究成果,尤其是对测量量表的修订,这反映不同国家的文化差异以及对于大学生群体本身关注内容重心的变化,例如 NSSE 在 2013 年修订的量表中特别将"主动与协作学习"变更为"同辈学习",这与我们在 2011 年的调查结果一致,在分析 2011 年全国大规模调查数据后,"同伴学习"成为我们在不同场合下重点强调的结论。除此之外,国家大学生学情调查还展开国际调查,先后与巴基斯坦、文莱、英国建立合作关系,在三个国家展开调查或联合调查。

2014 年,国家大学生学情调查首次在巴基斯坦展开调查,由于是首次跨国的调查,涉及国家的国情、文化以及宗教信仰等差异,因此此次调查较为谨慎,通过对总量表的反复核实与考察,选取总量表中结果性要素中满意度量表进行调查,在此次调查中,涉及巴基斯坦 3 所高校,共计 1937 份样本。在调查过程中,根据数据分析与实证结果,将量表进行修改,提取 11 个因子:教师指导满意度、咨询服务满意度、教师教学满意度、校园支持满意度、管理服务满意度、图书馆满意度、课程与要求满意度、教室条件满意度、住宿情况满意度、交通与安全满意度及同伴关系满意度。[1] 从对巴基斯坦大学生满意度调查问卷的设计来看,满意度的问卷结构进行了部分调整,在进行理论与实证分析的基础上,将一些预测变量直接纳入到满意度的问卷结构中,例如,以往研究中有些研究者将教室、住宿条件、管理服务、交通等作为预测变量看这些因素对学习满意度的影响,通过我们对满意度的问卷设计,将这些预测变量作为自变量

---

[1] 史秋衡,古尔扎·阿里·沙阿布哈里.巴基斯坦大学生满意度的实证研究[J].教育研究,2015(06):126.

直接放入满意度的因素当中考虑,通过实证,验证了这些要素可以作为大学生学习的自变量放入满意度的因素中,这也与我们国内所做的国家大学生学情调查保持一致。大学生学情满意度问卷结构在巴基斯坦大学生调查中再次得到验证,说明中巴两国对高等教育满意度的量表结构的认识具有较强的一致性,也为国家大学生学情调查提供更为广阔的国际视野。另外,巴基斯坦大学生满意度调查问卷针对自身的国情与文化,对满意度问卷的背景变量与自变量进行少量调整,研究者对大学生的大学成绩以及高中成绩的连续性较为关注,在家庭关系中,由于巴基斯坦家庭是多子女家庭,兄弟姐妹对大学生个体学习影响较为重要,因此增加了这一背景变量。通过对满意度内容的调整,可以看出满意度的影响因素在不同国家有着不同的解读,为中巴高等教育研究的学者们研究满意度内涵与外延以及影响因素提供充分讨论的空间。在调查分析结论上,两国也产生较大差异,由于巴基斯坦经济上还不太发达,因此学生对学校硬件条件与支持系统上的满意度最小,但对于教师教学、同伴学习的满意度最高,可见教师教学、同伴互助是国际大学生学习质量最为重要的两个因素,也可以为我们研究国际高等教育多样性,如何提高教师教学质量提供对话与交流的平台。

应该说,在巴基斯坦进行大学生学情调查是我国国家大学生学情研究展开国际调查有意义的尝试,同时也为国家大学生学情的跨国调查打下很好的基础,在此基础上,我们在文莱展开调查,进一步扩大国家大学生学情研究的国际对话,也体现我国国家大学生学情研究的开放性。文莱国独立时间不长,经济水平较高,以伊斯兰教为主,在文莱国家长期发展框架中,教育和人力资本是非常重要的组成部分,虽然文莱国家较小,人口较少,但是还没有针对大学生学习满意度的全国调查,以此为契机,在文莱展开大学生学习满意度调查符合该国教育的发展需求。根据文莱国家的特点,在保持原有的理论框架不变的基础上,我们也适时地对满意度的结构进行调整。原有满意度的理论框架是建立在艾斯汀提出的投入—环境—产出(I-E-O)模型基础上,包含投入、环境和产出三个内容,投入主要是家庭背景变量和原有的学习成绩变量等,环境是支持学生学习的物质环境、课堂环境和人文环境等,产出主要是学生的学习收获、价值观的变化等,艾斯汀的理论框架较为完整、合理,经过我们在不同场合的验证,适用于我国国内的大学生学情研究,同样也适用于文莱的大学生学情研究。但是在大学生学习满意度具体结构中根据国情、文化以及实证数据进行一些调整,对比巴基斯坦的满意度结构,调整后的因子有其国家自身特点,产生较大差异,调整后的因子共有 8 个,分别是教师教学、教师指导、课程、同伴关系、图书馆资源和学习环境、指导和咨询服务、行政服务和住宿、大学政策和设施。其中指导和咨询服务包括就业指导以及招聘等咨询服务,可见文莱大学生对就业信息与指导较为关注,另外在背景变量中,特别加入国籍作为大学生学习的背景变量,说明文莱大学生国际教育较为发达。2017 年 3 月,对文莱大学生进行样本选取,文莱共有六所高校,在此次采样中,涉及全部六所高校,1048 名大学生,分析结果显示,文莱大学生学习满意度分为三个层次,同伴学习的满意度最高,大学环境与硬件条件的满意度较高,教师教学、课程、指导以及咨询、服务的满意度对比前几个因子满意度较低,此结论与我国大学生学情调查的结论有某些相似之处。研究者可以就如何改进教师教学,改进对大学生学习的针对性指导,完善大学生就业咨询等方面展开共同研究。

如果说,NCSS 在巴基斯坦和文莱进行跨国调查体现了我国国家大学生学情研究的开放性和广泛性,那么与英国剑桥大学展开的联合调查就体现了国家大学生学情研究正在向精深方向发展。2018 年 2 月,国家大学生学情调查与剑桥大学展开合作,共同问诊与交流两国大学生学习现状。在中英联合调查中,剑桥大学问卷(LEGACY)并入 NCSS 开展联合调查,中国大陆共有107420 名大学生参与联合调查,与此同时,NCSS 将大学生学习收获量表分享给剑桥大学,也并入 LEGACY 问卷展开调查,共有 30000 余名英国大学生参与,从参与数量与学校来说都是空前的。从问卷结构来看,LEGACY 的中国问卷结构包括五个因子:建构能力、质疑(批判性)能力、学习自律、缺乏学习习惯、研究态度。NCSS 在英国的学习收获问卷包括 13 个方面:交流能力、合作能力、表达能力、处理信息能力、自我反映能力、想象力、好奇心、问题解决能力、理解力、写作能力、分析能力、领导技巧、社交能力。不同的问卷结构反映两国大学生特点以及研究者关注的重心。可以看出,英国学者对大学生研究能力与批判思维比较关注,而 NCSS 更倾向全面把握大学生学习获得,都具有启发性,也为未来国家大学生学情研究走向细节化、精深化提供不同视角。在这次联合调查过程中,除了对问卷结构进行分析与探讨,还对研究结论进行交流与分享。从剑桥大学关注的五个因子视角来看,我国大学生总体情况表现良好,相比较而言,得分较低的是质疑(批判性)能力,这与我们传统大学课堂教学有着密切关系,也是我国高等教育培养创新性人才的瓶颈所在,值得我们持续关注。在英国大学生参与的 NCSS 调查中发现,英国大学生学习总体感知较好,其中处理信息能力的自我感知较高,想象力和好奇心的自我感知较低,由此可以看到英国大学生学习面临的问题与我国大学生学习有某些相似之处,同时也有好的经验值得我们学习。可以说,对比前两个国家的合作调查,中英联合调查具有更为重要的意义,首先,它为 NCSS 的后续研究提供全新的研究视角,国家大学生学情调查在保持广度的同时也可以以模块的形式来展开。其次,它可以为国家大学生学情要素结构与内涵界定提供更为国际化的视野,不同时期,不同国家大学生学习具有不同特征,概念和理论框架需要在时代背景与国别背景下不断讨论与修正,为理论创新提供基础。

第二节　国家大学生学情要素的内涵分析

基于已有的研究,国家大学生学情主要涉及学习观、学校适应性、课堂体验、学习投入/参与、学习方式、学习收获、学习满意度等核心概念。相关研究成果也以专著、论文、研究报告等方式加以呈现。本书将对以上这些研究发现进行重新组合,着重从过程和结果两个层面探究我国大学生学习结构。在分析我国大学生学习结构之前,本章剩余两节的内容将主要回顾以过程和结果来划分的学习各要素的研究现状,分别从内涵和外延关联来加以梳理。

一、大学生学习过程性要素的内涵分析

基于已有研究发现,对大学生学习结果性要素存在重要影响的过程性要素包括:学习观、课堂体验、学习投入/参与、学习方式等。

(一)学习观

学习观是一个外来词汇,英文原文为"Learning conception"或"Conception of learning",是指学生关于"学习"的看法。国内外学者对于学习观的内涵界定有不同的理解和分类,例如国外学者中,瑞典学者马飞龙(Marton)和萨尔乔(Saljo)将学生对学习的观念分为浅层学习观和深层学习观,具有浅层学习观的学生将学习看作一种被动接受的过程,而具有深层学习观的学生的学习是源于内在的欲望和兴趣。[1] 萨尔乔认为学习观是指学生对学习

---

① Marton F, Saljo R. On Qualitative Differences in Learning: Outcome and Process[J]. British Journal of Educational Psychology, 1976(01): 4-11.

的理解,是学生解释学习目的、学习任务和教师考核等的方式。他此后又将学习观分为再现性学习观和解释性学习观,并在研究过程中逐渐深化细分,将这两种学习观扩展为把学习视为增加知识,把学习视为记忆,把学习视为获得能够保持或在实践中应用的事实、程序等,把学习视为获取意义,把学习视为一个旨在理解现实世界的解释过程这五种学习观。马飞龙在研究中证实了这五种学习观,并发现第六种学习观,即学习是学生成长的过程。

我国学者陆根书教授以学习观是学生对于学习过程的观念为根本观点,将学生学习观归为五个类别(增加知识、知识记忆和再现、应用知识、发展改变个体、创造新知)。[①] 笔者及研究团队将大学生学习观归纳为应用知识学习观和记忆知识学习观。[②] 学者刘儒德将学习观定义为学生个体对知识、学习现象和经验自我主观认识,这种认识是学生在参与日常的学习活动、院校课堂教学以及社会的文化环境中逐步形成的。学习观指导着学生的学习活动及对教师教学的评价,学习观是否科学合理会直接影响学生的学习情况。[③]

学习观可以分为"应用知识"的学习观和"记忆知识"的学习观两大类。其中"应用知识"的学习观认为学习是应用知识、解决实际问题、提高自身能力和实现自我发展;"记忆知识"的学习观认为学习是记忆知识和信息。马飞龙等人指出大学生主要有六种学习观:增加知识量,记住和重复,获取信息以供日后使用,对意义的抽象,为了理解现实的解释过程,实现自我发展。[④] 其中前三种学习观基本对应记忆知识的学习观,后三种学习观基本对应应用知识的学习观。[⑤]

虽然学界各学者对于学习观内涵描述的维度不一,但总结归纳来看,学生学习观是指学生在学习过程中,受到内外部环境因素的相互作用,对知识、经验、学习现象、学习性质以及学习过程等形成的主观的、发展的观念与认识。既包括针对客观知识获取的学习观,也包括发挥学生学习主观能动性的学习

① 陆根书. 学习风格与学习成绩的相关分析[J]. 高等工程教育研究,2005(04):44-48.
② 史秋衡,郭建鹏. 我国大学生学情状态与影响机制的实证分析[J]. 教育研究,2012(02):109-121.
③ 刘儒德. 大学生的学习观[J]. 高等教育研究,2002(04):74-78.
④ Marton F, Dall'Alba G, Beaty E. Conceptions of Learning[J]. International Journal of Educational Research,1993(19).
⑤ 史秋衡,郭建鹏. 我国大学生学情状态与影响机制的实证分析[J]. 教育研究,2012(02):109-121.

观,类似于刘儒德教授所说的客观主义倾向和建构主义倾向。

（二）课堂体验

"体验"（Experience）一词在《现代汉语词典》中被解释为:"通过实践来认识周围的事物;亲身经历",在英文中可被译为经验、经历,通过实践获得的阅历。尽管不同学科对于体验的阐释有一定差异,但总体而言体验需要亲身经历并且强调个体化,同时也伴随着情感的发生。课堂体验是学生通过课堂环境中的经历所产生的身体和心理的感受。大学生课堂体验是大学生在课堂教学环境中对所感知到的教学方式、师生交流、同伴关系和教学组织等方面的评价和看法。它是反映学生学习情况的关键要素,也是站在学生视角评价教学的重要考量指标,不仅会影响学生的学习质量,也能够从侧面反映出教师的教学质量和水平。课堂体验强调在课堂教学环境中的感知和看法,课堂环境之外的教学体验不被纳入课堂体验之中。

大学生课堂体验即是指大学生关于课堂教学环境中的教学目标、方式、评价、交流等的感知和看法。[①] 1991 年拉姆斯登编制的课堂体验量表中,将课堂体验分成对良好的教学、清晰的目标、适当的课业负担、合适的评价、学习自由度五个方面的评价。[②] 本书根据笔者及研究团队对于国家大学生学习情况调查中有关课堂体验方面的研究,将大学生课堂体验分为对以下四个部分的评价。第一,学生主体的教学方式,其中包括教师是否重视组织小组讨论、上课会否考虑学生感受、是否提供辅导、学生能否自由选择学习任务等;第二,师生交流,其中包括学生上课是否能与教师进行充分的交流、能否得到教师的建议、课堂任务的难易程度、作业有无反馈、能否理解教学内容和教学目标等;第三,同伴关系,其中包括参加与同学的讨论、参与班级活动、同学之间的关系;第四,教学组织,其中包括教师的教学准备、讲课条理性、教学评价。[③]

（三）学习投入/参与

有关学习投入的概念及理论最早起源于美国,至今已经有三十多年的发

---

① Diseth A，Pallesen S，Brunborg G S，Larsen S. Academic Achievement among First Semester Undergraduate Psychology Students：The Role of Course Experience，Effort，Motives and Learning Strategies [J]. Higher Education，2010，59(03)：335-352.

② Richardson J T E. Instruments for Obtaining Student Feedback：A Review of the Literature [J]. Assessment & Evaluation in Higher Education，2005，30(04)：387-415.

③ 史秋衡，郭建鹏. 我国大学生学情状态与影响机制的实证分析[J]. 教育研究，2012(02)：109-121.

展。最早在 20 世纪 30 年代，教育心理学家泰勒（Tyler）首次使用"学习投入（student engagement/involvement）"这一概念，将学习投入定义为学生用于学习任务的时间。^① 随后 60 年代，佩兹（Pace）进一步将学生学习投入界定为学生为了完成学业所开展参加的一系列活动，具体包括了学生自主学习活动（如阅读）、课堂学习活动、同伴互动以及师生交流等。^② 佩兹运用"学习投入"来描述和测量学生的努力质量，通过长达 30 年的研究，运用自编的《大学生就读经验问卷》测量学生"努力质量"，以找出影响学生学习和发展的行为，研究发现当学生在要求努力程度很高的活动（如日常学习、同辈互动、师生互动以及学以致用等）花费更多的时间和精力时，学生的学习收获有所增加。^③

1984 年，艾斯汀进一步完善丰富了"努力质量"的概念内涵，提出"投入理论"。该理论指出需要从学生心理和学生行为的角度综合分析学生学习时间投入和学习努力质量的关系，艾斯汀研究发现学生投入学校活动的数量与质量和学生本人的学习成果有着高度的正相关。^④ 具体来说，投入理论包括五个基本假设：（1）投入是指学生投入到学校各种学习活动中的体力与心力，既包括学生经历，也包括课程考试等具体的对象；（2）对同一学校学习活动，不同学生投入程度不同，同一学生对同一学校学习活动在不同时间的投入程度同样存在差异；（3）投入具有数量和质量特征：在数量上，比如学生花费在学习上的时间，在质量上，比如学生在复习作业时是高度专注还是心不在焉；（4）学生学习表现、个人成长水平与学生投入学习的数量、质量存在直接相关；（5）学校教育的政策效果与该政策是否可以真正促进学生的学习投入直接相关。^⑤ 在这五个基本假设中，第四个假设即学生的学习投入对其学业成就的影响是学习投入理论的核心内容。

① Rick D A，Arend F. Defining Students Engagement[J]. Change：The Magazine of Higher Learning，2011，（January / February）：38-43.
② C Robert Pace. The Undergraduates：A Report of Their Activities and College Experiences in the 1980s[R]. Center for the Study of Evaluation，University of California，Los Angeles，1990：1.
③ Kuh G D. What Student Affairs Professionals Need to Know about Student Engagement[J]. Journal of College Student Development，2009，50(6)：683-706.
④ Astin A W. Achieving Educational Excellence[M]. San Francisco：Jossey-Bass，1985：135-137.
⑤ Astin A W. What Matters in College? Four Critical Years[M]. San Francisco：Jossey-Bass，1992：7-8.

　　艾斯汀对"学习投入"最大的贡献是他提出一个经典的"学习投入I-O-E"模型：投入(Input)—环境(Environment)—产出(Output)。其中投入是指学生的个体特征(如个性特点)、家庭背景(如家庭经济水平和文化程度)、学生入学前的社交和受教育经历；环境是指学生就读期间院校环境(学术氛围、教师教学、课程组织、人际交往等)以及社会政治、经济、文化环境等；产出是指毕业后学生在认知、情感以及技能等方面的收获与发展。这一模式从方法上启示后来的研究者深入研究环境、政策等与学习投入、学习结果间的关系，也即在这个时候一些外在于学生学习本身的因素得以加入到有关学习投入的相关研究中。

　　在艾斯汀之后，乔治·库的研究进一步推进了"学习投入"研究的发展。他认为学习投入是学生参与投入到有效学习活动中的程度和对支持学习与发展的院校环境的感知程度，它是学生个人努力与院校环境互动的结果。[①] 即学生学习投入包括了学生本人的努力以及其人际互动(师生、生生互动)以外，还包括了学校提供的学习支持和引导。[②] 自此，开始有研究将学习投入进行划分，主要分为以学生为主导的个人努力及投入和以院校为主导的整体学习环境创设与提供。以学生个体为主导的学习性投入主要包括个人学习努力、人际互动(生生与生师互动)等要素。以院校为主导的学习型投入则强调作为一个机构，院校为学生学习和发展多提供的支持和其他服务。

　　通过对"学习投入"这一概念发展过程的简单梳理，可以发现其内涵随着时代的变化在不断扩充和丰富。从主体上来讲，学习投入不仅仅是指学生在学习方面的付出和投入，还指校方为支持学生所做出的系列努力；从内容上说，学习投入不仅仅指在学习方面的投入或支持，同时还涉及学生本人在学校场域中的同辈互动、师生互动、将所学的内容应用到实践等方面的投入以及校方在对应领域的支持；从研究视角来说，学习投入作为一个与学生息息相关的客观指标，可以从社会学、心理学、社会心理学、系统论等多个方面展开研究。因此可以说，伴随研究者对学生学习的更深入的理解，"学习投入"这一概念的内涵和外延均在不断扩大和深化。

---

① Kuh G D. The National Survey of Student Engagement：Conceptual and Empirical Foundation [J]. New Directions for Institutional Research，2009(141)：5-20.

② Kuh G D. What Student Affairs Professionals Need to Know about Student Engagement[J]. Journal of College Student Development，2009，50(6)：683-706.

（四）学习方式

大学生学习方式的概念最早是在 20 世纪 70 年代由马飞龙提出。马飞龙等人将学习方式界定为"学生在学习中所持有的学习动机和采用的学习策略的组合"[①]。大学生学习方式受到学生个体特征和外界环境的双重影响，是指大学生学习的动机、意向、策略及过程，主要指学生在学习中所持有的动机和采取的策略，是影响学生学习质量的一个重要因素，即大学学习方式是由学生学习动机和学习策略组成。大学生学习方式一般包括表层学习方式和深层学习方式，其中表层学习方式由外在学习动机和表层学习策略组成，深层学习方式由内在学习动机和深层学习策略组成。

表层学习方式表现为外在学习动机、记忆、考试导向、消极学习四个方面。其中外在学习动机包括学生认为学习是为了通过考试、对学习缺乏兴趣、觉得学习没意思；努力记忆则是强调付出努力和时间去背诵和记忆知识；考试导向导致学生只注重考试涉及内容的学习，希望老师直接告诉考试的重点知识；消极学习指学生上课没认真听讲、容易走神、缺乏反思。而深层学习方式表现为内在学习动机、主动思考和时间管理。其中，内在学习动机主要指学生认为学习是基于兴趣，通过学习能够获得满足感和快乐；主动思考强调学生会积极地主动展开对问题与知识的思考，联系先前知识，提出疑问，并且理解作者意图；时间管理则是指提前预习、合理安排规划时间、坚持平时学习。

二、大学生学习结果性要素内涵分析

基于已有研究发现，学习结果性要素主要包括学习收获和学习满意度。

（一）学习收获

大学生的学习收获是衡量高校人才培养质量的重要指标，它是指学生对大学期间收获的自我评价。包括学生对学习兴趣、学习方法、价值观和世界观、人际交往能力、问题解决能力、专业理论知识和实践操作技能等方面收获的自我评价，也是学生在知识、技能和情感等方面取得的发展，亦可称为学生学习成果、学生学业成就等。[②]

关于学生学习收获的分类，主要有基于目标的学习收获分类、基于学科专

---

① Marton F，Saljo R. Approaches to learning［M］// Marton D Hounsell，N Entwi stle（Eds.），The Experience of Learning. Implications for Teaching and Studying in Higher Education. Edinburgh：Scottish Academic Press，1997：39-58.

② 万华. 我国大学生学习成果研究［D］. 厦门：厦门大学，2013.

业的学习收获分类、基于学生个体发展的学习收获分类三种分类方法。第一，基于目标的学习收获分类中，布鲁姆的教育目标分类模型是最具影响和代表意义的，它最早从教育目标着手将学生学习收获的类型进行分类，将个体认知领域分为知识、领会、运用、分析、综合和评价六类。

第二，基于学科专业的学习收获分类，将具体明确的知识和技能规范的专门领域作为研究分类的依据。学者罗米索斯在布鲁姆教育目标分类的基础上，进一步明晰了知识和技能的区别，并提出学习应囊括认知学习、技能学习和情感学习三个领域。[①] 卡特教授基于学生个体素质，认为学生专业学习收获目标应包括知识、技能和个人素质三个领域。[②] 此外，高等教育机构也对学科专业的具体目标进行了分类。美国教育考试服务中心的专业测试通过对本科生的生物、数学、化学、音乐、计算机科学、物理、政治科学、经济、文学等学科专业的学习成果进行测试，将学科专业目标划分为理解专业知识的能力、解决相关问题的能力、科学阐释相关概念的能力、解释交叉学科之间的关系的能力等多领域。

第三，基于学生个体发展的学习收获分类。学者加涅重视学生个体认知发展，他把学生的学习结果分为五类，分别是语言信息、动作技能、认知策略、思维智力技能和态度。学者亚瑟·奇科林（Arthur Chickering）将学生学习收获分为学生在智力、身体及社会上达成的能力、情绪控制、学会独立、塑造个性、融洽的人际关系、明确目标和培养诚信等七方面。学者艾维尔对学生学习进行评估后，将学生学习收获分为知识、技能、情感（价值观）和行为收获四个部分，其中知识主要指通识教育知识和学科专业知识；技能收获涵盖阅读、写作和计算能力，知识学习能力，高层次思维的能力和高效从事具体专业领域的能力；情感（价值观）收获包括差异文化包容、个人意识形态和价值观的发展、社会意识责任等；行为收获包含在校表现和毕业后表现。学者乔安娜（Joanna）提出将学生学习收获分为学科专业学习收获、个人可迁移收获以及一般学术收获。理查德（Richard）等学者提出了学习收获的分析框架，认为不仅仅包括专业学科方面的发展，还包括通识教育技能的掌握，如批判性思维、沟通技能和推理能力等。

---

① 盛群力.旨在培养解决问题的高层次能力——马扎诺认知目标分类学详解[J].开放教育研究，2008(02)：10-21.

② Carter R. A Taxonomy of Objectives for Professional Education[J]. Studies in Higher Education，1985，10(02)：135-149.

(二)学习满意度

在《教育大辞典》中"满意"被解释为:"满意即意愿满足,满足是指个人得到他所需求的就会感到满足,需求强度越高,则就愈感到满意。""满意度"这一概念起源于营销领域,顾客满意度理论是学习满意度的理论基础之一,其最早应用于工商业,由瑞典首先提出全国性顾客满意度,随后在美国构建了顾客满意度指数模型。此后我国学者结合我国高校的实际情况,建构了中国高等教育顾客满意度指数。顾客满意度理论被引入高等教育之后,学生被看作是高等教育服务的顾客,并能够对所体验的高等教育服务进行主观感知和评价。在基于顾客满意度理论基础上的学习满意度研究中,魏华飞等人认为高校顾客满意度体系主要包括顾客期望、感知质量与感知价值,具体指标进一步划分为学校知名度、校园环境、教学质量教学管理、后勤服务和就业。[1] 王林坡基于办学观念、品牌形象、服务质量、服务过程和顾客地位五个层面探讨学生的满意度。[2]

学习满意度的另一个理论基础是学生主体性理论,该理论认为学生是高等教育的主体,高等教育需要重视学生主体参与体验,需要开展学生个体对学习过程和学习收获的满意度价值判断,进而从根本上提高高等教育的质量。在基于学生主体性理论基础上的学习满意度研究中,贝特兹等人研发的"大学生学习满意度问卷"将学习满意度分为政策与过程、工作条件、报酬、教育质量、社会生活和认知等六个层面。[3] 克雷斯(Kress)认为可以从学术资源、招生与资助、关注个体、院校效用、行政效率和安全保障等指标衡量学习满意度,从而了解学生对于高等教育的需求。[4] 此外,也有学者提出教师满意度应作为衡量学习满意度的重要指标,具体包括学生对教师教学、教师角色、教师职业

---

① 魏华飞,方文敏. 高校顾客满意度内容体系研究[J]. 辽宁教育行政学院学报,2005(09): 28-29.

② 王林坡. 基于顾客满意度的高等教育服务质量研究[J]. 郑州轻工业学院学报(社会科学版),2011(06): 113-118.

③ Kerlin C. Measuring Student Satisfaction with Service Process of Selected Educational Support Services at Everett Community College[D]. Oregon State University,2000.

④ Kress A M. Identifying What Matters to Students: Improving Satisfaction and Defining Priorities at Santa Fe Community College [J]. New Directions for Community College, 2006(134): 37-46.

素养的感知和评判。① 课程满意度也是学生对教师教学效率评价的一个方面，学生的课程满意度可进一步分为课程整体性、对教师的评价、课程内容等，具体包括学科知识、教师教学能力、班级管理和学生课业负担等指标。②

学习满意度是大学生学习情况的关键性指标之一，它是指学生在学习体验过程中进行主观期望与实际感知比较的价值判断，包括学生对学习体验的期望、感知、评价等。整体上的学习满意度包括对所学专业、任课教师、自我学习情况和所在学校几个方面的满意度，如此划分可以将整体满意度精细化和具体化，实现理论性和操作性的统一。而学生学习满意度也由以下四个要素组成：教师教学、学习支持条件、学习支持制度与设施、人际关系。③ 通过对各要素满意度的检测和分析能够及时捕捉大学生学习满意度的发展动向，这对于人才培养和高等教育质量的提升具有重要意义。

第三节　国家大学生学情要素的外延关联

为建构大学生学情各要素相互作用的整体模型，本小节力求理清大学生学情各要素之间的关系，在阐释清楚大学生学情各过程性要素之间的相互关系的基础上，以着重分析大学生学情结果要素的影响因素为途径，试图对大学生学情要素展开整体建构分析。

一、国家大学生学情过程性要素的相互关系

基于已有研究的发现，过程性要素之间的相互关系纷繁复杂，主要可梳理为学习观、学习投入、学习方式、课堂体验等要素之间的关联性。

（一）学习观与学习投入的相互关系

大学生学情调查以大学生作为学习质量的主要生成和评价主体，其中大学生的学习观与学习投入程度作为大学生学情解释性要素，能直接或间接地影响大学生学习情况。关于学生学习观与学习投入的相互关系，目前并没有

---

① Carr D L, Davies T L, Lavin A M. The Impact of Instructor Attire on College Student Satisfaction[J]. College Student Journal, 2010, 44(01): 101-112.

② Howell G F, Buck J M. The Adult Student and Course Satisfaction: What Matters Most? [J]. Innovative High Education, 2011, 37(03): 215-226.

③ 文静. 大学生学习满意度的模型修订与动向监测[J]. 教育研究, 2018,39(05):52-60,77.

单独探讨两者关系的研究,相关研究更多的是整体上全面探讨学生学习观和学习投入对于整个大学生学习过程和结果的影响。但也有不少研究中已经初步涉及两者关系的阐释。

一方面大学生学习信念对学习投入的直接影响不显著,需要通过其他中介因素间接影响学习投入。[1] 有学者发现如果学生持有所要学的知识对他们未来的职业发展没有帮助的信念,那么他们的学习投入度也将不高,学生不愿意花费时间和努力去学习。[2] 学生学习观主要通过影响学生对于学习支持环境以及教师教学的感知来间接影响学生的学习投入程度。[3] 研究者在 2015 年我国大学生学习情况调查研究中,发现学生应用知识学习观与良好的同伴关系之间有着显著正相关,[4]而同伴互动又是测量大学生学习投入的重要因子之一。汪雅霜在对我国高职院校学生学习投入度及其影响因素的实证研究中,研究发现秉持应用知识学习观的学生有着较高的学习投入度;[5]另一方面学生学习观在学生学习过程中不断发展成熟,学生学习投入如学生在学习过程中行为、情感与认知的投入,以及生生、生师互动的投入,影响学生学习观的发展成熟。卢丽君发现学生学习参与度越高,学习信念呈上升趋势。高年级学生、成绩好的学生、担任学生干部的学生、学习活动以及社会实践活动参与度高的学生、与老师接触多的学生等,学习信念更加显著,更倾向于认为学习是为了发展应用知识和素质提升。[6] 一些学者认为生师共处的教学环境对于学生学习信念有很大影响。[7] 教师自身内化的学习信念,在师生互动中,比如教学过程中,被学生所感知认可,从而影响促进学生成熟学习信念的形成。[8]

---

[1] 史秋衡,汪雅霜. 大学生学习情况调查研究[M]. 北京:教育科学出版社,2015:143.

[2] Schommer M, Duell O, Hutter R, et al. Epistemological Beliefs, Mathematical Problem—Solving Beliefs, and Academic Performance of Middle School Students[J]. The Elementary School Journal, 2005(03):289.

[3] 卢丽君. 我国大学生学习信念实证研究[D]. 厦门:厦门大学,2013:130-140.

[4] 史秋衡,汪雅霜. 大学生学习情况调查研究[M]. 北京:教育科学出版社,2015:143.

[5] 汪雅霜,汪霞. 高职院校学生学习投入度及其影响因素的实证研究[J]. 教育研究,2017,38(01):77-84.

[6] 卢丽君. 我国大学生学习信念实证研究[D]. 厦门:厦门大学,2013:166.

[7] Muis K R. Personal Epistemology and Mathematics: A Critical Review and Synthesis of Research[J]. Review of Educational Research, 2004,74(03): 317-380.

[8] T Yajala P. Developing Education Students Conceptions of the Learning Process in Different Learning Environments[J]. Learning and Instruction,1997,7(03):277-292.

师生互动中,教师采用的教学方式也影响着学生的学习信念,教师如果经常采取建构主义的教学方法,有利于学生学习信念转变发展更加有效,[1]若教师经常组织学生进行探究学习、合作学习或者实操学习,学生将在学习过程中通过思想碰撞形成自己的观点,而不是机械记忆书本或老师的结论。

(二)学习观与学习方式的相互关系

大学生的学习观会影响其学习方式的选择。Crawford 等人在对两种不同的数学学习观开展对比研究时,发现学生的学习观与其学习方式之间有密切联系。[2] Richardson J T E 研究发现当学生进入一个学习情境中,他对所处情境的看法与感知决定了其学习的方法。[3]杨院对国家大学生学情调查数据的分析研究也发现,学生不同的学习观对学生学习方式的选择有很强的预测力。[4] Chang Zhu 和 Martin Valcke 等学者对我国大学生和澳大利亚弗兰德大学学生进行跨文化对比研究,研究发现我国大学生在学习观上更加重视理解和社交能力的发展,持有的学习观影响着学习方式的选择。[5] 学生的学习观会对学生学习方式产生影响,但是反过来学生学习方式是否对学生学习观的转变产生影响,目前已有研究对该问题的讨论分析还比较欠缺。

(三)学习观与课堂体验的相互关系

首先,大学生学习观影响学生的课堂体验。研究者发现持有不同学习观的学生进入相同的学习环境中会有不同的感知体验。Eccles J S 等学者研究表明持有建构性、有效的学习观学生在学习过程中能很好地把握学习目标,能够体验到学习的成就感和自豪感,而无效的学习观会使得学生在学习过程中

[1] 唐剑岚. 学生数学认识信念的研究述评[J]. 数学教育学报,2007(01):29-33.
[2] Crawford K,Gordon S,Nicholas J,Prosser M. Conceptions of Mathematics and How It Is Learned:The Perspectives of Students Entering University [J]. Learning and Instruction,1994(04):331-345.
[3] Richardson J T E. Approaches to Studying,Conceptions of Learning and Learning Styles in Higher Education [J]. Learning and Individual Differences,2011,21(03):288-293.
[4] 杨院. 大学生学习观对学习方式影响的实证研究:基于不同课堂学习环境的分析[J].国家教育行政学院学报,2013(09):75-80.
[5] Chang Zhu,Martin Valcke,Tammy Schellens. A Cross-cultural Study of Chinese and Flemish University Students:Do They Differ in Learning Conceptions and Approaches to Learning? [J]. Learning and Individual Differences,2008(18):120-127.

易消极怠工,产生负面情绪,对学习开始抵抗厌倦。[1] Prosser M 等的研究进一步发现持有应用知识学习观的学生在学习过程更加容易感受到学习环境的积极因素,如科学的教学方法、有效的师生互动等等,而持用记忆知识学习观的学生在学习过程中对环境中的限制因素更加敏感,比如过重的学习任务以及不合适的评价手段等等。[2]

此外,学生课堂体验特别是学生感知的教师教学也会影响和转变学生的学习观。Schoenfeld A H 在对大学生数学学习信念的研究中发现,教师自己的对数学的认识以及他所创设的教学环境会影响学生对数学的认识。[3] 学生在学习过程中感知到的教师采用的学习结果的评价方式也会影响学生学习观,当学生感知到教师采用的学习结果评价方式更倾向于要求对知识进行深层理解时,学生就更加倾向于使用深层学习方式;反之,当学生觉得教师的学习结果评价手段更倾向于考核对学习知识的记忆与再现时,学生更可能采用浅层的学习方式。[4] 促使学生对学习过程和知识性质有了不同理解。基于此,周琰等学者就提出高校可以通过改革教学方式、提高教师的学习观水平以及介绍学科前沿知识等方式帮助学生进行学习观转变,以树立建构性的学习观。[5]

(四)学习方式与课堂体验的相互关系

学习方式与课堂体验是大学生学习"前期—过程—结果"模型中学习过程的核心内容,学生的学习方式很大程度上取决于学生的课堂体验。研究者通过对我国 52 所高校 9 万多名大学生的实证研究发现大学生的课堂体验可以

---

① Eccles J S, Wigfield A, Harold R D. Age and Gender Differences in Children's Self and Task Perceptions during Elementary School[J]. Child Development, 1993(64): 830-847.

② Prosser M, Trigwell K. Using Phenomenography in the Design of Programs for Teachers in Higher Education[J]. Higher Education Research and Development, 1997(16):41-54.

③ Schoenfeld A H. Learning to Think Mathematically: Problem Solving, Metacognition and Sense Making in Mathematics[M]//Grouws D A. Handbook of Research on Mathematics Teaching and Learning. New York: Macmillan,1992.

④ Scouller K. The Influence of Assessment Method on Students' Learning Approaches: Multiple Choice Question Examination Versus Assignment Essay[J]. Higher Education, 1998(35): 453-472.

⑤ 周琰,王学臣.小学生数学观、数学学习策略与学业成绩的关系研究[J].山东师范大学(人文社会科学版),2009(05):131-134.

直接影响学习成果,也通过影响学习方式间接作用于学习成果。[1] 杨院研究证明以学生为中心、良好的同伴互动的课堂学习环境中学生更倾向于深层学习方式,缺乏师生交流的课堂学习环境会导致学生倾向于浅层学习方式。[2] 学者 Diseth A 和 Pallesen S 等通过对课堂教学进行研究也发现学生在课堂中感知到过重的学习任务和不恰当的评价方式往往导致学生采用浅层学习方式,而当学生感知到良好的课堂教学以及明确的学习目标等时,更倾向于采用深层学习方式。[3] Wilson 等人应用课程体验问卷 CEQ 研究发现,学生感知的课堂体验和他们采用的学习方式有着非常显著的相关关系:学生在 CEQ 上的得分与深层学习方式有着显著的正相关,与浅层学习方式有着显著的负相关。[4] 陆根书教授研究发现,学生感知的课堂学习任务的困难程度是预测学生表层学习方式的重要指标,[5]进一步证实超负荷的学业负担将使得学生倾向于浅层学习方式。众多研究表明,学生在课堂教学环境中感知体验到的教师教学方式[6]、学习评价方式[7]、学业负担以及同伴互动关系[8]等等都对学生的学习方式选择产生影响。

(五)学习投入与学习方式的关系

大学生学习方式的选择对其学习投入程度有一定影响。目前已有研究对大学生学习投入与学习方式之间关系的探讨较少,两者关系揭露不充分,仅有

①　史秋衡,郭建鹏.我国大学生学情状态与影响机制的实证分析[J].教育研究,2012(02):109-121.

②　杨院.我国大学生学习方式研究——基于学习观与课堂学习环境的探讨[D].厦门:厦门大学,2012:242.

③　Diseth A,Pallesen S,Hovland A,et al. Course Experience,Approaches to Learning and Academic Achievement [J]. Education and Training,2008(46):156-169.

④　Wilson Keithia L,Lizzio A,Ramsden P. The Development,Validation and Application of the Course Experience Questionnaire[J]. Studies in Higher Education,1997(22):33-53.

⑤　陆根书.大学生感知的课堂学习环境对其学习方式的影响[J].复旦教育论坛,2010(04):34-46.

⑥　Lawless C,Richardson J. Approaches to Studying and Perceptions of Academic Quality in Distance Education[J]. Higher Education,2002(44):257-282.

⑦　Scouller K. The Influence of Assessment Method on Students' Learning Approaches:Multiple Choice Question Examination Versus Assignment Essay[J]. Higher Education,1998(35):453-472.

⑧　Entwistle N J. Approaches to Learning and Perceptions of the Learning Environment[J]. Higher Education,1991(22):201-204.

部分研究发现可以对二者关系进行一定程度的佐证。Svensson L 在对大学生学习方式与学习收获之间的实证研究中,发现采用深层学习方式的学生往往容易在学习构成中获得成就感,愿意花费更多时间在学业上,而持有浅层学习方式的学生通常会在学习过程感到困难、枯燥和焦虑,会减少在学业任务上的时间甚至拖延。[1] 全美大学生投入度调查研究发现采用科学有效学习方式的学生会对学习内容更加感兴趣,也更愿意花时间对学习内容进行深入思考。[2]

(六)学习投入与课堂体验的关系

大学生课堂体验影响学生的学习投入。大学生学习投入主要包括行为投入、认知投入和情感投入,其中学生的情感投入包括了学生个体在学习过程中所体会到的情绪和感受,和师生、生生等人际互动中情感反应,以及对于学校的认同归属感,而这和大学生课堂体验有着直接关系,学生对于课堂环境中师生互动、同伴互动以及学习支持资源的感知体验是大学生课堂体验的重要内容。在有关大学生学习投入度调查中,被广泛认可运用的全美大学生投入度调查量表中就将主动与合作学习、师生互动以及支持性校园环境,设定在测量大学生学习投入的五个基本维度之中。[3] 汪雅霜基于 NCSS 平台数据开展的中国大学生学习投入度实证研究中,大学生学习投入度测量量表包含了"元认知策略"、"同伴互动"、"深层认知策略"、"师生互动"、"学习热情"五个因子。[4] 而在有关大学课堂体验的调查中,陆根书教授在对大学生感知的课堂学习环境对其学习方式的影响研究中,在大学生数学课堂学习环境问卷中设计了"师生关系"、"兴趣与满意感"、"难度"、"互助合作"、"竞争"、"创新"、"选择权"、"秩序"、"少数人控制"、"缺乏了解"、"矛盾"等 11 个维度。[5] 杨院基于 NCSS 平台数据对大学生学习方式相关分析,将大学生课堂学习环境分为"学生主

[1] Svensson L. On Qualitative Differences in Learning[J]. British Journal of Educational Psychology,1977(47):233-243.

[2] National Survey of Student Engagement. Fostering Student Engagement Campuswide[R]. Bloomington:Indiana University Center for Postsecondary Research,2011:16-18.

[3] National Survey of Student Engagement. Fostering Student Engagement Campuswide [R]. Bloomington:Indiana University Center for Postsecondary Research,2011:15.

[4] 汪雅霜. 大学生学习投入度的实证研究——基于 2012 年"国家大学生学习情况调查"数据分析[J]. 中国高教研究,2013(01):32-36.

[5] 陆根书. 大学生感知的课堂学习环境对其学习方式的影响[J]. 复旦教育论坛,2010,8(04):34-46.

体"、"同伴互动"、"缺乏师生交流"、"教学组织"四个维度。[①] 可以看出师生互动、同伴交流、学习支持等是大学生学习投入与课堂体验两者共同拥有的因素。

二、国家大学生学情结果性要素的影响分析

就大学生学情结果性特点来看,可以分别从探究大学生的学习收获和学习满意度的影响因素来分析大学生学情结果性要素的影响。

(一)大学生学习收获影响分析

学校是大学生完成社会化过程,得以成长和发展的重要场所,院校环境中的客观因素与特点会影响学生成长过程及其收获,具体包括年级、专业、院校类型等。就年级而言,大学生在学校中分年级进行阶段学习,实现其知识、能力、素质等全面发展。有研究发现大学生的学业能力是随着年级升高逐步提高的,年级在学生学业能力影响中表现出显著的主要效应。[②] 而且大二尤为特殊且重要,这个阶段的学生开始更加关注自己的内心世界,深入探究自己如何更好融入大学生活,开始决定未来人生目标与前进方向。[③] 龙永红等人的研究发现大学生在不同年级,学习力存在差异,其学习力总分随着年级升高呈下降趋势,而不同的学习力之间学习收获差异显著。[④] 专业方面,不同的学科专业需要学生不同的学习能力与方式,学生的学习体验各有差异,所带来的学习收获也会层次各异。薛艳等学者研究发现大学生的学业成绩与其专业匹配性呈现显著正相关。[⑤] 陈权等人的研究也表明学生专业匹配性不仅影响学生的学习成绩,还会对学生的自信心、社交能力、团队合作能力、社会实践能力等

① 杨院.大学生学习观对学习方式影响的实证研究——基于不同课堂学习环境的分析[J].国家教育行政学院学报,2013(09):75-80.
② 罗云.本科生一般学业自我及相关因素研究:基于5所高校的调查[J].中国大学教学,2012(08):90-92.
③ Gahagan J, Hunter M S. The Second-year Experience: Turning Attention to the Academy's Middle Children[J]. About Campus, 2006,11(03):108-117.
④ 龙永红,聂邦军,贝静雯.大学生学习力及其对学习收获的影响研究[J].黑龙江高教研究,2019,37(01):96-100.
⑤ 薛艳,谭顶良,傅宏.大学生专业匹配性与学业成绩相关研究[J].心理科学,2009,32(03):547-550.

各方面的发展存在一定影响。① 院校类型方面,在我国乃至世界其他国家,都会根据不同的划分依据对高等院校进行分层分类划分,学者鲍威研究发现我国"985"高校学生的学业成绩通过率要高于其他普通院校。② 杨钋等学者对普通本科院校本科学生和高职高专院校专科学生能力进行比较分析,研究发现前者在心理素质与职业的自我评价要远高于后者,而后者在公民素质方面的自我评价得分高于前者。但在知识与技能收获、思维逻辑以及管理沟通能力等方面的自评,两者并不存在显著差异。③

有关大学生学习情况的研究中,学情过程性要素影响学生学习收获的研究较为丰富,学者发现学生学习观、学习方式、学习投入、课堂体验以及人际交往等均会对学生学习收获产生不同程度的影响。

1. 学习观对学生学习收获的影响

学生学习观对于学习收获的影响可以是直接的,也可以是间接的。众多研究发现,学习观可以通过影响学生的认知过程、学习方式选择、情感体验等方面,对学生学业成绩产生影响。Schommer M 等通过对大学生进行三年的追踪调查发现,大学生的学习观与其学业成绩之间存在密切联系,正确的学习观可以影响学生科学合适的学习方式选择,从而使得学生取得优异的学业成绩。④ Muis K R 的研究也发现学生对于学习能力与学习速度的信念能够很好地预测其学业成就。⑤ Koller 等的研究指明学生学习观对其学业成绩有预测效应,持有知识建构学习观的学生成绩会比持有"知识二元论或接受观"的学生学习成绩好。⑥

---

① 陈权,薛艳,刘伟. 专业匹配性对大学生学业的影响及应对[J]. 现代教育管理,2010(07): 59-62.

② 鲍威. 未完成的转型——普及化阶段首都高等教育的人才培养与学生发展[J]. 北京大学教育评论,2010,8(01):27-44,189.

③ 杨钋,许申. 本专科学生能力发展的对比研究——基于"2008 年首都高校学生发展状况调查"相关数据的分析[J]. 教育发展研究,2010,30(05):17-22.

④ Schommer M, Crouse A. Epistemological Beliefs and Mathematical Text Comprehension Believing It Is Simple Does Not Make It So[J]. Journal of Educational Psychology,1992 (4):435.

⑤ Muis K R. Personal Epistemology and Mathematics: A Critical Review and Synthesis of Research[J]. Review of Educational Research,2004(3):317-377.

⑥ Koller M, Knight P. Employability and Assessment[C]. Skills Plus a Paper Prepared for the Fourth Project Colloquium. 2001-10-03.

2. 学习方式对学生学习收获的影响

一般来说,学习方式是学习动机和学习策略的组合,学习方式一般分为浅层方式、深层方式和成就方式,[①] 相应的学习动机分为内在动机和外在动机,学习策略可以为再现的学习策略、内在的学习策略以及组织性学习策略。[②] 不同的学习动机导致不同的学习行为,学生形成不同的学习方式,进而影响学生的学习成绩。易晓明等研究发现,成绩优良的学生和成绩不良学生在外部动机上并无差异,但是成绩优良学生的内部学习动机要强于成绩不良学生。[③] 另外学习动机还会通过影响学习策略来影响学生学习成绩,刘加霞等学者研究发现,学习动机、学习策略对学生学业成绩都有影响,学习动机除了直接影响学生学业成绩以外,还会通过影响学习策略间接影响学生学业成绩。[④] 将学生学习动机和学习策略组合成学习方式来看,Svensson L 通过对照实验对比发现,在实验情境中和正常情境中,采用深层学习方式的大学生大部分都能通过考核,取得良好的学业成绩,而大部分采用浅层学习方式的学生却并不能通过考核。[⑤] Trigwell K 等人研究发现学生学习方式与学生学习成果质量存在显著相关,采用深层学习方式的学生学习成果质量高。[⑥]

3. 学习投入对学生学习收获的影响

学习投入一直是研究者们关注的焦点,基于其是影响学生学习收获的重要主观因素,不同的学习投入将直接产生不同的学习收获。王纾基于对 NSSE-China 2009 年数据分析,探究研究型大学学生学习投入对学习收获的影响机制,研究发现大学生学习投入对学生学习收获的影响比学生家庭背景

① Biggs J B. Student Approaches to Learning and Studying[M]. Hawthorn, Australian: Council for Educational Research Ltd., 1987.

② 陆根书,程光旭,杨兆芳. 大学课堂学习环境论——课堂学习环境与大学生学习及发展关系的实证分析[M]. 西安:西安交通大学出版社,2010:234-236.

③ 易晓明,李斌洲,傅和平,等. 学习优秀与学习不良大学生的学习动机、自我效能和归因的比较[J]. 健康心理学杂志,2002(01):1-3.

④ 刘加霞,辛涛,黄高庆,申继亮. 中学生学习动机、学习策略与学业成绩的关系研究[J]. 教育理论与实践,2000(09):54-58.

⑤ Svensson L. On Qualitative Differences in Learning[J]. British Journal of Educational Psychology,1977(47): 233-243.

⑥ Trigwell K, Prosser M. Relating Approaches to Study and the Quality of Learning Outcomes at the Course Level[J]. British Journal of Educational Psychology,1991(61): 265-275.

和院校环境等因素的更大,而且学生学习投入各维度对学习收获的影响不同,作用机制各异。① 汪雅霜基于对 48 所本科院校 59032 名大学生的学情调查数据,运用多层线性模型探究大学生学习投入度对学习收获的影响机制,研究发现大学生学习投入度对学习收获有较高的解释率,大学生学习投入度的五因子对学习收获各因子的影响不同,其中同伴互动因子对学习收获的影响最大。② 杨院等学者通过对全国 30 所本科院校的 48993 名本科生开展实证研究,将大学生学习投入进行分类,主要分为全力投入型、投入均衡型、同伴依赖型、教师依赖型、通过考试型与学习抵触型六大类,并发现不同的学习投入类型会有不同的学习收获。就学习收获来说,呈现出全力投入型＞投入均衡型＞教师依赖型＞同伴依赖型＞通过考试型＞学习抵触型的差异,而且学生学习投入不同因子与学习收获的相关性存在差异,总的来看,同伴互动及师生交流对学生的学习收获影响最大。③ 郭卉等人基于对 5 所理工科高校 836 名参加过至少一次完整科研活动大学生的问卷调查,发现学生科研学习投入对其学习收获有显著的解释力,科研任务认知挑战度和师生互动频次两个学生科研投入维度是影响学生学习收获的最重要因素,而且学生科研投入的持续时间越长,学习收获越多。④

4. 课堂体验对学生学习收获的影响

学生的课堂体验对其学习收获具有非常重要的影响。笔者及研究团队的研究发现学习课堂体验可以直接作用于学生学习收获,也可以通过影响学生的学习方式间接影响学生学习收获。而且在课堂体验方面,学生感知的同伴关系对于学生学习收获影响相对最大。⑤ 陆根书基于全国 15 所高校 3000 多大一学生的调查数据分析,发现大学生感知的课堂学习环境与其会采用的学习方式之间存在密切关系,而且大学生感知的课堂学习环境以及其采取的学

① 王纾. 研究型大学学生学习性投入对学习收获的影响机制研究——基于 2009 年"中国大学生学情调查"的数据分析[J]. 清华大学教育研究,2011,32(04):24-32.

② 汪雅霜. 大学生学习投入度对学习收获影响的实证研究——基于多层线性模型的分析结果[J]. 国家教育行政学院学报,2015(07):76-81.

③ 杨院,李艳娜,丁楠. 大学生学习投入类型及其与学习收获关系的实证研究[J]. 高教探索,2017(03):74-77.

④ 郭卉,韩婷. 大学生科研学习投入对学习收获影响的实证研究[J]. 教育研究,2018,39(06):60-69.

⑤ 史秋衡,郭建鹏. 我国大学生学情状态与影响机制的实证分析[J]. 教育研究,2012(02):109-121.

习方式会对学生的学习成绩和学习情感产生重要影响。① 文雯等人以清华大学留学生作为分析样本,研究发现留学生感知的课堂学习环境会影响其学习收获,但不同群体留学生感知的课堂学习环境存在差异。此外在所有课堂环境要素中,人际互动(生生互动和生师互动)对留学生学习收获影响最大。②

5. 人际交往对学生学习收获的影响

大学生的人际交往主要包括生生互动与师生互动,学生人际交往作为多个学情核心要素的重要因子,一直是研究者探讨学生学习收获时的重要关注因素。王纾的研究表明生生互动、生师互动与学生学习收获存在显著性相关。主要表现在学生学习收获的自评方面(如学生知识技能的发展),其与生生互动的相关性要高于其与生师互动的相关性。但在学生客观学习收获(如获奖情况)方面则呈现相反关系。③ 权小娟通过采用多层次模型分析某高校相关学生数据,发现学生的宿舍同伴、班级同伴的学习能力对于个人学习成绩存在稳定且较强的因果效应,并且班级同伴对于大学生学习收获的影响要大于宿舍同伴。④ 龙永红等学者基于1698名大学生的调查数据进一步发现大学生生师互动中,学习性互动与拓展性互动对大学生学习收获呈现显著正相关,但价值性互动呈现显著负相关。⑤

(二)大学生学习满意度影响分析

影响大学生学习满意度的影响因素有很多,其中较为重要的因素包括院校因素和教学过程中涉及的一些因素。

1. 院校因素

首先,院校类型是影响学生学习满意度的重要因素,特别是在我国院校类型经常与院校资源有一定相关性的现实情况下。任培江等学者对全国104所高校的管理人员、教师和学生"对本校学习生活条件的满意程度"展开调查分

① 陆根书.课堂学习环境、学习方式与大学生发展[J].复旦教育论坛,2012,10(04):46-55.
② 文雯,陈丽,周强,吴运新.课堂学习环境与来华留学生学习收获的研究——以清华大学为例[J].清华大学教育研究,2014,35(02):107-113.
③ 王纾.研究型大学学生学习性投入对学习收获的影响机制研究——基于2009年"中国大学生学情调查"的数据分析[J].清华大学教育研究,2011,32(04):24-32.
④ 权小娟.大学成绩的同伴影响研究:基于多层次模型的分析[J].清华大学教育研究,2015,36(05):66-76.
⑤ 龙永红,汪雅霜.生师互动对学习收获的影响:第一代与非第一代大学生的差异分析[J].高教探索,2018(12):32-39.

析,研究发现针对本校学习生活条件满意度,呈现"985"高校、"211"高校、一般本科和高职高专四种类型高校的评价依次降低现象,即不同类型高校学生学习满意度存在显著差异。[①] 鲍威的研究将我国院校类型划分为"985"院校、"211"院校、一般本科院校、民办本科(含独立学院)以及高职高专院校五类,从师生互动、辅导员支持、学生发展、教学课程和社团活动五个学习满意度维度探究不同类型院校学生学习满意度差异,研究发现不同类型院校的学生满意度评价呈现出结构性差异:总体来看,以"985"、"211"院校的学生整体满意度相对较高,而剩余三类院校的学生整体满意度则明显较低,具体分析发现"985"、"211"院校学生对于学生发展、教学课程和社团活动的满意度较高,但对于师生互动和辅导员支持则呈现负向评价。高职院校和民办院校则是在师生互动和辅导员支持方面获得肯定性评价,但在学生发展、社团活动等方面则明显欠缺。而一般本科院校特别是公办教学型院校在五个院校满意维度上均遭遇负向评价。[②] 汪雅霜等学者通过"国家大学生学习情况调查"网络调查平台展开高水平大学学学生满意度调查,研究发现高水平大学学生学习满意度存在院校差异,相对于"211 工程"大学,"985 工程"大学具有相对较高的校园支持和总体满意度,且两类院校在教师教学与人际关系这两方面的满意度差异不显著。[③]

其次,年级和专业对学生学习满意度有显著影响。田喜洲等人对重庆市四所普通高校在校大学生满意度的研究发现,学生性别差异和专业差异对二级因素满意度的影响并不显著,但年级差异明显,主要原因在于学生年级升高,所储备的知识技能增加,对于教师教学质量要求更高。[④] 王嘉毅等人的研究将大学生校园生活满意度归为教学满意、校园环境满意、班级满意、宿舍满意、饮食服务满意、行政管理满意和课余生活满意七个因子,研究发现大学生的校园生活满意度在性别和学科上不存在显著差异,不同年级学生在行政管

---

① 任培江,张峰. 我国高校师生学习生活条件满意度调查报告[J]. 华北电力大学学报(社会科学版),2010(03):125-128.

② 鲍威. 高校学生院校满意度的测量及其影响因素分析[J]. 教育发展研究,2014,34(03):22-29,55.

③ 汪雅霜,杨晓江. 高水平大学学生满意度的实证研究——基于"国家大学生学习情况调查"数据分析[J]. 国家教育行政学院学报,2015(02):77-82.

④ 田喜洲,王晓漫. 在校大学生满意度调查与分析[J]. 高教探索,2007(05):126-128.

理满意和教学满意两方面存在显著差异。^① 鲍威的有关高校学生满意度的研究结果表明不同学科专业的学生满意度存在显著差异,高满意度学生群体中,人文学科占比最高,达到 37.2%,其后依次为理学 33.7%、工科 29.6%、社会科学 28.9%。^② 而汪雅霜等人的研究却发现高水平大学学生满意度存在专业和年级差异,其中原文史哲专业学生、大二和大三学生的满意度相对较低。^③ 但华中科技大质量监测课题组研究显示,不同年级学生对教师质量的满意度存在显著性差异,但大二学生的整体满意度是最高的,大三年级学生次之,大四年级学生最低。^④ 可以看出已有研究中学生年级和专业对其学习满意度的影响会根据调查对象数据和研究者不同,出现完全不同的研究结果。

再次,院校支持对学生学习满意度具有重要影响。院校支持主要是指学校对于学生在校期间学习生活的资源、师资、硬件设施等各方面的支持。Borden 在课堂教学研究中就发现学生的满意度可能与如何布置教室环境相关。^⑤ 院校提供的实际课堂环境与学生想象中理想状态课堂环境的重合度越高,越能加强学生对学校的情感,比如满意度。Wells 等人发现英国学生非常关注学习环境中的舒适和设备,他们提出高校的物理环境如建筑设计会影响学生满意度。^⑥ Kotler 等学者研究发现大部分学生对于自己的专业学术课程比较满意,但是对于学校支持服务如职业咨询和就业指导的满意度却普遍偏低。^⑦

此外,谌丹等人运用 KANO 模型来分析我国高等教育领域的学生满意

① 王嘉毅,赵志纯.大学生校园生活满意度的实证研究[J].大学(研究与评价),2007(11):17-24.
② 鲍威.高校学生院校满意度的测量及其影响因素分析[J].教育发展研究,2014,34(03):22-29,55.
③ 汪雅霜,杨晓江.高水平大学学生满意度的实证研究——基于"国家大学生学习情况调查"数据分析[J].国家教育行政学院学报,2015(02):77-82.
④ 陈敏,房保俊,林林.工科本科教学质量现状调查报告:三校学生满意度调查[J].高等工程教育研究,2009(06):71-81,112.
⑤ Borden V M. Segmenting Student Markets with a Student Satisfaction and Priorities Survey [J]. Research in Higher Education,1995,36(01):73-88.
⑥ Wells V,Daunt K. Eduscape:An Exploratory Analysis of the Physical Learning Environment [C]. Proceedings of the Academy of Marketing Annual Conference, Liverpool, UK, 2011.
⑦ Kotler P,Fox K F. Strategic Marketing for Educational Institutions[M]. Englewood Cliffs:Prentice Hall,1995.

度,研究发现学生感知到的校园生活中前四个重要指标是就业前景、校园交通及治安、食堂饭菜质量、图书馆,为提高学生满意度,学校应该关注改进就业、后勤以及校园安全方面,为学生提供更好的就业前景、食宿条件以及安全保障。[①] 姚倩等人基于学生满意度视角下思考探究高等教育质量的管理,研究通过实证问卷调查发现有关学生校园生活各维度重要性评分中,校园公共空间安全、图书馆资源和服务充足、宿舍提供了舒适的生活条件以及整体而言校园秩序维护得很好等维度都进入前十,表明学生希望学校可以营造提供一个资源丰富、安全舒适、便捷有效的校园学习生活环境,学生非常看重这些方面。[②]

2. 教学要素

首先,教师及其教学是影响学生在校学习过程最直接、最重要的因素,教师及其教学的好坏将直接影响学生的学校学习生活总体评价。Henning 等在德国大学用忠诚度模型关系量表研究,发现教学质量和学生对大学的情感之间有至关重要的关系。[③] David 等学者研究发现,教师的教学准备、教学方式、教师个人风格特征以及课堂组织方式都是学生学习满意度重要影响因素。[④] Celia 的研究进一步发现师生互动、生生互动融洽顺畅的课堂中,学生的满意度会更高。[⑤] 国内邢磊等学者将教师的教学行为归纳为组织和传授教学内容、激发学生主动学习以及提供个别化交流反馈三个综合维度,并发现这三个因素均显著影响学生对教师以及课程的满意度,其中"组织和传授教学内容"的影响最为显著。[⑥] 其次,人际互动也是影响学生学校学习生活满意度的重

① 谌丹,周洁如. 中国高等教育顾客满意度研究——KANO 模型在高等教育领域的应用[J]. 长春理工大学学报(社会科学版),2011,24(02):99-102.

② 姚倩,韦颖. 学生满意度视角下高等教育质量管理的思考[J]. 教育评论,2019(01):62-66.

③ Henning-Thurau T, Langer M F, Hansen U. Modeling and Managing Student Loyalty: An Approach Based on the Concept of Relationship Quality [J]. Journal of Service Research, 2001,3(04):331-344.

④ Carr David L, Davies Thomas L, Lavin Angelin M. The Impact of Instructor Attire on College Student Satisfaction [J]. College Student Journal,2010(03): 41-50.

⑤ Celia C L. Student Learning and Student Satisfaction in an Interactive Classroom [J]. Journal of General Education,2010(04): 238-263.

⑥ 邢磊,邓明茜,高捷. 教学行为与学生满意度的关系研究:以某"985"工程高校本科课程为例[J]. 复旦教育论坛, 2017(02):66-71.

要因素。Paul 等人的研究发现生生互动显著影响学生学习满意度。[①] 国内研究发现学生所有的人际互动中,学生将室友关系看得最为重要,并且也是最为满意的人际互动。[②] 另外,李一飞等学者的研究发现生师互动也是促进学生教育收获和教育满意度等教育结果的有效因素,但相较于生生互动,生师互动对大学生教育收获的影响作用不够大。[③] 刘丽娜等学者针对学生教育质量满意度及其影响因素的研究发现,影响学生学校满意度的因素主要包括互动质量、向学/厌学、有效教学实践、课程要求的严格程度、支持性环境,其中互动质量(学生与任课教师、同学、学生系统工作人员、行政管理人员的互动)是影响学生满意度的最显著因素。[④]

三、国家大学生学情要素的整体建构分析

随着学者们对大学生学习与成长的研究逐渐深入,发现大学生学情的各要素是在家庭、社会、学校等环境作用下整体多元地影响大学生学习与成长全过程。因此,学者们建构了很多整体综合理论模型来分析大学生学习成长过程及其影响要素,并且在实证研究中运用相关理论模型,在指导现实实践的同时,也对已有理论模型进行修正完善。

(一)国家大学生学情要素分析的理论模型

一是艾斯汀的 IEO 模型。艾斯汀认为大学生在大学里的认知与情感等取得的成就与转变(输出变量)受到了学生的个体背景(输入变量)如个性特征,与其教育经历、家庭背景(输入变量)如父母文化程度与家庭收入,和大学环境(环境变量)如学术氛围与社会关系的共同作用与影响(图 2-1)。[⑤] "IEO模型"主要探讨学生学习背景、过程与结果之间的关系。在考虑学生的个人先

---

① Paul D U,Stephen R P. How do Academic Departments Impact Student Satisfaction? Understanding the Contextual Effects of Departments [J]. Research in Higher Education,2002 (02):209-234.

② 史秋衡. 大学生学习情况究竟怎样[J]. 中国高等教育,2015(Z1):68-70.

③ 李一飞,史静寰. 生师互动对大学生教育收获和教育满意度的影响[J]. 教育学术月刊,2014(08):71-79.

④ 刘丽娜,房绍坤,郝曙光,杜艳秋. 地方本科院校教育质量学生满意度及影响因素研究——基于 Y 大学 CCSS 的调查数据分析[J]. 高等工程教育研究,2016(04):105-111.

⑤ Alexander W Astin. Assessment for Excellence:The Philosophy and Practical of Assessment and Evaluation in Higher Education [M]. New York:American Council on Education and Macmillan Publishing Company,1991:7.

赋特征的同时,探究学生与院校客观环境、组织特征、人际关系互动等学习环境因素互动对学生学习与成长的影响。艾斯汀指出学生个体背景和家庭背景会直接影响大学生学习与成长,也会通过大学环境对大学生学习与成长产生中介影响(Mediation Effect)。总的来说,艾斯汀认为学生在大学期间的成长与收获是学生学习背景与大学环境共同作用产生的结果。

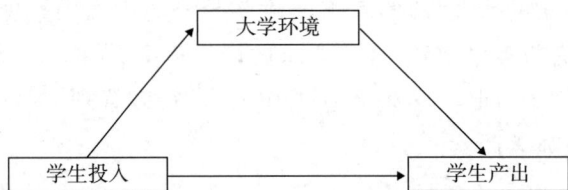

```
                      大学环境
                   ↗            ↘
              学生投入  ─────────→  学生产出
```

图 2-1 艾斯汀的 I-E-O 理论模型

资料来源:Alexander W Astin. The Methodology of Research on College Impact,Part One[J]. Sociology of Education,1970(03):225.

二是汀托(Tinto)基于 IEO 模型构建了大学生退学模型,也叫学术与社交整合模型(Academic and Social Integration Model),汀托指出不同背景的学生对自身能力的变化会产生某种目标承诺,学生与院校环境间的融合(学术融合与社会融合)将帮助学生不断修正和重塑其成长目标,影响大学生成长(图 2-2)。[1] 具体来说,汀托认为大学生入学时会依据入学前经历、个性特征以及大学期待等确定其大学目标,但在校园学习生活中,在学校学术与社会系统中的师生、生生的正式与非正式经历交流的整合影响下,学生会持续调整修正自己的大学目标和期待。而且在学生与院校互动中,当其不能很好地融入学校的学术与社会系统,以及学校的规章制度和教师价值观时,学生可能会做出离校的决定。大学生退学模型除与艾斯汀的 IEO 模型一样包括学生背景、大学环境以及学生学习成长输入—环境—输出这三个方面以外,该模型将学校环境划分学术系统和社会系统两个方面,将学生的学习经历划分为正式与非正式交流,重点突出强调大学环境中师生互动与生生互动对学生学习与成长有重要影响。

---

[1] Vincent Tinto. Leaving College:Rethinking the Causes and Cures of Student Attrition (2nd)[M]. Chicago:University of Chicago Press,1993:5-6,113,116.

入学前特质属性　目标与承诺（前）　大学经历　　　　　整合　目标与承诺（后）　产出
　　　　　　　　　　　　　　　　　学术系统

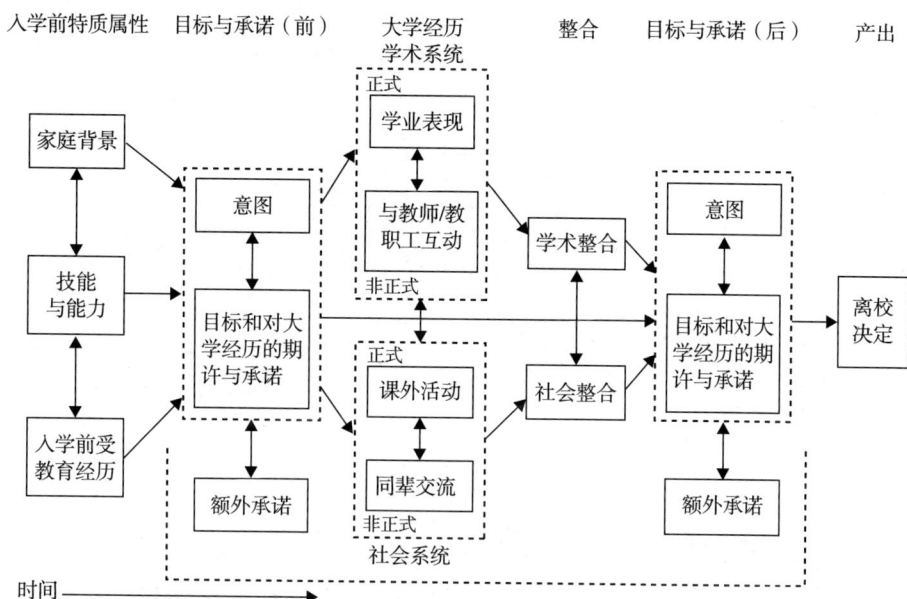

图 2-2　汀托的大学生退学模型

资料来源：Vincent Tinto. Leaving College：Rethinking the Causes and Cures of Student Attrition (2nd) [M]. Chicago：University of Chicago Press，1993：114.

　　三是帕斯卡雷拉(Pascarella)的整体变化评定模型，也叫学生发展综合因果模型(the general casual model)。帕斯卡雷拉认为学生带着先前经验和背景特征进入特定大学，受到学校结构和组织特征(招生数、生师比等)、校园环境(课程、政策、文化等)、校园人际互动以及学生在学习上投入时间和精力(学生努力质量)的影响，从而对学生学习与认知发展结果产生影响(图 2-3)。[①]帕斯卡雷拉指出院校结构与环境会对大学生的学习成长产生重要间接影响；师生、生生互动会对大学生学习成长产生重要的直接影响；而学校的组织特征如生师比、招生数等只会影响学生的师生、生生互动，不会对大学生的学习成长产生直接影响。该模型开始对大学生学习成长影响因素作直接影响与间接影响的划分。Robert 认为，帕斯卡雷拉的整体变化评定模型还重点突出了学

[①]　Ernest T Pascarella. College Environmental Influences on Learning and Cognitive Development：A Critical Review and Synthesis[M]. J C Smart(ed.)，Higher Education：Handbook of Theory and Research(Vol.1). New York：Agathon Press，1985：1-62.

生努力质量在大学生学习成长过程的重要性[1]，学生在学习上投入时间和精力会直接影响大学生学习成长结果。而学生努力质量又直接受到学习个体背景、院校环境、师生互动以及同辈交流等因素影响。

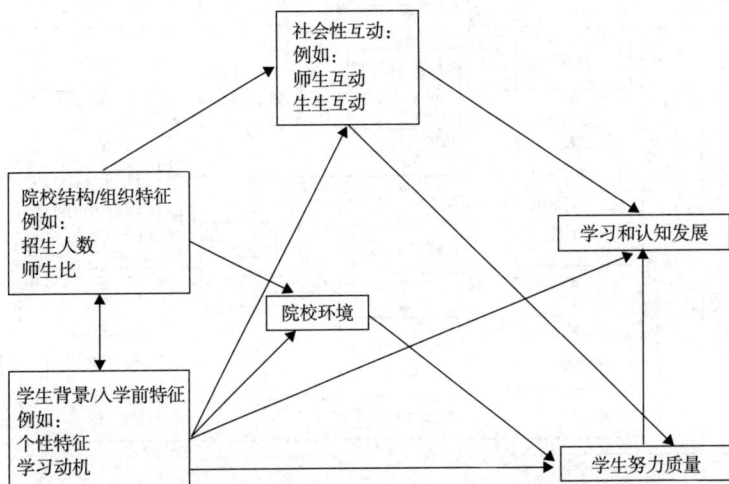

图 2-3　帕斯卡雷拉的整体变化评定模型

资料来源：Ernest T Pascarella. College Environmental Influences on Learning and Cognitive Development：A Critical Review and Syhthesis［M］// J C Smart(ed.)，Higher Education：Handbook of Theory and Research (Vol. 1). New York：Agathon Press，1985：50.

四是比格斯的大学生学习过程"3P（Presage-Process-Product，预设—过程—结果）"模型。比格斯认为"学生与学习情境的互动决定了学生所采取的学习方式"，学生的个性和学习环境会影响学生的学习方式。在该模型中预设（前置）因素包括学生入学前已有的知识、能力、个性、智力以及家庭背景，以及院校情境中专业学科、教学方式、课程结构以及学习时间安排等。过程因素包括学生学习动机和学习策略，两者是学生学习方式的重要组成。结果因素主要指学生个人表现，在客观方面为考试与学习成绩等，主观方面表现为学生个人自我认知、自我目标以及满意度等（如图 2-4）。[2] 该模型中前置因素可以直接影响学生的学习结果，也可以通过影响过程因素而对学习结果产生影响。

---

① C Robert Pace. Measuring the Outcomes of College：Fifty Years of Findings and Recommendations for the Future［M］. San Francisco：Jossey-Bass，1979：171.

② Biggs J B. Student Approaches to Learning and Studying［M］. Hawthorn，Australian：Council for Educational Research Ltd.，1987.

过程因素则能够直接影响学生学习结果。

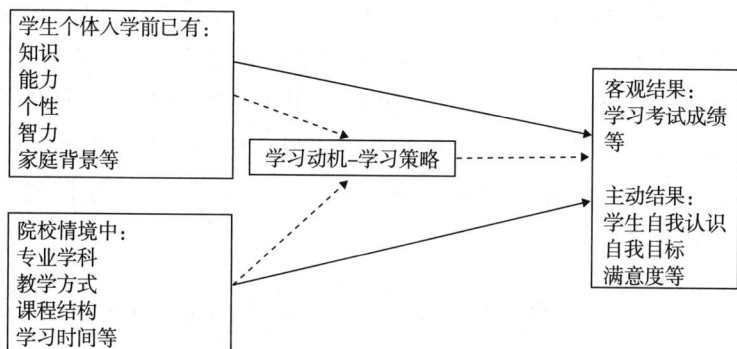

图 2-4　大学生学习过程模型

资料来源：Biggs J B. Student Approaches to Learning and Studying[M]. Hawthorn，Australian：Council for Educational Research Ltd.，1987.

（二）国家大学生学情要素分析的实证探究

已有研究有关大学生学情要素综合分析的理论模型，大部分是国外学者将其本国学生作为研究群体，若运用这些理论直接指导我国大学生学情研究，可能会因对我国一些现实特点把握不足，而造成研究结果出现极大误差。因此，我国不少学者在国外知名学者研究基础上，结合中国高等教育的现实发展情况，采用多样的研究手段分析我国大学生学情实际数据，试图构建适用于我国大学生学情要素分析的整体模型，以求更为科学客观地研究我国大学生学习成长实际情况。

国内学者王纾在借鉴帕斯卡雷拉理论模型的基础上，采用 2009 年 NSSE-China 的数据，运用结构方程模型取向的路径分析方法，建构了大学生在大学学习成才过程"输入—过程—输出"三大类变量的因果关系模型，重点研究分析我国研究型大学生学习性投入对其学习成长收获的影响机制。研究发现，在我国研究型大学中，学生学习性投入的各维度都会对学生的学习成才收获产生正向影响。[①] 该模型将学生学习性的投入分为社会性人际互动、学生个人的努力质量、校园环境支持度以及课程要求四个维度，并将其视为模型的过程变量，其中前两者由学生主导，后两者由院校主导。输入变量主要包括院校

---

① 王纾. 研究型大学学生学习性投入对学习收获的影响机制研究——基于 2009 年"中国大学生学情调查"的数据分析[J]. 清华大学教育研究,2011,32(04):24-32.

教学资源和学生家庭背景,而输出变量则为学生的学习收获。通过分析发现该模型中输入变量和输出变量对学生的学习收获均有影响,但其作用方式和影响力大小各不相同,其中4个过程变量对学习收获的影响最大。此外,输出变量与过程变量的各子维度也存在相互作用。具体模型路径如下图2-5所示。该研究以我国研究型大学学生为研究对象,基于我国现实情况,运用结构方程模型将大学生学习成长各要素进行系统整合,实证探究我国研究型大学生学习成长中各要素的实际联系及其相互作用方式。

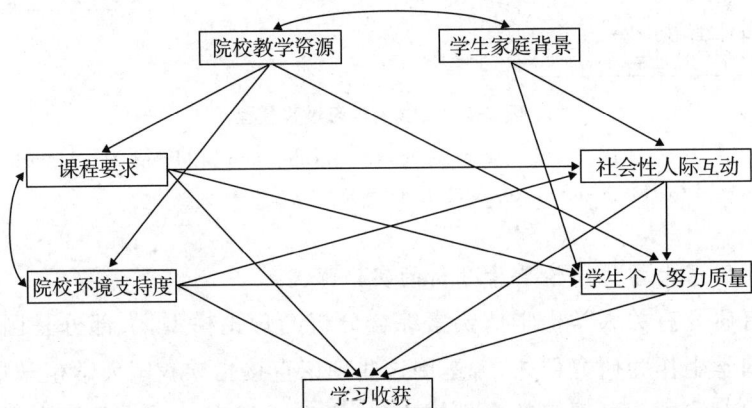

图 2-5 研究型大学学生学习性投入对学习收获的影响机制

资料来源:王纾.研究型大学学生学习性投入对学习收获的影响机制研究——基于2009年"中国大学生学情调查"的数据分析[J].清华大学教育研究,2011,32(04):24-32.

学者周廷勇等人在艾斯汀、汀托和帕斯卡雷拉等国外学者的研究基础上提出的"场域—互动"模型。周廷勇认为大学生成长受到个体、家庭、大学、社会(现代传媒、职业环境、教育价值观、经济力量、政策系统、教育行动与政策)等场域及其互动的影响,促进学生"知与行"的内化。[①] "场域—互动"模型将学生从出生到进入社会行业就业的生活环境,按照经历顺序划分为了六个场域,具体为"个体—家庭"场域、中小学场域、"个体—家庭"场域、大学场域、"个体—家庭"场域以及职业群体场域,而这六个小场域同时受政治、文化和经济系统这个大场域的影响。(如图2-6所示)该模型的主要观点包括:一是大学作为一个单独的场域,其对学生在这一场域内的成长发展影响并非单独发挥,

① 周廷勇,周作宇,杜瑞军.大学生发展的影响因素模型:一个理论构想[J].教育学报,2016,12(05):68-80.

而是与其他场域进行行动、文化和价值整合后,对学生施加综合影响;二是影响大学生的各类因素可以"个体—组织—结构"的维度进行整合,每类因素都是一场域,每个场域有独立自我循环系统,但场域之间也存在嵌套关系,更需要注意的是,影响大学生学习成长的各场域有"历时—空间"的特点,因此对于大学生在校期间的学习成长收获及其影响因素作用效果,都需要结合特有空间的特点放在更长的时间维度中进行综合分析探讨。"场域—互动"模型极大程度地拓增了我国大学生学习成长因素探讨的广度和深度,力求客观全面地归纳我国大学生学习成长规律,在丰富了我国大学生学习成长的理论研究以外,也对我国大学实施和改进人才培养方式具有一定指导意义。

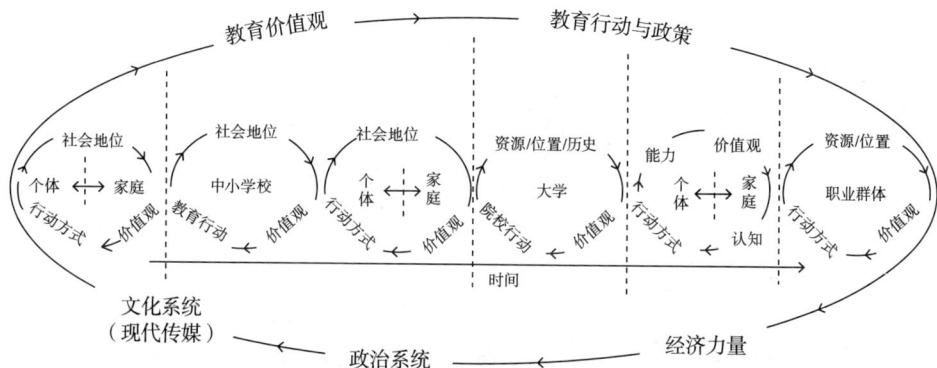

图 2-6　大学生成才"场域—互动"模型

资料来源:周廷勇,周作宇,杜瑞军. 大学生发展的影响因素模型:一个理论构想[J]. 教育学报,2016,12(05):68-80.

学者岑逾豪则完全基于我国大学生学习成长实际情况,提出了本土化的整体理论模型。他通过对我国不同地区(华南、东北、华北、华东)的五所学校开展的大量学生访谈,并且结合 NSSE-China 2009 年的数据,对我国大学生成长过程进行深入实证研究,在整合已有概念和理论基础上,提出了我国本土学生发展理论——大学生成长的金字塔模型。[①] 并通过后期的进一步的大一新生抽样追踪调查,进一步修正该模型。该模型认为大学生学习成长过程是一场不断向上的攀登,过程中包括了 4 个不同层级,每个层级的学生成长的目标和要求不同,依次为学生参与、学生投入、学生学习和学生发展,且在每个层级

---

① 岑逾豪. 大学生成长的金字塔模型——基于实证研究的本土学生发展理论[J]. 高等教育研究,2016,37(10):74-80.

学生成长的具体形式与方式也各不相同。金字塔模型其将学生的参与、投入、学习与发展视为学生成长必不可少的部分,每个层级都是实现向更高境界攀登的必要基础和前提条件。而且院校教育者在学生不同层级的成长过程中所扮演的角色也不一样,依次是组织者、促进者、激励者以及学习和成长的伙伴。模型具体内容如图 2-7 所示。金字塔理论作为基于我国大学生学习成长实践调研提出的一个整体性模型,对我国本土大学生成长理论建构具有重要的借鉴意义。

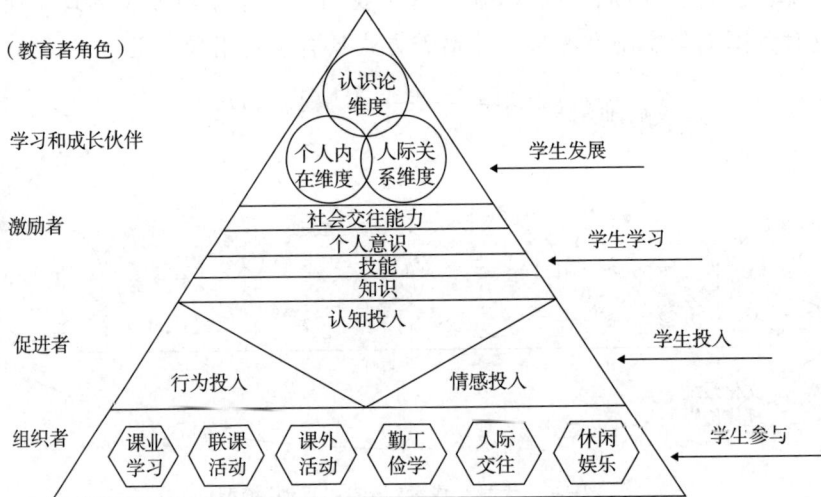

图 2-7 大学生成长的金字塔模型

资料来源:岑逾豪.大学生成长的金字塔模型——基于实证研究的本土学生发展理论[J].高等教育研究,2016,37(10):74-80.

笔者及研究团队在比格斯的"3P 模型"基础上提出大学生学习质量理论模型。该模型以大学生作为学习质量的生成主体和主要的评价主体,将以学生入学前的经历、个体特征、院校环境等作为学生的背景因素,将大学生学习各要素划分为前置要素(主要包括学生学习观和学生学校适应性)、过程要素(主要包括学生课堂环境感知和学习方式)和结果要素(主要包括学生收获和学生学习满意度)。[1] 具体如图 2-8 所示。在进行理论模型构建的基础上,通过研究分析 NCSS 的 2011—2017 年本科院校调查数据,对该理论模型进行实

---

① 史秋衡,王芳.国家大学生学习质量提升路径研究[M].厦门:厦门大学出版社,2019:133-135.

证与修正。该研究将理论与实践紧密结合,通过实践检验证明理论,确保理论的科学合理性,以实现理论对实践的真正指导意义。

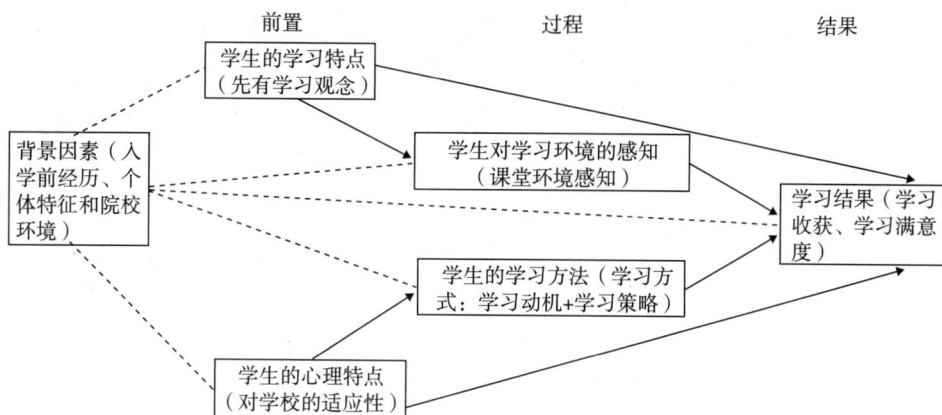

图2-8　大学生学习质量理论模型

资料来源:史秋衡,王芳.国家大学生学习质量提升路径研究[M].厦门:厦门大学出版社,2019:135.

(三)国家大学生学情要素分析模型再建构

本书基于现有的大学生学习成长综合分析理论和模型,特别是艾斯汀的IEO模型、帕斯卡雷拉的整体变化评定模型以及笔者课题组此前的大学生学习质量理论模型,建构了大学生学情要素分析模型,试图厘清大学生学情各要素的影响机制及其相互作用关系。相较于其他已有模型,本书的国家大学生学情分析模型不再只从"输入—过程—产出"分析研究大学生学习成长,单向探究"输入"因素和"过程"因素对"产出"因素的影响,而是认为大学生学情要素在学生学习过程中始终存在相互影响以及变化,各要素之间的关系不再只是指向学生学习结果的作用关系,同时也将指出学习过程所涉及的各要素之间的影响关系,将所有要素放入一个结构中,探究同时发生作用的模型结构究竟如何,促使研究能更具体、科学和有效指导大学生学习成长实践。大学生学情要素分析模型如图2-9所示。

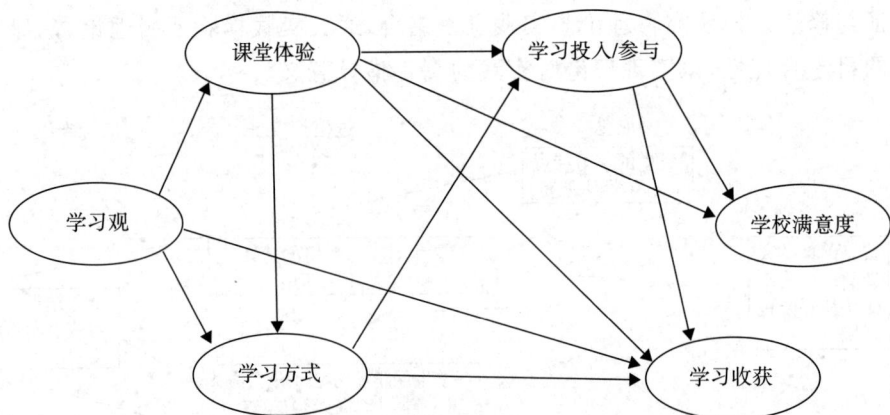

图 2-9　大学生学情要素分析模型

　　具体来说,基于前文对国家大学生学各要素相互关系的梳理分析,本书提出的大学生学情要素分析模型中有以下几个基本假设:一是学习观对课堂体验、学习方式、学习收获均存在显著影响;二是课堂体验对学习方式、学习投入/参与、学习收获、学习满意度存在显著影响;三是学习方式对学习投入/参与、学习收获存在显著影响;四是学习投入/参与对学习满意度、学习收获存在显著影响。

第三章　分类大学生学情的实证规律

结合前文的内容,本章将以"国家大学生学情调查(NCSS)数据库—2019年本科生数据库"作为主要数据来源,对不同类别大学生学情的实证规律进行分析和总结,探究不同年级、不同学科类别和不同类型高校大学生学情的主要特征和交叉特征。由前文的论述可知,大学生学情既包括了学习前置要素,也包括了过程和结果要素,根据第二章提出的理论模型,将大学生学情解构为大学生学习的过程性要素和结果性要素。因此,在分类大学生学情实证规律的分析中,将着重从大学生学习的过程性要素、结果性要素和结构模型三个方面来呈现不同类型大学生学情的主要规律。

第一节　分类信息与测量模型

数据来源于"国家大学生学情调查(NCSS)数据库—2019年本科生数据库"。调查采用网上问卷调查的方式收集数据,数据的收集方式及前期的数据分布见国家大学生学情调查研究总报告及前期各项成果。

一、分类信息

2019年共有150141名本科生参与了NCSS,其中不同年级大学生分布为:大一学生46269名,大二学生40130名,大三学生38679名,大四及以上学生25063名。不同学科大学生分布为:文史哲类24287名,社会科学类45123名,理学类16578名,工农学类53967名,医学类10186名。不同类型高校大学生分布为:世界一流大学建设高校(以下简称"一流校")的本科生6030名,世界一流学科建设高校(以下简称"一流学科校")的本科生14227名,非双一流建设高校(双非校)的本科生129884名。具体见表3-1。

表 3-1　分类样本信息

项目	类别	人数	百分比/%
年级	大一	46269	30.80
	大二	40130	26.70
	大三	38679	25.80
	大四及以上	25063	16.70
学科	文史哲类	24287	16.20
	社会科学类	45123	30.10
	理学类	16578	11.00
	工农学类	53967	35.90
	医学类	10186	6.80
院校类型	一流校	6030	4.00
	一流学科校	14227	9.50
	双非校	129884	86.50

二、测量模型

根据前文的论述,大学生学习的过程性要素包括了学习观、学习参与、学习方式、课堂环境感知,结果性要素包括了学习收获、学习满意度。有关量表的形成、设计及结构已经在笔者及研究团队撰写的国家大学生学情调查研究总报告——《大学生学习情况调查研究》中呈现,现将本章涉及的主要问卷的验证性因子分析(Confirmatory Factor Analysis)的结果[①]呈现如下:

(一)我国大学生学习观的测量模型

课题组在前期研究中已经探索发现,学习观包括两个维度,即记忆知识学习观和应用知识学习观。

如表 3-2 所示,根据测量模型的检验,模型的整体拟合指标[②]:$p < 0.001$、

---

① 运用"国家大学生学情调查(NCSS)数据库—2019 年本科生数据库"对各要素的信效度进行验证。

② 在本研究中,由于样本量大,在模型拟合指标中选择相对比较可靠的指标,即在最大似然估计时有较好稳定性的指标:比较拟合指数 CFI 和 Tucker-Lewis 指数 TLI,及多数学者推荐的常用拟合指数 RMSEA(近似均方根误差)和 SRMR(标准均方根残差)。

比较拟合指数 CFI＝0.979＞0.9、标准均方根残差 SRMR＝0.035＜0.08、Tucker-Lewis 指数 TLI＝0.966＞0.9、近似均方根误差 RMSEA＝0.08。由于卡方的分布与样本数有密切关系，当样本量较大时，结构方程模型（SEM）使用者会舍弃卡方而取其他拟合指标。[①] 结合所有指标进行综合判断，学习观的测量模型具有良好的拟合度。进一步考察收敛效度的三个指标可以发现：(1)因素负荷量(Std. Factor Loading)在 0.665~0.974 之间，绝大多数的负荷量都大于 0.7，只有一个测量项的负荷量为 0.665，也在可接受的范围内，且全部都达到显著，说明因素负荷量达到标准(＞0.7 理想；＞0.6 可接受)；标准化因素负荷量的平方(Square Multiple Correlations，SMC)也都在可接受的范围内(＞0.49 理想；＞0.36 可接受)。(2)所有潜在变量的组成信度(Composite Reliability，CR)都在 0.8 以上，满足组成信度标准(＞0.8 理想；＞0.7 可接受)。(3)平均方差萃取量(Average Variance Extracted，AVE)是考察变量收敛效度的重要指标，学习观的两个维度 AVE 都在 0.6 以上，满足收敛标准(AVE)0.5 被视为具有适当的收敛效度。综合表 3-2 的考察结果，学习观的测量模型从适配标准到组成信度和收敛效度等各方面，都达到了测量模型的检验要求，可以进行后续的研究。

表 3-2　学习观二维度的信度与收敛效度分析

潜在变量	题项	参数显著性估计				题目信度		组成信度	收敛效度
		Unstd.	S. E.	Z-Value	P	Std.	SMC	CR	AVE
记忆知识学习观	RB1	1.000				0.794	0.630	0.858	0.674
	RB2	1.084	0.004	277.618	***	0.974	0.949		
	RB3	0.871	0.003	320.401	***	0.665	0.442		
应用知识学习观	AB1	1.000				0.811	0.658	0.904	0.654
	AB2	1.033	0.003	325.518	***	0.770	0.593		
	AB3	1.021	0.003	364.113	***	0.853	0.728		
	AB4	0.998	0.003	346.544	***	0.823	0.677		
	AB5	0.993	0.003	333.573	***	0.785	0.616		

(二)我国大学生学习参与的测量模型

课题组在前期研究中已经探索发现，学习参与包括两个维度，即课堂参

---

① 邱皓政.结构方程模型的原理与使用[M].北京：中国轻工业出版社,2009:76.

与、课后参与。如表 3-3 所示,根据学习参与测量模型的检验,模型的整体拟合指标:$p<0.001$、$CFI=0.970>0.9$、$SRMR=0.038<0.08$,$TLI=0.958>0.9$、$RMSEA=0.077<0.08$(前文已说明的标准,不再赘述)。结合所有指标进行综合判断可知,学习参与的测量模型有良好的拟合度。进一步考察收敛效度的三个表征指标发现:(1)因素负荷量在 0.672~0.862 之间,所有因素的负荷量都大于 0.6,且全部都达到显著,说明因素负荷量达到标准;SMC 也都在可接受范围内。(2)所有潜在变量的组成信度 CR 都在 0.8 以上,因此满足组成信度标准。(3)平均方差萃取量 AVE 都在 0.5 以上,也满足收敛的标准。综合表 3-3 的考察结果,学习参与的测量模型从适配标准到收敛效度等各方面,都通过了测量模型的检验要求,可以进行后续的研究。

表 3-3 学习参与二维度的信度与收敛效度分析

潜在变量	题项	参数显著性估计				题目信度		组成信度	收敛效度
		Unstd.	S. E.	Z-Value	P	Std.	SMC	CR	AVE
课堂参与	IE1	1.000				0.692	0.479	0.862	0.611
	IE2	0.965	0.004	255.441	***	0.728	0.530		
	IE3	1.147	0.004	286.161	***	0.831	0.691		
	IE4	1.153	0.004	293.769	***	0.862	0.743		
课后参与	AE1	1.000				0.829	0.687	0.886	0.609
	AE2	1.089	0.003	365.275	***	0.821	0.674		
	AE3	0.981	0.003	326.780	***	0.757	0.573		
	AE4	0.868	0.003	279.458	***	0.672	0.452		
	AE5	0.871	0.002	360.361	***	0.813	0.661		

(三)我国大学生课堂环境感知的测量模型

课题组在前期研究中已经探索发现,课堂环境感知包括四个维度,即教学手段、师生互动、同伴互动和课业负担。如表 3-4 所示,根据课堂环境感知测量模型的检验,模型的整体拟合指标:$p<0.001$、$CFI=0.950>0.9$,$SRMR=0.064<0.08$,$TLI=0.940>0.9$,$RMSEA=0.075<0.08$。结合所有指标进行综合判断可知,课堂环境感知的测量模型具有良好的拟合度。进一步考察收敛效度的三个表征指标发现:(1)因素负荷量在 0.672~0.878 之间,所有因素的负荷量都大于 0.6,且全部都达到显著,说明因素负荷量达到标准;SMC

也都在理想范围内。（2）所有潜在变量的组成信度 CR 都在 0.7 以上,因此满足组成信度标准。（3）平均方差萃取量 AVE 都在 0.5 以上,也满足收敛的标准。综合表 3-4 的考察结果,课堂环境感知的测量模型从适配标准到收敛效度等各方面,都通过了测量模型的检验要求,可以进行后续的研究。

表 3-4　课堂环境感知四维度的信度与收敛效度分析

潜在变量	题项	参数显著性估计				题目信度		组成信度	收敛效度
		Unstd.	S.E.	Z-Value	P	Std.	SMC	CR	AVE
教学手段	TA1	1.000				0.836	0.699	0.930	0.690
	TA2	1.168	0.003	410.674	***	0.847	0.717		
	TA3	1.128	0.003	428.791	***	0.869	0.755		
	TA4	0.988	0.003	357.406	***	0.775	0.601		
	TA5	1.118	0.003	369.788	***	0.792	0.627		
	TA6	1.082	0.003	420.319	***	0.859	0.738		
师生互动	TI1	1.000				0.746	0.557	0.898	0.689
	TI2	0.924	0.003	332.967	***	0.835	0.697		
	TI3	0.995	0.003	350.147	***	0.873	0.762		
	TI4	0.934	0.003	344.410	***	0.860	0.740		
同伴互动	PI1	1.000				0.746	0.557	0.882	0.652
	PI2	1.061	0.003	324.504	***	0.837	0.701		
	PI3	0.993	0.003	329.922	***	0.850	0.723		
	PI4	0.973	0.003	306.165	***	0.792	0.627		
课业负担	CL1	1.000				0.878	0.771	0.816	0.600
	CL2	0.932	0.004	257.412	***	0.759	0.576		
	CL3	0.762	0.003	239.860	***	0.672	0.452		

（四）我国大学生学习方式的测量模型

课题组在前期研究中已经探索发现,学习方式包括深层学习方式和浅层学习方式,因此对学习方式的测量模型也主要包括深层学习方式测量模型和浅层学习方式测量模型。其中,深层学习方式包括内在学习动机、主动思考和时间管理三个维度,而浅层学习方式包括外在学习动机和浅层学习策略两个维度。

1. 深层学习方式的测量模型

如表 3-5 所示,根据深层学习方式测量模型的检验,模型的整体拟合指标: $p<0.001$、$CFI=0.961>0.9$,$SRMR=0.040<0.08$,$TLI=0.953>0.9$,$RMSEA=0.066<0.08$。结合所有指标进行综合判断可知,深层学习方式的测量模型具有良好的拟合度。进一步考察收敛效度的三个表征指标发现:(1)因素负荷量在 0.642~0.869 之间,所有因素的负荷量都大于 0.6,且全部都达到显著,说明因素负荷量达到标准;SMC 也都在理想范围内。(2)所有潜在变量的组成信度 CR 都在 0.7 以上,因此满足组成信度标准。(3)平均方差萃取量 AVE 都在 0.5 以上,也满足收敛的标准。综合表 3-5 的考察结果,深层学习方式的测量模型从适配标准到收敛效度等各方面,都通过了测量模型的检验要求,可以进行后续的研究。

表 3-5 深层学习方式三维度的信度与收敛效度分析

深层学习方式	题项	参数显著性估计				题目信度		组成信度	收敛效度
		Unstd.	S.E.	Z-Value	P	Std.	SMC	CR	AVE
内在学习动机	IM1	1.000				0.687	0.472	0.844	0.577
	IM2	1.194	0.004	280.768	***	0.834	0.696		
	IM3	1.338	0.005	275.634	***	0.813	0.661		
	IM4	1.185	0.005	240.172	***	0.692	0.479		
主动思考	AT1	1.000				0.642	0.412	0.885	0.609
	AT2	1.148	0.004	260.793	***	0.809	0.654		
	AT3	1.149	0.004	264.375	***	0.824	0.679		
	AT4	1.096	0.004	268.393	***	0.842	0.709		
	AT5	1.106	0.004	250.553	***	0.767	0.588		
时间管理	TM1	1.000				0.795	0.632	0.918	0.653
	TM2	0.911	0.003	354.697	***	0.818	0.669		
	TM3	1.019	0.003	321.434	***	0.758	0.575		
	TM4	1.005	0.003	363.086	***	0.832	0.692		
	TM5	1.028	0.003	384.939	***	0.869	0.755		
	TM6	0.945	0.003	328.263	***	0.771	0.594		

2. 浅层学习方式的测量模型

如表 3-6 所示,根据浅层学习方式测量模型的检验,模型的整体拟合指标:$p < 0.001$、$CFI = 0.979 > 0.9$、$SRMR = 0.031 < 0.08$、$TLI = 0.971 > 0.9$、$RMSEA = 0.068 < 0.08$。结合所有指标进行综合判断可知,浅层学习方式的测量模型有良好的拟合度。进一步考察收敛效度的三个表征指标发现:(1)因素负荷量在 0.625~0.917 之间,所有因素的负荷量都大于 0.6,且全部都达到显著,说明因素负荷量达到标准;SMC 也都在可接受范围内。(2)所有潜在变量的组成信度 CR 都在 0.7 以上,因此满足组成信度标准。(3)平均方差萃取量 AVE 都在 0.5 以上,因此满足收敛的标准。综合表 3-6 的考察结果,浅层学习方式的测量模型从适配标准到收敛效度等各方面,都通过了测量模型的检验要求,可以进行后续的研究。

表 3-6 浅层学习方式量表的信度与收敛效度分析

浅层学习方式	题项	参数显著性估计				题目信度		组成信度	收敛效度
		Unstd.	S. E.	Z-Value	P	Std.	SMC	CR	AVE
外在学习动机	EM1	1.000				0.835	0.697	0.904	0.702
	EM2	1.101	0.002	451.207	***	0.917	0.841		
	EM3	1.032	0.003	407.624	***	0.856	0.733		
	EM4	0.851	0.003	324.507	***	0.734	0.539		
浅层学习策略	SS1	1.000				0.743	0.552	0.873	0.581
	SS2	1.094	0.004	293.609	***	0.769	0.591		
	SS3	1.152	0.004	316.140	***	0.826	0.682		
	SS4	1.168	0.004	317.625	***	0.829	0.687		
	SS5	0.836	0.004	235.898	***	0.625	0.391		

(五)我国大学生学习收获的测量模型

课题组在前期研究中已经探索发现,学习收获包括三个维度,即知识收获、技能收获和价值观收获。

如表 3-7 所示,根据学习收获测量模型的检验,模型的整体拟合指标:$p < 0.001$、$CFI = 0.975 > 0.9$、$SRMR = 0.026 < 0.08$、$TLI = 0.970 > 0.9$、$RMSEA = 0.065 < 0.08$。结合所有指标进行综合判断可知,学习收获的测量模型具有良好的拟合度。进一步考察收敛效度的三个表征指标发现:(1)因素负荷量在

0.776~0.909 之间,所有因素的负荷量都大于 0.6,且全部都达到显著,说明因素负荷量达到标准;SMC 也都在理想范围内。(2)所有潜在变量的组成信度 CR 都在 0.7 以上,因此满足组成信度标准。(3)平均方差萃取量 AVE 都在 0.5 以上,也满足收敛的标准。综合表 3-7 的考察结果,学习收获的测量模型从适配标准到收敛效度等各方面,都通过了测量模型的检验要求,可以进行后续的研究。

表 3-7　学习收获量表的信度与收敛效度分析

潜在变量	题项	参数显著性估计				题目信度		组成信度	收敛效度
		Unstd.	S. E.	Z-Value	P	Std.	SMC	CR	AVE
知识收获	KG1	1.000				0.884	0.781	0.937	0.787
	KG2	1.021	0.002	523.563	***	0.909	0.826		
	KG3	1.033	0.002	492.370	***	0.884	0.781		
	KG4	0.932	0.002	477.935	***	0.871	0.759		
技能收获	SG1	1.000				0.825	0.681	0.908	0.712
	SG2	1.007	0.002	441.078	***	0.890	0.792		
	SG3	1.045	0.003	355.932	***	0.776	0.602		
	SG4	1.024	0.002	431.636	***	0.879	0.773		
价值观收获	SG5	1.000				0.872	0.760	0.961	0.757
	SG6	1.032	0.002	479.297	***	0.881	0.776		
	SG7	1.043	0.002	493.921	***	0.894	0.799		
	VG1	0.993	0.002	449.476	***	0.853	0.728		
	VG2	1.010	0.002	440.468	***	0.889	0.790		
	VG3	0.938	0.002	411.687	***	0.854	0.729		
	VG4	0.979	0.002	425.248	***	0.871	0.759		
	VG5	0.967	0.002	440.801	***	0.844	0.712		

(六)我国大学生学习满意度的测量模型

课题组在前期研究中已经探索发现,学习满意度包括三个维度,即教学满意度、校园支持满意度和人际关系满意度。

如表 3-8 所示,根据学习满意度测量模型的检验,模型的整体拟合指标:$p < 0.001$、$CFI = 0.969 > 0.9$、$SRMR = 0.024 < 0.08$、$TLI = 0.964 > 0.9$,

RMSEA＝0.060＜0.08。结合所有指标进行综合判断可知,学习满意度的测量模型有良好的拟合度。进一步考察收敛效度的三个表征指标发现:(1)因素负荷量在0.672～0.931之间,所有因素的负荷量都大于0.6,且全部都达到显著,说明因素负荷量达到标准;SMC 也都在理想范围内。(2)所有潜在变量的组成信度 CR 都在0.7以上,因此满足组成信度标准。(3)平均方差萃取量 AVE 都在0.5以上,因此满足收敛的标准。综合表3-8的考察结果,学习满意度的测量模型从适配标准到收敛效度等各方面,都通过了测量模型的检验要求,可以进行后续的研究。

表 3-8　学习满意度三维度的信度与收敛效度分析

潜在变量	题项	参数显著性估计				题目信度		组成信度	收敛效度
		Unstd.	S. E.	Z-Value	P	Std.	SMC	CR	AVE
教学满意度	TS1	1.000				0.822	0.676	0.964	0.794
	TS2	1.009	0.002	432.058	***	0.879	0.773		
	TS3	1.045	0.002	428.023	***	0.874	0.764		
	TS4	0.964	0.002	447.272	***	0.897	0.805		
	TS5	1.019	0.002	460.793	***	0.913	0.834		
	TS6	1.023	0.002	476.638	***	0.931	0.867		
	TS7	1.044	0.002	463.973	***	0.917	0.841		
校园支持满意度	SS1	1.000				0.775	0.601	0.942	0.670
	SS2	0.996	0.003	374.290	***	0.862	0.743		
	SS3	1.059	0.003	378.956	***	0.870	0.757		
	SS4	1.031	0.003	366.219	***	0.847	0.717		
	SS5	0.952	0.003	369.124	***	0.853	0.728		
	SS6	0.973	0.003	368.554	***	0.852	0.726		
	SS7	1.058	0.004	275.294	***	0.672	0.452		
	SS8	0.954	0.003	338.466	***	0.797	0.635		
人际关系满意度	RS1	1.000				0.803	0.645	0.926	0.679
	RS2	0.964	0.002	386.693	***	0.853	0.728		
	RS3	1.013	0.003	380.434	***	0.843	0.711		
	RS4	0.988	0.002	418.209	***	0.900	0.810		
	RS5	0.908	0.002	370.690	***	0.828	0.686		
	RS6	0.864	0.003	296.982	***	0.702	0.493		

第二节 不同年级大学生学情的主要特征

本节内容主要是对各年级大学生学习的过程性要素和结果性要素进行描述性统计,然后对学习各要素的结构模型进行分析和讨论,最后比较各年级大学生学情的差异性。

一、大一学生学情的主要特征

2019 年参与 NCSS 的本科一年级学生共有 46269 名,以下将对这些学生学习的过程性要素和结果性要素的主要特征进行分析和讨论,然后建构大一学生学习的结构模型。

(一)大一学生学习过程性要素的主要特征

将学习过程性要素的得分——复合变量的均值及标准差,作为判断大学生学习要素的依据。统计大一学生学习过程性要素的均值可以发现(见表 3-9):在学习观方面,大一学生在应用知识学习观的均值(M=4.87,SD=0.76)高于记忆知识学习观的均值(M=4.21,SD−1.05),说明大 学生更倾向于应用知识学习观。进一步分析大一学生在学习观二维度上的同意度百分比可知,64.11%的学生认为学习是以记忆知识为主,77.44%的学生则认为学习是以应用知识为主。

表 3-9 大一学生学习过程性要素的总体情况

过程性要素		人数	最小值	最大值	平均值	标准差	同意度百分比/%
学习观	记忆知识学习观	46269	1	6	4.21	1.05	64.11
	应用知识学习观	46269	1	6	4.87	0.76	77.44
学习参与	课堂参与	46269	1	6	4.31	0.96	66.21
	课后参与	46269	1	6	3.55	1.21	50.91
课堂环境感知	教学手段	46269	1	6	4.59	0.82	71.88
	师生互动	46269	1	6	4.54	0.84	70.87
	同伴互动	46269	1	6	4.60	0.80	72.03
	课业负担	46269	1	6	3.65	0.95	53.01

续表

	过程性要素	人数	最小值	最大值	平均值	标准差	同意度百分比/%
	内在学习动机	46269	1	6	4.37	0.82	67.31
深层学习方式	主动思考	46269	1	6	4.40	0.76	68.09
	时间管理	46269	1	6	4.14	0.90	62.84
浅层学习方式	外在学习动机	46269	1	6	2.81	1.18	36.16
	浅层学习策略	46269	1	6	3.34	1.01	46.71

在学习参与方面,课堂参与的均值(M=4.31,SD=0.96)远高于课后参与的均值(M=3.55,SD=1.21),说明大一学生在课堂参与的表现优于课后参与。进一步分析大一学生在学习参与二维度上的同意度百分比可知,66.21%的学生会认真听讲,积极参与课堂,但只有50.91%的学生会在课后与老师讨论学习计划、阅读相关文献、参加学习活动等。

在课堂环境感知方面,大一学生对同伴互动感知的均值最高(M=4.60,SD=0.80),对教学手段感知的均值次之(M=4.59,SD=0.82),对师生互动感知的均值第三(M=4.54,SD=0.84),而课业负担感知的均值则为3.65(SD=0.95)。进一步分析大一学生在课堂环境感知四维度上的同意度百分比可知,71.88%的学生同意教师在课堂上能够运用良好的教学手段和方法,70.87%的学生认同教师在课后能够提供指导,并能给予有益的反馈和建议,72.03%的学生认为自己能够积极参与同学的交流、小组讨论及合作等,而53.01%的学生认为老师布置的作业很难,课堂内容和课后作业都需要花很多时间来消化。

在深层学习方式方面,大一学生在主动思考的均值最高(M=4.40,SD=0.76),内在学习动机的均值次之(M=4.37,SD=0.82),在时间管理上的均值第三(M=4.14,SD=0.90)。进一步分析大一学生在深层学习方式三维度上的同意度百分比可知,67.31%的学生认为自己是在兴趣、好奇心的驱动下学习的,68.09%的学生认为自己在学习过程中会思考学到什么,会主动对所学知识进行质疑,62.84%的学生会合理安排好自己的学习时间,会提前规划时间、预习学习的内容。

在浅层学习方式方面,大一学生在外在学习动机的均值(M=2.81,SD=1.18)要低于浅层学习策略的均值(M=3.34,SD=1.01)。进一步分析大一学生在浅层学习方式二维度上的同意度百分比可知,36.16%的学生认同自己是受考试等外在学习动机驱动着学习的,而46.71%的学生认同自己是采用如死记硬背等浅层学习方式学习。

(二)大一学生学习结果性要素的主要特征

统计大一学生学习结果性要素的均值可以发现(见表3-10):在学习收获方面,大一学生在价值观收获的均值(M=4.82,SD=0.76)最高,技能收获的均值(M=4.75,SD=0.77)次之,而知识收获的均值(M=4.57,SD=0.86)最低。进一步分析大一学生在学习收获三维度上的同意度百分比可知,71.32%的学生认同自己在知识方面的收获很大,75.03%的学生则认同自己在技能方面的收获很大,76.33%的学生认同自己在价值观方面的收获很大。

表 3-10 大一学生学习结果性要素的总体情况

结果性要素		人数	最小值	最大值	平均值	标准差	同意度百分比/%
	知识收获	46269	1	6	4.57	0.86	71.32
学习收获	技能收获	46269	1	6	4.75	0.77	75.03
	价值观收获	46269	1	6	4.82	0.76	76.33
	教学满意度	46269	1	6	4.63	0.84	72.67
学习满意度	校园支持满意度	46269	1	6	4.59	0.83	71.77
	人际关系满意度	46269	1	6	4.76	0.77	75.24

在学习满意度方面,大一学生在人际关系满意度的均值(M=4.76,SD=0.77)最高,教学满意度的均值(M=4.63,SD=0.84)次之,校园支持满意度的均值(M=4.59,SD=0.83)最低。进一步分析大一学生在学习满意度三维度上的同意度百分比可知,72.67%的学生对教师的教学感到满意,71.77%的学生对校园支持感到满意,75.24%的学生对人际关系感到满意。

(三)大一学生学习结构模型的主要特征

在完成对大一学生学习过程性要素和结果性要素的基本情况的分析之后,本部分内容将对第二章提出的学习结构模型展开建构与分析。

根据前文对大学生学情各要素相互关系的文献分析,提出研究假设如下:

研究假设H1:学习观显著影响课堂环境感知。由于学习观是学习结构模型的重要解释变量,并且已有研究发现持有应用知识学习观的学生在学习过程更加容易感受到学习环境的积极因素,而持有记忆知识学习观的学生在学习过程中对环境中的限制因素更加敏感,比如过重的学习任务以及不合适的评价手段等等。① 将学习观的二维度作为重要的解释变量纳入学习结构模型中,H1 又可分解为 H1a:记忆知识学习观显著影响课堂环境感知;H1b:应用知识学习观显著影响课堂环境感知。

　　研究假设 H2:学习观显著影响学习方式。由于学习方式包括深层学习方式和浅层学习方式,H2 又可分解为 H2a1:记忆知识学习观显著影响浅层学习方式;H2a2:记忆知识学习观显著影响浅层学习方式;H2b1:应用知识学习观显著影响深层学习方式;H2b2:应用知识学习观显著影响深层学习方式。

　　研究假设 H3:学习观显著影响学习收获,又可以分解为 H3a:记忆知识学习观显著影响学习收获;H3b:应用知识学习观显著影响学习收获。

　　研究假设 H4:课堂环境感知显著影响学习方式,又可以分解为 H4a:课堂环境感知显著影响深层学习方式;H4b:课堂环境感知显著影响浅层学习方式。

　　研究假设 H5:课堂环境感知显著影响学习参与。

　　研究假设 H6:课堂环境感知显著影响学习收获。

　　研究假设 H7:课堂环境感知显著影响学习满意度。

　　研究假设 H8:学习方式显著影响学习参与,又可分解为 H8a:深层学习方式显著影响学习参与;H8b:浅层学习方式显著影响学习参与。

　　研究假设 H9:学习方式显著影响学习收获,又可分解为 H9a:深层学习方式显著影响学习收获;H9b:浅层学习方式显著影响学习收获。

　　研究假设 H10:学习参与显著影响学习收获。

　　研究假设 H11:学习参与显著影响学习满意度。假设模型见图 3-1。

---

① Prosser M，Trigwell K. Using Phenomenography in the Design of Programs for Teachers in Higher Education[J]. Higher Education Research and Development，1997(16):41-54.

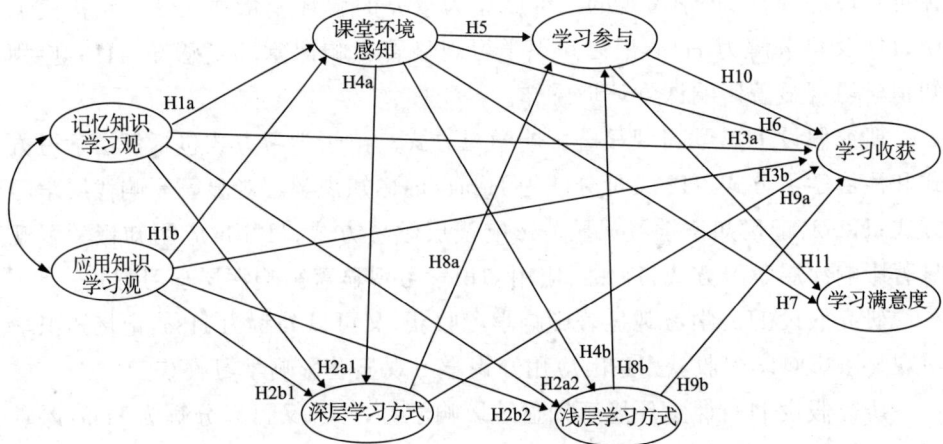

图 3-1　大一学生学习结构假设模型

　　为了检验大一学生学习结构假设模型的合理性,本研究运用结构方程模型对假设模型进行检验,使用 AMOS 21.0 进行结构方程模型分析,采用的是极大似然估计(Maximum Likelihood,ML),得出拟合指数的结果如下:CFI＝0.931＞0.9,RMSEA＝0.036＜0.08,TLI＝0.929＞0.9,RSMR＝0.053＜0.08。根据拟合指标良好的标准,大一学生学习结构验证模型的拟合指数均达到了拟合优度模型的水平,这表明该模型的建立是合理的。具体的模型检验结果见表 3-11 和图 3-2。

表 3-11　大一学生学习结构验证模型结果

	变量关系	标准化路径系数	P 值	假设是否成立
学习观→课堂环境感知	记忆知识学习观→课堂环境感知	0.128	＜0.001	H1a 成立
	应用知识学习观→课堂环境感知	0.477	＜0.001	H1b 成立
学习观→学习方式	记忆知识学习观→深层学习方式	0.112	＜0.001	H2a1 成立
	记忆知识学习观→浅层学习方式	0.264	＜0.001	H2a2 成立
	应用知识学习观→深层学习方式	0.189	＜0.001	H2b1 成立
	应用知识学习观→浅层学习方式	−0.172	＜0.001	H2b2 成立
学习观→学习收获	记忆知识学习观→学习收获	−0.030	＜0.001	H3a 成立
	应用知识学习观→学习收获	0.143	＜0.001	H3b 成立

续表

变量关系		标准化路径系数	P 值	假设是否成立
课堂环境感知→学习方式	课堂环境感知→深层学习方式	0.624	＜0.001	H4a 成立
	课堂环境感知→浅层学习方式	−0.103	＜0.001	H4b 成立
	课堂环境感知→学习参与	0.211	＜0.001	H5 成立
	课堂环境感知→学习收获	0.543	＜0.001	H6 成立
	课堂环境感知→学习满意度	0.641	＜0.001	H7 成立
学习方式→学习参与	深层学习方式→学习参与	0.535	＜0.001	H8a 成立
	浅层学习方式→学习参与	−0.208	＜0.001	H8b 成立
学习方式→学习收获	深层学习方式→学习收获	0.160	＜0.001	H9a 成立
	浅层学习方式→学习收获	−0.070	＜0.001	H9b 成立
	学习参与→学习收获	0.133	＜0.001	H10 成立
	学习参与→学习满意度	0.172	＜0.001	H11 成立

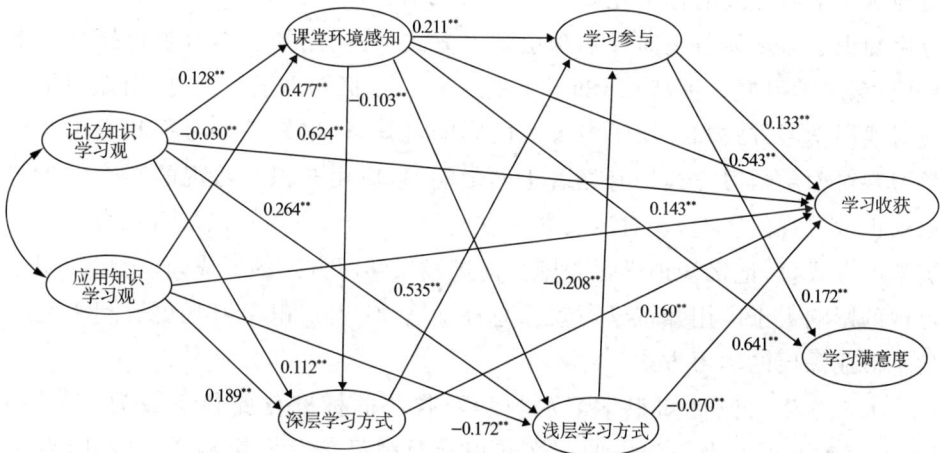

图 3-2　大一学生的学习结构验证模型

由表 3-11 的假设检验结果可知,本假设的十一个假设均获得数据结果的支持。具体而言,大一学生的记忆知识学习观与课堂环境感知的标准化路径系数为 0.128(p＜0.001),说明大一学生的记忆知识学习观显著正向影响课堂环境感知,且记忆知识学习观每提高 1 个单位,课堂环境感知提高 0.128 个单位;大一学生的应用知识学习观与课堂环境感知的标准化路径系数为0.477($p<0.001$),说明大一学生的应用知识学习观显著正向影响课堂环境感知,且应用知识学习观每提高1个单位,课堂环境感知提高0.477个单位。比较记忆知识学习观与应用知识学习观对课堂环境感知的标准化路径系数可知,应用知识学习观对大一学生课堂环境感知的影响大于记忆知识学习观的影响。

大一学生的记忆知识学习观与浅层学习方式的标准化路径系数为0.264($p<0.001$),说明大一学生的记忆知识学习观显著正向影响浅层学习方式,且记忆知识学习观每提高1个单位,浅层学习方式提高0.264个单位;大一学生的应用知识学习观与浅层学习方式的标准化路径系数为-0.172($p<0.001$),说明大一学生的应用知识学习观显著负向影响浅层学习方式,且应用知识学习观每提高1个单位,浅层学习方式降低0.172个单位;大一学生的记忆知识学习观与深层学习方式的标准化路径系数为0.112($p<0.001$),说明大一学生的记忆知识学习观显著正向影响深层学习方式,且记忆知识学习观每提高1个单位,深层学习方式提高0.112个单位;大一学生的应用知识学习观与深层学习方式的标准化路径系数为0.189($p<0.001$),说明大一学生的应用知识学习观显著正向影响深层学习方式,且应用知识学习观每提高1个单位,深层学习方式提高0.189个单位。综合记忆知识学习观、应用知识学习观对浅层学习方式和深层学习方式的影响可知,记忆知识学习观和应用知识学习观对深层学习方式均有显著正向影响,且应用知识学习观的影响大于记忆知识学习观的影响,在对浅层学习方式的影响上,应用知识学习观会抑制浅层学习方式,而记忆知识学习观则会促进浅层学习方式的形成,且记忆知识学习观的影响大于应用知识学习观。总体而言,应用知识学习观更有利于大一学生形成深层的学习方式。

大一学生的记忆知识学习观与学习收获的标准化路径系数为-0.030($p<0.001$),说明大一学生的记忆知识学习观显著负向影响学习收获,且记忆知识学习观每提高1个单位,学习收获降低0.030个单位。大一学生的应用知识学习观与学习收获的标准化路径系数为0.143($p<0.001$),说明大一学生的应用知识学习观显著正向影响学习收获,且应用知识学习观每提高1个单位,学习收获提高0.143个单位。总体而言,记忆知识学习观会抑制大一学生的学习收获,而应用知识学习观则会促进大一学生学习收获的提升,且提升幅度大于抑制幅度。

大一学生的课堂环境感知与浅层学习方式的标准化路径系数为 -0.103 （$p<0.001$），说明大一学生的课堂环境感知显著负向影响浅层学习方式，且课堂环境感知每提高 1 个单位，浅层学习方式就降低 0.103 个单位。大一学生的课堂环境感知与深层学习方式的标准化路径系数为 0.624（$p<0.001$），说明大一学生的课堂环境感知显著正向影响深层学习方式，且课堂环境感知每提高 1 个单位，深层学习方式就提高 0.624 个单位。综合课堂环境感知与浅层学习方式和深层学习方式的标准化路径系数，大一学生对课堂环境感知的改善有利于提升大一学生的深层学习方式而抑制浅层学习方式，且促进作用远大于抑制作用。

大一学生课堂环境感知与学习参与的标准化路径系数为 0.211（$p<0.001$），说明大一学生的课堂环境感知显著正向影响学习参与，且课堂环境感知每提高 1 个单位，学习参与就提高 0.211 个单位。这意味着大一学生对课堂环境感知的改善有利于提升大一学生学习参与的积极性。

大一学生课堂环境感知与学习收获的标准化路径系数为 0.543（$p<0.001$），说明大一学生的课堂环境感知显著正向影响学习收获，且课堂环境感知每提高 1 个单位，学习收获就提高 0.543 个单位。这意味着大一学生对课堂环境感知的改善有利于促进学习收获的提升。

大一学生课堂环境感知与学习满意度的标准化路径系数为 0.641（$p<0.001$），说明大一学生的课堂环境感知显著正向影响学习满意度，且课堂环境感知每提高 1 个单位，学习满意度就提高 0.641 个单位。这意味着大一学生对课堂环境感知的改善有利于提高大一学生对学习的满意度。此外，大一学生课堂环境感知与学习满意度的标准化路径系数大于其对学习收获的标准化路径系数，说明大一学生对课堂环境的感知对学习满意度的影响力大于其对学习收获的影响力。

大一学生深层学习方式与学习参与的标准化路径系数为 0.535（$p<0.001$），说明大一学生的深层学习方式显著正向影响学习参与，且深层学习方式每提高 1 个单位，学习参与就提高 0.535 个单位。大一学生的浅层学习方式与学习参与的标准化路径系数为 -0.208（$p<0.001$），说明大一学生的浅层学习方式显著负向影响学习参与，且浅层学习方式每提高 1 个单位，学习参与就降低 0.208 个单位。综合深层学习方式和浅层学习方式对学习参与的影响，深层学习方式对大一学生的学习参与有积极的促进作用，而浅层学习方式则有抑制作用，且促进作用大于抑制作用。

大一学生的深层学习方式与学习收获的标准化路径系数为 0.160($p<$ 0.001），说明大一学生的深层学习方式显著正向影响学习收获，且深层学习方式每提高 1 个单位，学习收获就提高 0.160 个单位。大一学生的浅层学习方式与学习收获的标准化路径系数为 -0.070($p<0.001$），说明大一学生的浅层学习方式显著负向影响学习收获，且浅层学习方式每提高 1 个单位，学习收获就降低 0.070 个单位。综合深层学习方式与浅层学习方式对学习收获的影响，深层学习方式对大一学生的学习收获具有积极的促进作用，而浅层学习方式则有抑制作用，且促进作用大于抑制作用。

大一学生的学习参与对学习收获的标准化路径系数为 0.133($p<$ 0.001），说明大一学生的学习参与显著正向影响学习收获，且学习参与每提高 1 个单位，学习收获就提高 0.133 个单位。这意味着学生的学习参与越积极，学习收获越大。

大一学生的学习参与对学习满意度的标准化路径系数为 0.172($p<$ 0.001），说明大一学生的学习参与显著正向影响学习满意度，且学习参与每提高 1 个单位，学习满意度就提高 0.172 个单位。这意味着学生的参与越积极，学习满意度也越高，并且大一学生的学习参与对学习满意度的影响力大于其对学习收获的影响力。

综上所述，虽然记忆知识学习观对课堂环境感知和深层学习方式有一定促进作用，但是应用知识学习观的促进作用更大。因此，帮助大一学生形成应用知识的学习观，有利于改善大一学生对课堂环境的感知，同时也有利于促进大一学生运用深层学习方式，并抑制浅层学习方式的运用，改善学习参与的积极性，并最终促进学习收获和学习满意度的提高，形成良性的学习结构。

二、大二学生学情的主要特征

2019 年参与 NCSS 的大二学生共有 40130 名，以下将对这些学生学习的过程性要素和结果性要素的主要特征进行分析和讨论，然后建构大二学生学习的结构模型。

（一）大二学生学习过程性要素的主要特征

统计大二学生学习过程性要素的均值可以发现（见表 3-12）：在学习观方面，大二学生在应用知识学习观的均值（M＝4.88,SD＝0.76）高于记忆知识学习观的均值（M＝4.28,SD＝1.04），说明大二学生更倾向于应用知识学习观。进一步分析大二学生在学习观二维度上的同意度百分比可知，65.70％的学生认为学习是以记忆知识为主,77.67%的学生则认为学习是以应用知识为主。与大一学生相比,大二学生在应用知识学习观和记忆知识学习观上的均值都略有提升。

在学习参与方面,课堂参与的均值(M=4.28,SD=0.96)远高于课后参与的均值(M=3.64,SD=1.15),说明大二学生在课堂参与的表现优于课后参与。进一步分析大二学生在学习参与二维度上的同意度百分比可知,65.61%的学生会认真听讲,积极参与课堂,但只有52.83%的学生会在课后与老师讨论学习计划、阅读相关文献、参加学习活动等。与大一学生相比,大二学生在课堂参与的均值有所下降,而在课后参与的均值则略有提升。

在课堂环境感知方面,大二学生对同伴互动感知的均值最高(M=4.60,SD=0.80),对教学手段感知的均值次之(M=4.58,SD=0.83),对师生互动感知的均值第三(M=4.52,SD=0.85),而课业负担感知的均值则为3.71(SD=0.96)。进一步分析大二学生在课堂环境感知四维度上的同意度百分比可知,71.59%的学生同意教师在课堂上能够运用良好的教学手段和方法,70.46%的学生认同教师在课后能够提供指导,并能给予有益的反馈和建议,72.00%的学生认为自己能够积极参与同学的交流、小组讨论及合作等,而54.17%的学生认为老师布置的作业很难,课堂内容和课后作业都需要花很多时间来消化。与大一学生相比,大二学生在同伴互动感知的均值上几乎没有变化,而在教学手段、师生互动感知的均值上略有下降,在课业负担感知的均值上则有小幅提升。

在深层学习方式方面,大二学生在主动思考的均值最高(M=4.40,SD=0.77),内在学习动机的均值次之(M=4.39,SD=0.83),在时间管理上的均值第三(M=4.13,SD=0.92)。进一步分析大二学生在深层学习方式三维度上的同意度百分比可知,67.85%的学生认为自己是在兴趣、好奇心的驱动下学习的,68.04%的学生认为自己在学习过程中会思考学到什么,会主动对所学知识提出疑问,62.66%的学生会合理安排好自己的学习时间,会提前规划时间、预习学习的内容。与大一学生相比,大二学生在内在学习动机的均值略有提升,在主动思考的均值几乎没有变化,而在时间管理的均值则略有下降。

在浅层学习方式方面,大二学生在外在学习动机的均值(M=2.96,SD=1.21)要低于浅层学习策略的均值(M=3.41,SD=1.03)。进一步分析大二学生在浅层学习方式二维度上的同意度百分比可知,39.11%的学生认同自己是受考试等外在学习动机驱动着学习的,而48.26%的学生认同自己是采用如死记硬背等浅层学习方式学习。与大一学生相比，大二学生在外在学习动机和浅层学习策略的均值都有小幅提升，说明大二学生比大一学生更倾向于使用浅层学习方式。

表 3-12　大二学生学习过程性要素的总体情况

过程性要素		人数	最小值	最大值	平均值	标准差	同意度百分比/%
学习观	记忆知识学习观	40130	1	6	4.28	1.04	65.70
	应用知识学习观	40130	1	6	4.88	0.76	77.67
学习参与	课堂参与	40130	1	6	4.28	0.96	65.61
	课后参与	40130	1	6	3.64	1.15	52.83
课堂环境感知	教学手段	40130	1	6	4.58	0.83	71.59
	师生互动	40130	1	6	4.52	0.85	70.46
	同伴互动	40130	1	6	4.60	0.80	72.00
	课业负担	40130	1	6	3.71	0.96	54.17
深层学习方式	内在学习动机	40130	1	6	4.39	0.83	67.85
	主动思考	40130	1	6	4.40	0.77	68.04
	时间管理	40130	1	6	4.13	0.92	62.66
浅层学习方式	外在学习动机	40130	1	6	2.96	1.21	39.11
	浅层学习策略	40130	1	6	3.41	1.03	48.26

（二）大二学生学习结果性要素的主要特征

统计大二学生学习结果性要素的均值可以发现（见表 3-13）：在学习收获方面，大二学生在价值观收获的均值（M＝4.80，SD＝0.78）最高，技能收获的均值（M＝4.73，SD＝0.79）次之，而知识收获的均值（M＝4.52，SD＝0.88）最低。进一步分析大二学生在学习收获三维度上的同意度百分比可知，70.37％的学生认同自己在知识方面的收获很大，74.53％的学生则认同自己在技能方面的收获很大，75.95％的学生认同自己在价值观方面的收获很大。与大一学生相比，大二学生在知识、技能、价值观收获方面的均值均小幅下降。

在学习满意度方面，大二学生在人际关系满意度的均值（M＝4.71，SD＝0.77）最高，教学满意度的均值（M＝4.57，SD＝0.85）次之，校园支持满意度的均值（M＝4.48，SD＝0.85）最低。进一步分析大二学生在学习满意度三维度上的同意度百分比可知，71.35％的学生对教师的教学感到满意，69.53％的学生对校园支持感到满意,74.20%的学生对人际关系感到满意。与大一学生相比,大二学生在教学、校园支持和人际关系的满意度都有所下降。

表 3-13 大二学生学习结果性要素的总体情况

结果性要素		人数	最小值	最大值	平均值	标准差	同意度百分比/%
学习收获	知识收获	40130	1	6	4.52	0.88	70.37
	技能收获	40130	1	6	4.73	0.79	74.53
	价值观收获	40130	1	6	4.80	0.78	75.95
学习满意度	教学满意度	40130	1	6	4.57	0.85	71.35
	校园支持满意度	40130	1	6	4.48	0.85	69.53
	人际关系满意度	40130	1	6	4.71	0.77	74.20

(三)大二学生学习结构模型的主要特征

大二学生的学习结构假设模型与大一学生的学习结构假设一致,此处不再赘述(下同)。为了检验大二学生学习结构假设模型的合理性,本研究运用结构方程模型对假设模型进行检验,采用的是极大似然估计,得出拟合指数的结果如下:CFI=0.928>0.9,RMSEA=0.037<0.08,TLI=0.926>0.9,RSMR=0.056<0.08。根据拟合指标良好的标准,大二学生学习结构验证模型的拟合指数均达到了拟合优度模型的水平,这表明该模型的建立是合理的。具体的模型检验结果见表 3-14 和图 3-3。

表 3-14 大二学生学习结构验证模型结果

变量关系		标准化路径系数	P值	假设是否成立
学习观→课堂环境感知	记忆知识学习观→课堂环境感知	0.173	<0.001	H1a 成立
	应用知识学习观→课堂环境感知	0.455	<0.001	H1b 成立
学习观→学习方式	记忆知识学习观→深层学习方式	0.134	<0.001	H2a1 成立
	记忆知识学习观→浅层学习方式	0.247	<0.001	H2a2 成立
	应用知识学习观→深层学习方式	0.186	<0.001	H2b1 成立
	应用知识学习观→浅层学习方式	−0.172	<0.001	H2b2 成立
学习观→学习收获	记忆知识学习观→学习收获	−0.032	<0.001	H3a 成立
	应用知识学习观→学习收获	0.144	<0.001	H3b 成立

续表

变量关系		标准化路径系数	P值	假设是否成立
课堂环境感知→学习方式	课堂环境感知→深层学习方式	0.609	<0.001	H4a 成立
	课堂环境感知→浅层学习方式	−0.030	<0.001	H4b 成立
	课堂环境感知→学习参与	0.222	<0.001	H5 成立
	课堂环境感知→学习收获	0.487	<0.001	H6 成立
	课堂环境感知→学习满意度	0.609	<0.001	H7 成立
学习方式→学习参与	深层学习方式→学习参与	0.543	<0.001	H8a 成立
	浅层学习方式→学习参与	−0.207	<0.001	H8b 成立
学习方式→学习收获	深层学习方式→学习收获	0.196	<0.001	H9a 成立
	浅层学习方式→学习收获	−0.071	<0.001	H9b 成立
	学习参与→学习收获	0.174	<0.001	H10 成立
	学习参与→学习满意度	0.227	<0.001	H11 成立

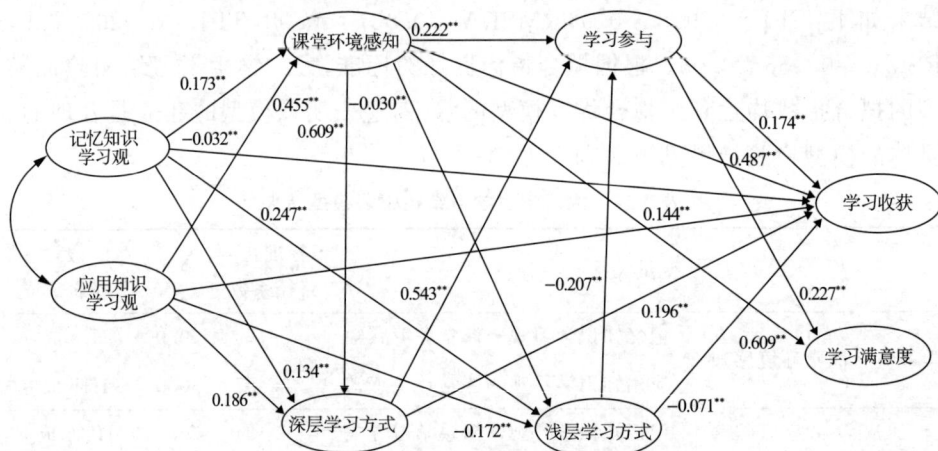

图 3-3　大二学生的学习结构验证模型

由表 3-14 的假设检验结果可知,本假设的十一个假设均获得数据结果的支持。具体而言,大二学生的记忆知识学习观与课堂环境感知的标准化路径系数为 0.173(p<0.001),说明大二学生的记忆知识学习观显著正向影响课堂环境感知,且记忆知识学习观每提高 1 个单位,课堂环境感知提高 0.173 个

单位;大二学生的应用知识学习观与课堂环境感知的标准化路径系数为
0.455($p<0.001$),说明大二学生的应用知识学习观显著正向影响课堂环境
感知,且应用知识学习观每提高 1 个单位,课堂环境感知提高 0.455 个单位。
比较记忆知识学习观与应用知识学习观对课堂环境感知的标准化路径系数可
知,应用知识学习观对大二学生课堂环境感知的影响大于记忆知识学习观的
影响。

　　大二学生的记忆知识学习观与浅层学习方式的标准化路径系数为 0.247
($p<0.001$),说明大二学生的记忆知识学习观显著正向影响浅层学习方式,
且记忆知识学习观每提高 1 个单位,浅层学习方式提高 0.247 个单位;大二学
生的应用知识学习观与浅层学习方式的标准化路径系数为 -0.172($p<$
0.001),说明大二学生的应用知识学习观显著负向影响浅层学习方式,且应用
知识学习观每提高 1 个单位,浅层学习方式降低 0.172 个单位;大二学生的记
忆知识学习观与深层学习方式的标准化路径系数为 0.134($p<0.001$),说明
大二学生的记忆知识学习观显著正向影响深层学习方式,且记忆知识学习观
每提高 1 个单位,深层学习方式提高 0.134 个单位;大二学生的应用知识学习
观与深层学习方式的标准化路径系数为 0.186($p<0.001$),说明大二学生的
应用知识学习观显著正向影响深层学习方式,且应用知识学习观每提高 1 个
单位,深层学习方式提高 0.186 个单位。综合记忆知识学习观、应用知识学习
观对浅层学习方式和深层学习方式的影响可知,记忆知识学习观和应用知识
学习观对深层学习方式均有显著正向影响,且应用知识学习观的影响大于记
忆知识学习观的影响,在对浅层学习方式的影响上,应用知识学习观会抑制浅
层学习方式,而记忆知识学习观则会促进浅层学习方式的形成,且记忆知识学
习观的影响大于应用知识学习观。总体而言,应用知识学习观更有利于大二
学生形成深层的学习方式。

　　大二学生的记忆知识学习观与学习收获的标准化路径系数为 -0.032
($p<0.001$),说明大二学生的记忆知识学习观显著负向影响学习收获,且记
忆知识学习观每提高 1 个单位,学习收获降低 0.032 个单位。大二学生的应
用知识学习观与学习收获的标准化路径系数为 0.144($p<0.001$),说明大二
学生的应用知识学习观显著正向影响学习收获,且应用知识学习观每提高 1
个单位,学习收获提高 0.144 个单位。总体而言,记忆知识学习观会抑制大二
学生的学习收获,而应用知识学习观则会促进大二学生学习收获的提升,且提
升幅度大于抑制幅度。

大二学生的课堂环境感知与浅层学习方式的标准化路径系数为-0.030（$p<0.001$），说明大二学生的课堂环境感知显著负向影响浅层学习方式，且课堂环境感知每提高1个单位，浅层学习方式就降低0.030个单位。大二学生的课堂环境感知与深层学习方式的标准化路径系数为0.609（$p<0.001$），说明大二学生的课堂环境感知显著正向影响深层学习方式，且课堂环境感知每提高1个单位，深层学习方式就提高0.609个单位。综合课堂环境感知与浅层学习方式和深层学习方式的标准化路径系数，大二学生对课堂环境感知的改善有利于提升大二学生的深层学习方式而抑制浅层学习方式，且促进作用远大于抑制作用。

大二学生课堂环境感知与学习参与的标准化路径系数为0.222（$p<0.001$），说明大二学生的课堂环境感知显著正向影响学习参与，且课堂环境感知每提高1个单位，学习参与就提高0.222个单位。这意味着大二学生对课堂环境感知的改善有利于提升大二学生学习参与的积极性。

大二学生课堂环境感知与学习收获的标准化路径系数为0.487（$p<0.001$），说明大二学生的课堂环境感知显著正向影响学习收获，且课堂环境感知每提高1个单位，学习收获就提高0.487个单位。这意味着大二学生对课堂环境感知的改善有利于促进学习收获的提升。

大二学生课堂环境感知与学习满意度的标准化路径系数为0.609（$p<0.001$），说明大二学生的课堂环境感知显著正向影响学习满意度，且课堂环境感知每提高1个单位，学习满意度就提高0.609个单位。这意味着大二学生对课堂环境感知的改善有利于提高大二学生对学习的满意度。此外，大二学生课堂环境感知与学习满意度的标准化路径系数大于其对学习收获的标准化路径系数，说明大二学生对课堂环境的感知对学习满意度的影响力大于其对学习收获的影响力。

大二学生深层学习方式与学习参与的标准化路径系数为0.543（$p<0.001$），说明大二学生的深层学习方式显著正向影响学习参与，且深层学习方式每提高1个单位，学习参与就提高0.543个单位。大二学生的浅层学习方式与学习参与的标准化路径系数为-0.207（$p<0.001$），说明大二学生的浅层学习方式显著负向影响学习参与，且浅层学习方式每提高1个单位，学习参与就降低0.207个单位。综合深层学习方式和浅层学习方式对学习参与的影响，深层学习方式对大二学生的学习参与有积极的促进作用，而浅层学习方式则有抑制作用，且促进作用大于抑制作用。

大二学生的深层学习方式与学习收获的标准化路径系数为 0.196（$p<$ 0.001），说明大二学生的深层学习方式显著正向影响学习收获，且深层学习方式每提高 1 个单位，学习收获就提高 0.196 个单位。大二学生的浅层学习方式与学习收获的标准化路径系数为 -0.071（$p<0.001$），说明大二学生的浅层学习方式显著负向影响学习收获，且浅层学习方式每提高 1 个单位，学习收获就降低 0.071 个单位。综合深层学习方式与浅层学习方式对学习收获的影响，深层学习方式对大二学生的学习收获具有积极的促进作用，而浅层学习方式则有抑制作用，且促进作用大于抑制作用。

大二学生的学习参与对学习收获的标准化路径系数为 0.174（$p<$ 0.001），说明大二学生的学习参与显著正向影响学习收获，且学习参与每提高 1 个单位，学习收获就提高 0.174 个单位。这意味着学生的学习参与越积极，学习收获越大。

大二学生的学习参与对学习满意度的标准化路径系数为 0.227（$p<$ 0.001），说明大二学生的学习参与显著正向影响学习满意度，且学习参与每提高 1 个单位，学习满意度就提高 0.227 个单位。这意味着学生的参与越积极，学习满意度也越高，并且大二学生的学习参与对学习满意度的影响力大于其对学习收获的影响力。

综上所述，虽然记忆知识学习观对课堂环境感知和深层学习方式有一定促进作用，但是应用知识学习观的促进作用更大。因此，帮助大二学生形成应用知识的学习观，有利于改善大二学生对课堂环境的感知，进而有利于促进大二学生运用深层学习方式，并抑制浅层学习方式的运用，改善学习参与的积极性，并最终促进学习收获和学习满意度的提高，形成良性的学习结构。

三、大三学生学情的主要特征

2019 年参与 NCSS 的大三学生共有 38679 名，以下将对这些学生学习的过程性要素和结果性要素的主要特征进行分析和讨论，然后建构大三学生学习的结构模型。

（一）大三学生学习过程性要素的主要特征

统计大三学生学习过程性要素的均值可以发现（见表 3-15）：在学习观方面，大三学生在应用知识学习观的均值（M＝4.89，SD＝0.76）高于记忆知识学习观的均值（M＝4.23，SD＝1.06），说明大三学生更倾向于应用知识学习观。进一步分析大三学生在学习观二维度上的同意度百分比可知，64.55％的学生认为学习是以记忆知识为主,77.82%的学生则认为学习是以应用知识为主。与大二学生相比,大三学生在记忆知识学习观上的均值略有所下降,而在应用知识学习观上的均值则有所上升。

表 3-15　大三学生学习过程性要素的总体情况

过程性要素		人数	最小值	最大值	平均值	标准差	同意度百分比/%
学习观	记忆知识学习观	38679	1	6	4.23	1.06	64.55
	应用知识学习观	38679	1	6	4.89	0.76	77.82
学习参与	课堂参与	38679	1	6	4.30	0.95	66.01
	课后参与	38679	1	6	3.69	1.12	53.76
课堂环境感知	教学手段	38679	1	6	4.55	0.85	70.90
	师生互动	38679	1	6	4.49	0.87	69.70
	同伴互动	38679	1	6	4.61	0.79	72.30
	课业负担	38679	1	6	3.63	0.96	52.63
深层学习方式	内在学习动机	38679	1	6	4.40	0.83	68.09
	主动思考	38679	1	6	4.40	0.76	68.08
	时间管理	38679	1	6	4.13	0.91	62.57
浅层学习方式	外在学习动机	38679	1	6	2.89	1.19	37.90
	浅层学习策略	38679	1	6	3.33	1.04	46.59

在学习参与方面,课堂参与的均值(M=4.30,SD=0.95)远高于课后参与的均值(M=3.69,SD=1.12),说明大三学生在课堂参与的表现优于课后参与。进一步分析大三学生在学习参与二维度上的同意度百分比可知,66.01%的学生会认真听讲,积极参与课堂,但只有53.76%的学生会在课后与老师讨论学习计划、阅读相关文献、参加学习活动等。与大二学生相比,大三学生在课堂参与和课后参与均有小幅提升。

在课堂环境感知方面,大三学生对同伴互动感知的均值最高(M=4.61,SD=0.79),对教学手段感知的均值次之(M=4.55,SD=0.85),对师生互动感知的均值第三(M=4.49,SD=0.87),而课业负担感知的均值则为3.63(SD=0.96)。进一步分析大三学生在课堂环境感知四维度上的同意度百分比可知,70.90%的学生同意教师在课堂上能够运用良好的教学手段和方法,69.70%的学生认同教师在课后能够提供指导,并能给予有益的反馈和建议,

72.30%的学生认为自己能够积极参与同学的交流、小组讨论及合作等,而52.63%的学生认为老师布置的作业很难,课堂内容和课后作业都需要花很多时间来消化。与大二学生相比,大三学生在同伴互动感知的均值上略有提升,而在教学手段、师生互动感知的均值上小幅下降,在课业负担感知的均值上也略有下降。

在深层学习方式方面,大三学生在内在学习动机(M=4.40,SD=0.83)和主动思考的均值(M=4.40,SD=0.76)最高,在时间管理上的均值(M=4.13,SD=0.91)低于内在学习动机和主动思考。进一步分析大三学生在深层学习方式三维度上的同意度百分比可知,68.09%的学生认为自己是在兴趣、好奇心的驱动下学习的,68.08%的学生认为自己在学习过程中会思考学到什么,会主动对所学知识提出疑问,62.57%的学生会合理安排好自己的学习时间,会提前规划时间、预习学习的内容。与大二学生相比,在内在学习动机的均值略有提升,而在主动思考和时间管理的均值几乎没有变化。

在浅层学习方式方面,大三学生在外在学习动机的均值(M=2.89,SD=1.19)要低于浅层学习策略的均值(M=3.33,SD=1.04)。进一步分析大三学生在浅层学习方式二维度上的同意度百分比可知,37.90%的学生认同自己是受考试等外在学习动机驱动着学习的,而46.59%的学生认同自己是采用如死记硬背等浅层学习方式学习。与大二学生相比,在外在学习动机和浅层学习策略的均值均有所下降。

(二)大三学生学习结果性要素的主要特征

统计大三学生学习结果性要素的均值可以发现(见表3-16):在学习收获方面,大三学生在价值观收获的均值(M=4.83,SD=0.78)最高,技能收获的均值(M=4.74,SD=0.79)次之,而知识收获的均值(M=4.50,SD=0.88)最低。进一步分析大三学生在学习收获三维度上的同意度百分比可知,70.01%的学生认同自己在知识方面的收获很大,74.84%的学生则认同自己在技能方面的收获很大,76.57%的学生认同自己在价值观方面的收获很大。与大二学生相比,大三学生在知识收获上的均值有所下降,而在技能收获和价值观收获上的均值都有所提升。

表 3-16　大三学生学习结果性要素的总体情况

结果性要素		人数	最小值	最大值	平均值	标准差	同意度百分比/%
学习收获	知识收获	38679	1	6	4.50	0.88	70.01
	技能收获	38679	1	6	4.74	0.79	74.84
	价值观收获	38679	1	6	4.83	0.78	76.57
学习满意度	教学满意度	38679	1	6	4.51	0.86	70.30
	校园支持满意度	38679	1	6	4.45	0.86	68.93
	人际关系满意度	38679	1	6	4.71	0.78	74.20

　　在学习满意度方面,大三学生在人际关系满意度的均值(M=4.71,SD=0.78)最高,教学满意度的均值(M=4.51,SD=0.86)次之,校园支持满意度的均值(M=4.45,SD=0.86)最低。进一步分析大三学生在学习满意度三维度上的同意度百分比可知,70.30%的学生对教师的教学感到满意,68.93%的学生对校园支持感到满意,74.20%的学生对人际关系感到满意。与大二学生相比,大三学生在教学和校园支持的满意度都有所下降,而在人际关系满意度上则几乎没有变化。

　　(三)大三学生学习结构模型的主要特征

　　为了检验大三学生学习结构假设模型的合理性,本研究运用结构方程模型对假设模型进行检验,采用的是极大似然估计,得出拟合指数的结果如下:CFI=0.924>0.9,RMSEA=0.038<0.08,TLI=0.921>0.9,RSMR=0.056<0.08。根据拟合指标良好的标准,大三学生学习结构验证模型的拟合指数均达到了拟合优度模型的水平,这表明该模型的建立是合理的。具体的模型检验结果见表 3-17 和图 3-4。

表 3-17　大三学生学习结构验证模型结果

变量关系		标准化路径系数	P 值	假设是否成立
学习观→课堂环境感知	记忆知识学习观→课堂环境感知	0.162	<0.001	H1a 成立
	应用知识学习观→课堂环境感知	0.440	<0.001	H1b 成立
学习观→学习方式	记忆知识学习观→深层学习方式	0.129	<0.001	H2a1 成立
	记忆知识学习观→浅层学习方式	0.257	<0.001	H2a2 成立
	应用知识学习观→深层学习方式	0.206	<0.001	H2b1 成立
	应用知识学习观→浅层学习方式	−0.176	<0.001	H2b2 成立

续表

变量关系		标准化路径系数	P 值	假设是否成立
学习观→学习收获	记忆知识学习观→学习收获	−0.040	＜0.001	H3a 成立
	应用知识学习观→学习收获	0.158	＜0.001	H3b 成立
课堂环境感知→学习方式	课堂环境感知→深层学习方式	0.603	＜0.001	H4a 成立
	课堂环境感知→浅层学习方式	−0.080	＜0.001	H4b 成立
课堂环境感知→学习参与		0.251	＜0.001	H5 成立
课堂环境感知→学习收获		0.489	＜0.001	H6 成立
课堂环境感知→学习满意度		0.641	＜0.001	H7 成立
学习方式→学习参与	深层学习方式→学习参与	0.505	＜0.001	H8a 成立
	浅层学习方式→学习参与	−0.203	＜0.001	H8b 成立
学习方式→学习收获	深层学习方式→学习收获	0.179	＜0.001	H9a 成立
	浅层学习方式→学习收获	−0.080	＜0.001	H9b 成立
学习参与→学习收获		0.170	＜0.001	H10 成立
学习参与→学习满意度		0.199	＜0.001	H11 成立

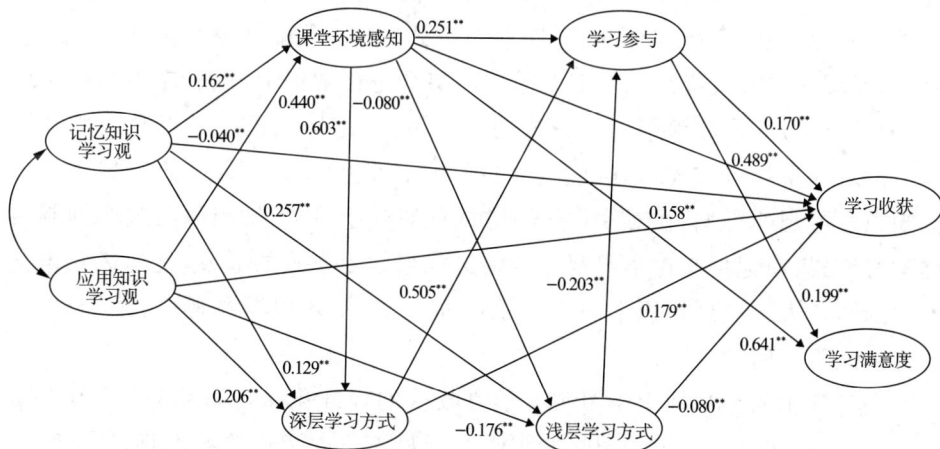

图 3-4　大三学生的学习结构验证模型

　　由表 3-17 的假设检验结果可知,本假设的十一个假设均获得数据结果的支持。具体而言,大三学生的记忆知识学习观与课堂环境感知的标准化路径系数为 0.162(p＜0.001),说明大三学生的记忆知识学习观显著正向影响课堂环境感知,且记忆知识学习观每提高1个单位,课堂环境感知提高0.162个单位;大三学生的应用知识学习观与课堂环境感知的标准化路径系数为0.440($p<0.001$),说明大三学生的应用知识学习观显著正向影响课堂环境感知,且应用知识学习观每提高1个单位,课堂环境感知提高0.440个单位。比较记忆知识学习观与应用知识学习观对课堂环境感知的标准化路径系数可知,应用知识学习观对大三学生课堂环境感知的影响大于记忆知识学习观的影响。

大三学生的记忆知识学习观与浅层学习方式的标准化路径系数为0.257($p<0.001$),说明大三学生的记忆知识学习观显著正向影响浅层学习方式,且记忆知识学习观每提高1个单位,浅层学习方式提高0.257个单位;大三学生的应用知识学习观与浅层学习方式的标准化路径系数为-0.176($p<0.001$),说明大三学生的应用知识学习观显著负向影响浅层学习方式,且应用知识学习观每提高1个单位,浅层学习方式降低0.176个单位;大三学生的记忆知识学习观与深层学习方式的标准化路径系数为0.129($p<0.001$),说明大三学生的记忆知识学习观显著正向影响深层学习方式,且记忆知识学习观每提高1个单位,深层学习方式提高0.129个单位;大三学生的应用知识学习观与深层学习方式的标准化路径系数为0.206($p<0.001$),说明人三学生的应用知识学习观显著正向影响深层学习方式,且应用知识学习观每提高1个单位,深层学习方式提高0.206个单位。综合记忆知识学习观、应用知识学习观对浅层学习方式和深层学习方式的影响可知,记忆知识学习观和应用知识学习观对深层学习方式均有显著正向影响,且应用知识学习观的影响大于记忆知识学习观的影响,在对浅层学习方式的影响上,应用知识学习观会抑制浅层学习方式,而记忆知识学习观则会促进浅层学习方式的形成,且记忆知识学习观的影响大于应用知识学习观。总体而言,应用知识学习观更有利于大三学生形成深层的学习方式。

大三学生的记忆知识学习观与学习收获的标准化路径系数为-0.040($p<0.001$),说明大三学生的记忆知识学习观显著负向影响学习收获,且记忆知识学习观每提高1个单位,学习收获降低0.040个单位。大三学生的应用知识学习观与学习收获的标准化路径系数为0.158($p<0.001$),说明大三学生的应用知识学习观显著正向影响学习收获,且应用知识学习观每提高1个单位,学习收获提高0.158个单位。总体而言,记忆知识学习观会抑制大三学生的学习收获,而应用知识学习观则会促进大三学生学习收获的提升,且提升幅

度大于抑制幅度。

大三学生的课堂环境感知与浅层学习方式的标准化路径系数为-0.080（$p<0.001$），说明大三学生的课堂环境感知显著负向影响浅层学习方式，且课堂环境感知每提高 1 个单位，浅层学习方式就降低 0.080 个单位。大三学生的课堂环境感知与深层学习方式的标准化路径系数为 0.603（$p<0.001$），说明大三学生的课堂环境感知显著正向影响深层学习方式，且课堂环境感知每提高 1 个单位，深层学习方式就提高 0.603 个单位。综合课堂环境感知与浅层学习方式和深层学习方式的标准化路径系数，大三学生对课堂环境感知的改善有利于提升大三学生的深层学习方式而抑制浅层学习方式，且促进作用远大于抑制作用。

大三学生课堂环境感知与学习参与的标准化路径系数为 0.251（$p<0.001$），说明大三学生的课堂环境感知显著正向影响学习参与，且课堂环境感知每提高 1 个单位，学习参与就提高 0.251 个单位。这意味着大三学生对课堂环境感知的改善有利于提升大三学生学习参与的积极性。

大三学生课堂环境感知与学习收获的标准化路径系数为 0.489（$p<0.001$），说明大三学生的课堂环境感知显著正向影响学习收获，且课堂环境感知每提高 1 个单位，学习收获就提高 0.489 单位。这意味着大三学生对课堂环境感知的改善有利于促进学习收获的提升。

大三学生课堂环境感知与学习满意度的标准化路径系数为 0.641（$p<0.001$），说明大三学生的课堂环境感知显著正向影响学习满意度，且课堂环境感知每提高 1 个单位，学习满意度就提高 0.641 个单位。这意味着大三学生对课堂环境感知的改善有利于提高大三学生对学习的满意度。此外，大三学生课堂环境感知与学习满意度的标准化路径系数大于其对学习收获的标准化路径系数，说明大三学生对课堂环境的感知对学习满意度的影响力大于其对学习收获的影响力。

大三学生深层学习方式与学习参与的标准化路径系数为 0.505（$p<0.001$），说明大三学生的深层学习方式显著正向影响学习参与，且深层学习方式每提高 1 个单位，学习参与就提高 0.505 个单位。大三学生的浅层学习方式与学习参与的标准化路径系数为-0.203（$p<0.001$），说明大三学生的浅层学习方式显著负向影响学习参与，且浅层学习方式每提高 1 个单位，学习参与就降低 0.203 个单位。综合深层学习方式和浅层学习方式对学习参与的影响，深层学习方式对大三学生的学习参与有积极的促进作用，而浅层学习方式

则有抑制作用,且促进作用大于抑制作用。

大三学生的深层学习方式与学习收获的标准化路径系数为 0.179($p<$ 0.001),说明大三学生的深层学习方式显著正向影响学习收获,且深层学习方式每提高 1 个单位,学习收获就提高 0.179 个单位。大三学生的浅层学习方式与学习收获的标准化路径系数为 -0.080($p<$0.001),说明大三学生的浅层学习方式显著负向影响学习收获,且浅层学习方式每提高 1 个单位,学习收获就降低 0.080 个单位。综合深层学习方式与浅层学习方式对学习收获的影响,深层学习方式对大三学生的学习收获具有积极的促进作用,而浅层学习方式则有抑制作用,且促进作用大于抑制作用。

大三学生的学习参与对学习收获的标准化路径系数为 0.170($p<$ 0.001),说明大三学生的学习参与显著正向影响学习收获,且学习参与每提高 1 个单位,学习收获就提高 0.170 个单位。这意味着学生的学习参与越积极,学习收获越大。

大三学生的学习参与对学习满意度的标准化路径系数为 0.199($p<$ 0.001),说明大三学生的学习参与显著正向影响学习满意度,且学习参与每提高 1 个单位,学习满意度就提高 0.199 个单位。这意味着学生的参与越积极,学习满意度也越高,并且大三学生的学习参与对学习满意度的影响力大于其对学习收获的影响力。

综上所述,虽然记忆知识学习观对课堂环境感知和深层学习方式有一定促进作用,但是应用知识学习观的促进作用更大。因此,帮助大三学生形成应用知识的学习观,有利于改善大三学生对课堂环境的感知,进而有利于促进大三学生运用深层学习方式,并抑制浅层学习方式的运用,改善学习参与的积极性,并最终促进学习收获和学习满意度的提高,形成良性的学习结构。

四、大四及以上学生学情的主要特征

2019 年参与 NCSS 的大四及以上学生共有 25063 名,以下将对这些学生学习的过程性要素和结果性要素的主要特征进行分析和讨论,然后建构大四及以上学生学习的结构模型。

(一)大四及以上学生学习过程性要素的主要特征

统计大四及以上学生学习过程性要素的均值可以发现(见表 3-18):在学习观方面,大四及以上学生在应用知识学习观的均值(M=4.94,SD=0.76)高于记忆知识学习观的均值(M=4.27,SD=1.07),说明大四及以上学生更倾向于应用知识学习观。进一步分析大四及以上学生在学习观二维度上的同意度百分比可知,65.34％的学生认为学习是以记忆知识为主,78.74％的学生则认为学习是以应用知识为主。与大三学生相比,大四及以上学生在记忆知识学习观和应用知识学习观上的均值都有所提升。

表3-18　大四及以上学生学习过程性要素的总体情况

过程性要素		人数	最小值	最大值	平均值	标准差	同意度百分比/％
学习观	记忆知识学习观	25063	1	6	4.27	1.07	65.34
	应用知识学习观	25063	1	6	4.94	0.76	78.74
学习参与	课堂参与	25063	1	6	4.41	0.96	68.22
	课后参与	25063	1	6	3.91	1.11	58.13
课堂环境感知	教学手段	25063	1	6	4.57	0.87	71.50
	师生互动	25063	1	6	4.55	0.87	71.07
	同伴互动	25063	1	6	4.69	0.80	73.77
	课业负担	25063	1	6	3.50	1.00	50.00
深层学习方式	内在学习动机	25063	1	6	4.53	0.81	70.61
	主动思考	25063	1	6	4.51	0.76	70.14
	时间管理	25063	1	6	4.28	0.91	65.56
浅层学习方式	外在学习动机	25063	1	6	2.81	1.22	36.21
	浅层学习策略	25063	1	6	3.20	1.09	43.92

在学习参与方面,课堂参与的均值(M＝4.41,SD＝0.96)远高于课后参与的均值(M＝3.91,SD＝1.11),说明大四及以上学生在课堂参与的表现优于课后参与。进一步分析大四及以上学生在学习参与二维度上的同意度百分比可知,68.22％的学生会认真听讲,积极参与课堂,但只有58.13％的学生会在课后与老师讨论学习计划、阅读相关文献、参加学习活动等。与大三学生相比,大四及以上学生无论是在课堂参与还是在课后参与的均值都有较大幅度提升。

在课堂环境感知方面,大四及以上学生对同伴互动感知的均值最高(M＝4.69,SD＝0.80),对教学手段感知的均值次之(M＝4.57,SD＝0.87),对师生互动感知的均值第三(M＝4.55,SD＝0.87),而课业负担感知的均值则为3.50(SD＝1.00)。进一步分析大四及以上学生在课堂环境感知四维度上的同意度百分比可知,71.50%的学生同意教师在课堂上能够运用良好的教学手段和方法,71.07%的学生认同教师在课后能够提供指导,并能给予有益的反馈和建议,73.77%的学生认为自己能够积极参与同学的交流、小组讨论及合作等,而50.00%的学生认为老师布置的作业很难,课堂内容和课后作业都需要花很多时间来消化。与大三学生相比,大四及以上学生在教学手段、师生互动、同伴互动上感知的均值都有所提升,而在课业负担上的均值则有所下降。

在深层学习方式方面,大四及以上学生在内在学习动机(M=4.53,SD=0.81)的均值最高,主动思考的均值(M=4.51,SD=0.76)次之,在时间管理上的均值(M=4.28,SD=0.91)最低。进一步分析大四及以上学生在深层学习方式三维度上的同意度百分比可知,70.61%的学生认为自己是在兴趣、好奇心的驱动下学习的,70.14%的学生认为自己在学习过程中会思考学到什么,会主动对所学知识提出疑问,65.56%的学生会合理安排好自己的学习时间,会提前规划时间、预习学习的内容。与大三学生相比,大四及以上学生在内在学习动机、主动思考和时间管理上的均值都有所提升。

在浅层学习方式方面,大四及以上学生在外在学习动机的均值(M=2.81,SD=1.22)要低于浅层学习策略的均值(M=3.20,SD=1.09)。进一步分析大四及以上学生在浅层学习方式二维度上的同意度百分比可知,36.21%的学生认同自己是受考试等外在学习动机驱动着学习的,而43.92%的学生认同自己是采用如死记硬背等浅层学习方式学习。与大三学生相比,大四及以上学生在外在学习动机和浅层学习策略的均值都有所下降。综合深层学习方式和浅层学习方式的结果可知,大四及以上学生更倾向于使用深层的学习方式。

(二)大四及以上学生学习结果性要素的主要特征

统计大四及以上学生学习结果性要素的均值可以发现(见表3-19):在学习收获方面,大四及以上学生在价值观收获的均值(M=4.91,SD=0.78)最高,技能收获的均值(M=4.85,SD=0.78)次之,而知识收获的均值(M=4.63,SD=0.88)最低。进一步分析大四及以上学生在学习收获三维度上的同意度百分比可知,72.50%的学生认同自己在知识方面的收获很大,77.00%的学生则认同自己在技能方面的收获很大,78.27%的学生认同自己在价值观方面的收获很大。与大三学生相比,大四及以上学生在知识、技能和价值观收获的均值上都有所提升。

在学习满意度方面,大四及以上学生在人际关系满意度的均值(M=

4.84,SD＝0.78)最高,教学满意度的均值(M＝4.60,SD＝0.88)次之,校园支持满意度的均值(M＝4.55,SD＝0.88)最低。进一步分析大四及以上学生在学习满意度三维度上的同意度百分比可知,71.94％的学生对教师的教学感到满意,70.98％的学生对校园支持感到满意,76.72％的学生对人际关系感到满意。与大三学生相比,大四及以上学生在教学、校园支持和人际关系满意度上的均值都有所提升。

表 3-19 大四及以上学生学习结果性要素的总体情况

结果性要素		人数	最小值	最大值	平均值	标准差	同意度百分比/％
学习收获	知识收获	25063	1	6	4.63	0.88	72.50
	技能收获	25063	1	6	4.85	0.78	77.00
	价值观收获	25063	1	6	4.91	0.78	78.27
学习满意度	教学满意度	25063	1	6	4.60	0.88	71.94
	校园支持满意度	25063	1	6	4.55	0.88	70.98
	人际关系满意度	25063	1	6	4.84	0.78	76.72

(三)大四及以上学生学习结构模型的主要特征

为了检验大四及以上学生学习结构假设模型的合理性,本研究运用结构方程模型对假设模型进行检验,采用的是极大似然估计,得出拟合指数的结果如下：CFI＝0.926＞0.9,RMSEA＝0.039＜0.08,TLI＝0.924＞0.9,RSMR＝0.057＜0.08。根据拟合指标良好的标准,大四及以上学生学习结构验证模型的拟合指数均达到了拟合优度模型的水平,这表明该模型的建立是合理的。具体的模型检验结果见表 3-20 和图 3-5。

表 3-20 大四及以上学生学习结构验证模型结果

变量关系		标准化路径系数	P 值	假设是否成立
学习观→课堂环境感知	记忆知识学习观→课堂环境感知	0.171	＜0.001	H1a 成立
	应用知识学习观→课堂环境感知	0.435	＜0.001	H1b 成立
学习观→学习方式	记忆知识学习观→深层学习方式	0.105	＜0.001	H2a1 成立
	记忆知识学习观→浅层学习方式	0.215	＜0.001	H2a2 成立
	应用知识学习观→深层学习方式	0.227	＜0.001	H2b1 成立
	应用知识学习观→浅层学习方式	−0.158	＜0.001	H2b2 成立

续表

	变量关系	标准化路径系数	P 值	假设是否成立
学习观→学习收获	记忆知识学习观→学习收获	−0.056	<0.001	H3a 成立
	应用知识学习观→学习收获	0.195	<0.001	H3b 成立
课堂环境感知→学习方式	课堂环境感知→深层学习方式	0.633	<0.001	H4a 成立
	课堂环境感知→浅层学习方式	−0.120	<0.001	H4b 成立
	课堂环境感知→学习参与	0.284	<0.001	H5 成立
	课堂环境感知→学习收获	0.473	<0.001	H6 成立
	课堂环境感知→学习满意度	0.624	<0.001	H7 成立
学习方式→学习参与	深层学习方式→学习参与	0.474	<0.001	H8a 成立
	浅层学习方式→学习参与	−0.194	<0.001	H8b 成立
学习方式→学习收获	深层学习方式→学习收获	0.142	<0.001	H9a 成立
	浅层学习方式→学习收获	−0.081	<0.001	H9b 成立
	学习参与→学习收获	0.185	<0.001	H10 成立
	学习参与→学习满意度	0.223	<0.001	H11 成立

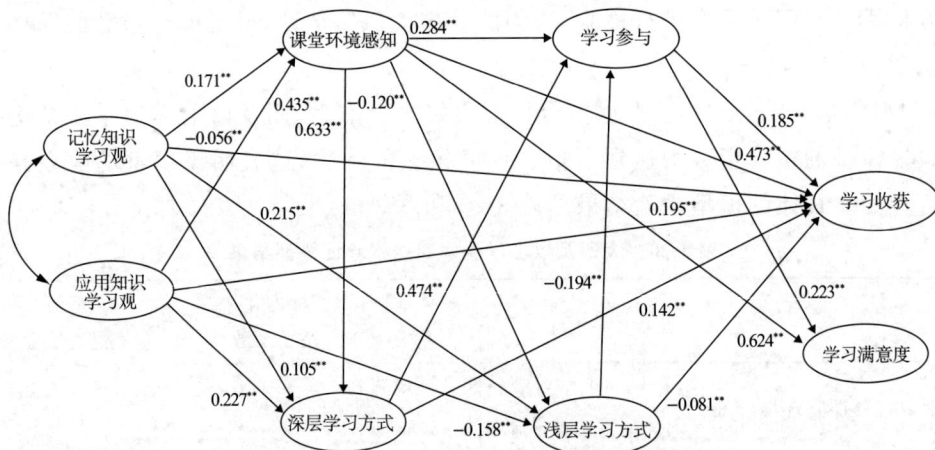

图 3-5 大四及以上学生的学习结构验证模型

由表 3-20 的假设检验结果可知,本假设的十一个假设均获得数据结果的支持。具体而言,大四及以上学生的记忆知识学习观与课堂环境感知的标准化路径系数为 0.171（$p<0.001$），说明大四及以上学生的记忆知识学习观显著正向影响课堂环境感知，且记忆知识学习观每提高 1 个单位，课堂环境感知提高 0.171 个单位；大四及以上学生的应用知识学习观与课堂环境感知的标准化路径系数为 0.435（$p<0.001$），说明大四及以上学生的应用知识学习观显著正向影响课堂环境感知，且应用知识学习观每提高 1 个单位，课堂环境感知提高 0.435 个单位。比较记忆知识学习观与应用知识学习观对课堂环境感知的标准化路径系数可知，应用知识学习观对大四及以上学生课堂环境感知的影响大于记忆知识学习观的影响。

　　大四及以上学生的记忆知识学习观与浅层学习方式的标准化路径系数为 0.215（$p<0.001$），说明大四及以上学生的记忆知识学习观显著正向影响浅层学习方式，且记忆知识学习观每提高 1 个单位，浅层学习方式提高 0.215 个单位；大四及以上学生的应用知识学习观与浅层学习方式的标准化路径系数为 -0.158（$p<0.001$），说明大四及以上学生的应用知识学习观显著负向影响浅层学习方式，且应用知识学习观每提高 1 个单位，浅层学习方式降低 0.158 个单位；大四及以上学生的记忆知识学习观与深层学习方式的标准化路径系数为 0.105（$p<0.001$），说明大四及以上学生的记忆知识学习观显著正向影响深层学习方式，且记忆知识学习观每提高 1 个单位，深层学习方式提高 0.105 个单位；大四及以上学生的应用知识学习观与深层学习方式的标准化路径系数为 0.227（$p<0.001$），说明大四及以上学生的应用知识学习观显著正向影响深层学习方式，且应用知识学习观每提高 1 个单位，深层学习方式提高 0.227 个单位。综合记忆知识学习观、应用知识学习观对浅层学习方式和深层学习方式的影响可知，记忆知识学习观和应用知识学习观对深层学习方式均有显著正向影响，且应用知识学习观的影响大于记忆知识学习观的影响，在对浅层学习方式的影响上，应用知识学习观会抑制浅层学习方式，而记忆知识学习观则会促进浅层学习方式的形成，且记忆知识学习观的影响大于应用知识学习观。总体而言，应用知识学习观更有利于大四及以上学生形成深层的学习方式。

　　大四及以上学生的记忆知识学习观与学习收获的标准化路径系数为 -0.056（$p<0.001$），说明大四及以上学生的记忆知识学习观显著负向影响学习收获，且记忆知识学习观每提高 1 个单位，学习收获降低 0.056 个单位。大四及以上学生的应用知识学习观与学习收获的标准化路径系数为 0.195（$p<0.001$），说明大四及以上学生的应用知识学习观显著正向影响学习收

获,且应用知识学习观每提高 1 个单位,学习收获提高 0.195 个单位。总体而言,记忆知识学习观会抑制大四及以上学生的学习收获,而应用知识学习观则会促进大四及以上学生学习收获的提升,且提升幅度大于抑制幅度。

大四及以上学生的课堂环境感知与浅层学习方式的标准化路径系数为 -0.120($p <$ 0.001),说明大四及以上学生的课堂环境感知显著负向影响浅层学习方式,且课堂环境感知每提高 1 个单位,浅层学习方式就降低 0.120 个单位。大四及以上学生的课堂环境感知与深层学习方式的标准化路径系数为 0.633($p <$ 0.001),说明大四及以上学生的课堂环境感知显著正向影响深层学习方式,且课堂环境感知每提高 1 个单位,深层学习方式就提高 0.633 个单位。综合课堂环境感知与浅层学习方式和深层学习方式的标准化路径系数,大四及以上学生对课堂环境感知的改善有利于提升大四及以上学生的深层学习方式而抑制浅层学习方式,且促进作用远大于抑制作用。

大四及以上学生课堂环境感知与学习参与的标准化路径系数为 0.284($p <$ 0.001),说明大四及以上学生的课堂环境感知显著正向影响学习参与,且课堂环境感知每提高 1 个单位,学习参与就提高 0.284 个单位。这意味着大四及以上学生对课堂环境感知的改善有利于提升大四及以上学生学习参与的积极性。

大四及以上学生课堂环境感知与学习收获的标准化路径系数为 0.473($p <$ 0.001),说明大四及以上学生的课堂环境感知显著正向影响学习收获,且课堂环境感知每提高 1 个单位,学习收获就提高 0.473 单位。这意味着大四及以上学生对课堂环境感知的改善有利于促进学习收获的提升。

大四及以上学生课堂环境感知与学习满意度的标准化路径系数为 0.624($p <$ 0.001),说明大四及以上学生的课堂环境感知显著正向影响学习满意度,且课堂环境感知每提高 1 个单位,学习满意度就提高 0.624 个单位。这意味着大四及以上学生对课堂环境感知的改善有利于提高大四及以上学生对学习的满意度。此外,大四及以上学生课堂环境感知与学习满意度的标准化路径系数大于其对学习收获的标准化路径系数,说明大四及以上学生对课堂环境的感知对学习满意度的影响力大于其对学习收获的影响力。

大四及以上学生深层学习方式与学习参与的标准化路径系数为 0.474($p <$ 0.001),说明大四及以上学生的深层学习方式显著正向影响学习参与,且深层学习方式每提高 1 个单位,学习参与就提高 0.474 个单位。大四及以上学生的浅层学习方式与学习参与的标准化路径系数为 -0.194($p <$

0.001),说明大四及以上学生的浅层学习方式显著负向影响学习参与,且浅层学习方式每提高1个单位,学习参与就降低0.194个单位。综合深层学习方式和浅层学习方式对学习参与的影响,深层学习方式对大四及以上学生的学习参与有积极的促进作用,而浅层学习方式则有抑制作用,且促进作用大于抑制作用。

大四及以上学生的深层学习方式与学习收获的标准化路径系数为0.142($p<0.001$),说明大四及以上学生的深层学习方式显著正向影响学习收获,且深层学习方式每提高1个单位,学习收获就提高0.142个单位。大四及以上学生的浅层学习方式与学习收获的标准化路径系数为-0.081($p<0.001$),说明大四及以上学生的浅层学习方式显著负向影响学习收获,且浅层学习方式每提高1个单位,学习收获就降低0.081个单位。综合深层学习方式与浅层学习方式对学习收获的影响,深层学习方式对大四及以上学生的学习收获具有积极的促进作用,而浅层学习方式则有抑制作用,且促进作用大于抑制作用。

大四及以上学生的学习参与对学习收获的标准化路径系数为0.185($p<0.001$),说明大四及以上学生的学习参与显著正向影响学习收获,且学习参与每提高1个单位,学习收获就提高0.185个单位。这意味着学生的学习参与越积极,学习收获越大。

大四及以上学生的学习参与对学习满意度的标准化路径系数为0.223($p<0.001$),说明大四及以上学生的学习参与显著正向影响学习满意度,且学习参与每提高1个单位,学习满意度就提高0.223个单位。这意味着学生的参与越积极,学习满意度也越高,并且大四及以上学生的学习参与对学习满意度的影响力大于其对学习收获的影响力。

综上所述,虽然记忆知识学习观对课堂环境感知和深层学习方式有一定促进作用,但是应用知识学习观的促进作用更大。因此,帮助大四及以上学生形成应用知识的学习观,有利于改善大四及以上学生对课堂环境的感知,进而有利于促进大四及以上学生运用深层学习方式,并抑制浅层学习方式的运用,改善学习参与的积极性,并最终促进学习收获和学习满意度的提高,形成良性的学习结构。

五、不同年级大学生学情的差异性

总体而言,不同年级大学生学习结构呈现出一些相似的特征:首先,在所有学习过程性要素对学习结果性要素的影响中,课堂环境感知是影响学习收获和学习满意度最大的因素,其中又以对学习满意度的影响力更大。此外,在对学习满意度的影响力上,学习参与第二;在对学习收获的影响力上,深层学习方式第二,应用知识学习观第三,学习参与第四,而记忆知识学习观和浅层学习方式都对学习收获有抑制作用。其次,在学习过程性要素相互之间的影响上,学习观主要通过应用知识学习观影响课堂环境感知和深层学习方式,主要通过记忆知识学习观影响浅层学习方式,且应用知识学习观对浅层学习方式具有抑制作用;课堂环境感知对深层学习方式具有很强的促进作用,而对浅层学习方式也有一定的抑制作用;学习方式主要通过深层学习方式影响学习参与,而浅层学习方式对学习参与也有较大的抑制作用。这说明倾向于使用应用知识的学习观,会促进学生在课堂上与教师、同伴有更多的交流,体验到更好的课堂教学环境,进而促进学生采取深层的学习方式和课堂内外的参与,而更少采取浅层学习方式,并由此得到更多的学习收获,对教学、校园支持和人际关系也更满意。

在不同年级的大学生中,虽然各因素之间的路径系数大致符合上述特征,但不同年级大学生之间存在一定的差异,表现出各自的特征(见表 3-21)。

表 3-21　不同年级大学生学习结构标准化系数的差异

	变量关系	大一	大二	大三	大四及以上
学习观→课堂环境感知	记忆知识学习观→课堂环境感知	0.128**	0.173**	0.162**	0.171**
	应用知识学习观→课堂环境感知	0.477**	0.455**	0.440**	0.435**
学习观→学习方式	记忆知识学习观→深层学习方式	0.112**	0.134**	0.129**	0.105**
	记忆知识学习观→浅层学习方式	0.264**	0.247**	0.257**	0.215**
	应用知识学习观→深层学习方式	0.189**	0.186**	0.206**	0.227**
	应用知识学习观→浅层学习方式	−0.172**	−0.172**	−0.176**	−0.158**
学习观→学习收获	记忆知识学习观→学习收获	−0.030**	−0.032**	−0.040**	−0.056**
	应用知识学习观→学习收获	0.143**	0.144**	0.158**	0.195**
课堂环境感知→学习方式	课堂环境感知→深层学习方式	0.624**	0.609**	0.603**	0.633**
	课堂环境感知→浅层学习方式	−0.103**	−0.030**	−0.080**	−0.120**
	课堂环境感知→学习参与	0.211**	0.222**	0.251**	0.284**
	课堂环境感知→学习收获	0.543**	0.487**	0.489**	0.473**
	课堂环境感知→学习满意度	0.641**	0.609**	0.641**	0.624**

续表

	变量关系	大一	大二	大三	大四及以上
学习方式→学习参与	深层学习方式→学习参与	0.535**	0.543**	0.505**	0.474**
	浅层学习方式→学习参与	−0.208**	−0.207**	−0.203**	−0.194**
学习方式→学习收获	深层学习方式→学习收获	0.160**	0.196**	0.179**	0.142**
	浅层学习方式→学习收获	−0.070**	−0.071**	−0.080**	−0.081**
	学习参与→学习收获	0.133**	0.174**	0.170**	0.185**
	学习参与→学习满意度	0.172**	0.227**	0.199**	0.223**

注：* $p < 0.05$；** < 0.01。

在学习观方面,记忆知识学习观对大二学生的课堂环境感知的影响最大,大四及以上学生次之,对大一学生课堂环境感知的影响力最低;对大二学生深层学习方式的影响最大,大三学生次之,对大四及以上学生课堂环境感知的影响力最低;对大一学生浅层学习方式的影响最大,大三学生次之,对大四及以上学生浅层学习方式的影响最低;对大四及以上学生学习收获的负面影响最大,大三学生次之,对大一学生学习收获的负面影响最小。应用知识学习观对大一学生课堂环境感知的正向影响最大,且随着年级的升高,系数逐渐降低;对大四及以上学生深层学习方式的正向影响最大,大三学生次之,对大二学生深层学习方式的影响最小;对学习收获的影响系数随着年级的升高而逐渐升高;对大三学生浅层学习方式的负向影响最大,对大一和大二学生的负向影响次之,对大四及以上学生浅层学习方式的负向影响最小。

在课堂环境感知方面,课堂环境感知对大四及以上学生深层学习方式的正向影响系数最大,大一学生次之,对大三学生深层学习方式的正向影响系数最小。课堂环境感知对大四及以上学生的浅层学习方式的抑制作用最大,对大一学生的负向影响次于大四及以上学生,对大二学生浅层学习方式的抑制作用最小。课堂环境感知对学习参与的正向影响随着年级的升高而逐渐增大;对大一学生学习收获的正向影响最大,对大三学生学习收获的影响次之,而对大四及以上学生学习收获的影响最小;对大一和大三学生学习满意度的正向影响最大,对大四及以上学生的影响次之,而对大二学生的影响最小。

在学习方式方面,深层学习方式对大二学生学习参与的正向影响系数最大,对大一学生学习参与的影响次之,对大四及以上学生学习参与的影响最小;对大二学生学习收获的正向影响系数最大,对大三学生的影响次之,对大四及以上学生的影响最小。浅层学习方式对大一学生学习参与的负向影响系数最大,并随着年级的升高而递减;对大一学生学习收获的负向影响系数最小,并随着年级的升高而逐渐增大。

在学习参与方面,学习参与对大四及以上学生学习收获的正向影响系数最大,对大二学生学习收获的影响次之,对大一学生学习收获的影响最小;对大二学生学习满意度的正向影响系数最大,对大四及以上学生的影响次之,对大一学生的影响最小。

总体而言,不同因素对不同年级学生的学习收获和学习满意度的影响程度不同,表现出鲜明的特征,这些不同的特征对于我们认识不同年级学生的学习规律,进行课程教学改革具有重要的参考意义和指导价值。

第三节　不同学科大学生学情的主要特征

本节内容主要是对各学科大学生学习的过程性要素和结果性要素进行描述性统计,然后对各学科大学生学习各要素的结构模型进行分析和讨论,最后比较各学科大学生学情的差异性。

一、文史哲类大学生学情的主要特征

2019 年参与 NCSS 的文史哲类大学生共有 24287 名,以下将对这些学生学习的过程性要素和结果性要素的主要特征进行分析和讨论,然后建构文史哲类大学生学习的结构模型。

（一）文史哲类大学生学习过程性要素的主要特征

统计文史哲类大学生学习过程性要素的均值可以发现（见表 3-22）:在学习观方面,文史哲类大学生在应用知识学习观的均值（M=4.89,SD=0.76）高于记忆知识学习观的均值（M=4.22,SD=1.08）,说明文史哲类大学生更倾向于应用知识学习观。进一步分析文史哲类大学生在学习观二维度上的同意度百分比可知,64.46％的学生认为学习是以记忆知识为主,77.78％的学生则认为学习是以应用知识为主。

表 3-22　文史哲类大学生学习过程性要素的总体情况

过程性要素		人数	最小值	最大值	平均值	标准差	同意度百分比/%
学习观	记忆知识学习观	24287	1	6	4.22	1.08	64.46
	应用知识学习观	24287	1	6	4.89	0.76	77.78
学习参与	课堂参与	24287	1	6	4.45	0.93	68.91
	课后参与	24287	1	6	3.80	1.14	56.09
课堂环境感知	教学手段	24287	1	6	4.68	0.83	73.66
	师生互动	24287	1	6	4.60	0.86	71.92
	同伴互动	24287	1	6	4.69	0.80	73.75
	课业负担	24287	1	6	3.60	0.98	52.00
深层学习方式	内在学习动机	24287	1	6	4.49	0.81	69.72
	主动思考	24287	1	6	4.48	0.76	69.54
	时间管理	24287	1	6	4.25	0.90	64.96
浅层学习方式	外在学习动机	24287	1	6	2.78	1.22	35.62
	浅层学习策略	24287	1	6	3.26	1.07	45.27

在学习参与方面,课堂参与的均值(M=4.45,SD=0.93)远高于课后参与的均值(M=3.80,SD=1.14),说明文史哲类大学生在课堂参与的表现优于课后参与。进一步分析文史哲类大学生在学习参与二维度上的同意度百分比可知,68.91%的学生会认真听讲,积极参与课堂,但只有56.09%的学生会在课后与老师讨论学习计划、阅读相关文献、参加学习活动等。

在课堂环境感知方面,文史哲类大学生对同伴互动感知的均值最高(M=4.69,SD=0.80),对教学手段感知的均值次之(M=4.68,SD=0.83),对师生互动感知的均值第三(M=4.60,SD=0.86),而课业负担感知的均值则为3.60(SD=0.98)。进一步分析文史哲类大学生在课堂环境感知四维度上的同意度百分比可知,73.66%的学生同意教师在课堂上能够运用良好的教学手段和方法,71.92%的学生认同教师在课后能够提供指导,并能给予有益的反馈和建议,73.75%的学生认为自己能够积极参与同学的交流、小组讨论及合作等,而52.00%的学生认为老师布置的作业很难,课堂内容和课后作业都需要花很多时间来消化。

在深层学习方式方面,文史哲类大学生在内在学习动机的均值最高(M=

4.49,SD=0.81),主动思考的均值次之(M=4.48,SD=0.76),在时间管理上的均值第三(M=4.25,SD=0.90)。进一步分析文史哲类大学生在深层学习方式三维度上的同意度百分比可知,69.72%的学生认为自己是在兴趣、好奇心的驱动下学习的,69.54%的学生认为自己在学习过程中会思考学到什么,会主动对所学知识提出疑问,64.96%的学生会合理安排好自己的学习时间,会提前规划时间、预习学习的内容。

在浅层学习方式方面,文史哲类大学生在外在学习动机的均值(M=2.78,SD=1.22)要低于浅层学习策略的均值(M=3.26,SD=1.07)。进一步分析文史哲类大学生在浅层学习方式二维度上的同意度百分比可知,35.62%的学生认同自己是受考试等外在学习动机驱动着学习的,而45.27%的学生认同自己是采用如死记硬背等浅层学习方式学习。

(二)文史哲类大学生学习结果性要素的主要特征

统计文史哲类大学生学习结果性要素的均值可以发现(见表 3-23):在学习收获方面,文史哲类大学生在价值观收获的均值(M=4.88,SD=0.78)最高,技能收获的均值(M=4.81,SD=0.79)次之,而知识收获的均值(M=4.61,SD=0.88)最低。进一步分析文史哲类大学生在学习收获三维度上的同意度百分比可知,72.15%的学生认同自己在知识方面的收获很大,76.22%的学生则认同自己在技能方面的收获很大,77.54%的学生认同自己在价值观方面的收获很大。

表 3-23　文史哲类大学生学习结果性要素的总体情况

	结果性要素	人数	最小值	最大值	平均值	标准差	同意度百分比/%
学习收获	知识收获	24287	1	6	4.61	0.88	72.15
	技能收获	24287	1	6	4.81	0.79	76.22
	价值观收获	24287	1	6	4.88	0.78	77.54
学习满意度	教学满意度	24287	1	6	4.61	0.87	72.27
	校园支持满意度	24287	1	6	4.52	0.87	70.30
	人际关系满意度	24287	1	6	4.77	0.78	75.32

在学习满意度方面,文史哲类大学生在人际关系满意度的均值(M=4.77,SD=0.78)最高,教学满意度的均值(M=4.61,SD=0.87)次之,校园支持满意度的均值(M=4.52,SD=0.87)最低。进一步分析文史哲类大学生在学习满意度三维度上的同意度百分比可知,72.27%的学生对教师的教学感到满意,70.30%

的学生对校园支持感到满意,75.32%的学生对人际关系感到满意。

（三）文史哲类大学生学习结构模型的主要特征

为了检验文史哲类大学生学习结构假设模型的合理性,本研究运用结构方程模型对假设模型进行检验,采用的是极大似然估计,得出拟合指数的结果如下:CFI＝0.930＞0.9,RMSEA＝0.037＜0.08,TLI＝0.927＞0.9,RSMR＝0.054＜0.08。根据拟合指标良好的标准,文史哲类大学生学习结构验证模型的拟合指数均达到了拟合优度模型的水平,这表明该模型的建立是合理的。具体的模型检验结果见表 3-24 和图 3-6。

表 3-24　文史哲类大学生学习结构验证模型结果

	变量关系	标准化路径系数	P 值	假设是否成立
学习观→课堂环境感知	记忆知识学习观→课堂环境感知	0.135	＜0.001	H1a 成立
	应用知识学习观→课堂环境感知	0.473	＜0.001	H1b 成立
学习观→学习方式	记忆知识学习观→深层学习方式	0.119	＜0.001	H2a1 成立
	记忆知识学习观→浅层学习方式	0.246	＜0.001	H2a2 成立
	应用知识学习观→深层学习方式	0.229	＜0.001	H2b1 成立
	应用知识学习观→浅层学习方式	−0.150	＜0.001	H2b2 成立
学习观→学习收获	记忆知识学习观→学习收获	−0.027	＜0.001	H3a 成立
	应用知识学习观→学习收获	0.111	＜0.001	H3b 成立
课堂环境感知→学习方式	课堂环境感知→深层学习方式	0.597	＜0.001	H4a 成立
	课堂环境感知→浅层学习方式	−0.099	＜0.001	H4b 成立
	课堂环境感知→学习参与	0.213	＜0.001	H5 成立
	课堂环境感知→学习收获	0.512	＜0.001	H6 成立
	课堂环境感知→学习满意度	0.614	＜0.001	H7 成立
学习方式→学习参与	深层学习方式→学习参与	0.536	＜0.001	H8a 成立
	浅层学习方式→学习参与	−0.187	＜0.001	H8b 成立
学习方式→学习收获	深层学习方式→学习收获	0.179	＜0.001	H9a 成立
	浅层学习方式→学习收获	−0.072	＜0.001	H9b 成立
	学习参与→学习收获	0.177	＜0.001	H10 成立
	学习参与→学习满意度	0.246	＜0.001	H11 成立

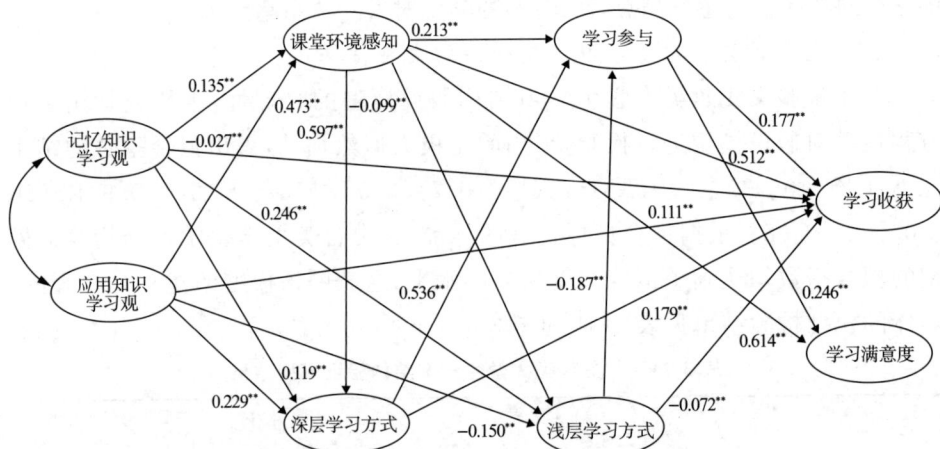

图 3-6　文史哲类大学生的学习结构验证模型

由表 3-24 的假设检验结果可知,本假设的十一个假设均获得数据结果的支持。具体而言,文史哲类大学生的记忆知识学习观与课堂环境感知的标准化路径系数为 0.135($p<0.001$),说明文史哲类大学生的记忆知识学习观显著正向影响课堂环境感知,且记忆知识学习观每提高 1 个单位,课堂环境感知提高 0.135 个单位;文史哲类大学生的应用知识学习观与课堂环境感知的标准化路径系数为 0.473($p<0.001$),说明文史哲类大学生的应用知识学习观显著正向影响课堂环境感知,且应用知识学习观每提高 1 个单位,课堂环境感知提高 0.473 个单位。比较记忆知识学习观与应用知识学习观对课堂环境感知的标准化路径系数可知,应用知识学习观对文史哲类大学生课堂环境感知的影响大于记忆知识学习观的影响。

文史哲类大学生的记忆知识学习观与浅层学习方式的标准化路径系数为 0.246($p<0.001$),说明文史哲类大学生的记忆知识学习观显著正向影响浅层学习方式,且记忆知识学习观每提高 1 个单位,浅层学习方式提高 0.246 个单位;文史哲类大学生的应用知识学习观与浅层学习方式的标准化路径系数为 -0.150($p<0.001$),说明文史哲类大学生的应用知识学习观显著负向影响浅层学习方式,且应用知识学习观每提高 1 个单位,浅层学习方式降低 0.150 个单位;文史哲类大学生的记忆知识学习观与深层学习方式的标准化路径系数为 0.119($p<0.001$),说明文史哲类大学生的记忆知识学习观显著正向影响深层学习方式,且记忆知识学习观每提高 1 个单位,深层学习方式提高 0.119 个单位;文史哲类大学生的应用知识学习观与深层学习方式的标准

化路径系数为 0.229（$p<0.001$），说明文史哲类大学生的应用知识学习观显著正向影响深层学习方式，且应用知识学习观每提高 1 个单位，深层学习方式提高 0.229 个单位。综合记忆知识学习观、应用知识学习观对浅层学习方式和深层学习方式的影响可知，记忆知识学习观和应用知识学习观对深层学习方式均有显著正向影响，且应用知识学习观的影响大于记忆知识学习观的影响，在对浅层学习方式的影响上，应用知识学习观会抑制浅层学习方式，而记忆知识学习观则会促进浅层学习方式的形成，且记忆知识学习观的影响大于应用知识学习观。总体而言，应用知识学习观更有利于文史哲类大学生形成深层的学习方式。

文史哲类大学生的记忆知识学习观与学习收获的标准化路径系数为 -0.027（$p<0.001$），说明文史哲类大学生的记忆知识学习观显著负向影响学习收获，且记忆知识学习观每提高 1 个单位，学习收获降低 0.027 个单位。文史哲类大学生的应用知识学习观与学习收获的标准化路径系数为 0.111（$p<0.001$），说明文史哲类大学生的应用知识学习观显著正向影响学习收获，且应用知识学习观每提高 1 个单位，学习收获提高 0.111 个单位。总体而言，记忆知识学习观会抑制文史哲类大学生的学习收获，而应用知识学习观则会促进文史哲类大学生学习收获的提升，且提升幅度大于抑制幅度。

文史哲类大学生的课堂环境感知与浅层学习方式的标准化路径系数为 -0.099（$p<0.001$），说明文史哲类大学生的课堂环境感知显著负向影响浅层学习方式，且课堂环境感知每提高 1 个单位，浅层学习方式就降低 0.099 个单位。文史哲类大学生的课堂环境感知与深层学习方式的标准化路径系数为 0.597（$p<0.001$），说明文史哲类大学生的课堂环境感知显著正向影响深层学习方式，且课堂环境感知每提高 1 个单位，深层学习方式就提高 0.597 个单位。综合课堂环境感知与浅层学习方式和深层学习方式的标准化路径系数，文史哲类大学生对课堂环境感知的改善有利于提升文史哲类大学生的深层学习方式而抑制浅层学习方式，且促进作用远大于抑制作用。

文史哲类大学生课堂环境感知与学习参与的标准化路径系数为 0.213（$p<0.001$），说明文史哲类大学生的课堂环境感知显著正向影响学习参与，且课堂环境感知每提高 1 个单位，学习参与就提高 0.213 个单位。这意味着文史哲类大学生对课堂环境感知的改善有利于提升文史哲类大学生学习参与的积极性。

文史哲类大学生课堂环境感知与学习收获的标准化路径系数为 0.512

（$p<0.001$），说明文史哲类大学生的课堂环境感知显著正向影响学习收获，且课堂环境感知每提高 1 个单位，学习收获就提高 0.512 单位。这意味着文史哲类大学生对课堂环境感知的改善有利于促进学习收获的提升。

文史哲类大学生课堂环境感知与学习满意度的标准化路径系数为 0.614（$p<0.001$），说明文史哲类大学生的课堂环境感知显著正向影响学习满意度，且课堂环境感知每提高 1 个单位，学习满意度就提高 0.614 个单位。这意味着文史哲类大学生对课堂环境感知的改善有利于提高文史哲类大学生对学习的满意度。此外，文史哲类大学生课堂环境感知与学习满意度的标准化路径系数大于其对学习收获的标准化路径系数，说明文史哲类大学生对课堂环境的感知对学习满意度的影响力大于其对学习收获的影响力。

文史哲类大学生深层学习方式与学习参与的标准化路径系数为 0.536（$p<0.001$），说明文史哲类大学生的深层学习方式显著正向影响学习参与，且深层学习方式每提高 1 个单位，学习参与就提高 0.536 个单位。文史哲类大学生的浅层学习方式与学习参与的标准化路径系数为 -0.187（$p<0.001$），说明文史哲类大学生的浅层学习方式显著负向影响学习参与，且浅层学习方式每提高 1 个单位，学习参与就降低 0.187 个单位。综合深层学习方式和浅层学习方式对学习参与的影响，深层学习方式对文史哲类大学生的学习参与有积极的促进作用，而浅层学习方式则有抑制作用，且促进作用大于抑制作用。

文史哲类大学生的深层学习方式与学习收获的标准化路径系数为 0.179（$p<0.001$），说明文史哲类大学生的深层学习方式显著正向影响学习收获，且深层学习方式每提高 1 个单位，学习收获就提高 0.179 个单位。文史哲类大学生的浅层学习方式与学习收获的标准化路径系数为 -0.072（$p<0.001$），说明文史哲类大学生的浅层学习方式显著负向影响学习收获，且浅层学习方式每提高 1 个单位，学习收获就降低 0.072 个单位。综合深层学习方式与浅层学习方式对学习收获的影响，深层学习方式对文史哲类大学生的学习收获具有积极的促进作用，而浅层学习方式则有抑制作用，且促进作用大于抑制作用。

文史哲类大学生的学习参与对学习收获的标准化路径系数为 0.177（$p<0.001$），说明文史哲类大学生的学习参与显著正向影响学习收获，且学习参与每提高 1 个单位，学习收获就提高 0.177 个单位。这意味着学生的学习参与越积极，学习收获越大。

文史哲类大学生的学习参与对学习满意度的标准化路径系数为 0.246（$p<0.001$），说明文史哲类大学生的学习参与显著正向影响学习满意度，且学习参与每提高 1 个单位，学习满意度就提高 0.246 个单位。这意味着学生的参与越积极，学习满意度也越高，并且文史哲类大学生的学习参与对学习满意度的影响力大于其对学习收获的影响力。

综上所述，虽然记忆知识学习观对课堂环境感知和深层学习方式有一定促进作用，但是应用知识学习观的促进作用更大。因此，帮助文史哲类大学生形成应用知识的学习观，有利于改善文史哲类大学生对课堂环境的感知，进而有利于促进文史哲类大学生运用深层学习方式，并抑制浅层学习方式的运用，改善学习参与的积极性，并最终促进学习收获和学习满意度的提高，形成良性的学习结构。

二、社会科学类大学生学情的主要特征

2019 年参与 NCSS 的社会科学类大学生共有 45123 名，以下将对这些学生学习的过程性要素和结果性要素的主要特征进行分析和讨论，然后建构社会科学类大学生学习的结构模型。

（一）社会科学类大学生学习过程性要素的主要特征

统计社会科学类大学生学习过程性要素的均值可以发现（见表 3-25）：在学习观方面，社会科学类大学生在应用知识学习观的均值（M＝4.88，SD＝0.76）高于记忆知识学习观的均值（M＝4.17，SD＝1.05），说明社会科学类大学生更倾向于应用知识学习观。进一步分析社会科学类大学生在学习观二维度上的同意度百分比可知，63.44％的学生认为学习是以记忆知识为主，77.54％的学生则认为学习是以应用知识为主。与文史哲类大学生相比，社会科学类大学生在记忆知识学习观和应用知识学习观上的均值都有所下降。

表 3-25　社会科学类大学生学习过程性要素的总体情况

	过程性要素	人数	最小值	最大值	平均值	标准差	同意度百分比/％
学习观	记忆知识学习观	45123	1	6	4.17	1.05	63.44
	应用知识学习观	45123	1	6	4.88	0.76	77.54
学习参与	课堂参与	45123	1	6	4.32	0.93	66.36
	课后参与	45123	1	6	3.61	1.14	52.14

续表

过程性要素		人数	最小值	最大值	平均值	标准差	同意度百分比/%
课堂环境感知	教学手段	45123	1	6	4.58	0.82	71.58
	师生互动	45123	1	6	4.47	0.85	69.42
	同伴互动	45123	1	6	4.61	0.79	72.14
	课业负担	45123	1	6	3.59	0.94	51.75
深层学习方式	内在学习动机	45123	1	6	4.37	0.81	67.49
	主动思考	45123	1	6	4.38	0.75	67.54
	时间管理	45123	1	6	4.11	0.90	62.12
浅层学习方式	外在学习动机	45123	1	6	2.84	1.15	36.90
	浅层学习策略	45123	1	6	3.29	1.01	45.89

在学习参与方面,课堂参与的均值(M=4.32,SD=0.93)远高于课后参与的均值(M=3.61,SD=1.14),说明社会科学类大学生在课堂参与的表现优于课后参与。进一步分析社会科学类大学生在学习参与二维度上的同意度百分比可知,66.36%的学生会认真听讲,积极参与课堂,但只有52.14%的学生会在课后与老师讨论学习计划、阅读相关文献、参加学习活动等。与文史哲类大学生相比,社会科学类大学生在课堂参与和课后参与上的均值都有所下降。

在课堂环境感知方面,社会科学类大学生对同伴互动感知的均值最高(M=4.61,SD=0.79),对教学手段感知的均值次之(M=4.58,SD=0.82),对师生互动感知的均值第三(M=4.47,SD=0.85),而课业负担感知的均值则为3.59(SD=0.94)。进一步分析社会科学类大学生在课堂环境感知四维度上的同意度百分比可知,71.58%的学生同意教师在课堂上能够运用良好的教学手段和方法,69.42%的学生认同教师在课后能够提供指导,并能给予有益的反馈和建议,72.14%的学生认为自己能够积极参与同学的交流、小组讨论及合作等,而51.75%的学生认为老师布置的作业很难,课堂内容和课后作业都需要花很多时间来消化。与文史哲类大学生相比,社会科学类大学生在教学手段、师生互动和同伴互动感知的均值上都有所下降,在课业负担感知上的均值也略有下降。

在深层学习方式方面,社会科学类大学生在内在学习动机的均值最高(M=4.37,SD=0.81),主动思考的均值次之(M=4.38,SD=0.75),在时间管理上的均值第三(M=4.11,SD=0.90)。进一步分析社会科学类大学生在深层学习方式三维度上的同意度百分比可知,67.49％的学生认为自己是在兴趣、好奇心的驱动下学习的,67.54％的学生认为自己在学习过程中会思考学到什么,会主动对所学知识提出疑问,62.12％的学生会合理安排好自己的学习时间,会提前规划时间、预习学习的内容。与文史哲类大学生相比,社会科学类大学生在内在学习动机、主动思考和时间管理三个维度上的均值都有所下降。

在浅层学习方式方面,社会科学类大学生在外在学习动机的均值(M=2.84,SD=1.15)要低于浅层学习策略的均值(M=3.29,SD=1.01)。进一步分析社会科学类大学生在浅层学习方式二维度上的同意度百分比可知,36.90％的学生认同自己是受考试等外在学习动机驱动着学习的,而45.89％的学生认同自己是采用如死记硬背等浅层学习方式学习。与文史哲类大学生相比,社会科学类大学生在外在学习动机和浅层学习策略上的均值都有所提升。综合深层学习方式和浅层学习方式的均值,社会科学类大学生比文史哲类大学生更倾向于使用浅层学习方式。

(二)社会科学类大学生学习结果性要素的主要特征

统计社会科学类大学生学习结果性要素的均值可以发现(见表3-26):在学习收获方面,社会科学类大学生在价值观收获的均值(M=4.81,SD=0.77)最高,技能收获的均值(M=4.73,SD=0.78)次之,而知识收获的均值(M=4.49,SD=0.87)最低。进一步分析社会科学类大学生在学习收获三维度上的同意度百分比可知,69.84％的学生认同自己在知识方面的收获很大,74.62％的学生则认同自己在技能方面的收获很大,76.11％的学生认同自己在价值观方面的收获很大。与文史哲类大学生相比,社会科学类大学生在知识、技能和价值观收获上的均值都有所下降。

表3-26　社会科学类大学生学习结果性要素的总体情况

	结果性要素	人数	最小值	最大值	平均值	标准差	同意度百分比/%
学习收获	知识收获	45123	1	6	4.49	0.87	69.84
	技能收获	45123	1	6	4.73	0.78	74.62
	价值观收获	45123	1	6	4.81	0.77	76.11
学习满意度	教学满意度	45123	1	6	4.51	0.83	70.29
	校园支持满意度	45123	1	6	4.46	0.84	69.25
	人际关系满意度	45123	1	6	4.70	0.76	74.04

在学习满意度方面,社会科学类大学生在人际关系满意度的均值(M=

4.70,SD＝0.76)最高,教学满意度的均值(M＝4.51,SD＝0.83)次之,校园支持满意度的均值(M＝4.46,SD＝0.84)最低。进一步分析社会科学类大学生在学习满意度三维度上的同意度百分比可知,70.29％的学生对教师的教学感到满意,69.25％的学生对校园支持感到满意,74.04％的学生对人际关系感到满意。与文史哲类大学生相比,社会科学类大学生在教学、校园支持和人际关系的满意度都有所下降。

(三)社会科学类大学生学习结构模型的主要特征

为了检验社会科学类大学生学习结构假设模型的合理性,本研究运用结构方程模型对假设模型进行检验,采用的是极大似然估计,得出拟合指数的结果如下:CFI＝0.923＞0.9,RMSEA＝0.038＜0.08,TLI＝0.921＞0.9,RSMR＝0.057＜0.08。根据拟合指标良好的标准,社会科学类大学生学习结构验证模型的拟合指数均达到了拟合优度模型的水平,这表明该模型的建立是合理的。具体的模型检验结果见表 3-27 和图 3-7。

表 3-27　社会科学类大学生学习结构验证模型结果

变量关系		标准化路径系数	P 值	假设是否成立
学习观→课堂环境感知	记忆知识学习观→课堂环境感知	0.155	＜0.001	H1a 成立
	应用知识学习观→课堂环境感知	0.444	＜0.001	H1b 成立
学习观→学习方式	记忆知识学习观→深层学习方式	0.118	＜0.001	H2a1 成立
	记忆知识学习观→浅层学习方式	0.253	＜0.001	H2a2 成立
	应用知识学习观→深层学习方式	0.190	＜0.001	H2b1 成立
	应用知识学习观→浅层学习方式	−0.166	＜0.001	H2b2 成立
学习观→学习收获	记忆知识学习观→学习收获	−0.023	＜0.001	H3a 成立
	应用知识学习观→学习收获	0.149	＜0.001	H3b 成立
课堂环境感知→学习方式	课堂环境感知→深层学习方式	0.617	＜0.001	H4a 成立
	课堂环境感知→浅层学习方式	−0.095	＜0.001	H4b 成立
	课堂环境感知→学习参与	0.209	＜0.001	H5 成立
	课堂环境感知→学习收获	0.506	＜0.001	H6 成立
	课堂环境感知→学习满意度	0.621	＜0.001	H7 成立
学习方式→学习参与	深层学习方式→学习参与	0.542	＜0.001	H8a 成立
	浅层学习方式→学习参与	−0.209	＜0.001	H8b 成立

续表

变量关系		标准化 路径系数	P 值	假设 是否成立
学习方式→学习收获	深层学习方式→学习收获	0.155	＜0.001	H9a 成立
	浅层学习方式→学习收获	−0.077	＜0.001	H9b 成立
	学习参与→学习收获	0.175	＜0.001	H10 成立
	学习参与→学习满意度	0.208	＜0.001	H11 成立

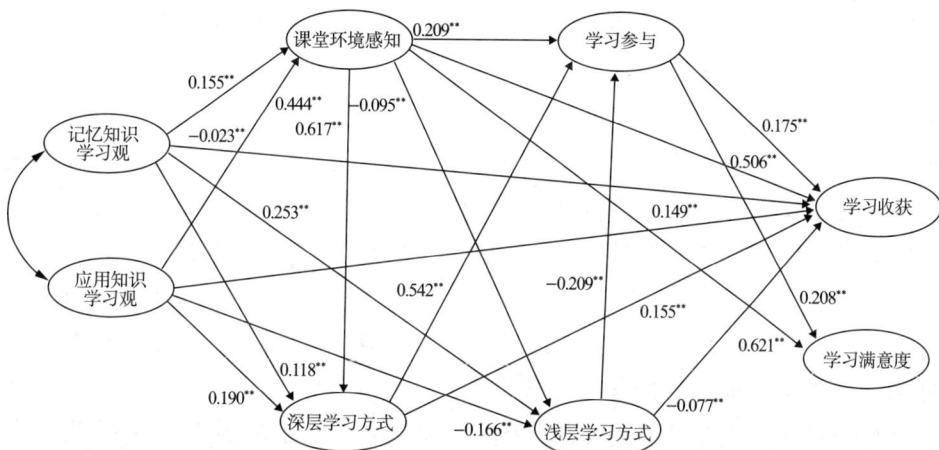

图 3-7　社会科学类大学生的学习结构验证模型

由表 3-27 的假设检验结果可知,本假设的十一个假设均获得数据结果的支持。具体而言,社会科学类大学生的记忆知识学习观与课堂环境感知的标准化路径系数为 0.155($p＜0.001$),说明社会科学类大学生的记忆知识学习观显著正向影响课堂环境感知,且记忆知识学习观每提高 1 个单位,课堂环境感知提高 0.155 个单位;社会科学类大学生的应用知识学习观与课堂环境感知的标准化路径系数为 0.444($p＜0.001$),说明社会科学类大学生的应用知识学习观显著正向影响课堂环境感知,且应用知识学习观每提高 1 个单位,课堂环境感知提高 0.444 个单位。比较记忆知识学习观与应用知识学习观对课堂环境感知的标准化路径系数可知,应用知识学习观对社会科学类大学生课堂环境感知的影响大于记忆知识学习观的影响。

社会科学类大学生的记忆知识学习观与浅层学习方式的标准化路径系数为 0.253($p＜0.001$),说明社会科学类大学生的记忆知识学习观显著正向影响浅层学习方式,且记忆知识学习观每提高 1 个单位,浅层学习方式提高 0.253 个单位;社会科学类大学生的应用知识学习观与浅层学习方式的标准 化路径系数为-0.166($p < 0.001$),说明社会科学类大学生的应用知识学习 观显著负向影响浅层学习方式,且应用知识学习观每提高 1 个单位,浅层学习 方式降低 0.166 个单位;社会科学类大学生的记忆知识学习观与深层学习方 式的标准化路径系数为 0.118($p < 0.001$),说明社会科学类大学生的记忆知 识学习观显著正向影响深层学习方式,且记忆知识学习观每提高 1 个单位,深 层学习方式提高 0.118 个单位;社会科学类大学生的应用知识学习观与深层 学习方式的标准化路径系数为 0.190($p < 0.001$),说明社会科学类大学生的 应用知识学习观显著正向影响深层学习方式,且应用知识学习观每提高 1 个 单位,深层学习方式提高 0.190 个单位。综合记忆知识学习观、应用知识学习 观对浅层学习方式和深层学习方式的影响可知,记忆知识学习观和应用知识 学习观对深层学习方式均有显著正向影响,且应用知识学习观的影响大于记 忆知识学习观的影响,在对浅层学习方式的影响上,应用知识学习观会抑制浅 层学习方式,而记忆知识学习观则会促进浅层学习方式的形成,且记忆知识学 习观的影响大于应用知识学习观。总体而言,应用知识学习观更有利于社会 科学类大学生形成深层的学习方式。

社会科学类大学生的记忆知识学习观与学习收获的标准化路径系数为 -0.023($p < 0.001$),说明社会科学类大学生的记忆知识学习观显著负向影 响学习收获,且记忆知识学习观每提高 1 个单位,学习收获降低 0.023 个单 位。社会科学类大学生的应用知识学习观与学习收获的标准化路径系数为 0.149($p < 0.001$),说明社会科学类大学生的应用知识学习观显著正向影响学 习收获,且应用知识学习观每提高 1 个单位,学习收获提高 0.149 个单位。总 体而言,记忆知识学习观会抑制社会科学类大学生的学习收获,而应用知识学 习观则会促进社会科学类大学生学习收获的提升,且提升幅度大于抑制幅度。

社会科学类大学生的课堂环境感知与浅层学习方式的标准化路径系数为 -0.095($p < 0.001$),说明社会科学类大学生的课堂环境感知显著负向影响 浅层学习方式,且课堂环境感知每提高 1 个单位,浅层学习方式就降低 0.095 个单位。社会科学类大学生的课堂环境感知与深层学习方式的标准化路径系 数为 0.617($p < 0.001$),说明社会科学类大学生的课堂环境感知显著正向影 响深层学习方式,且课堂环境感知每提高 1 个单位,深层学习方式就提高 0.617 个单位。综合课堂环境感知与浅层学习方式和深层学习方式的标准化

路径系数,社会科学类大学生对课堂环境感知的改善有利于提升社会科学类大学生的深层学习方式而抑制浅层学习方式,且促进作用远大于抑制作用。

社会科学类大学生课堂环境感知与学习参与的标准化路径系数为 0.209 ($p<0.001$),说明社会科学类大学生的课堂环境感知显著正向影响学习参与,且课堂环境感知每提高 1 个单位,学习参与就提高 0.209 个单位。这意味着社会科学类大学生对课堂环境感知的改善有利于提升社会科学类大学生学习参与的积极性。

社会科学类大学生课堂环境感知与学习收获的标准化路径系数为 0.506 ($p<0.001$),说明社会科学类大学生的课堂环境感知显著正向影响学习收获,且课堂环境感知每提高 1 个单位,学习收获就提高 0.506 单位。这意味着社会科学类大学生对课堂环境感知的改善有利于促进学习收获的提升。

社会科学类大学生课堂环境感知与学习满意度的标准化路径系数为 0.621 ($p<0.001$),说明社会科学类大学生的课堂环境感知显著正向影响学习满意度,且课堂环境感知每提高 1 个单位,学习满意度就提高 0.621 个单位。这意味着社会科学类大学生对课堂环境感知的改善有利于提高社会科学类大学生对学习的满意度。此外,社会科学类大学生课堂环境感知与学习满意度的标准化路径系数大于其对学习收获的标准化路径系数,说明社会科学类大学生对课堂环境的感知对学习满意度的影响力大于其对学习收获的影响力。

社会科学类大学生深层学习方式与学习参与的标准化路径系数为 0.542 ($p<0.001$),说明社会科学类大学生的深层学习方式显著正向影响学习参与,且深层学习方式每提高 1 个单位,学习参与就提高 0.542 个单位。社会科学类大学生的浅层学习方式与学习参与的标准化路径系数为 -0.209($p<0.001$),说明社会科学类大学生的浅层学习方式显著负向影响学习参与,且浅层学习方式每提高 1 个单位,学习参与就降低 0.209 个单位。综合深层学习方式和浅层学习方式对学习参与的影响,深层学习方式对社会科学类大学生的学习参与有积极的促进作用,而浅层学习方式则有抑制作用,且促进作用大于抑制作用。

社会科学类大学生的深层学习方式与学习收获的标准化路径系数为 0.155($p<0.001$),说明社会科学类大学生的深层学习方式显著正向影响学习收获,且深层学习方式每提高 1 个单位,学习收获就提高 0.155 个单位。社会科学类大学生的浅层学习方式与学习收获的标准化路径系数为 -0.077 ($p<0.001$),说明社会科学类大学生的浅层学习方式显著负向影响学习收

获,且浅层学习方式每提高 1 个单位,学习收获就降低 0.077 个单位。综合深层学习方式与浅层学习方式对学习收获的影响,深层学习方式对社会科学类大学生的学习收获具有积极的促进作用,而浅层学习方式则有抑制作用,且促进作用大于抑制作用。

社会科学类大学生的学习参与对学习收获的标准化路径系数为 0.175 ($p<0.001$),说明社会科学类大学生的学习参与显著正向影响学习收获,且学习参与每提高 1 个单位,学习收获就提高 0.175 个单位。这意味着学生的学习参与越积极,学习收获越大。

社会科学类大学生的学习参与对学习满意度的标准化路径系数为 0.208 ($p<0.001$),说明社会科学类大学生的学习参与显著正向影响学习满意度,且学习参与每提高 1 个单位,学习满意度就提高 0.208 个单位。这意味着学生的参与越积极,学习满意度也越高,并且社会科学类大学生的学习参与对学习满意度的影响力大于其对学习收获的影响力。

综上所述,虽然记忆知识学习观对课堂环境感知和深层学习方式有一定促进作用,但是应用知识学习观的促进作用更大。因此,帮助社会科学类大学生形成应用知识的学习观,有利于改善社会科学类大学生对课堂环境的感知,进而有利于促进社会科学类大学生运用深层学习方式,并抑制浅层学习方式的运用,改善学习参与的积极性,并最终促进学习收获和学习满意度的提高,形成良性的学习结构。

三、理学类大学生学情的主要特征

2019 年参与 NCSS 的理学类大学生共有 16578 名,以下将对这些学生学习的过程性要素和结果性要素的主要特征进行分析和讨论,然后建构理学类大学生学习的结构模型。

(一)理学类大学生学习过程性要素的主要特征

统计理学类大学生学习过程性要素的均值可以发现(见表 3-28):在学习观方面,理学类大学生在应用知识学习观的均值(M=4.89,SD=0.75)高于记忆知识学习观的均值(M=4.22,SD=1.06),说明理学类大学生更倾向于应用知识学习观。进一步分析理学类大学生在学习观二维度上的同意度百分比可知,64.41%的学生认为学习是以记忆知识为主,77.88%的学生则认为学习是以应用知识为主。与社会科学类大学生相比,理学类大学生在记忆知识学习观和应用知识学习观上的均值都略有提升。

表 3-28　理学类大学生学习过程性要素的总体情况

过程性要素		人数	最小值	最大值	平均值	标准差	同意度百分比/%
学习观	记忆知识学习观	16578	1	6	4.22	1.06	64.41
	应用知识学习观	16578	1	6	4.89	0.75	77.88
学习参与	课堂参与	16578	1	6	4.26	0.98	65.24
	课后参与	16578	1	6	3.55	1.19	51.05
课堂环境感知	教学手段	16578	1	6	4.51	0.85	70.12
	师生互动	16578	1	6	4.53	0.85	70.54
	同伴互动	16578	1	6	4.57	0.80	71.40
	课业负担	16578	1	6	3.68	0.95	53.62
深层学习方式	内在学习动机	16578	1	6	4.39	0.82	67.74
	主动思考	16578	1	6	4.39	0.77	67.84
	时间管理	16578	1	6	4.13	0.91	62.62
浅层学习方式	外在学习动机	16578	1	6	2.82	1.19	36.37
	浅层学习策略	16578	1	6	3.32	1.02	46.50

在学习参与方面,课堂参与的均值($M=4.26$,$SD=0.98$)远高于课后参与的均值($M=3.55$,$SD=1.19$),说明理学类大学生在课堂参与的表现优于课后参与。进一步分析理学类大学生在学习参与二维度上的同意度百分比可知,65.24%的学生会认真听讲,积极参与课堂,但只有51.05%的学生会在课后与老师讨论学习计划、阅读相关文献、参加学习活动等。与社会科学类大学生相比,理学类大学生在课堂参与和课后参与上的均值都有所下降。

在课堂环境感知方面,理学类大学生对同伴互动感知的均值最高($M=4.57$,$SD=0.80$),对师生互动感知的均值次之($M=4.53$,$SD=0.85$),对教学手段感知的均值第三($M=4.51$,$SD=0.85$),而课业负担感知的均值则为3.68($SD=0.95$)。进一步分析理学类大学生在课堂环境感知四维度上的同意度百分比可知,70.12%的学生同意教师在课堂上能够运用良好的教学手段和方法,70.54%的学生认同教师在课后能够提供指导,并能给予有益的反馈和建议,71.40%的学生认为自己能够积极参与同学的交流、小组讨论及合作等,而53.62%的学生认为老师布置的作业很难,课堂内容和课后作业都需要花很多时间来消化。与社会科学类大学生相比,理学类大学生在教学手段和同伴互动感知的均值上都有所下降,而在师生互动和课业负担感知上的均值则有所提升。

在深层学习方式方面,理学类大学生在内在学习动机(M＝4.39,SD＝0.82)和主动思考(M＝4.39,SD＝0.77)上的均值高于时间管理的均值(M＝4.13,SD＝0.91)。进一步分析理学类大学生在深层学习方式三维度上的同意度百分比可知,67.74％的学生认为自己是在兴趣、好奇心的驱动下学习的,67.84％的学生认为自己在学习过程中会思考学到什么,会主动对所学知识提出疑问,62.62％的学生会合理安排好自己的学习时间,会提前规划时间、预习学习的内容。与社会科学类大学生相比,理学类大学生在内在学习动机、主动思考和时间管理三个维度上的均值都略有提升。

在浅层学习方式方面,理学类大学生在外在学习动机的均值(M＝2.82,SD＝1.19)要低于浅层学习策略的均值(M＝3.32,SD＝1.02)。进一步分析理学类大学生在浅层学习方式二维度上的同意度百分比可知,36.37％的学生认同自己是受考试等外在学习动机驱动着学习的,而46.50％的学生认同自己是采用如死记硬背等浅层学习方式学习。与社会科学类大学生相比,理学类大学生在外在学习动机上的均值有所下降,而在浅层学习策略上的均值则略有提升。

(二)理学类大学生学习结果性要素的主要特征

统计理学类大学生学习结果性要素的均值可以发现(见表 3-29):在学习收获方面,理学类大学生在价值观收获的均值(M＝4.83,SD＝0.77)最高,技能收获的均值(M＝4.74,SD＝0.78)次之,而知识收获的均值(M＝4.53,SD＝0.88)最低。进一步分析理学类大学生在学习收获三维度上的同意度百分比可知,70.54％的学生认同自己在知识方面的收获很大,74.87％的学生则认同自己在技能方面的收获很大,76.67％的学生认同自己在价值观方面的收获很大。与社会科学类大学生相比,理学类大学生在知识、技能和价值观收获上的均值都有所上升。

表 3-29　理学类大学生学习结果性要素的总体情况

	结果性要素	人数	最小值	最大值	平均值	标准差	同意度百分比/％
学习收获	知识收获	16578	1	6	4.53	0.88	70.54
	技能收获	16578	1	6	4.74	0.78	74.87
	价值观收获	16578	1	6	4.83	0.77	76.67

续表

	结果性要素	人数	最小值	最大值	平均值	标准差	同意度百分比/%
	教学满意度	16578	1	6	4.63	0.84	72.54
学习满意度	校园支持满意度	16578	1	6	4.56	0.85	71.20
	人际关系满意度	16578	1	6	4.78	0.77	75.55

在学习满意度方面,理学类大学生在人际关系满意度的均值($M=4.78$, $SD=0.77$)最高,教学满意度的均值($M=4.63$, $SD=0.84$)次之,校园支持满意度的均值($M=4.56$, $SD=0.85$)最低。进一步分析理学类大学生在学习满意度三维度上的同意度百分比可知,72.54%的学生对教师的教学感到满意,71.20%的学生对校园支持感到满意,75.55%的学生对人际关系感到满意。与社会科学类大学生相比,理学类大学生在教学、校园支持和人际关系的满意度都有所提升。

(三)理学类大学生学习结构模型的主要特征

为了检验理学类大学生学习结构假设模型的合理性,本研究运用结构方程模型对假设模型进行检验,采用的是极大似然估计,得出拟合指数的结果如下:$CFI=0.925>0.9$,$RMSEA=0.038<0.08$,$TLI=0.923>0.9$,$RSMR=0.055<0.08$。根据拟合指标良好的标准,理学类大学生学习结构验证模型的拟合指数均达到了拟合优度模型的水平,这表明该模型的建立是合理的。具体的模型检验结果见表 3-30 和图 3-8。

表 3-30　理学类大学生学习结构验证模型结果

变量关系		标准化路径系数	P 值	假设是否成立
学习观→课堂环境感知	记忆知识学习观→课堂环境感知	0.156	<0.001	H1a 成立
	应用知识学习观→课堂环境感知	0.455	<0.001	H1b 成立
学习观→学习方式	记忆知识学习观→深层学习方式	0.109	<0.001	H2a1 成立
	记忆知识学习观→浅层学习方式	0.266	<0.001	H2a2 成立
	应用知识学习观→深层学习方式	0.178	<0.001	H2b1 成立
	应用知识学习观→浅层学习方式	−0.210	<0.001	H2b2 成立
学习观→学习收获	记忆知识学习观→学习收获	−0.045	<0.001	H3a 成立
	应用知识学习观→学习收获	0.152	<0.001	H3b 成立

续表

	变量关系	标准化路径系数	P 值	假设是否成立
课堂环境感知→学习方式	课堂环境感知→深层学习方式	0.641	<0.001	H4a 成立
	课堂环境感知→浅层学习方式	−0.082	<0.001	H4b 成立
	课堂环境感知→学习参与	0.222	<0.001	H5 成立
	课堂环境感知→学习收获	0.502	<0.001	H6 成立
	课堂环境感知→学习满意度	0.687	<0.001	H7 成立
学习方式→学习参与	深层学习方式→学习参与	0.546	<0.001	H8a 成立
	浅层学习方式→学习参与	−0.209	<0.001	H8b 成立
学习方式→学习收获	深层学习方式→学习收获	0.181	<0.001	H9a 成立
	浅层学习方式→学习收获	−0.079	<0.001	H9b 成立
	学习参与→学习收获	0.158	<0.001	H10 成立
	学习参与→学习满意度	0.152	<0.001	H11 成立

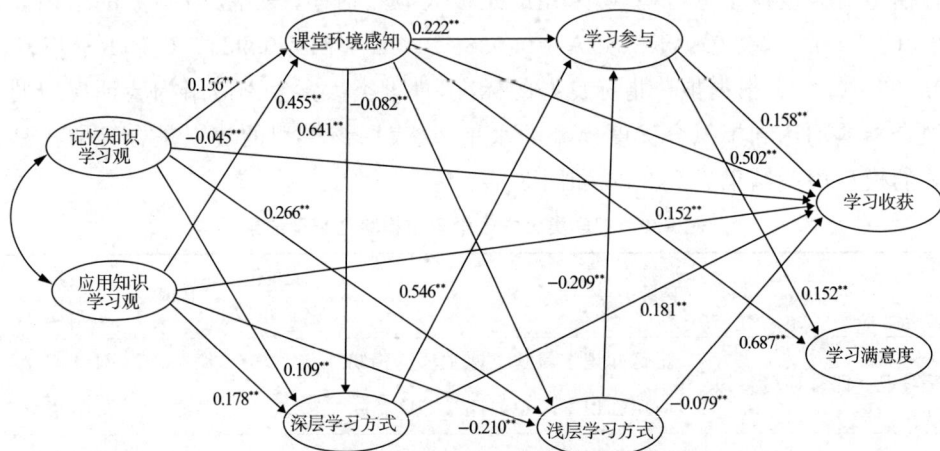

图 3-8　理学类大学生的学习结构验证模型

由表 3-30 的假设检验结果可知,本假设的十一个假设均获得数据结果的支持。具体而言,理学类大学生的记忆知识学习观与课堂环境感知的标准化路径系数为 0.156(p<0.001),说明理学类大学生的记忆知识学习观显著正向影响课堂环境感知,且记忆知识学习观每提高 1 个单位,课堂环境感知提高

0.156 个单位；理学类大学生的应用知识学习观与课堂环境感知的标准化路径系数为 0.455（$p<0.001$），说明理学类大学生的应用知识学习观显著正向影响课堂环境感知，且应用知识学习观每提高 1 个单位，课堂环境感知提高 0.455 个单位。比较记忆知识学习观与应用知识学习观对课堂环境感知的标准化路径系数可知，应用知识学习观对理学类大学生课堂环境感知的影响大于记忆知识学习观的影响。

　　理学类大学生的记忆知识学习观与浅层学习方式的标准化路径系数为 0.266（$p<0.001$），说明理学类大学生的记忆知识学习观显著正向影响浅层学习方式，且记忆知识学习观每提高 1 个单位，浅层学习方式提高 0.266 个单位；理学类大学生的应用知识学习观与浅层学习方式的标准化路径系数为 -0.210（$p<0.001$），说明理学类大学生的应用知识学习观显著负向影响浅层学习方式，且应用知识学习观每提高 1 个单位，浅层学习方式降低 0.210 个单位；理学类大学生的记忆知识学习观与深层学习方式的标准化路径系数为 0.109（$p<0.001$），说明理学类大学生的记忆知识学习观显著正向影响深层学习方式，且记忆知识学习观每提高 1 个单位，深层学习方式提高 0.109 个单位；理学类大学生的应用知识学习观与深层学习方式的标准化路径系数为 0.178（$p<0.001$），说明理学类大学生的应用知识学习观显著正向影响深层学习方式，且应用知识学习观每提高 1 个单位，深层学习方式提高 0.178 个单位。综合记忆知识学习观、应用知识学习观对浅层学习方式和深层学习方式的影响可知，记忆知识学习观和应用知识学习观对深层学习方式均有显著正向影响，且应用知识学习观的影响大于记忆知识学习观的影响，在对浅层学习方式的影响上，应用知识学习观会抑制浅层学习方式，而记忆知识学习观则会促进浅层学习方式的形成，且记忆知识学习观的影响大于应用知识学习观。总体而言，应用知识学习观更有利于理学类大学生形成深层的学习方式。

　　理学类大学生的记忆知识学习观与学习收获的标准化路径系数为 -0.045（$p<0.001$），说明理学类大学生的记忆知识学习观显著负向影响学习收获，且记忆知识学习观每提高 1 个单位，学习收获降低 0.045 个单位。理学类大学生的应用知识学习观与学习收获的标准化路径系数为 0.152（$p<0.001$），说明理学类大学生的应用知识学习观显著正向影响学习收获，且应用知识学习观每提高 1 个单位，学习收获提高 0.152 个单位。总体而言，记忆知识学习观会抑制理学类大学生的学习收获，而应用知识学习观则会促进理学类大学生学习收获的提升，且提升幅度大于抑制幅度。

理学类大学生的课堂环境感知与浅层学习方式的标准化路径系数为-0.082（$p<0.001$），说明理学类大学生的课堂环境感知显著负向影响浅层学习方式，且课堂环境感知每提高 1 个单位，浅层学习方式就降低 0.082 个单位。理学类大学生的课堂环境感知与深层学习方式的标准化路径系数为 0.641（$p<0.001$），说明理学类大学生的课堂环境感知显著正向影响深层学习方式，且课堂环境感知每提高 1 个单位，深层学习方式就提高 0.641 个单位。综合课堂环境感知与浅层学习方式和深层学习方式的标准化路径系数，理学类大学生对课堂环境感知的改善有利于提升理学类大学生的深层学习方式而抑制浅层学习方式，且促进作用远大于抑制作用。

理学类大学生课堂环境感知与学习参与的标准化路径系数为 0.222（$p<0.001$），说明理学类大学生的课堂环境感知显著正向影响学习参与，且课堂环境感知每提高 1 个单位，学习参与就提高 0.222 个单位。这意味着理学类大学生对课堂环境感知的改善有利于提升理学类大学生学习参与的积极性。

理学类大学生课堂环境感知与学习收获的标准化路径系数为 0.502（$p<0.001$），说明理学类大学生的课堂环境感知显著正向影响学习收获，且课堂环境感知每提高 1 个单位，学习收获就提高 0.502 单位。这意味着理学类大学生对课堂环境感知的改善有利于促进学习收获的提升。

理学类大学生课堂环境感知与学习满意度的标准化路径系数为 0.687（$p<0.001$），说明理学类大学生的课堂环境感知显著正向影响学习满意度，且课堂环境感知每提高 1 个单位，学习满意度就提高 0.687 个单位。这意味着理学类大学生对课堂环境感知的改善有利于提高理学类大学生对学习的满意度。此外，理学类大学生课堂环境感知与学习满意度的标准化路径系数大于其对学习收获的标准化路径系数，说明理学类大学生对课堂环境的感知对学习满意度的影响力大于其对学习收获的影响力。

理学类大学生深层学习方式与学习参与的标准化路径系数为 0.546（$p<0.001$），说明理学类大学生的深层学习方式显著正向影响学习参与，且深层学习方式每提高 1 个单位，学习参与就提高 0.546 个单位。理学类大学生的浅层学习方式与学习参与的标准化路径系数为-0.209（$p<0.001$），说明理学类大学生的浅层学习方式显著负向影响学习参与，且浅层学习方式每提高 1 个单位，学习参与就降低 0.209 个单位。综合深层学习方式和浅层学习方式对学习参与的影响，深层学习方式对理学类大学生的学习参与有积极的促进作用，而浅层学习方式则有抑制作用，且促进作用大于抑制作用。

理学类大学生的深层学习方式与学习收获的标准化路径系数为 0.181 ($p<0.001$),说明理学类大学生的深层学习方式显著正向影响学习收获,且深层学习方式每提高 1 个单位,学习收获就提高 0.181 个单位。理学类大学生的浅层学习方式与学习收获的标准化路径系数为 -0.079($p<0.001$),说明理学类大学生的浅层学习方式显著负向影响学习收获,且浅层学习方式每提高 1 个单位,学习收获就降低 0.079 个单位。综合深层学习方式与浅层学习方式对学习收获的影响,深层学习方式对理学类大学生的学习收获具有积极的促进作用,而浅层学习方式则有抑制作用,且促进作用大于抑制作用。

理学类大学生的学习参与对学习收获的标准化路径系数为 0.158($p<0.001$),说明理学类大学生的学习参与显著正向影响学习收获,且学习参与每提高 1 个单位,学习收获就提高 0.158 个单位。这意味着学生的学习参与越积极,学习收获越大。

理学类大学生的学习参与对学习满意度的标准化路径系数为 0.152($p<0.001$),说明理学类大学生的学习参与显著正向影响学习满意度,且学习参与每提高 1 个单位,学习满意度就提高 0.152 个单位。这意味着学生的参与越积极,学习满意度也越高,并且理学类大学生的学习参与对学习满意度的影响力大于其对学习收获的影响力。

综上所述,虽然记忆知识学习观对课堂环境感知和深层学习方式有一定促进作用,但是应用知识学习观的促进作用更大。因此,帮助理学类大学生形成应用知识的学习观,有利于改善理学类大学生对课堂环境的感知,进而有利于促进理学类大学生运用深层学习方式,并抑制浅层学习方式的运用,改善学习参与的积极性,并最终促进学习收获和学习满意度的提高,形成良性的学习结构。

四、工农学类大学生学情的主要特征

2019 年参与 NCSS 的工农学类大学生共有 53967 名,以下将对这些学生学习的过程性要素和结果性要素的主要特征进行分析和讨论,然后建构工农学类大学生学习的结构模型。

(一)工农学类大学生学习过程性要素的主要特征

统计工农学类大学生学习过程性要素的均值可以发现(见表 3-31):在学习观方面,工农学类大学生在应用知识学习观的均值(M=4.90,SD=0.76)高于记忆知识学习观的均值(M=4.31,SD=1.06),说明工农学类大学生更倾向于应用知识学习观。进一步分析工农学类大学生在学习观二维度上的同意度百分比可知,66.11%的学生认为学习是以记忆知识为主,78.04%的学生则认为学习是以应用知识为主。与理学类大学生相比,工农学类大学生在记忆知识学习观和应用知识学习观上的均值都有所提升。

表 3-31　工农学类大学生学习过程性要素的总体情况

过程性要素		人数	最小值	最大值	平均值	标准差	同意度百分比/%
学习观	记忆知识学习观	53967	1	6	4.31	1.06	66.11
	应用知识学习观	53967	1	6	4.90	0.76	78.04
学习参与	课堂参与	53967	1	6	4.27	0.99	65.46
	课后参与	53967	1	6	3.72	1.18	54.39
课堂环境感知	教学手段	53967	1	6	4.53	0.87	70.67
	师生互动	53967	1	6	4.54	0.86	70.77
	同伴互动	53967	1	6	4.62	0.81	72.37
	课业负担	53967	1	6	3.69	1.00	53.85
深层学习方式	内在学习动机	53967	1	6	4.42	0.85	68.43
	主动思考	53967	1	6	4.46	0.78	69.21
	时间管理	53967	1	6	4.19	0.93	63.85
浅层学习方式	外在学习动机	53967	1	6	2.96	1.23	39.18
	浅层学习策略	53967	1	6	3.39	1.07	47.78

在学习参与方面,课堂参与的均值(M=4.27,SD=0.99)远高于课后参与的均值(M=3.72,SD=1.18),说明工农学类大学生在课堂参与的表现优于课后参与。进一步分析工农学类大学生在学习参与二维度上的同意度百分比可知,65.46%的学生会认真听讲,积极参与课堂,但只有54.39%的学生会在课后与老师讨论学习计划、阅读相关文献、参加学习活动等。与理学类大学生相比,工农学类大学生在课堂参与和课后参与上的均值都有所上升。

在课堂环境感知方面,工农学类大学生对同伴互动感知的均值最高(M=4.62,SD=0.81),对师生互动感知的均值次之(M=4.54,SD=0.86),对教学手段感知的均值第三(M=4.53,SD=0.87),而课业负担感知的均值则为3.69(SD=1.00)。进一步分析工农学类大学生在课堂环境感知四维度上的同意度百分比可知,70.67%的学生同意教师在课堂上能够运用良好的教学手段和方法,70.77%的学生认同教师在课后能够提供指导,并能给予有益的反馈和建议,72.37%的学生认为自己能够积极参与同学的交流、小组讨论及合作等,而53.85%的学生认为老师布置的作业很难,课堂内容和课后作业都需要花很多时间来消化。与理学类大学生相比,工农学类大学生在教学手段、师生互动和同伴互动上感知的均值都有所提升,说明工农学类大学生对课堂环境感知的情况要优于理学类大学生。同时,课业负担感知的均值也略高于理学类大学生。

在深层学习方式方面,工农学类大学生在主动思考的均值(M＝4.46,SD＝0.78)最高,内在学习动机的均值(M＝4.42,SD＝0.85)次之,而时间管理的均值(M＝4.19,SD＝0.93)第三。进一步分析工农学类大学生在深层学习方式三维度上的同意度百分比可知,68.43%的学生认为自己是在兴趣、好奇心的驱动下学习的,69.21%的学生认为自己在学习过程中会思考学到什么,会主动对所学知识提出疑问,63.85%的学生会合理安排好自己的学习时间,会提前规划时间、预习学习的内容。与理学类大学生相比,工农学类大学生在内在学习动机、主动思考和时间管理三个维度上的均值均有所提升。

在浅层学习方式方面,工农学类大学生在外在学习动机的均值(M＝2.96,SD＝1.23)要低于浅层学习策略的均值(M＝3.39,SD＝1.07)。进一步分析工农学类大学生在浅层学习方式二维度上的同意度百分比可知,39.18%的学生认同自己是受考试等外在学习动机驱动着学习的,而47.78%的学生认同自己是采用如死记硬背等浅层学习方式学习。与理学类大学生相比,工农学类大学生在外在学习动机和浅层学习策略上的均值都有所提升。

(二)工农学类大学生学习结果性要素的主要特征

统计工农学类大学生学习结果性要素的均值可以发现(见表 3-32):在学习收获方面,工农学类大学生在价值观收获的均值(M＝4.84,SD＝0.78)最高,技能收获的均值(M＝4.77,SD＝0.79)次之,而知识收获的均值(M＝4.56,SD＝0.89)最低。进一步分析工农学类大学生在学习收获三维度上的同意度百分比可知,71.23%的学生认同自己在知识方面的收获很大,75.44%的学生则认同自己在技能方面的收获很大,76.75%的学生认同自己在价值观方面的收获很大。与理学类大学生相比,工农学类大学生在知识、技能和价值观收获上的均值都有所上升。

表 3-32　工农学类大学生学习结果性要素的总体情况

结果性要素		人数	最小值	最大值	平均值	标准差	同意度百分比/%
学习收获	知识收获	53967	1	6	4.56	0.89	71.23
	技能收获	53967	1	6	4.77	0.79	75.44
	价值观收获	53967	1	6	4.84	0.78	76.75
学习满意度	教学满意度	53967	1	6	4.60	0.87	72.02
	校园支持满意度	53967	1	6	4.56	0.87	71.18
	人际关系满意度	53967	1	6	4.78	0.79	75.53

在学习满意度方面,工农学类大学生在人际关系满意度的均值(M=4.78,SD=0.79)最高,教学满意度的均值(M=4.60,SD=0.87)次之,校园支持满意度的均值(M=4.56,SD=0.87)最低。进一步分析工农学类大学生在学习满意度三维度上的同意度百分比可知,72.02%的学生对教师的教学感到满意,71.18%的学生对校园支持感到满意,75.53%的学生对人际关系感到满意。与理学类大学生相比,工农学类大学生在教学满意度的均值上有所下降,而在校园支持和人际关系满意度上的均值几乎没有变化。

(三)工农学类大学生学习结构模型的主要特征

为了检验工农学类大学生学习结构假设模型的合理性,本研究运用结构方程模型对假设模型进行检验,采用的是极大似然估计,得出拟合指数的结果如下:CFI=0.930>0.9,RMSEA=0.037<0.08,TLI=0.928>0.9,RSMR=0.055<0.08。根据拟合指标良好的标准,工农学类大学生学习结构验证模型的拟合指数均达到了拟合优度模型的水平,这表明该模型的建立是合理的。具体的模型检验结果见表 3-33 和图 3-9。

表 3-33　工农学类大学生学习结构验证模型结果

	变量关系	标准化路径系数	P值	假设是否成立
学习观→课堂环境感知	记忆知识学习观→课堂环境感知	0.169	<0.001	H1a 成立
	应用知识学习观→课堂环境感知	0.454	<0.001	H1b 成立
学习观→学习方式	记忆知识学习观→深层学习方式	0.129	<0.001	H2a1 成立
	记忆知识学习观→浅层学习方式	0.241	<0.001	H2a2 成立
	应用知识学习观→深层学习方式	0.212	<0.001	H2b1 成立
	应用知识学习观→浅层学习方式	−0.172	<0.001	H2b2 成立

续表

	变量关系	标准化路径系数	P值	假设是否成立
学习观→学习收获	记忆知识学习观→学习收获	−0.055	<0.001	H3a 成立
	应用知识学习观→学习收获	0.183	<0.001	H3b 成立
课堂环境感知→学习方式	课堂环境感知→深层学习方式	0.609	<0.001	H4a 成立
	课堂环境感知→浅层学习方式	−0.064	<0.001	H4b 成立
	课堂环境感知→学习参与	0.256	<0.001	H5 成立
	课堂环境感知→学习收获	0.483	<0.001	H6 成立
	课堂环境感知→学习满意度	0.626	<0.001	H7 成立
学习方式→学习参与	深层学习方式→学习参与	0.499	<0.001	H8a 成立
	浅层学习方式→学习参与	−0.206	<0.001	H8b 成立
学习方式→学习收获	深层学习方式→学习收获	0.182	<0.001	H9a 成立
	浅层学习方式→学习收获	−0.076	<0.001	H9b 成立
	学习参与→学习收获	0.159	<0.001	H10 成立
	学习参与→学习满意度	0.201	<0.001	H11 成立

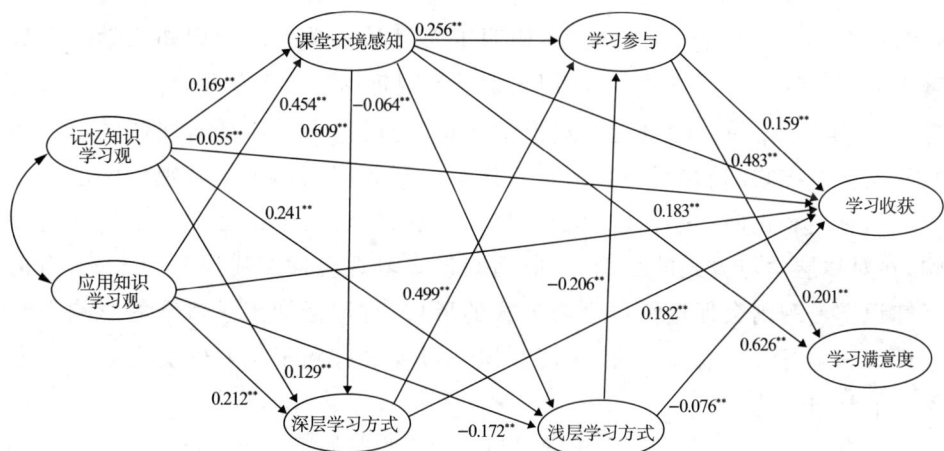

图 3-9 工农学类大学生的学习结构验证模型

由表 3-33 的假设检验结果可知,本假设的十一个假设均获得数据结果的支持。具体而言,工农学类大学生的记忆知识学习观与课堂环境感知的标准化路径系数为 0.169(p<0.001),说明工农学类大学生的记忆知识学习观显

著正向影响课堂环境感知,且记忆知识学习观每提高 1 个单位,课堂环境感知提高 0.169 个单位;工农学类大学生的应用知识学习观与课堂环境感知的标准化路径系数为 0.454($p<$0.001),说明工农学类大学生的应用知识学习观显著正向影响课堂环境感知,且应用知识学习观每提高 1 个单位,课堂环境感知提高 0.454 个单位。比较记忆知识学习观与应用知识学习观对课堂环境感知的标准化路径系数可知,应用知识学习观对工农学类大学生课堂环境感知的影响大于记忆知识学习观的影响。

工农学类大学生的记忆知识学习观与浅层学习方式的标准化路径系数为 0.241($p<$0.001),说明工农学类大学生的记忆知识学习观显著正向影响浅层学习方式,且记忆知识学习观每提高 1 个单位,浅层学习方式提高 0.241 个单位;工农学类大学生的应用知识学习观与浅层学习方式的标准化路径系数为 $-$0.172($p<$0.001),说明工农学类大学生的应用知识学习观显著负向影响浅层学习方式,且应用知识学习观每提高 1 个单位,浅层学习方式降低 0.172 个单位;工农学类大学生的记忆知识学习观与深层学习方式的标准化路径系数为 0.129($p<$0.001),说明工农学类大学生的记忆知识学习观显著正向影响深层学习方式,且记忆知识学习观每提高 1 个单位,深层学习方式提高 0.129 个单位;工农学类大学生的应用知识学习观与深层学习方式的标准化路径系数为 0.212($p<$0.001),说明工农学类大学生的应用知识学习观显著正向影响深层学习方式,且应用知识学习观每提高 1 个单位,深层学习方式提高 0.212 个单位。综合记忆知识学习观、应用知识学习观对浅层学习方式和深层学习方式的影响可知,记忆知识学习观和应用知识学习观对深层学习方式均有显著正向影响,且应用知识学习观的影响大于记忆知识学习观的影响,在对浅层学习方式的影响上,应用知识学习观会抑制浅层学习方式,而记忆知识学习观则会促进浅层学习方式的形成,且记忆知识学习观的影响大于应用知识学习观。总体而言,应用知识学习观更有利于工农学类大学生形成深层的学习方式。

工农学类大学生的记忆知识学习观与学习收获的标准化路径系数为 $-$0.055($p<$0.001),说明工农学类大学生的记忆知识学习观显著负向影响学习收获,且记忆知识学习观每提高 1 个单位,学习收获降低 0.055 个单位。工农学类大学生的应用知识学习观与学习收获的标准化路径系数为 0.183($p<$0.001),说明工农学类大学生的应用知识学习观显著正向影响学习收获,且应用知识学习观每提高 1 个单位,学习收获提高 0.183 个单位。总体而言,记忆

知识学习观会抑制工农学类大学生的学习收获,而应用知识学习观则会促进工农学类大学生学习收获的提升,且提升幅度大于抑制幅度。

工农学类大学生的课堂环境感知与浅层学习方式的标准化路径系数为-0.064($p<0.001$),说明工农学类大学生的课堂环境感知显著负向影响浅层学习方式,且课堂环境感知每提高1个单位,浅层学习方式就降低0.064个单位。工农学类大学生的课堂环境感知与深层学习方式的标准化路径系数为0.609($p<0.001$),说明工农学类大学生的课堂环境感知显著正向影响深层学习方式,且课堂环境感知每提高1个单位,深层学习方式就提高0.609个单位。综合课堂环境感知与浅层学习方式和深层学习方式的标准化路径系数,工农学类大学生对课堂环境感知的改善有利于提升工农学类大学生的深层学习方式而抑制浅层学习方式,且促进作用远大于抑制作用。

工农学类大学生课堂环境感知与学习参与的标准化路径系数为0.256($p<0.001$),说明工农学类大学生的课堂环境感知显著正向影响学习参与,且课堂环境感知每提高1个单位,学习参与就提高0.256个单位。这意味着工农学类大学生对课堂环境感知的改善有利于提升工农学类大学生学习参与的积极性。

工农学类大学生课堂环境感知与学习收获的标准化路径系数为0.483($p<0.001$),说明工农学类大学生的课堂环境感知显著正向影响学习收获,且课堂环境感知每提高1个单位,学习收获就提高0.483单位。这意味着工农学类大学生对课堂环境感知的改善有利于促进学习收获的提升。

工农学类大学生课堂环境感知与学习满意度的标准化路径系数为0.626($p<0.001$),说明工农学类大学生的课堂环境感知显著正向影响学习满意度,且课堂环境感知每提高1个单位,学习满意度就提高0.626个单位。这意味着工农学类大学生对课堂环境感知的改善有利于提高工农学类大学生对学习的满意度。此外,工农学类大学生课堂环境感知与学习满意度的标准化路径系数大于其对学习收获的标准化路径系数,说明工农学类大学生对课堂环境的感知对学习满意度的影响力大于其对学习收获的影响力。

工农学类大学生深层学习方式与学习参与的标准化路径系数为0.499($p<0.001$),说明工农学类大学生的深层学习方式显著正向影响学习参与,且深层学习方式每提高1个单位,学习参与就提高0.499个单位。工农学类大学生的浅层学习方式与学习参与的标准化路径系数为-0.206($p<0.001$),说明工农学类大学生的浅层学习方式显著负向影响学习参与,且浅层

学习方式每提高 1 个单位,学习参与就降低 0.206 个单位。综合深层学习方式和浅层学习方式对学习参与的影响,深层学习方式对工农学类大学生的学习参与有积极的促进作用,而浅层学习方式则有抑制作用,且促进作用大于抑制作用。

工农学类大学生的深层学习方式与学习收获的标准化路径系数为 0.182 ($p<0.001$),说明工农学类大学生的深层学习方式显著正向影响学习收获,且深层学习方式每提高 1 个单位,学习收获就提高 0.182 个单位。工农学类大学生的浅层学习方式与学习收获的标准化路径系数为 -0.076($p<0.001$),说明工农学类大学生的浅层学习方式显著负向影响学习收获,且浅层学习方式每提高 1 个单位,学习收获就降低 0.076 个单位。综合深层学习方式与浅层学习方式对学习收获的影响,深层学习方式对工农学类大学生的学习收获具有积极的促进作用,而浅层学习方式则有抑制作用,且促进作用大于抑制作用。

工农学类大学生的学习参与对学习收获的标准化路径系数为 0.159($p<0.001$),说明工农学类大学生的学习参与显著正向影响学习收获,且学习参与每提高 1 个单位,学习收获就提高 0.159 个单位。这意味着学生的学习参与越积极,学习收获越大。

工农学类大学生的学习参与对学习满意度的标准化路径系数为 0.201 ($p<0.001$),说明工农学类大学生的学习参与显著正向影响学习满意度,且学习参与每提高 1 个单位,学习满意度就提高 0.201 个单位。这意味着学生的参与越积极,学习满意度也越高,并且工农学类大学生的学习参与对学习满意度的影响力大于其对学习收获的影响力。

综上所述,虽然记忆知识学习观对课堂环境感知和深层学习方式有一定促进作用,但是应用知识学习观的促进作用更大。因此,帮助工农学类大学生形成应用知识的学习观,有利于改善工农学类大学生对课堂环境的感知,进而有利于促进工农学类大学生运用深层学习方式,并抑制浅层学习方式的运用,改善学习参与的积极性,并最终促进学习收获和学习满意度的提高,形成良性的学习结构。

五、医学类大学生学情的主要特征

2019 年参与 NCSS 的医学类大学生共有 10186 名,以下将对这些学生学习的过程性要素和结果性要素的主要特征进行分析和讨论,然后建构医学类大学生学习的结构模型。

（一）医学类大学生学习过程性要素的主要特征

统计医学类大学生学习过程性要素的均值可以发现（见表3-34）：在学习观方面，医学类大学生在应用知识学习观的均值（M＝4.89，SD＝0.74）高于记忆知识学习观的均值（M＝4.30，SD＝0.99），说明医学类大学生更倾向于应用知识学习观。进一步分析医学类大学生在学习观二维度上的同意度百分比可知，66.07％的学生认为学习是以记忆知识为主，77.85％的学生则认为学习是以应用知识为主。与工农学类大学生相比，医学类大学生在记忆知识学习观和应用知识学习观的均值都有所下降。

表3-34　医学类大学生学习过程性要素的总体情况

过程性要素		人数	最小值	最大值	平均值	标准差	同意度百分比/%
学习观	记忆知识学习观	10186	1	6	4.30	0.99	66.07
	应用知识学习观	10186	1	6	4.89	0.74	77.85
学习参与	课堂参与	10186	1	6	4.32	0.90	66.43
	课后参与	10186	1	6	3.53	1.14	50.61
课堂环境感知	教学手段	10186	1	6	4.63	0.78	72.51
	师生互动	10186	1	6	4.51	0.81	70.28
	同伴互动	10186	1	6	4.59	0.76	71.85
	课业负担	10186	1	6	3.56	0.92	51.28
深层学习方式	内在学习动机	10186	1	6	4.37	0.78	67.36
	主动思考	10186	1	6	4.32	0.75	66.32
	时间管理	10186	1	6	4.05	0.87	60.99
浅层学习方式	外在学习动机	10186	1	6	2.81	1.15	36.18
	浅层学习策略	10186	1	6	3.36	0.96	47.20

在学习参与方面，课堂参与的均值（M＝4.32，SD＝0.90）远高于课后参与的均值（M＝3.53，SD＝1.14），说明医学类大学生在课堂参与的表现优于课后参与。进一步分析医学类大学生在学习参与二维度上的同意度百分比可知，66.43％的学生会认真听讲，积极参与课堂，但只有50.61％的学生会在课后与老师讨论学习计划、阅读相关文献、参加学习活动等。与工农学类大学生相比，医学类大学生在课堂参与的均值略有提升，而在课后参与上的均值则有所

下降。

在课堂环境感知方面,医学类大学生对教学手段感知的均值最高(M＝4.63,SD＝0.78),对同伴互动感知的均值次之(M＝4.59,SD＝0.76),对师生互动感知的均值第三(M＝4.51,SD＝0.81),而课业负担感知的均值则为3.56(SD＝0.92)。进一步分析医学类大学生在课堂环境感知四维度上的同意度百分比可知,72.51％的学生同意教师在课堂上能够运用良好的教学手段和方法,70.28％的学生认同教师在课后能够提供指导,并能给予有益的反馈和建议,71.85％的学生认为自己能够积极参与同学的交流、小组讨论及合作等,而51.28％的学生认为老师布置的作业很难,课堂内容和课后作业都需要花很多时间来消化。与工农学类大学生相比,医学类大学生在教学手段感知的均值有所提升,而在师生互动和同伴互动感知的均值则有所下降,且在课业负担感知的均值上也有所下降。

在深层学习方式方面,医学类大学生在内在学习动机的均值(M＝4.37,SD＝0.78)最高,主动思考的均值(M＝4.32,SD＝0.75)次之,而时间管理的均值(M＝4.05,SD＝0.87)第三。进一步分析医学类大学生在深层学习方式三维度上的同意度百分比可知,67.36％的学生认为自己是在兴趣、好奇心的驱动下学习的,66.32％的学生认为自己在学习过程中会思考学到什么,会主动对所学知识提出疑问,60.99％的学生会合理安排好自己的学习时间,会提前规划时间、预习学习的内容。与工农学类大学生相比,医学类大学生在内在学习动机、主动思考和时间管理三个维度上的均值都有所下降。

在浅层学习方式方面,医学类大学生在外在学习动机的均值(M＝2.81,SD＝1.15)要低于浅层学习策略的均值(M＝3.36,SD＝0.96)。进一步分析医学类大学生在浅层学习方式二维度上的同意度百分比可知,36.18％的学生认同自己是受考试等外在学习动机驱动着学习的,而47.20％的学生认同自己是采用如死记硬背等浅层学习方式学习。与工农学类大学生相比,医学类大学生在外在学习动机和浅层学习策略上的均值都有所下降。

(二)医学类大学生学习结果性要素的主要特征

统计医学类大学生学习结果性要素的均值可以发现(见表3-35):在学习收获方面,医学类大学生在价值观收获的均值(M＝4.79,SD＝0.74)最高,技能收获的均值(M＝4.71,SD＝0.74)次之,而知识收获的均值(M＝4.59,SD＝0.80)最低。进一步分析医学类大学生在学习收获三维度上的同意度百分比可知,71.83％的学生认同自己在知识方面的收获很大,74.24％的学生则认同自己在技能方面的收获很大,75.83%的学生认同自己在价值观方面的收获很大。与工农学类大学生相比,医学类大学生在知识收获上的均值有所上升,而在技能和价值观收获的均值则有所下降。

表 3-35 医学类大学生学习结果性要素的总体情况

结果性要素		人数	最小值	最大值	平均值	标准差	同意度百分比/%
学习收获	知识收获	10186	1	6	4.59	0.80	71.83
	技能收获	10186	1	6	4.71	0.74	74.24
	价值观收获	10186	1	6	4.79	0.74	75.83
学习满意度	教学满意度	10186	1	6	4.59	0.79	71.83
	校园支持满意度	10186	1	6	4.45	0.81	68.98
	人际关系满意度	10186	1	6	4.70	0.73	73.95

在学习满意度方面,医学类大学生在人际关系满意度的均值(M=4.70,SD=0.73)最高,教学满意度的均值(M=4.59,SD=0.79)次之,校园支持满意度的均值(M=4.45,SD=0.81)最低。进一步分析医学类大学生在学习满意度三维度上的同意度百分比可知,71.83%的学生对教师的教学感到满意,68.98%的学生对校园支持感到满意,73.95%的学生对人际关系感到满意。与工农学类大学生相比,医学类大学生在教学、校园支持和人际关系满意度的均值都有所下降。

(三)医学类大学生学习结构模型的主要特征

为了检验医学类大学生学习结构假设模型的合理性,本研究运用结构方程模型对假设模型进行检验,采用的是极大似然估计,得出拟合指数的结果如下:CFI=0.920>0.9,RMSEA=0.038<0.08,TLI=0.918>0.9,RSMR=0.058<0.08。根据拟合指标良好的标准,医学类大学生学习结构验证模型的拟合指数均达到了拟合优度模型的水平,这表明该模型的建立是合理的。具体的模型检验结果见表 3-36 和图 3-10。

表 3-36 医学类大学生学习结构验证模型结果

变量关系		标准化路径系数	P 值	假设是否成立
学习观→课堂环境感知	记忆知识学习观→课堂环境感知	0.130	<0.001	H1a 成立
	应用知识学习观→课堂环境感知	0.469	<0.001	H1b 成立

续表

	变量关系	标准化路径系数	P值	假设是否成立
学习观→学习方式	记忆知识学习观→深层学习方式	0.095	<0.001	H2a1 成立
	记忆知识学习观→浅层学习方式	0.226	<0.001	H2a2 成立
	应用知识学习观→深层学习方式	0.196	<0.001	H2b1 成立
	应用知识学习观→浅层学习方式	−0.167	<0.001	H2b2 成立
学习观→学习收获	记忆知识学习观→学习收获	−0.033	<0.001	H3a 成立
	应用知识学习观→学习收获	0.164	<0.001	H3b 成立
课堂环境感知→学习方式	课堂环境感知→深层学习方式	0.588	<0.001	H4a 成立
	课堂环境感知→浅层学习方式	−0.075	<0.001	H4b 成立
	课堂环境感知→学习参与	0.222	<0.001	H5 成立
	课堂环境感知→学习收获	0.482	<0.001	H6 成立
	课堂环境感知→学习满意度	0.625	<0.001	H7 成立
学习方式→学习参与	深层学习方式→学习参与	0.523	<0.001	H8a 成立
	浅层学习方式→学习参与	−0.231	<0.001	H8b 成立
学习方式→学习收获	深层学习方式→学习收获	0.188	<0.001	H9a 成立
	浅层学习方式→学习收获	−0.067	<0.001	H9b 成立
	学习参与→学习收获	0.163	<0.001	H10 成立
	学习参与→学习满意度	0.210	<0.001	H11 成立

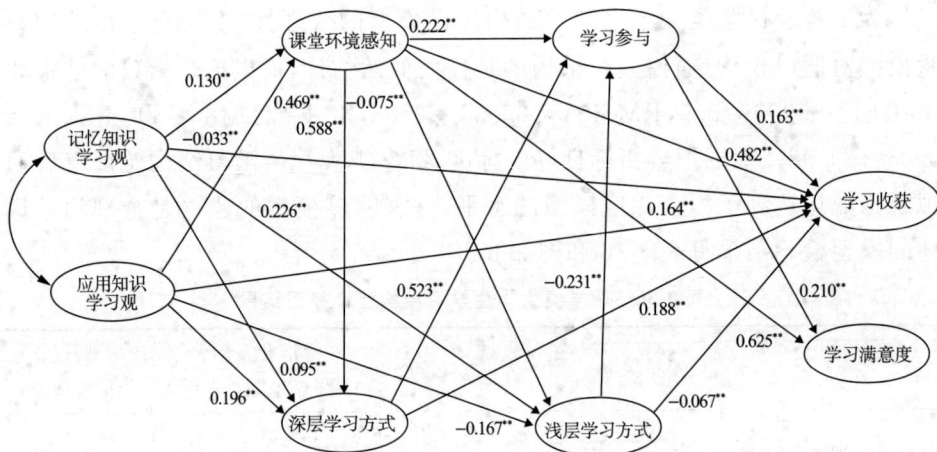

图 3-10 医学类大学生的学习结构验证模型

由表 3-36 的假设检验结果可知,本假设的十一个假设均获得数据结果的支持。具体而言,医学类大学生的记忆知识学习观与课堂环境感知的标准化路径系数为 0.130($p<0.001$),说明医学类大学生的记忆知识学习观显著正向影响课堂环境感知,且记忆知识学习观每提高 1 个单位,课堂环境感知提高0.130 个单位;医学类大学生的应用知识学习观与课堂环境感知的标准化路径系数为 0.469($p<0.001$),说明医学类大学生的应用知识学习观显著正向影响课堂环境感知,且应用知识学习观每提高 1 个单位,课堂环境感知提高0.469 个单位。比较记忆知识学习观与应用知识学习观对课堂环境感知的标准化路径系数可知,应用知识学习观对医学类大学生课堂环境感知的影响大于记忆知识学习观的影响。

医学类大学生的记忆知识学习观与浅层学习方式的标准化路径系数为0.226($p<0.001$),说明医学类大学生的记忆知识学习观显著正向影响浅层学习方式,且记忆知识学习观每提高 1 个单位,浅层学习方式提高 0.226 个单位;医学类大学生的应用知识学习观与浅层学习方式的标准化路径系数为 -0.167($p<0.001$),说明医学类大学生的应用知识学习观显著负向影响浅层学习方式,且应用知识学习观每提高 1 个单位,浅层学习方式降低 0.167 个单位;医学类大学生的记忆知识学习观与深层学习方式的标准化路径系数为 0.095($p<0.001$),说明医学类大学生的记忆知识学习观显著正向影响深层学习方式,且记忆知识学习观每提高 1 个单位,深层学习方式提高 0.095 个单位;医学类大学生的应用知识学习观与深层学习方式的标准化路径系数为 0.196($p<0.001$),说明医学类大学生的应用知识学习观显著正向影响深层学习方式,且应用知识学习观每提高 1 个单位,深层学习方式提高 0.196 个单位。综合记忆知识学习观、应用知识学习观对浅层学习方式和深层学习方式的影响可知,记忆知识学习观和应用知识学习观对深层学习方式均有显著正向影响,且应用知识学习观的影响大于记忆知识学习观的影响,在对浅层学习方式的影响上,应用知识学习观会抑制浅层学习方式,而记忆知识学习观则会促进浅层学习方式的形成,且记忆知识学习观的影响大于应用知识学习观。总体而言,应用知识学习观更有利于医学类大学生形成深层的学习方式。

医学类大学生的记忆知识学习观与学习收获的标准化路径系数为 -0.033($p<0.001$),说明医学类大学生的记忆知识学习观显著负向影响学习收获,且记忆知识学习观每提高 1 个单位,学习收获降低 0.033 个单位。医学类大学生的应用知识学习观与学习收获的标准化路径系数为 0.164($p<0.001$),

说明医学类大学生的应用知识学习观显著正向影响学习收获,且应用知识学习观每提高 1 个单位,学习收获提高 0.164 个单位。总体而言,记忆知识学习观会抑制医学类大学生的学习收获,而应用知识学习观则会促进医学类大学生学习收获的提升,且提升幅度大于抑制幅度。

医学类大学生的课堂环境感知与浅层学习方式的标准化路径系数为 -0.075 ($p < 0.001$),说明医学类大学生的课堂环境感知显著负向影响浅层学习方式,且课堂环境感知每提高 1 个单位,浅层学习方式就降低 0.075 个单位。医学类大学生的课堂环境感知与深层学习方式的标准化路径系数为 0.588($p < 0.001$),说明医学类大学生的课堂环境感知显著正向影响深层学习方式,且课堂环境感知每提高 1 个单位,深层学习方式就提高 0.588 个单位。综合课堂环境感知与浅层学习方式和深层学习方式的标准化路径系数,医学类大学生对课堂环境感知的改善有利于提升医学类大学生的深层学习方式而抑制浅层学习方式,且促进作用远大于抑制作用。

医学类大学生课堂环境感知与学习参与的标准化路径系数为 0.222($p < 0.001$),说明医学类大学生的课堂环境感知显著正向影响学习参与,且课堂环境感知每提高 1 个单位,学习参与就提高 0.222 个单位。这意味着医学类大学生对课堂环境感知的改善有利于提升医学类大学生学习参与的积极性。

医学类大学生课堂环境感知与学习收获的标准化路径系数为 0.482($p < 0.001$),说明医学类大学生的课堂环境感知显著正向影响学习收获,且课堂环境感知每提高 1 个单位,学习收获就提高 0.482 单位。这意味着医学类大学生对课堂环境感知的改善有利于促进学习收获的提升。

医学类大学生课堂环境感知与学习满意度的标准化路径系数为 0.625($p < 0.001$),说明医学类大学生的课堂环境感知显著正向影响学习满意度,且课堂环境感知每提高 1 个单位,学习满意度就提高 0.625 个单位。这意味着医学类大学生对课堂环境感知的改善有利于提高医学类大学生对学习的满意度。此外,医学类大学生课堂环境感知与学习满意度的标准化路径系数大于其对学习收获的标准化路径系数,说明医学类大学生对课堂环境的感知对学习满意度的影响力大于其对学习收获的影响力。

医学类大学生深层学习方式与学习参与的标准化路径系数为 0.523($p < 0.001$),说明医学类大学生的深层学习方式显著正向影响学习参与,且深层学习方式每提高 1 个单位,学习参与就提高 0.523 个单位。医学类大学生的浅层学习方式与学习参与的标准化路径系数为 -0.231($p < 0.001$),说明医学

类大学生的浅层学习方式显著负向影响学习参与,且浅层学习方式每提高1个单位,学习参与就降低0.231个单位。综合深层学习方式和浅层学习方式对学习参与的影响,深层学习方式对医学类大学生的学习参与有积极的促进作用,而浅层学习方式则有抑制作用,且促进作用大于抑制作用。

医学类大学生的深层学习方式与学习收获的标准化路径系数为0.188($p<0.001$),说明医学类大学生的深层学习方式显著正向影响学习收获,且深层学习方式每提高1个单位,学习收获就提高0.188个单位。医学类大学生的浅层学习方式与学习收获的标准化路径系数为-0.067($p<0.001$),说明医学类大学生的浅层学习方式显著负向影响学习收获,且浅层学习方式每提高1个单位,学习收获就降低0.067个单位。综合深层学习方式与浅层学习方式对学习收获的影响,深层学习方式对医学类大学生的学习收获具有积极的促进作用,而浅层学习方式则有抑制作用,且促进作用大于抑制作用。

医学类大学生的学习参与对学习收获的标准化路径系数为0.163($p<0.001$),说明医学类大学生的学习参与显著正向影响学习收获,且学习参与每提高1个单位,学习收获就提高0.163个单位。这意味着学生的学习参与越积极,学习收获越大。

医学类大学生的学习参与对学习满意度的标准化路径系数为0.210($p<0.001$),说明医学类大学生的学习参与显著正向影响学习满意度,且学习参与每提高1个单位,学习满意度就提高0.210个单位。这意味着学生的参与越积极,学习满意度也越高,并且医学类大学生的学习参与对学习满意度的影响力大于其对学习收获的影响力。

综上所述,虽然记忆知识学习观对课堂环境感知和深层学习方式有一定促进作用,但是应用知识学习观的促进作用更大。因此,帮助医学类大学生形成应用知识的学习观,有利于改善医学类大学生对课堂环境的感知,进而有利于促进医学类大学生运用深层学习方式,并抑制浅层学习方式的运用,改善学习参与的积极性,并最终促进学习收获和学习满意度的提高,形成良性的学习结构。

六、不同学科大学生学情的差异性

总体而言,不同学科大学生学习结构呈现出一些相似的特征,这些特征在前一节对不同年级大学生所呈现出相似特征的总结中已有陈述,此处不再赘述。在不同学科的大学生中,虽然各因素之间的路径系数大致符合总体特征,但不同学科大学生之间存在一定的差异,表现出各自的特征(见表 3-37)。

表 3-37　不同学科大学生学习结构标准化系数的差异

	变量关系	文史哲	社会科学	理学	工农学	医学
学习观→ 课堂环境感知	记忆知识学习观→课堂环境感知	0.135^{**}	0.155^{**}	0.156^{**}	0.169^{**}	0.130^{**}
	应用知识学习观→课堂环境感知	0.473^{**}	0.444^{**}	0.455^{**}	0.454^{**}	0.469^{**}
学习观→ 学习方式	记忆知识学习观→深层学习方式	0.119^{**}	0.118^{**}	0.109^{**}	0.129^{**}	0.095^{**}
	记忆知识学习观→浅层学习方式	0.246^{**}	0.253^{**}	0.266^{**}	0.241^{**}	0.226^{**}
	应用知识学习观→深层学习方式	0.229^{**}	0.190^{**}	0.178^{**}	0.212^{**}	0.196^{**}
	应用知识学习观→浅层学习方式	-0.15^{**}	-0.166^{**}	-0.210^{**}	-0.172^{**}	-0.167^{**}
学习观→ 学习收获	记忆知识学习观→学习收获	-0.027^{**}	-0.023^{**}	-0.045^{**}	-0.055^{**}	-0.033^{**}
	应用知识学习观→学习收获	0.111^{**}	0.149^{**}	0.152^{**}	0.183^{**}	0.164^{**}
课堂环境感知→ 学习方式	课堂环境感知→深层学习方式	0.597^{**}	0.617^{**}	0.641^{**}	0.609^{**}	0.588^{**}
	课堂环境感知→浅层学习方式	-0.099^{**}	-0.095^{**}	-0.082^{**}	-0.064^{**}	-0.075^{**}
	课堂环境感知→学习参与	0.213^{**}	0.209^{**}	0.222^{**}	0.256^{**}	0.222^{**}
	课堂环境感知→学习收获	0.512^{**}	0.506^{**}	0.502^{**}	0.483^{**}	0.482^{**}
	课堂环境感知→学习满意度	0.614^{**}	0.621^{**}	0.687^{**}	0.626^{**}	0.625^{**}
学习方式→ 学习参与	深层学习方式→学习参与	0.536^{**}	0.542^{**}	0.546^{**}	0.499^{**}	0.523^{**}
	浅层学习方式→学习参与	-0.187^{**}	-0.209^{**}	-0.209^{**}	-0.206^{**}	-0.231^{**}
学习方式→ 学习收获	深层学习方式→学习收获	0.179^{**}	0.155^{**}	0.181^{**}	0.182^{**}	0.188^{**}
	浅层学习方式→学习收获	-0.072^{**}	-0.077^{**}	-0.079^{**}	-0.076^{**}	-0.067^{**}
	学习参与→学习收获	0.177^{**}	0.175^{**}	0.158^{**}	0.159^{**}	0.163^{**}
	学习参与→学习满意度	0.246^{**}	0.208^{**}	0.152^{**}	0.201^{**}	0.210^{**}

注:$* p<0.05$;$**<0.01$。

在学习观方面,记忆知识学习观对工农学类大学生课堂环境感知的正向影响最大,对理学类大学生的影响次之,对社会科学类大学生的影响第三,而对医学类大学生的影响最小;记忆知识学习观对工农学类大学生深层学习方式的正向影响最大,对文史哲类大学生的影响次之,对医学类大学生的影响最小;记忆知识学习观对理学类大学生浅层学习方式的促进作用最大,对社会科学类大学生的促进作用次之,对医学类大学生的促进作用最小;记忆知识学习观对工农学类大学生学习收获的抑制作用最大,对理学类大学生的抑制作用次之,对社会科学类大学生的抑制作用最小。应用知识学习观对文史哲类大学生课堂环境感知的正向影响最大,对医学类大学生的正向影响次之,对社会科学类大学生的影响最小;应用知识学习观对文史哲类大学生深层学习方式的促进作用最大,对工农学类大学生的促进作用第二,对理学类大学生的促进作用最小;应用知识学习观对理学类大学生浅层学习方式的抑制作用最大,对工农学类大学生的抑制作用次之,对文史哲类大学生的抑制作用最小;应用知识学习观对工农学类大学生学习收获的正向影响最大,对医学类大学生的影响次之,对文史哲类大学生的影响最小。

在课堂环境感知方面,课堂环境感知对理学类大学生深层学习方式的正向影响最大,对社会科学类大学生的影响次之,对医学类大学生的影响最小;课堂环境感知对文史哲类大学生浅层学习方式的抑制作用最大,对社会科学类大学生的抑制作用次之,对工农学类大学生的抑制作用最小;课堂环境感知对工农学类大学生学习参与的促进作用最大,对理学和医学类大学生的促进作用次之,对社会科学类大学生的促进作用最小;课堂环境感知对文史哲类大学生学习收获的促进作用最大,对社会科学类大学生的促进作用次之,对医学类大学生的促进作用最小;课堂环境感知对理学类大学生学习满意度的正向影响最大,对工农学类大学生的影响次之,对文史哲类大学生的影响最小。

在学习方式方面,深层学习方式对理学类大学生学习参与的正向影响最大,对社会科学类大学生的影响次之,对工农学类大学生的影响最小;深层学习方式对医学类大学生学习收获的正向影响最大,对工农学类大学生的影响次之,对社会科学类大学生的影响最小;浅层学习方式对医学类大学生学习参与的抑制作用最大,对社会科学和理学类大学生的抑制作用次之,对文史哲类大学生的抑制作用最小;浅层学习方式对理学类大学生学习收获的负向影响最大,对社会科学类大学生的负向影响次之,对医学类大学生的负向影响最小。

在学习参与方面,学习参与对文史哲类大学生学习收获的正向影响最大,对社会科学类大学生的影响次之,对理学类大学生的影响最小;学习参与对文史哲类大学生学习满意度的正向影响最大,对医学类大学生的影响次之,对理学类大学生的影响最小。

总体而言,不同因素对不同学科大学生的学习收获和学习满意度的影响程度不同,表现出鲜明的特征,这些不同的特征对于我们认识不同学科学生的学习规律,进行课程教学改革具有重要的参考意义和指导价值。

第四节 不同类型高校大学生学情的主要特征

本节内容主要是对各类型高校大学生学习的过程性要素和结果性要素进行描述性统计,然后对各类型高校大学生学习各要素的结构模型进行分析和讨论,最后比较各类型高校大学生学情的差异性。

一、一流校大学生学情的主要特征

2019 年参与 NCSS 的一流校本科生共有 6030 名,以下将对这些学生学习的过程性要素和结果性要素的主要特征进行分析和讨论,然后建构研究型高校大学生学习的结构模型。

(一)一流校大学生学习过程性要素的主要特征

统计一流校大学生学习过程性要素的均值可以发现(见表 3-38):在学习观方面,一流校大学生在应用知识学习观的均值(M=4.87,SD=0.78)高于记忆知识学习观的均值(M=3.90,SD=1.13),说明一流校大学生更倾向于应用知识学习观。进一步分析一流校大学生在学习观二维度上的同意度百分比可知,57.97%的学生认为学习是以记忆知识为主,77.39%的学生则认为学习是以应用知识为主。

表 3-38 一流校大学生学习过程性要素的总体情况

过程性要素		人数	最小值	最大值	平均值	标准差	同意度百分比/%
学习观	记忆知识学习观	6030	1	6	3.90	1.13	57.97
	应用知识学习观	6030	1	6	4.87	0.78	77.39
学习参与	课堂参与	6030	1	6	4.23	0.96	64.66
	课后参与	6030	1	6	3.47	1.13	49.44
课堂环境感知	教学手段	6030	1	6	4.43	0.89	68.66
	师生互动	6030	1	6	4.42	0.88	68.41
	同伴互动	6030	1	6	4.50	0.85	69.91
	课业负担	6030	1	6	3.64	0.98	52.71

续表

	过程性要素	人数	最小值	最大值	平均值	标准差	同意度百分比/%
深层学习方式	内在学习动机	6030	1	6	4.24	0.86	64.74
	主动思考	6030	1	6	4.35	0.78	67.09
	时间管理	6030	1	6	3.90	0.94	57.90
浅层学习方式	外在学习动机	6030	1	6	2.84	1.12	36.85
	浅层学习策略	6030	1	6	3.19	1.00	43.88

在学习参与方面,课堂参与的均值(M=4.23,SD=0.96)远高于课后参与的均值(M=3.47,SD=1.13),说明一流校大学生在课堂参与的表现优于课后参与。进一步分析一流校大学生在学习参与二维度上的同意度百分比可知,64.66%的学生会认真听讲,积极参与课堂,但只有49.44%的学生会在课后与老师讨论学习计划、阅读相关文献、参加学习活动等。

在课堂环境感知方面,一流校大学生对同伴互动感知的均值最高(M=4.50,SD=0.85),对教学手段感知的均值次之(M=4.43,SD=0.89),对师生互动感知的均值第三(M=4.42,SD=0.88),而课业负担感知的均值则为3.64(SD=0.98)。进一步分析一流校大学生在课堂环境感知四维度上的同意度百分比可知,68.66%的学生同意教师在课堂上能够运用良好的教学手段和方法,68.41%的学生认同教师在课后能够提供指导,并能给予有益的反馈和建议,69.91%的学生认为自己能够积极参与同学的交流、小组讨论及合作等,而52.71%的学生认为老师布置的作业很难,课堂内容和课后作业都需要花很多时间来消化。

在深层学习方式方面,一流校大学生在主动思考的均值(M=4.35,SD=0.78)最高,内在学习动机的均值(M=4.24,SD=0.86)次之,而时间管理的均值(M=3.90,SD=0.94)第三。进一步分析一流校大学生在深层学习方式三维度上的同意度百分比可知,64.74%的学生认为自己是在兴趣、好奇心的驱动下学习的,67.09%的学生认为自己在学习过程中会思考学到什么,会主动对所学知识提出疑问,57.90%的学生会合理安排好自己的学习时间,会提前规划时间、预习学习的内容。

在浅层学习方式方面,一流校大学生在外在学习动机的均值(M=2.84,SD=1.12)要低于浅层学习策略的均值(M=3.19,SD=1.00)。进一步分析一流校大学生在浅层学习方式二维度上的同意度百分比可知,36.85%的学生认同自己是受考试等外在学习动机驱动着学习的,而 43.88% 的学生认同自己是采用如死记硬背等浅层学习方式学习。

（二）一流校大学生学习结果性要素的主要特征

统计一流校大学生学习结果性要素的均值可以发现（见表 3-39）：在学习收获方面,一流校大学生在价值观收获的均值（M=4.83,SD=0.83）最高,技能收获的均值（M=4.70,SD=0.82）次之,而知识收获的均值（M=4.47,SD=0.93）最低。进一步分析一流校大学生在学习收获三维度上的同意度百分比可知,69.41% 的学生认同自己在知识方面的收获很大,73.96% 的学生则认同自己在技能方面的收获很大,76.51% 的学生认同自己在价值观方面的收获很大。

表 3-39 一流校大学生学习结果性要素的总体情况

结果性要素		人数	最小值	最大值	平均值	标准差	同意度百分比/%
学习收获	知识收获	6030	1	6	4.47	0.93	69.41
	技能收获	6030	1	6	4.70	0.82	73.96
	价值观收获	6030	1	6	4.83	0.83	76.51
学习满意度	教学满意度	6030	1	6	4.53	0.90	70.65
	校园支持满意度	6030	1	6	4.63	0.84	72.51
	人际关系满意度	6030	1	6	4.80	0.81	76.09

在学习满意度方面,一流校大学生在人际关系满意度的均值（M=4.80,SD=0.81）最高,校园支持满意度的均值（M=4.63,SD=0.84）次之,教学满意度的均值（M=4.53,SD=0.90）最低。进一步分析一流校大学生在学习满意度三维度上的同意度百分比可知,70.65% 的学生对教师的教学感到满意,72.51% 的学生对校园支持感到满意,76.09% 的学生对人际关系感到满意。

（三）一流校大学生学习结构模型的主要特征

为了检验一流校大学生学习结构假设模型的合理性,本研究运用结构方程模型对假设模型进行检验,采用的是极大似然估计,得出拟合指数的结果如下：CFI=0.907>0.9,RMSEA=0.039<0.08,TLI=0.904>0.9,RSMR=0.055<0.08。根据拟合指标良好的标准,一流校大学生学习结构验证模型的拟合指数均达到了拟合优度模型的水平,这表明该模型的建立是合理的。具体的模型检验结果见表 3-40 和图 3-11。

表 3-40　一流校大学生学习结构验证模型结果

变量关系		标准化路径系数	P 值	假设是否成立
学习观→课堂环境感知	记忆知识学习观→课堂环境感知	0.075	＜0.001	H1a 成立
	应用知识学习观→课堂环境感知	0.502	＜0.001	H1b 成立
学习观→学习方式	记忆知识学习观→深层学习方式	0.106	＜0.001	H2a1 成立
	记忆知识学习观→浅层学习方式	0.335	＜0.001	H2a2 成立
	应用知识学习观→深层学习方式	0.233	＜0.001	H2b1 成立
	应用知识学习观→浅层学习方式	−0.201	＜0.001	H2b2 成立
学习观→学习收获	记忆知识学习观→学习收获	−0.034	＜0.01	H3a 成立
	应用知识学习观→学习收获	0.163	＜0.001	H3b 成立
课堂环境感知→学习方式	课堂环境感知→深层学习方式	0.600	＜0.001	H4a 成立
	课堂环境感知→浅层学习方式	−0.112	＜0.001	H4b 成立
课堂环境感知→学习参与		0.263	＜0.001	H5 成立
课堂环境感知→学习收获		0.477	＜0.001	H6 成立
课堂环境感知→学习满意度		0.707	＜0.001	H7 成立
学习方式→学习参与	深层学习方式→学习参与	0.505	＜0.001	H8a 成立
	浅层学习方式→学习参与	−0.211	＜0.001	H8b 成立
学习方式→学习收获	深层学习方式→学习收获	0.239	＜0.001	H9a 成立
	浅层学习方式→学习收获	−0.094	＜0.001	H9b 成立
学习参与→学习收获		0.092	＜0.001	H10 成立
学习参与→学习满意度		0.094	＜0.001	H11 成立

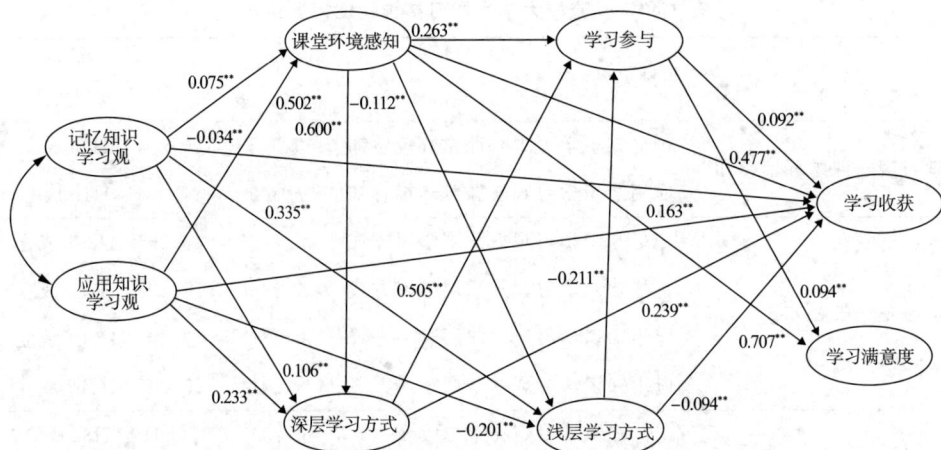

图 3-11　一流校大学生的学习结构验证模型

　　由表 3-40 的假设检验结果可知,本假设的十一个假设均获得数据结果的支持。具体而言,一流校大学生的记忆知识学习观与课堂环境感知的标准化路径系数为 0.075($p<0.001$),说明一流校大学生的记忆知识学习观显著正向影响课堂环境感知,且记忆知识学习观每提高 1 个单位,课堂环境感知提高 0.075 个单位;一流校大学生的应用知识学习观与课堂环境感知的标准化路径系数为 0.502($p<0.001$),说明一流校大学生的应用知识学习观显著正向影响课堂环境感知,且应用知识学习观每提高 1 个单位,课堂环境感知提高 0.502 个单位。比较记忆知识学习观与应用知识学习观对课堂环境感知的标准化路径系数可知,应用知识学习观对一流校大学生课堂环境感知的影响大于记忆知识学习观的影响。

　　一流校大学生的记忆知识学习观与浅层学习方式的标准化路径系数为 0.335($p<0.001$),说明一流校大学生的记忆知识学习观显著正向影响浅层学习方式,且记忆知识学习观每提高 1 个单位,浅层学习方式提高 0.335 个单位;一流校大学生的应用知识学习观与浅层学习方式的标准化路径系数为 −0.201($p<0.001$),说明一流校大学生的应用知识学习观显著负向影响浅层学习方式,且应用知识学习观每提高 1 个单位,浅层学习方式降低 0.201 个单位;一流校大学生的记忆知识学习观与深层学习方式的标准化路径系数为 0.106($p<0.001$),说明一流校大学生的记忆知识学习观显著正向影响深层学习方式,且记忆知识学习观每提高 1 个单位,深层学习方式提高 0.106 个单位;一流校大学生的应用知识学习观与深层学习方式的标准化路径系数为

0.233（$p<0.001$），说明一流校大学生的应用知识学习观显著正向影响深层学习方式，且应用知识学习观每提高 1 个单位，深层学习方式提高 0.233 个单位。综合记忆知识学习观、应用知识学习观对浅层学习方式和深层学习方式的影响可知，记忆知识学习观和应用知识学习观对深层学习方式均有显著正向影响，且应用知识学习观的影响大于记忆知识学习观的影响，在对浅层学习方式的影响上，应用知识学习观会抑制浅层学习方式，而记忆知识学习观则会促进浅层学习方式的形成，且记忆知识学习观的影响大于应用知识学习观。总体而言，应用知识学习观更有利于一流校大学生形成深层的学习方式。

一流校大学生的记忆知识学习观与学习收获的标准化路径系数为 -0.034（$p<0.001$），说明一流校大学生的记忆知识学习观显著负向影响学习收获，且记忆知识学习观每提高 1 个单位，学习收获降低 0.034 个单位。一流校大学生的应用知识学习观与学习收获的标准化路径系数为 0.163（$p<0.001$），说明一流校大学生的应用知识学习观显著正向影响学习收获，且应用知识学习观每提高 1 个单位，学习收获提高 0.163 个单位。总体而言，记忆知识学习观会抑制一流校大学生的学习收获，而应用知识学习观则会促进一流校大学生学习收获的提升，且提升幅度大于抑制幅度。

一流校大学生的课堂环境感知与浅层学习方式的标准化路径系数为 -0.112（$p<0.001$），说明一流校大学生的课堂环境感知显著负向影响浅层学习方式，且课堂环境感知每提高 1 个单位，浅层学习方式就降低 0.112 个单位。一流校大学生的课堂环境感知与深层学习方式的标准化路径系数为 0.600（$p<0.001$），说明一流校大学生的课堂环境感知显著正向影响深层学习方式，且课堂环境感知每提高 1 个单位，深层学习方式就提高 0.600 个单位。综合课堂环境感知与浅层学习方式和深层学习方式的标准化路径系数，一流校大学生对课堂环境感知的改善有利于提升一流校大学生的深层学习方式而抑制浅层学习方式，且促进作用远大于抑制作用。

一流校大学生课堂环境感知与学习参与的标准化路径系数为 0.263（$p<0.001$），说明一流校大学生的课堂环境感知显著正向影响学习参与，且课堂环境感知每提高 1 个单位，学习参与就提高 0.263 个单位。这意味着一流校大学生对课堂环境感知的改善有利于提升一流校大学生学习参与的积极性。

一流校大学生课堂环境感知与学习收获的标准化路径系数为 0.477（$p<0.001$），说明一流校大学生的课堂环境感知显著正向影响学习收获，且课堂环境感知每提高 1 个单位，学习收获就提高 0.477 单位。这意味着一流校大学

生对课堂环境感知的改善有利于促进学习收获的提升。

一流校大学生课堂环境感知与学习满意度的标准化路径系数为 0.707（$p<0.001$），说明一流校大学生的课堂环境感知显著正向影响学习满意度，且课堂环境感知每提高 1 个单位，学习满意度就提高 0.707 个单位。这意味着一流校大学生对课堂环境感知的改善有利于提高一流校大学生对学习的满意度。此外，一流校大学生课堂环境感知与学习满意度的标准化路径系数大于其对学习收获的标准化路径系数，说明一流校大学生对课堂环境的感知对学习满意度的影响力大于其对学习收获的影响力。

一流校大学生深层学习方式与学习参与的标准化路径系数为 0.505（$p<0.001$），说明一流校大学生的深层学习方式显著正向影响学习参与，且深层学习方式每提高 1 个单位，学习参与就提高 0.505 个单位。一流校大学生的浅层学习方式与学习参与的标准化路径系数为 -0.211（$p<0.001$），说明一流校大学生的浅层学习方式显著负向影响学习参与，且浅层学习方式每提高 1 个单位，学习参与就降低 0.211 个单位。综合深层学习方式和浅层学习方式对学习参与的影响，深层学习方式对一流校大学生的学习参与有积极的促进作用，而浅层学习方式则有抑制作用，且促进作用大于抑制作用。

一流校大学生的深层学习方式与学习收获的标准化路径系数为 0.239（$p<0.001$），说明一流校大学生的深层学习方式显著正向影响学习收获，且深层学习方式每提高 1 个单位，学习收获就提高 0.239 个单位。一流校大学生的浅层学习方式与学习收获的标准化路径系数为 -0.094（$p<0.001$），说明一流校大学生的浅层学习方式显著负向影响学习收获，且浅层学习方式每提高 1 个单位，学习收获就降低 0.094 个单位。综合深层学习方式与浅层学习方式对学习收获的影响，深层学习方式对一流校大学生的学习收获具有积极的促进作用，而浅层学习方式则有抑制作用，且促进作用大于抑制作用。

一流校大学生的学习参与对学习收获的标准化路径系数为 0.092（$p<0.001$），说明一流校大学生的学习参与显著正向影响学习收获，且学习参与每提高 1 个单位，学习收获就提高 0.092 个单位。这意味着学生的学习参与越积极，学习收获越大。

一流校大学生的学习参与对学习满意度的标准化路径系数为 0.094（$p<0.001$），说明一流校大学生的学习参与显著正向影响学习满意度，且学习参与每提高 1 个单位，学习满意度就提高 0.094 个单位。这意味着学生的参与越积极，学习满意度也越高，并且一流校大学生的学习参与对学习满意度的影响

力大于其对学习收获的影响力。

综上所述,虽然记忆知识学习观对课堂环境感知和深层学习方式有一定促进作用,但是应用知识学习观的促进作用更大。因此,帮助一流校大学生形成应用知识的学习观,有利于改善一流校大学生对课堂环境的感知,进而有利于促进一流校大学生运用深层学习方式,并抑制浅层学习方式的运用,改善学习参与的积极性,并最终促进学习收获和学习满意度的提高,形成良性的学习结构。

二、一流学科校大学生学情的主要特征

2019 年参与 NCSS 的一流学科校本科生共有 14227 名,以下将对这些学生学习的过程性要素和结果性要素的主要特征进行分析和讨论,然后建构研究型高校大学生学习的结构模型。

(一)一流学科校大学生学习过程性要素的主要特征

统计一流学科校大学生学习过程性要素的均值可以发现(见表 3-41):在学习观方面,一流学科校大学生在应用知识学习观的均值(M=4.86,SD=0.75)高于记忆知识学习观的均值(M=4.03,SD=1.06),说明一流学科校大学生更倾向于应用知识学习观。进一步分析一流学科校大学生在学习观二维度上的同意度百分比可知,60.60%的学生认为学习是以记忆知识为主,77.18%的学生则认为学习是以应用知识为主。与一流校的大学生相比,一流学科校大学生在记忆知识学习观的均值有所升高,而在应用知识学习观的均值则略有下降。

表 3-41 一流学科校大学生学习过程性要素的总体情况

	过程性要素	人数	最小值	最大值	平均值	标准差	同意度百分比/%
学习观	记忆知识学习观	14227	1	6	4.03	1.06	60.60
	应用知识学习观	14227	1	6	4.86	0.75	77.18
学习参与	课堂参与	14227	1	6	4.29	0.92	65.84
	课后参与	14227	1	6	3.53	1.11	50.50
课堂环境感知	教学手段	14227	1	6	4.46	0.83	69.15
	师生互动	14227	1	6	4.40	0.84	68.00
	同伴互动	14227	1	6	4.53	0.80	70.53
	课业负担	14227	1	6	3.61	0.91	52.12

续表

	过程性要素	人数	最小值	最大值	平均值	标准差	同意度百分比/%
深层学习方式	内在学习动机	14227	1	6	4.28	0.81	65.67
	主动思考	14227	1	6	4.33	0.74	66.52
	时间管理	14227	1	6	3.98	0.88	59.53
浅层学习方式	外在学习动机	14227	1	6	2.82	1.09	36.35
	浅层学习策略	14227	1	6	3.24	0.96	44.86

在学习参与方面，课堂参与的均值（M=4.29,SD=0.92）远高于课后参与的均值（M=3.53,SD=1.11），说明一流学科校大学生在课堂参与的表现优于课后参与。进一步分析一流学科校大学生在学习参与二维度上的同意度百分比可知,65.84%的学生会认真听讲,积极参与课堂,但只有50.50%的学生会在课后与老师讨论学习计划、阅读相关文献、参加学习活动等。与一流校的大学生相比,一流学科校大学生的课堂参与和课后参与的均值都有所升高。

在课堂环境感知方面,一流学科校大学生对同伴互动感知的均值最高（M=4.53,SD=0.80）,对教学手段感知的均值次之（M=4.46,SD=0.83）,对师生互动感知的均值第三（M=4.40,SD=0.84）,而课业负担感知的均值则为3.61(SD=0.91)。进一步分析一流学科校大学生在课堂环境感知四维度上的同意度百分比可知,69.15%的学生同意教师在课堂上能够运用良好的教学手段和方法,68.00%的学生认同教师在课后能够提供指导,并能给予有益的反馈和建议,70.53%的学生认为自己能够积极参与同学的交流、小组讨论及合作等,而52.12%的学生认为老师布置的作业很难,课堂内容和课后作业都需要花很多时间来消化。与一流校的大学生相比,一流学科校大学生的教学手段和同伴互动的均值有所升高,而师生互动的均值则有所下降,课业负担的均值也有所下降。

在深层学习方式方面,一流学科校大学生在主动思考的均值（M=4.33,SD=0.74）最高,内在学习动机的均值（M=4.28,SD=0.81）次之,而时间管理的均值（M=3.98,SD=0.88）第三。进一步分析一流学科校大学生在深层学习方式三维度上的同意度百分比可知,65.67%的学生认为自己是在兴趣、好奇心的驱动下学习的,66.52%的学生认为自己在学习过程中会思考学到什么,会主动对所学知识提出疑问,59.53%的学生会合理安排好自己的学习时间,会提前规划时间、预习学习的内容。与一流校的大学生相比,一流学科校大学生的内在学习动机和时间管理的均值都有所升高,而主动思考的均值则略有下降。

在浅层学习方式方面,一流学科校大学生在外在学习动机的均值(M=2.82,SD=1.09)要低于浅层学习策略的均值(M=3.24,SD=0.96)。进一步分析一流学科校大学生在浅层学习方式二维度上的同意度百分比可知,36.35%的学生认同自己是受考试等外在学习动机驱动着学习的,而44.86%的学生认同自己是采用如死记硬背等浅层学习方式学习。与一流校大学生相比,一流学科校大学生的外在学习动机均值有所下降,而浅层学习策略则有所升高。

(二)一流学科校大学生学习结果性要素的主要特征

统计一流学科校大学生学习结果性要素的均值可以发现(见表3-42):在学习收获方面,一流学科校大学生在价值观收获的均值(M=4.77,SD=0.78)最高,技能收获的均值(M=4.67,SD=0.78)次之,而知识收获的均值(M=4.42,SD=0.87)最低。进一步分析一流学科校大学生在学习收获三维度上的同意度百分比可知,68.45%的学生认同自己在知识方面的收获很大,73.36%的学生则认同自己在技能方面的收获很大,75.43%的学生认同自己在价值观方面的收获很大。与一流校的大学生相比,一流学科校大学生在知识、技能和价值观收获上的均值都有所下降。

表 3-42　一流学科校大学生学习结果性要素的总体情况

结果性要素		人数	最小值	最大值	平均值	标准差	同意度百分比/%
学习收获	知识收获	6030	1	6	4.42	0.87	68.45
	技能收获	6030	1	6	4.67	0.78	73.36
	价值观收获	6030	1	6	4.77	0.78	75.43
学习满意度	教学满意度	6030	1	6	4.53	0.90	69.37
	校园支持满意度	6030	1	6	4.63	0.84	68.28
	人际关系满意度	6030	1	6	4.68	0.76	73.63

在学习满意度方面,一流学科校大学生在人际关系满意度的均值(M=4.68,SD=0.76)最高,校园支持满意度的均值(M=4.63,SD=0.84)次之,教育满意度的均值(M=4.53,SD=0.90)最低。进一步分析一流学科校大学生在学习满意度三维度上的同意度百分比可知,69.37%的学生对教师的教学感到满意,68.28%的学生对校园支持感到满意,73.63%的学生对人际关系感到

满意。与一流校的大学生相比,一流学科校大学生在教学、校园支持和人际关系满意度的均值都有所下降。

(三)一流学科校大学生学习结构模型的主要特征

为了检验一流学科校大学生学习结构假设模型的合理性,本研究运用结构方程模型对假设模型进行检验,采用的是极大似然估计,得出拟合指数的结果如下:CFI=0.912>0.9,RMSEA=0.038<0.08,TLI=0.910>0.9,RSMR=0.055<0.08。根据拟合指标良好的标准,一流学科校大学生学习结构验证模型的拟合指数均达到了拟合优度模型的水平,这表明该模型的建立是合理的。具体的模型检验结果见表 3-43 和图 3-12。

表 3-43　一流学科校大学生学习结构验证模型结果

变量关系		标准化路径系数	P 值	假设是否成立
学习观→课堂环境感知	记忆知识学习观→课堂环境感知	0.135	<0.001	H1a 成立
	应用知识学习观→课堂环境感知	0.436	<0.001	H1b 成立
学习观→学习方式	记忆知识学习观→深层学习方式	0.092	<0.001	H2a1 成立
	记忆知识学习观→浅层学习方式	0.298	<0.001	H2a2 成立
	应用知识学习观→深层学习方式	0.204	<0.001	H2b1 成立
	应用知识学习观→浅层学习方式	−0.206	<0.001	H2b2 成立
学习观→学习收获	记忆知识学习观→学习收获	−0.037	<0.01	H3a 成立
	应用知识学习观→学习收获	0.144	<0.001	H3b 成立
课堂环境感知→学习方式	课堂环境感知→深层学习方式	0.613	<0.001	H4a 成立
	课堂环境感知→浅层学习方式	−0.143	<0.001	H4b 成立
课堂环境感知→学习参与		0.241	<0.001	H5 成立
课堂环境感知→学习收获		0.477	<0.001	H6 成立
课堂环境感知→学习满意度		0.694	<0.001	H7 成立
学习方式→学习参与	深层学习方式→学习参与	0.533	<0.001	H8a 成立
	浅层学习方式→学习参与	−0.191	<0.001	H8b 成立
学习方式→学习收获	深层学习方式→学习收获	0.184	<0.001	H9a 成立
	浅层学习方式→学习收获	−0.069	<0.001	H9b 成立
学习参与→学习收获		0.180	<0.001	H10 成立
学习参与→学习满意度		0.137	<0.001	H11 成立

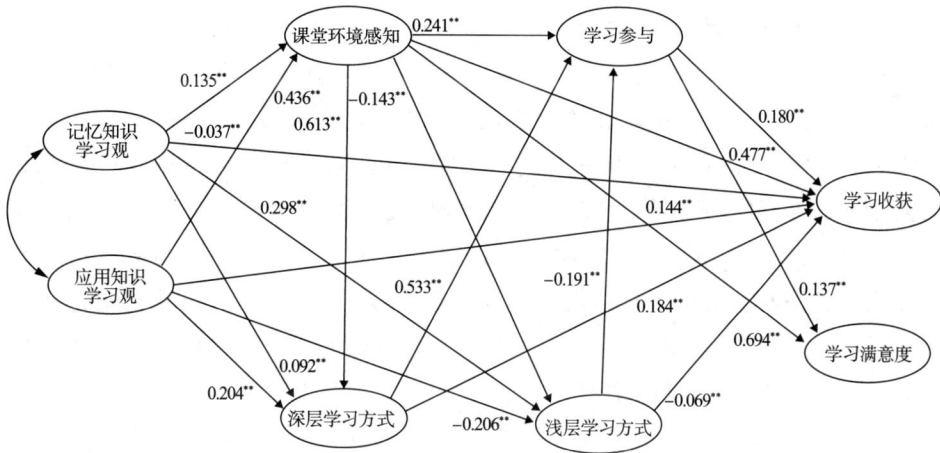

图 3-12　一流学科校大学生的学习结构验证模型

由表 3-43 的假设检验结果可知,本假设的十一个假设均获得数据结果的支持。具体而言,一流学科校大学生的记忆知识学习观与课堂环境感知的标准化路径系数为 0.135($p<0.001$),说明一流学科校大学生的记忆知识学习观显著正向影响课堂环境感知,且记忆知识学习观每提高 1 个单位,课堂环境感知提高 0.135 个单位;一流学科校大学生的应用知识学习观与课堂环境感知的标准化路径系数为 0.436($p<0.001$),说明一流学科校大学生的应用知识学习观显著正向影响课堂环境感知,且应用知识学习观每提高 1 个单位,课堂环境感知提高 0.436 个单位。比较记忆知识学习观与应用知识学习观对课堂环境感知的标准化路径系数可知,应用知识学习观对一流学科校大学生课堂环境感知的影响大于记忆知识学习观的影响。

一流学科校大学生的记忆知识学习观与浅层学习方式的标准化路径系数为 0.298($p<0.001$),说明一流学科校大学生的记忆知识学习观显著正向影响浅层学习方式,且记忆知识学习观每提高 1 个单位,浅层学习方式提高 0.298 个单位;一流学科校大学生的应用知识学习观与浅层学习方式的标准化路径系数为 -0.206($p<0.001$),说明一流学科校大学生的应用知识学习观显著负向影响浅层学习方式,且应用知识学习观每提高 1 个单位,浅层学习方式降低 0.206 个单位;一流学科校大学生的记忆知识学习观与深层学习方式的标准化路径系数为 0.092($p<0.001$),说明一流学科校大学生的记忆知识学习观显著正向影响深层学习方式,且记忆知识学习观每提高 1 个单位,深

层学习方式提高 0.092 个单位;一流学科校大学生的应用知识学习观与深层学习方式的标准化路径系数为 0.204($p<0.001$),说明一流学科校大学生的应用知识学习观显著正向影响深层学习方式,且应用知识学习观每提高 1 个单位,深层学习方式提高 0.204 个单位。综合记忆知识学习观、应用知识学习观对浅层学习方式和深层学习方式的影响可知,记忆知识学习观和应用知识学习观对深层学习方式均有显著正向影响,且应用知识学习观的影响大于记忆知识学习观的影响,在对浅层学习方式的影响上,应用知识学习观会抑制浅层学习方式,而记忆知识学习观则会促进浅层学习方式的形成,且记忆知识学习观的影响大于应用知识学习观。总体而言,应用知识学习观更有利于一流学科校大学生形成深层的学习方式。

一流学科校大学生的记忆知识学习观与学习收获的标准化路径系数为 -0.037($p<0.001$),说明一流学科校大学生的记忆知识学习观显著负向影响学习收获,且记忆知识学习观每提高 1 个单位,学习收获降低 0.037 个单位。一流学科校大学生的应用知识学习观与学习收获的标准化路径系数为 0.144($p<0.001$),说明一流学科校大学生的应用知识学习观显著正向影响学习收获,且应用知识学习观每提高 1 个单位,学习收获提高 0.144 个单位。总体而言,记忆知识学习观会抑制一流学科校大学生的学习收获,而应用知识学习观则会促进一流学科校大学生学习收获的提升,且提升幅度大于抑制幅度。

一流学科校大学生的课堂环境感知与浅层学习方式的标准化路径系数为 -0.143($p<0.001$),说明一流学科校大学生的课堂环境感知显著负向影响浅层学习方式,且课堂环境感知每提高 1 个单位,浅层学习方式就降低 0.143 个单位。一流学科校大学生的课堂环境感知与深层学习方式的标准化路径系数为 0.613($p<0.001$),说明一流学科校大学生的课堂环境感知显著正向影响深层学习方式,且课堂环境感知每提高 1 个单位,深层学习方式就提高 0.613 个单位。综合课堂环境感知与浅层学习方式和深层学习方式的标准化路径系数,一流学科校大学生对课堂环境感知的改善有利于提升一流学科校大学生的深层学习方式而抑制浅层学习方式,且促进作用远大于抑制作用。

一流学科校大学生课堂环境感知与学习参与的标准化路径系数为 0.241($p<0.001$),说明一流学科校大学生的课堂环境感知显著正向影响学习参与,且课堂环境感知每提高 1 个单位,学习参与就提高 0.241 个单位。这意味着一流学科校大学生对课堂环境感知的改善有利于提升一流学科校大学生学

习参与的积极性。

一流学科校大学生课堂环境感知与学习收获的标准化路径系数为 0.477（$p<0.001$），说明一流学科校大学生的课堂环境感知显著正向影响学习收获，且课堂环境感知每提高 1 个单位，学习收获就提高 0.477 单位。这意味着一流学科校大学生对课堂环境感知的改善有利于促进学习收获的提升。

一流学科校大学生课堂环境感知与学习满意度的标准化路径系数为 0.694（$p<0.001$），说明一流学科校大学生的课堂环境感知显著正向影响学习满意度，且课堂环境感知每提高 1 个单位，学习满意度就提高 0.694 个单位。这意味着一流学科校大学生对课堂环境感知的改善有利于提高一流学科校大学生对学习的满意度。此外，一流学科校大学生课堂环境感知与学习满意度的标准化路径系数大于其对学习收获的标准化路径系数，说明一流学科校大学生对课堂环境的感知对学习满意度的影响力大于其对学习收获的影响力。

一流学科校大学生深层学习方式与学习参与的标准化路径系数为 0.533（$p<0.001$），说明一流学科校大学生的深层学习方式显著正向影响学习参与，且深层学习方式每提高 1 个单位，学习参与就提高 0.533 个单位。一流学科校大学生的浅层学习方式与学习参与的标准化路径系数为 -0.191（$p<0.001$），说明一流学科校大学生的浅层学习方式显著负向影响学习参与，且浅层学习方式每提高 1 个单位，学习参与就降低 0.191 个单位。综合深层学习方式和浅层学习方式对学习参与的影响，深层学习方式对一流学科校大学生的学习参与有积极的促进作用，而浅层学习方式则有抑制作用，且促进作用大于抑制作用。

一流学科校大学生的深层学习方式与学习收获的标准化路径系数为 0.184（$p<0.001$），说明一流学科校大学生的深层学习方式显著正向影响学习收获，且深层学习方式每提高 1 个单位，学习收获就提高 0.184 个单位。一流学科校大学生的浅层学习方式与学习收获的标准化路径系数为 -0.069（$p<0.001$），说明一流学科校大学生的浅层学习方式显著负向影响学习收获，且浅层学习方式每提高 1 个单位，学习收获就降低 0.069 个单位。综合深层学习方式与浅层学习方式对学习收获的影响，深层学习方式对一流学科校大学生的学习收获具有积极的促进作用，而浅层学习方式则有抑制作用，且促进作用大于抑制作用。

一流学科校大学生的学习参与对学习收获的标准化路径系数为 0.180

（$p<0.001$），说明一流学科校大学生的学习参与显著正向影响学习收获，且学习参与每提高 1 个单位，学习收获就提高 0.180 个单位。这意味着学生的学习参与越积极，学习收获越大。

一流学科校大学生的学习参与对学习满意度的标准化路径系数为 0.137（$p<0.001$），说明一流学科校大学生的学习参与显著正向影响学习满意度，且学习参与每提高 1 个单位，学习满意度就提高 0.137 个单位。这意味着学生的参与越积极，学习满意度也越高，并且一流学科校大学生的学习参与对学习满意度的影响力大于其对学习收获的影响力。

综上所述，虽然记忆知识学习观对课堂环境感知和深层学习方式有一定促进作用，但是应用知识学习观的促进作用更大。因此，帮助一流学科校大学生形成应用知识的学习观，有利于改善一流学科校大学生对课堂环境的感知，进而有利于促进一流学科校大学生运用深层学习方式，并抑制浅层学习方式的运用，改善学习参与的积极性，并最终促进学习收获和学习满意度的提高，形成良性的学习结构。

三、双非校大学生学情的主要特征

2019 年参与 NCSS 的双非校大学生共有 129884 名，以下将对这些学生学习的过程性要素和结果性要素的主要特征进行分析和讨论，然后建构双非校大学生学习的结构模型。

（一）双非校大学生学习过程性要素的主要特征

统计双非校大学生学习过程性要素的均值可以发现（见表 3-44）：在学习观方面，双非校大学生在应用知识学习观的均值（M＝4.90，SD＝0.76）高于记忆知识学习观的均值（M＝4.28，SD＝1.04），说明双非校大学生更倾向于应用知识学习观。进一步分析双非校大学生在学习观二维度上的同意度百分比可知，65.64％的学生认为学习是以记忆知识为主，77.91％的学生则认为学习是以应用知识为主。与一流学科校的大学生相比，双非校大学生在记忆知识学习观和应用知识学习观的均值都有所提升。

表 3-44　双非校大学生学习过程性要素的总体情况

	过程性要素	人数	最小值	最大值	平均值	标准差	同意度百分比/%
学习观	记忆知识学习观	129884	1	6	4.28	1.04	65.64
	应用知识学习观	129884	1	6	4.90	0.76	77.91

续表

过程性要素		人数	最小值	最大值	平均值	标准差	同意度百分比/%
学习参与	课堂参与	129884	1	6	4.32	0.96	66.46
	课后参与	129884	1	6	3.69	1.16	53.86
课堂环境感知	教学手段	129884	1	6	4.59	0.84	71.88
	师生互动	129884	1	6	4.54	0.85	70.87
	同伴互动	129884	1	6	4.63	0.79	72.70
	课业负担	129884	1	6	3.64	0.97	52.79
深层学习方式	内在学习动机	129884	1	6	4.43	0.83	68.65
	主动思考	129884	1	6	4.43	0.76	68.68
	时间管理	129884	1	6	4.19	0.91	63.82
浅层学习方式	外在学习动机	129884	1	6	2.88	1.21	37.54
	浅层学习策略	129884	1	6	3.35	1.05	46.95

在学习参与方面,课堂参与的均值(M=4.32,SD=0.96)远高于课后参与的均值(M=3.69,SD=1.16),说明双非校大学生在课堂参与的表现优于课后参与。进一步分析双非校大学生在学习参与二维度上的同意度百分比可知,66.46%的学生会认真听讲,积极参与课堂,但只有53.86%的学生会在课后与老师讨论学习计划、阅读相关文献、参加学习活动等。与一流学科校的大学生相比,双非校大学生在课堂和课后参与的均值都有所提升。

在课堂环境感知方面,双非校大学生对同伴互动感知的均值最高(M=4.63,SD=0.79),对教学手段感知的均值次之(M=4.59,SD=0.84),对师生互动感知的均值第三(M=4.54,SD=0.85),而课业负担感知的均值则为3.64(SD=0.97)。进一步分析双非校大学生在课堂环境感知四维度上的同意度百分比可知,71.88%的学生同意教师在课堂上能够运用良好的教学手段和方法,70.87%的学生认同教师在课后能够提供指导,并能给予有益的反馈和建议,72.70%的学生认为自己能够积极参与同学的交流、小组讨论及合作等,而52.79%的学生认为老师布置的作业很难,课堂内容和课后作业都需要花很多时间来消化。与一流学科校大学生相比,双非校大学生在教学手段、师生互动和同伴互动感知的均值均有所提升,同时在课业负担感知的均值也高于一流学科校大学生的均值。

在深层学习方式方面,双非校大学生在内在学习动机(M=4.43,SD=

0.83)和主动思考的均值(M＝4.43，SD＝0.76)都高于时间管理的均值(M＝4.19，SD＝0.91)。进一步分析双非校大学生在深层学习方式三维度上的同意度百分比可知，68.65％的学生认为自己是在兴趣、好奇心的驱动下学习的，68.68％的学生认为自己在学习过程中会思考学到什么，会主动对所学知识提出疑问，63.82％的学生会合理安排好自己的学习时间，会提前规划时间、预习学习的内容。与一流学科校大学生相比，双非校大学生在内在学习动机、主动思考和时间管理上的均值均有所提升。

在浅层学习方式方面，双非校大学生在外在学习动机的均值(M＝2.88，SD＝1.21)要低于浅层学习策略的均值(M＝3.35，SD＝1.05)。进一步分析双非校大学生在浅层学习方式二维度上的同意度百分比可知，37.54％的学生认同自己是受考试等外在学习动机驱动着学习的，而46.95％的学生认同自己是采用如死记硬背等浅层学习方式学习。与一流学科校大学生相比，双非校大学生在外在学习动机和浅层学习策略上的均值都有所升高。

（二）双非校大学生学习结果性要素的主要特征

统计双非校大学生学习结果性要素的均值可以发现(见表3-45)：在学习收获方面，双非校大学生在价值观收获的均值(M＝4.84，SD＝0.77)最高，技能收获的均值(M＝4.77，SD＝0.78)次之，而知识收获的均值(M＝4.56，SD＝0.87)最低。进一步分析双非校大学生在学习收获三维度上的同意度百分比可知，71.27％的学生认同自己在知识方面的收获很大，75.43％的学生则认同自己在技能方面的收获很大，76.75％的学生认同自己在价值观方面的收获很大。与一流学科校大学生相比，双非校大学生在知识、技能和价值观收获的均值都有所提升。

表 3-45　双非校大学生学习结果性要素的总体情况

	结果性要素	人数	最小值	最大值	平均值	标准差	同意度百分比/%
学习收获	知识收获	129884	1	6	4.56	0.87	71.27
	技能收获	129884	1	6	4.77	0.78	75.43
	价值观收获	129884	1	6	4.84	0.77	76.75
学习满意度	教学满意度	129884	1	6	4.59	0.85	71.87
	校园支持满意度	129884	1	6	4.52	0.86	70.43
	人际关系满意度	129884	1	6	4.75	0.78	75.04

在学习满意度方面，双非校大学生在人际关系满意度的均值(M＝4.75，

SD＝0.78)最高,教学满意度的均值(M＝4.59,SD＝0.85)次之,校园支持满意度的均值(M＝4.52,SD＝0.86)最低。进一步分析双非校大学生在学习满意度三维度上的同意度百分比可知,71.87％的学生对教师的教学感到满意,70.43％的学生对校园支持感到满意,75.04％的学生对人际关系感到满意。与一流学科校大学生相比,双非校大学生在教学、校园支持和人际关系的满意度都要更高。

(三)双非校大学生学习结构模型的主要特征

为了检验双非校大学生学习结构假设模型的合理性,本研究运用结构方程模型对假设模型进行检验,采用的是极大似然估计,得出拟合指数的结果如下:CFI＝0.931＞0.9,RMSEA＝0.037＜0.08,TLI＝0.928＞0.9,RSMR＝0.055＜0.08。根据拟合指标良好的标准,双非校大学生学习结构验证模型的拟合指数均达到了拟合优度模型的水平,这表明该模型的建立是合理的。具体的模型检验结果见表 3-46 和图 3-13。

表 3-46　双非校大学生学习结构验证模型结果

变量关系		标准化路径系数	P 值	假设是否成立
学习观→课堂环境感知	记忆知识学习观→课堂环境感知	0.156	＜0.001	H1a 成立
	应用知识学习观→课堂环境感知	0.457	＜0.001	H1b 成立
学习观→学习方式	记忆知识学习观→深层学习方式	0.119	＜0.001	H2a1 成立
	记忆知识学习观→浅层学习方式	0.236	＜0.001	H2a2 成立
	应用知识学习观→深层学习方式	0.201	＜0.001	H2b1 成立
	应用知识学习观→浅层学习方式	−0.163	＜0.001	H2b2 成立
学习观→学习收获	记忆知识学习观→学习收获	−0.036	＜0.001	H3a 成立
	应用知识学习观→学习收获	0.155	＜0.001	H3b 成立
课堂环境感知→学习方式	课堂环境感知→深层学习方式	0.615	＜0.001	H4a 成立
	课堂环境感知→浅层学习方式	−0.077	＜0.001	H4b 成立
课堂环境感知→学习参与		0.229	＜0.001	H5 成立
课堂环境感知→学习收获		0.503	＜0.001	H6 成立
课堂环境感知→学习满意度		0.623	＜0.001	H7 成立
学习方式→学习参与	深层学习方式→学习参与	0.523	＜0.001	H8a 成立
	浅层学习方式→学习参与	−0.208	＜0.001	H8b 成立

续表

	变量关系	标准化路径系数	P 值	假设是否成立
学习方式→学习收获	深层学习方式→学习收获	0.170	<0.001	H9a 成立
	浅层学习方式→学习收获	−0.075	<0.001	H9b 成立
	学习参与→学习收获	0.164	<0.001	H10 成立
	学习参与→学习满意度	0.212	<0.001	H11 成立

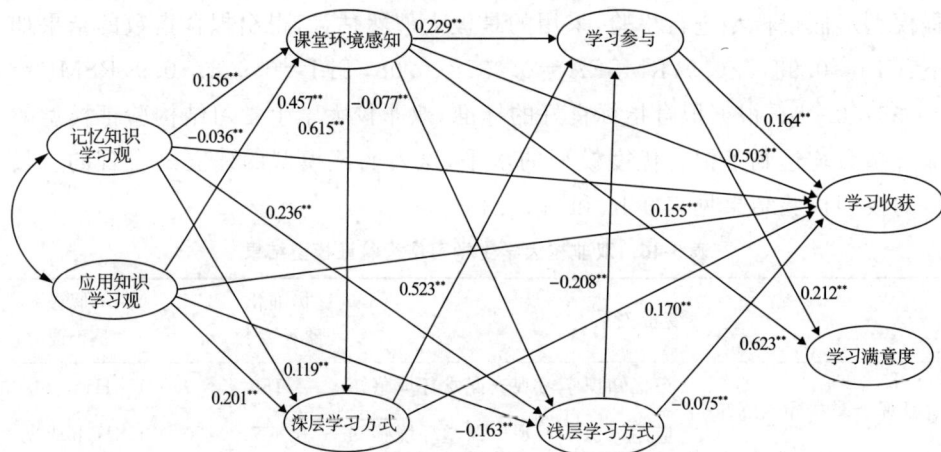

图 3-13 双非校大学生的学习结构验证模型

由表 3-46 的假设检验结果可知,本假设的十一个假设均获得数据结果的支持。具体而言,双非校大学生的记忆知识学习观与课堂环境感知的标准化路径系数为 0.156($p<0.001$),说明双非校大学生的记忆知识学习观显著正向影响课堂环境感知,且记忆知识学习观每提高 1 个单位,课堂环境感知提高 0.156 个单位;双非校大学生的应用知识学习观与课堂环境感知的标准化路径系数为 0.457($p<0.001$),说明双非校大学生的应用知识学习观显著正向影响课堂环境感知,且应用知识学习观每提高 1 个单位,课堂环境感知提高 0.457 个单位。比较记忆知识学习观与应用知识学习观对课堂环境感知的标准化路径系数可知,应用知识学习观对双非校大学生课堂环境感知的影响大于记忆知识学习观的影响。

双非校大学生的记忆知识学习观与浅层学习方式的标准化路径系数为 0.236($p<0.001$),说明双非校大学生的记忆知识学习观显著正向影响浅层

学习方式,且记忆知识学习观每提高1个单位,浅层学习方式提高0.236个单位;双非校大学生的应用知识学习观与浅层学习方式的标准化路径系数为 $-0.163(p<0.001)$,说明双非校大学生的应用知识学习观显著负向影响浅层学习方式,且应用知识学习观每提高1个单位,浅层学习方式降低0.163个单位;双非校大学生的记忆知识学习观与深层学习方式的标准化路径系数为 $0.119(p<0.001)$,说明双非校大学生的记忆知识学习观显著正向影响深层学习方式,且记忆知识学习观每提高1个单位,深层学习方式提高0.119个单位;双非校大学生的应用知识学习观与深层学习方式的标准化路径系数为 $0.201(p<0.001)$,说明双非校大学生的应用知识学习观显著正向影响深层学习方式,且应用知识学习观每提高1个单位,深层学习方式提高0.201个单位。综合记忆知识学习观、应用知识学习观对浅层学习方式和深层学习方式的影响可知,记忆知识学习观和应用知识学习观对深层学习方式均有显著正向影响,且应用知识学习观的影响大于记忆知识学习观的影响,在对浅层学习方式的影响上,应用知识学习观会抑制浅层学习方式,而记忆知识学习观则会促进浅层学习方式的形成,且记忆知识学习观的影响大于应用知识学习观。总体而言,应用知识学习观更有利于双非校大学生形成深层的学习方式。

　　双非校大学生的记忆知识学习观与学习收获的标准化路径系数为 -0.036 $(p<0.001)$,说明双非校大学生的记忆知识学习观显著负向影响学习收获,且记忆知识学习观每提高1个单位,学习收获降低0.036个单位。双非校大学生的应用知识学习观与学习收获的标准化路径系数为 $0.155(p<0.001)$,说明双非校大学生的应用知识学习观显著正向影响学习收获,且应用知识学习观每提高1个单位,学习收获提高0.155个单位。总体而言,记忆知识学习观会抑制双非校大学生的学习收获,而应用知识学习观则会促进双非校大学生学习收获的提升,且提升幅度大于抑制幅度。

　　双非校大学生的课堂环境感知与浅层学习方式的标准化路径系数为 $-0.077(p<0.001)$,说明双非校大学生的课堂环境感知显著负向影响浅层学习方式,且课堂环境感知每提高1个单位,浅层学习方式就降低0.077个单位。双非校大学生的课堂环境感知与深层学习方式的标准化路径系数为 $0.615(p<0.001)$,说明双非校大学生的课堂环境感知显著正向影响深层学习方式,且课堂环境感知每提高1个单位,深层学习方式就提高0.615个单位。综合课堂环境感知与浅层学习方式和深层学习方式的标准化路径系数,双非校大学生对课堂环境感知的改善有利于提升双非校大学生的深层学习方

式而抑制浅层学习方式,且促进作用远大于抑制作用。

双非校大学生课堂环境感知与学习参与的标准化路径系数为 0.229($p<$ 0.001),说明双非校大学生的课堂环境感知显著正向影响学习参与,且课堂环境感知每提高 1 个单位,学习参与就提高 0.229 个单位。这意味着双非校大学生对课堂环境感知的改善有利于提升双非校大学生学习参与的积极性。

双非校大学生课堂环境感知与学习收获的标准化路径系数为 0.503($p<$ 0.001),说明双非校大学生的课堂环境感知显著正向影响学习收获,且课堂环境感知每提高 1 个单位,学习收获就提高 0.503 单位。这意味着双非校大学生对课堂环境感知的改善有利于促进学习收获的提升。

双非校大学生课堂环境感知与学习满意度的标准化路径系数为 0.623($p<0.001$),说明双非校大学生的课堂环境感知显著正向影响学习满意度,且课堂环境感知每提高 1 个单位,学习满意度就提高 0.623 个单位。这意味着双非校大学生对课堂环境感知的改善有利于提高双非校大学生对学习的满意度。此外,双非校大学生课堂环境感知与学习满意度的标准化路径系数大于其对学习收获的标准化路径系数,说明双非校大学生对课堂环境的感知对学习满意度的影响力大于其对学习收获的影响力。

双非校大学生深层学习方式与学习参与的标准化路径系数为 0.523($p<$ 0.001),说明双非校大学生的深层学习方式显著正向影响学习参与,且深层学习方式每提高 1 个单位,学习参与就提高 0.523 个单位。双非校大学生的浅层学习方式与学习参与的标准化路径系数为 -0.208($p<0.001$),说明双非校大学生的浅层学习方式显著负向影响学习参与,且浅层学习方式每提高 1 个单位,学习参与就降低 0.208 个单位。综合深层学习方式和浅层学习方式对学习参与的影响,深层学习方式对双非校大学生的学习参与有积极的促进作用,而浅层学习方式则有抑制作用,且促进作用大于抑制作用。

双非校大学生的深层学习方式与学习收获的标准化路径系数为 0.170($p<0.001$),说明双非校大学生的深层学习方式显著正向影响学习收获,且深层学习方式每提高 1 个单位,学习收获就提高 0.170 个单位。双非校大学生的浅层学习方式与学习收获的标准化路径系数为 -0.075($p<0.001$),说明双非校大学生的浅层学习方式显著负向影响学习收获,且浅层学习方式每提高 1 个单位,学习收获就降低 0.075 个单位。综合深层学习方式与浅层学习方式对学习收获的影响,深层学习方式对双非校大学生的学习收获具有积极的促进作用,而浅层学习方式则有抑制作用,且促进作用大于抑制作用。

　　双非校大学生的学习参与对学习收获的标准化路径系数为 0.164($p<$ 0.001),说明双非校大学生的学习参与显著正向影响学习收获,且学习参与每提高 1 个单位,学习收获就提高 0.164 个单位。这意味着学生的学习参与越积极,学习收获越大。

　　双非校大学生的学习参与对学习满意度的标准化路径系数为 0.212($p<$ 0.001),说明双非校大学生的学习参与显著正向影响学习满意度,且学习参与每提高 1 个单位,学习满意度就提高 0.212 个单位。这意味着学生的参与越积极,学习满意度也越高,并且双非校大学生的学习参与对学习满意度的影响力大于其对学习收获的影响力。

　　综上所述,虽然记忆知识学习观对课堂环境感知和深层学习方式有一定促进作用,但是应用知识学习观的促进作用更大。因此,帮助双非校大学生形成应用知识的学习观,有利于改善双非校大学生对课堂环境的感知,进而有利于促进双非校大学生运用深层学习方式,并抑制浅层学习方式的运用,改善学习参与的积极性,并最终促进学习收获和学习满意度的提高,形成良性的学习结构。

四、不同类型高校大学生学情的差异性

　　总体而言,不同类型高校大学生学习结构呈现出一些相似的特征,这些特征在第二节对不同年级大学生所呈现出相似特征的总结中已有陈述,此处不再赘述。在不同类型高校大学生中,虽然各因素之间的路径系数大致符合总体特征,但不同类型高校大学生之间存在一定的差异,表现出各自的特征(见表 3-47)。

表 3-47　不同类型高校大学生学习结构标准化系数的差异

	变量关系	一流校	一流学科校	双非校
学习观→课堂环境感知	记忆知识学习观→课堂环境感知	0.075**	0.135**	0.156**
	应用知识学习观→课堂环境感知	0.502**	0.436**	0.457**
学习观→学习方式	记忆知识学习观→深层学习方式	0.106**	0.092**	0.119**
	记忆知识学习观→浅层学习方式	0.335**	0.298**	0.236**
	应用知识学习观→深层学习方式	0.233**	0.204**	0.201**
	应用知识学习观→浅层学习方式	−0.201**	−0.206**	−0.163**
学习观→学习收获	记忆知识学习观→学习收获	−0.034**	−0.037**	−0.036**
	应用知识学习观→学习收获	0.163**	0.144**	0.155**

续表

	变量关系	一流校	一流学科校	双非校
课堂环境感知→学习方式	课堂环境感知→深层学习方式	0.600**	0.613**	0.615**
	课堂环境感知→浅层学习方式	−0.112**	−0.143**	−0.077**
	课堂环境感知→学习参与	0.263**	0.241**	0.229**
	课堂环境感知→学习收获	0.477**	0.477**	0.503**
	课堂环境感知→学习满意度	0.707**	0.694**	0.623**
学习方式→学习参与	深层学习方式→学习参与	0.505**	0.533**	0.523**
	浅层学习方式→学习参与	−0.211**	−0.191**	−0.208**
学习方式→学习收获	深层学习方式→学习收获	0.239**	0.184**	0.170**
	浅层学习方式→学习收获	−0.094**	−0.069**	−0.075**
	学习参与→学习收获	0.092	0.180**	0.164**
	学习参与→学习满意度	0.094**	0.137**	0.212**

注：* $p<0.05$；* * <0.01。

在学习观方面，记忆知识学习观对双非校大学生课堂环境感知的正向影响最大，对一流学科校大学生的正向影响次之，对一流校大学生的正向影响最小；对双非校大学生深层学习方式的正向影响最大，对一流校大学生的正向影响次之，而对一流学科校大学生的正向影响最小；对一流校大学生浅层学习方式的正向影响最大，对一流学科校大学生的正向影响次之，对双非校大学生的正向影响最小；对三类院校大学生学习收获的抑制作用相差不大。应用知识学习观对一流校大学生课堂环境感知的促进作用最大，对双非校大学生的促进作用次之，对一流学科校大学生的促进作用小于其他两类院校大学生；对一流校大学生深层学习方式的促进作用最大，对一流学科校和双非校大学生的促进作用相差不大；对一流学科校和一流校大学生浅层学习方式的抑制作用相差不大，均大于对双非校大学生的抑制作用；对一流校大学生学习收获的促进作用最大，对双非校大学生的促进作用次之，对一流学科校大学生的促进作用最小。总体而言，应用知识学习观对一流校大学生学习的促进作用大于对其他类型高校大学生学习的促进作用。

在课堂环境感知方面，课堂环境感知对一流学科校大学生浅层学习方式的抑制作用最大，对一流校大学生的抑制作用次之，对双非校大学生的抑制作用最小；对一流校大学生学习参与的促进作用最大，对一流学科校大学生的促进作用次之,对双非校大学生的促进作用最小;对一流校和一流学科校大学生学习收获的促进作用大小相等,且都小于对双非校学习收获的作用;对一流校大学生学习满意度的促进作用最大,对一流学科校大学生的促进作用次之,对双非校大学生的促进作用最小。总体而言,课堂环境感知对一流校和一流学科校大学生学习的影响要大于其对双非校大学生学习的影响。

在学习方式方面,深层学习方式对一流学科校大学生学习参与的正向影响最大,对双非校大学生的影响次之,对一流校大学生的影响最小;对一流校大学生学习收获的正向影响最大,对一流学科校大学生的影响次之,对双非校大学生的影响最小。浅层学习方式对一流校大学生学习参与和学习收获的抑制作用最大,对双非校大学生的抑制作用次之,对一流学科校大学生的抑制作用最小。总体而言,深层学习方式对一流学科校大学生学习的正向影响最大,浅层学习方式对一流校大学生学习的抑制作用最大,而对一流学科校大学生学习的抑制作用最小。

在学习参与方面,学习参与对一流学科校大学生学习收获的促进作用最大,对双非校大学生的促进作用次之,对一流校大学生的促进作用最小;对双非校大学生学习满意度的正向影响最大,对一流学科校大学生的影响次之,对一流校大学生的影响最小。

总体而言,不同因素对不同类型高校大学生的学习收获和学习满意度的影响程度不同,表现出鲜明的特征,这些不同的特征对于我们认识不同类型高校大学生的学习规律,进行分类课程教学改革具有重要的参考意义和指导价值。

第四章　国家大学生学情理论模型

第一节　课程论视角的国家大学生学情理论分析

一、学科逻辑下大学生学习的理论分析

学科逻辑下的学生学习强调按照学科的知识体系设置课程,凸显教师在学生学习中的主导地位,强调知识的获取。

（一）学科的科学含义

学科是相对独立的知识体系。学科规训的旨趣在于知识生产和学科发展,而知识生产的组织载体则应是学科,通过一定的规则来审定知识是否应该归属于或不归属于某一学科,并且建立相应的组织来实现同一学科知识的生产和传承。① 这方面,华勒斯坦的观点有一定代表性,其认为:"19 世纪思想史的首要标志就在于知识的学科化和专门化,即创立了以生产新知识、培养知识创造者为宗旨的永久性制度结构"。②

从而,学科逻辑的本质是知识,学科只是人为对知识的一种分类。通常情况下,我们将"知识"定义为人在改造世界的实践中所获得的认识和经验的总和。③ 目前,"什么是知识"的问题尚无统一定论,大多数哲学家赞同柏拉图对知识的定义,认为知识是经过证实了的真的信念。柏拉图对知识的定义揭示了知识和信念的关系及信念转化为知识的必要条件。西方自 20 世纪 60 年代流行"知识就是四个 W",后有学者提出新的看法,将其补充为"五个 W,一个

---

① 杨院. 研究生教育基层学术组织研究[J]. 江苏高教,2011,(3):61-64.
② 华勒斯坦,等. 开放社会学:重建社会科学报告书[M]. 北京:生活·读书·新知三联书店,1997:9.
③ 刘邦凡. 逻辑、知识与认知逻辑[M]. 北京:中国社会科学出版社,2019:86.

H",包括知道是什么(Know-what)、知道为什么(Know-why)、知道怎么做(Know-how)、知道是谁(Know-who)、知道什么时间(Know-when)、知道什么地点(Know-where)。可以看出,知识的概念具有宽广的外延。要素主义者持有"符合论"的知识观,认为真理或者与客观的物质世界的事实相符合,或者与精神宇宙的先定的理念相一致。① 要素主义者认为,知识是人类文明史的精华,以书本教材为生存方式,以学科课程为呈现方式,而知识的获得过程即真理的发现与接受过程。

(二)学科逻辑对大学生学习的规定性

学科逻辑下的大学生学习强调课程体系以学科知识为准绳,以知识讲授的方式开展课程教学,以知识的获取作为学生学习成果的主要内容。

1. 强调课程体系以学科知识为准绳

按照学科的逻辑设置课程,注重学科内知识体系完整地呈现在课程体系中。学科逻辑以知识为核心,以分化的学科课程为组织方式,强调学科课程对大学生学习的重要意义。20世纪60年代以来关于学科课程的理论主要有:美国教育心理学家布鲁纳(Bruner J S)的结构主义课程论、德国教育学家瓦根舍因(Wagenschein M)的范例方式课程论、苏联教育家赞科夫(Bahkob J B)的发展主义课程论。学科中心课程理论主张课程应以学科的分类为基础,课程按照学科内知识的逻辑和系统进行设置,以学科教学为核心,以掌握学科的基本知识、基本规律和相应的技能为目标。从而学科逻辑下,高校的课程体系以完整、系统的组织学科知识为核心,学生的学习主要围绕学科知识进行。

2. 以知识讲授的方式开展课程教学

学科逻辑下,系统化的知识讲授是课程教学活动的主要形式。永恒主义者艾德勒称讲授法为"通过教学进行的学习",强调教学过程对学习的重要性。要素主义者认为,知识传授过程是对学生进行心智训练的过程,也是教师向学生灌输知识的过程。莫里森将科学型学科的知识传授过程分为五个阶段。第一个阶段是探索阶段,引导学生回顾和反思已有经验,建立新经验和旧经验的联系,从而激发学生的学习动机。第二个阶段是提示阶段,整个教学过程以教材、教案等为知识载体,教师实现知识的输出,学生通过学习获取新经验。第三个阶段是类化阶段,教师居于教学的主导地位,引导学生进行知识的加工,加深学生对知识的掌握。第四个阶段是组织化阶段,通过整理材料,归纳普遍

---

① 赵卿敏. 课程论基础[M]. 武汉:华中科技大学出版社,2004:69.

性的知识。第五个阶段是复述阶段,学习成果通过口述、笔记等形式展现。这五个阶段遵循由简到难、由浅入深的教学原则,合理组织知识传授的全过程。在此过程中,学生在教师的引导下系统地学习和掌握学科知识。

3. 以知识的获取作为学生学习成果的主要内容

学科逻辑下,学生学习的成果主要以学科知识的获取情况作为考量。要素主义和永恒主义是学科课程的主要代表。要素主义者认为教育有两个目的,终极目的是促进社会进步与民主的理想的实现,首要目的是着力于个人心智与道德的训练,并且把首要目的当作终极目的的实现路径,并基于教育目的提出"传授文化遗产和进行理智、道德训练"的课程目标。要素主义者认为进步的获得在于消除人的恶的本性,判定进步与非进步的标准应当以人们的智慧和道德是否得到继承和发展来衡量。而智慧与道德的本质就是知识。贝斯特指出:"按着可能达到的最好效果"来衡量教育效果,这是衡量教育成效的"唯一有效方法"。[①] 显然,要素主义不仅把知识当作课程评价的标准,更提出了严要求,要以最好的效果来衡量学生的学习成果。永恒主义重视人文学科和名著课程的评价,同样将知识作为学生学习成果的评价内容。从而,学科逻辑下,学生学习的成果主要以知识的获取作为衡量。

(三)学科逻辑下大学生学习的实践路径

基于学科对大学生学习的规定,在学生学习活动的目标、内容及评价方面均需体现学科逻辑。

1. 以学科课程体系作为学生学习的载体

知识是人类文明的结晶,学科逻辑下要以学科课程体系作为学生学习的主要载体。人类所有的知识划分为五大门类:自然科学,农业科学,医药科学,工程与技术科学,人文与社会科学。从而,课程体系也是在这五大门类范畴下进行分类设置的。我国高等教育划分为 13 个学科门类,分别为:哲学、经济学、法学、教育学、文学、历史学、理学、工学、农学、医学、军事学、管理学、艺术学。在 13 个学科门类下,还具体细分为一级学科、二级学科及专业。在学科的分类体系下,课程的设置也主要是依据学科的类型进行课程体系的设计。

2. 引导学生系统获取学科知识

学科课程注重知识的理论性和系统性,课程实施方式主要是讲授法和接受式教学。要素主义认为,教学是教师的注入过程,是儿童"接受""默认"教师

---

① 赵卿敏. 课程论基础[M]. 武汉:华中科技大学出版社,2004:72.

所灌输的知识和社会遗产的过程。[①]与之相应,学生的学习主要以知识的获取为主,并且由于课程的设置注重知识由浅入深、由易到难的递进,所以,学生的学习过程中主要以记忆为学习方式,由浅入深地掌握系统的学科知识。

3. 以知识的掌握情况作为评价学生学习成果的主要标准

课程评价是对课程教学实践效果的检验,主要集中在学生的学业和课程本身评价两方面。知识逻辑下的课程侧重于学业评价,主要以学生对学科知识的掌握情况作为学校成果的主要标准。针对学生评价,首先要制定合理可行的评价标准。成立评价小组,扩大评价小组成员的来源。在课程评价的过程中,形成性评价和终结性评价相结合,避免唯分数的评价方式。同时注重学生的过程评价,将学生的日常表现纳入评价范围,完善刚柔并济的评价体系。

二、问题逻辑下大学生学习的理论分析

基于对学科本位课程及学习活动的批判,结构功能主义学派等强调课程的综合性,在此基础上应用系统的知识体系对复杂问题进行解决,从而基于问题的逻辑进行学生学习活动的开展。

(一)问题的科学含义

问题是科学研究的起点,问题是实践的起点。对于问题的界定有各种不同,但是对于问题的核心指向为矛盾。

由于对问题的定义不同,所形成的逻辑系统之间也有较大差异:一种是把问题看作逻辑上相当于它的某种回答的命题集;第二种是哈拉提出的把问题直接等同于"主预设"方法,把问题等同于一个命题;第三种把问题理解为某种祈使句,要求回答者提供能满足提问者获得某一知识和愿望的信息。[②]问题是知识的出发点,不同学科存在不同问题。同时,问题一般涉及多个学科范畴和多个知识领域,单一的学科和知识无法解决跨学科的问题。当然,问题也是镶嵌于特定活动范畴中的,如社会问题、学科问题、经济问题等等。由于问题的多样性和复杂性,就要求在系统全面掌握各学科、各领域的知识的基础上,基于特定的思维能力来分析和解决问题。所以,问题逻辑实则是交叉问题及复杂问题的逻辑,以问题为中心开展教育活动,以此衍生出相应的学习活动。

---

① 和学新.学科课程理论形态的确立——要素主义课程述评[J].西北师大学报(社会科学版),2001(6):12-16.

② 刘邦凡.逻辑、知识与认知逻辑[M].北京:中国社会科学出版社,2019:86.

社会改造主义课程流派就是其中的典型代表,社会改造主义课程论流派以社会实际问题为课程内容,教育的目的是推动社会的变化发展以实现理想社会。

(二)问题逻辑对大学生学习的规定性

基于问题的逻辑,高校的培养体系及大学生的学习必须强调知识体系的完整性、重视学生问题意识的形成以及注重学生思维能力的培养。

1. 强调知识体系的完整性

不同于学科逻辑的课程,问题逻辑下的学生学习要求突破学科划分对系统知识体系的割裂,强调学生形成完整的知识体系。这就要求学生的学习不能仅仅是基于学科的学习,课程的设置也不应仅仅是学科内容,而应该是系统而全面的通识课程体系。1943 年,哈佛大学校长科南特(Conant,J.)任命哈佛文理学院院长巴克成立一个专门委员会,对"民主社会中的通识教育目标问题"进行研究,最终在 1945 年出版了《自由社会中的通识教育》(亦称《哈佛通识教育红皮书》")。该书明确指出,通识教育应着重培养人"有效的思考、交流思想、作出恰当判断以及辨别价值"这四种能力,通识教育课程应包括"自然科学、社会科学和人文科学"三大领域。通识教育有助于帮助学生形成系统全面的知识体系。只有具备了系统全面的知识体系,才能具有较高的批判能力和思维能力,才能更为准确地理解世界的复杂性。

2. 重视问题意识的形成

问题意识是个体识别及确定问题的能力,是个体思考和解决问题的前提,也是学生独立性和主体性的体现。人类认识世界、改造世界的过程,就是一个发现问题、解决问题的过程。从而,学生问题意识的形成至关重要。问题逻辑下的大学生学习强调学生问题意识的形成。爱因斯坦曾说"提出一个问题往往比解决一个问题更重要,因为解决问题也许仅仅是一个数学上或实验上的技能而已,而提出新的问题,新的可能性,从新的角度去看待旧的问题,却需要有创造性的想象力,而且标志着科学的真正进步"。所以,在具备系统全面知识体系的基础上,高校要注重培养大学生的好奇心,学生要养成独立思考的习惯,养成批判精神,形成识别问题和发现问题的能力。

3. 注重思维能力的培养

问题逻辑下的学生学习活动要求学校要注重学生思维能力的培养,学生要在学习过程中不断提升思维能力。思维能力是个体通过分析、综合、概括、抽象、比较、具体化和系统化等一系列过程,对感性材料进行加工并转化为理性认识及解决问题的能力。概念、判断及推理等是思维的基本形式。思维能力是学生学习能力的重要内容,也是学生分析和解决问题的关键所在。理查德·莱文认为本科教育的核心是通识,是培养学生批判性思维和独立思考能力,并为终身学习打下基础。并且,莱文认为:专业的知识和技能是学生们拥有"思考能力"后,根据自己的意愿,在大学毕业后才需要去学习和掌握的东西,那并不是耶鲁大学教育的任务。问题逻辑下的学生学习强调学生对复杂问题的解决能力,而问题解决能力的核心是思维能力。从而,高校在课程设置、课程实施及课程效果评价方面注重学生思维能力的培养和提升,大学生自身的学习活动也需围绕思维能力的不断提升而展开。

(三)问题逻辑下大学生学习的实践路径

问题逻辑下大学生学习应当在学习目标方面提高学生跨学科学习、问题识别、问题解决、自主学习、合作学习的能力。学习过程中坚持学生为主体、教师做指导,基于问题生成学习过程,采用跨学科、跨专业的项目式学习和合作学习方式。在学习评价中采用多主体评价方式,关注学生的形成性收获。

1. 确立以"问题"为核心的学习目标

以"问题"为核心,主要从跨学科学习、问题识别与解决及学生的合作学习等方面确定学习目标。

首先,增强学生跨学科学习的能力。问题的复杂性要求必须基于多领域、多学科知识探究问题的解决策略。因而,学生必须习得跨学科学习的能力,基于研究问题探查不同学科知识之间的逻辑关系,形成完整的知识体系,提升学生的融合创新能力。其次,提高学生识别问题和解决问题的能力。一方面,在学习过程中引导学生树立问题意识,能够发现与辨明实际社会生活中的现实问题。另一方面,引导学生基于问题掌握知识获取、知识迁移与知识应用的多元能力,构建解决问题的系统策略。最后,培养学生的自主学习和合作学习能力。一方面,问题须由学生本人解决,因而必须提高学生对问题的自我建构能力和深度思考能力,培养自主型的学习者。另一方面,基于问题的学习必须在具备不同知识背景的异质他者中生成,因而必须培养合作型的学习者。

2. 凸显学生主体性的项目式学习

问题逻辑下的学习过程要凸显学生的主体性,以项目为载体,引导学生合作学习,在此过程中强化问题意识,提升问题的识别、分析和解决能力。

首先,问题逻辑下学习活动的主体是学生。通过促进学生自主地对问题进行发现、辨识、假设和验证,使学生自主、自愿、自律地建构完整的知识与技能,提升学生学习的积极主动性和自觉能动性。教师在其中担任指导者和协助者的角色。其次,学习过程以问题或课题为导向,突出实践性与操作性。[①]通过引入真实情境和构建模拟情境构建兼具社会意义和自身意义的真实性的课题。促进"一二课堂"联动,增强学生对问题的当事性与具身性,引导学生将学习问题迁移至现实生活,促进学生对实际生活的体察与体认,提升学生对现实社会的责任意识和解决复杂社会问题的能力。最后,学习方式以跨学科、跨专业的项目式学习与合作学习为主。通过合作式学习,引导学生在交流合作中习得识别和认知问题的能力,形成对问题的全周期、系统性认知,"发展人的整体的能力",提升人的核心素养。[②]

3. 采用多主体的全过程评价方式

问题逻辑下学生的学习效果评价着重考察学生的问题分析及解决能力,从而应采用多主体的全过程评价方式。

首先,采用真实评价、情境性评价等评价方式,关注学生在问题解决的实际情境中习得的跨学科学习能力、自主学习能力、合作能力、问题意识、责任意识等。其次,采用多主体的评价方式,基于背景、投入、过程、产出的评价模式,关注异质成员共同体的学习收获,客观评价个体和项目小组的学习成果。最后,强调过程性评价和追踪评价。强调人在学习过程中的生成性,关注学生在信息搜集、知识迁移、策略优化等方面生成的实际能力,即时追踪学生的学习不足,并反馈于教学过程,提升学习质量。

三、人本逻辑下大学生学习的理论分析

人本逻辑强调学生的主体性及自我实现,注重学生的生命体验和全面发展,以人的逻辑来考量学生的学习,并以此为起点对高校的课程体系和学生的学习活动进行规训。

(一)"人本"的科学含义

"人本主义"(Humanism)一词来自拉丁文的"humanitas"。[③] 人本思想由来已久。古希腊时期,普罗泰戈拉提出"人是万物的尺度",表明哲学研究从自然转向于人。文艺复兴时期的人文主义关注"人"与"神"哲学的命题,宣扬人

---

① 王卫杰,张娣,陈新民. 问题导向式学习和项目导向式学习的比较分析[J]. 黑龙江高教研究,2018(09):149.
② 钟启泉. 问题学习:新世纪的学习方式[J]. 中国教育学刊,2016(09):31.
③ 陈新忠,董泽芳. 现代西方人本主义思潮的教育影响评析[J]. 大学教育科学,2009(02):66.

的个性解放,肯定人的感性欲求,反对神学和宗教对人的束缚。而启蒙运动时期的人道主义则推崇自由、平等和博爱,并将人的"理性"视为区别于"兽性"的本质特征。

进入 19 世纪,费尔巴哈提出了人本学的概念,将人作为哲学唯一的、普遍的、最高的对象,并构建了灵魂与肉体、思维与存在、感性与理性等人本主义原则。在这之后,马克思立足"现实的个人",批判资本主义工业生产方式对人的压制,提出了人应实现自由而全面的发展。伴随科学技术的发展,工具理性导致了现代人文精神的总体性危机,现代人本主义思想强调人的存在、人性以及本能需要等非理性要素。叔本华率先公开反对理性主义哲学,开创了非理性哲学的先河。尼采的"唯意志论"、柏格森的"生命哲学"、萨特的"存在主义哲学"以及弗洛伊德的"精神分析学说"是现代西方人本主义的重要代表。现代人本主义深刻影响了教育学和心理学等领域。人本主义心理学派代表马斯洛提出人具有多重需要,而人的信念、价值等问题只有通过人的"自我实现"方可解决。罗杰斯强调应在对人的充分尊重的基础上,促进人的自我实现。

从而,人本主义经过古希腊的理性人本主义传统,欧洲文艺复兴时期的世俗人本主义和费尔巴哈的生物学人本主义的补充,发展到现代西方人本主义后走向了非理性人本主义。

(二)人本逻辑对大学生学习的规定性

人本逻辑对大学生学习的规定性体现在三个方面:一是凸显学生的主体性,学习只有对学习者而言是有意义的才是真正的学习;二是学生的发展是自我潜能的实现,强调人在学习中实现认知与情感的统一;三是建立人本视角的世界观,秉持以人为本的原则认识与处理人与世界、人与社会以及人与人之间的关系。

1. 凸显学生的主体性

人本主义对大学生学习的规定性体现为应在学习中凸显学生的主体性,发展"有意义学习",突出学生的情感体验。

首先,人的主体性体现为"学习"必须以学习者本身的意义为起点。康德认为现实创造的最终目的即是"人"本身。人本主义学习理论的根本观点是"学习"应从学习者本身的立场和意义出发,而不能被任何外在的他物代替学习者的学习。并且,"学习"只有在学习者学习对个人有意义的学习材料时才是真正的"有意义学习",对知识的单纯复现并不是"有意义"的学习。其次,人的主体性体现为在学习中应尊重学生的情感体验。人本主义反对将建立在科学知识基础上的认知过程视为人的学习的全部,认为学习是人的情感与认知相统一的过程。在技术化、职业化的学习之外,必须体现学习对人的心灵和生命的重要意义。因而,情感和认知是学习者精神世界不可分割的构成要素。人本主义学习理论对认知与情感综合的观点是尊重生命、培养健全个体的思想在学习领域中的反映。

2. 学生的发展是自我潜能的实现

人本主义认为人不仅关乎存在(being),还关乎生成(becoming)。人本主义认为人的发展是一种生命的活动,而不仅仅是生存的方式。因而,人本逻辑下的学习观认为学生的学习不仅是谋生的手段,更是一种自我发展与自我实现的途径。

基于这种观念,人本主义学习理论对大学生学习的规定性体现为高校、教师应当为学习者创造一个良好的学习环境,让学习者从自身角度感知世界,使学习者发现自身的潜能与个性,进而发展自身作为一个"人"的特征,最终达到自我实现的最高境界。因而,人本逻辑下的学习应当坚持对人的终极关怀来引导人建构完备的人性,让人的个性化特性和潜能得以确认、扬弃、伸张、提升,追求一种人性的丰富性和有意义的人的生活。

3. 建立人本视角的世界观

人本主义以"人本"反对"神本"、"物本"以及"人类中心主义",同时主张按照以人为本的原则认识与处理人与自然、人与社会以及人与人之间的关系。

因而,人本主义将"学习"理解为是一个人的潜能自动地在同人类文化客体互动的过程。人本视角之下的学习要求学生以人文信念作为体察与体认世界的视角。必须通过学生的学习过程生成对人与自然、人与社会以及人与人之间的人文关怀。在学习过程中引导学生建立大自然观,坚持人与自然和谐共生的可持续发展理念,形成人文视角看待和解决社会问题,构建人与人之间的和谐、友爱、共生的人文联系。

(三)人本逻辑下大学生学习的实践路径

人本逻辑下大学生学习的实践进路应是在学习目标中统筹认知与情感因素,关注人的生命价值感。在学习过程中挖掘深入学生精神世界的课程内容,通过融洽的师生关系促进学生学习。在结果生成中关注人的非理性因素的发展状况,坚持学生为评价的主体,关注全周期的学习结果。

1. 以"全人"为目标

首先,学习目标应统筹认知与情感,帮助每个学生发展一种积极的自我概念,构建自我的生命价值。并且,学习的最终目标是通过教学营造良好的教育环境,促进学生的自我完善与自我实现。最后,学生应当在学习中习得具有人文信念的世界观。因而,人本逻辑下学生的学习,应当培养具有理性认知与感性体验的人;培养能够在学习过程中将学习与个人感性生活相联系,构建生命意义,培养"自我实现的人或完整的人"①;培养能够建立与自然、社会和人和谐联系的人。

2. 学习过程注重学生的生命体验

人本逻辑下的学习过程应使整个学习活动深入学生内在情感世界,以师生之间和谐融洽的互动来实现学习目标。

首先,课程内容应深入学生的情感世界。反对"重理轻文、技术主义和工具主义盛行"的课程观,②使课程内容同学生的情感世界、个人生活经验相结合。提供能够对学生产生意义影响的、触发其生命体验的学习材料,使学生的学习是关乎个人自我实现的有意义学习,提升学生的生活态度,人生观和人格修养。其次,通过建立融洽的师生关系促进学生的学习。学习过程是学生与教师两个完整的精神世界的互相沟通、理解的过程。教师应在学生的学习过程中秉持移情的视角,不仅知学生之所知,更应感学生之所感。教师的角色是学生学习的促进者、鼓励者、帮助者以及学生的朋友。

3. 综合考察学生的学习效果

首先,学生的学习结果不仅体现为对科学知识的掌握水平,还体现为人在学习中的获得感、认同感、归属感、成就感等情感因素的发展状况。因而,对学生结果生成的评价应统筹人的认知收获与人的情感收获,关注意志、态度、动机等非理性因素,强调学生的主动性、创造性、个性。其次,对学生学习结果的评价应从学习者本身出发。学习结果的评价不仅是教师对学生的评价,更应体现学生对自我学习结果的评价。以学生为主体的评价观体现了学生切实的学习收获。并且,人本主义认为人的学习是持续一生的过程,因而必须以人的全周期发展状况看待人的学习结果。

---

① 阎乃胜,金林祥. 当代西方人本主义课程观对我国高校课改的启示[J]. 现代大学教育,2010(02):98.

② 杨东平. 试论以人为本的教育价值观[J]. 清华大学教育研究,2010(02):20.

四、职业逻辑下大学生学习的理论分析

职业逻辑下大学生学习着重从外在的社会需求角度来对学生学习活动的开展提出要求。

（一）职业的科学含义

职业是人类社会分工的产物，职业蕴含着多重要素，包括专门的知识和技能、职业对社会的贡献、职业的报酬及价值的实现。从词源角度来看，《现代汉语词典》把职业解释为"个人在社会中所从事的作为主要生活来源的工作"[①]。可以看出，词源学的角度体现了职业的社会性、职业的回报性，同时职业必须从事某种工作。黄炎培认为职业指"用劳力或劳心换取生活需求的日常工作"[②]。此界定则指出职业需要通过劳动以满足生活需求。从上述对于职业的界定我们可以看出，职业强调劳动和工作，而劳动和工作是镶嵌于社会体系中的，并且劳动和工作需要劳动主体具有健康的身体与专门的知识技能，通过工作和劳动获得赖以生存和生活的回报。

依据职业的界定，我们认为职业具有社会性、价值性、时代性及专业性。职业本身是人类社会分工的结果，在工作过程中会形成人与人、劳动者与劳动资料之间的各种关系，以及劳动产品的交换等，这些均体现社会性。职业的价值性主要体现为职业的功用。具体来讲，职业作为一种社会分工，必然是利人利己的，既对于整个社会具有功用和贡献，同时职业作为一种自身的劳动，个体从中获得报酬和收入作为自身生活的来源。从而，职业将个体需要与社会需要结合起来，在满足社会需要的同时满足职业主体的个人需要，并在此过程中实现自我价值。职业的时代性主要指不同的时代，由于社会制度、资源分配方式、人们的生活方式以及科学技术水平的不同，由此所衍生出来的产业结构、职业类型结构、社会分工等也会具有差异性，所以，不同时代的职业也会具有差异性。职业的专业性与时代性相关，随着科学技术水平的不断提升和生产力水平的不断进步，职业所需要的知识和技能越来越趋向于专业化，对于职业伦理的要求也越来越严格，从而，职业的专业化水平也越来越高。

---

① 中国社会科学院语言研究所词典编辑室. 现代汉语词典[M]. 北京：商务印书馆，2005：750.

② 黄炎培. 职业教育的基本理论纲要[M]// 中华职业教育社. 黄炎培教育文选. 上海：上海教育出版社，1985：291.

（二）职业逻辑对大学生学习的规定性

大学生的学习不应仅仅围绕职业而进行,但是必须以职业的需要作为重要考量。职业是大学生学习的实践逻辑,大学生围绕职业的学习区别于纯粹的知识学习以及技能的获取,大学生的学习活动必须体现职业的导向性。从而,依据职业的逻辑,大学生学习要与社会需求紧密衔接、注重终身学习、凸显专业性,并且在此过程中注重工具性与价值性的统一。

1. 重视学习活动的社会属性

基于职业的逻辑,学生的学习是为职业做准备的活动,而职业具有鲜明的社会性、时代性及价值性,从而大学生的学习活动要与社会需求紧密衔接。主要体现在两个方面:一方面,职业对应工作所要求的知识、技能以及能力等,从而大学生的学习活动要与职业所需要的知识、技能等紧密相连,通过学习活动获得相应职业所要求的知识和技能。另一方面,从业者为更好扮演社会角色应该形成良好的社会规范和综合素养,也就是职业从业者的职业"社会化"或"行业化"。这要求大学生的学习活动不能仅仅是知识与技能的学习,必须形成正确的价值观、树立正确的社会道德规范,并习得相关的职业规范与职业道德等内容,并在实践过程中逐步内化于行,成为优秀的社会人和职业人。

2. 强调学生的终身学习

20世纪50年代以来,科学技术迅速发展,产业结构以及职业结构均发生了革命性的变化。产业结构、职业结构、知识技能的更新迭代速度不断提升,传统的一劳永逸的学校教育无法满足人们职业的需要。所以,为顺应职业的需要,必须强调学生的终身学习。

终身学习是特定社会时期的产物。1994年11月30日至12月2日在意大利罗马举行了"首届世界终身学习会议"（罗马会议）,参加会议的有50个国家和地区的470名代表。欧洲终身学习促进会为会议准备的报告提出:"终身学习是21世纪的生存概念。"认为人们如果没有终身学习的概念,就将难以在21世纪生存。[①] 由欧洲终身学习促进会提出并经罗马会议同意的终身学习的定义是:"终身学习是通过一个不断的支持过程来发挥人类的潜能,它激励并使人们有权力去获得他们终身所需要的全部知识、价值、技能与理解,并在任何任务、情况和环境中有信心、有创造性和愉快地应用它们。[②] 所以,为更好

---

① 吴咏诗. 终身学习——教育面向21世纪的重大发展[J]. 教育研究,1995(12):9-13.
② 吴咏诗. 终身学习——教育面向21世纪的重大发展[J]. 教育研究,1995(12):9-13.

地在 21 世纪生存,更好地满足职业的需要,必须强调从业者的终身学习。

3. 凸显学习活动的专业性

随着人类社会分工的不断细化,职业的专业性、技术性也越来越凸显,从而对劳动者素质能力的要求越来越高、专业性也越来越强。这就要求大学生的学习活动也要凸显专业性。

一方面,大学生是高等教育的受教育对象,其学习活动本身就需要体现专业性。高等教育是建立在普通教育之上的专业教育。与普通教育相比,高等教育强调专业性,强调与职业的对接性。另一方面,随着职业的专业性、技术性水平的不断提升,也对高等教育的专业性提出了更高的要求,从而大学生的学习活动也越来越强调专业性。具体来讲,学生需要对专业领域内的知识、技能进行学习,系统掌握本专业的理论基础和技能。与此同时,学生需要从心理上认同本专业的价值体系,形成正确的专业道德和职业规范。然而,在强调学生学习活动专业化和职业化的同时,必须要注重学生通识教育,将学生培养成为"T 型人才",使学生既有专精的知识技能,同时又有广博的知识视野和对复杂问题的跨学科、跨领域解决能力。

(三)职业逻辑下大学生学习的实践路径

依据职业对大学生学习活动的规定性,在高校具体的培养实践活动和学生的学习过程中,要基于职业胜任力的形成引导和规划学生的学习活动,高校努力搭建多样化的培养平台,尤其是注重搭建产教融合的培养平台,并且注重学生学习力的形成和提升。

1. 基于职业需求确定学习目标

基于职业需求引导和规划学生的学习活动强调外在需求对学习的规定。沿着此理念,衍生出许多衔接职业与学习的理论和模型。如哈佛大学教授戴维·麦克利兰(David McClelland)的职业胜任力模型、就业力理论与模型及可雇佣能力理论等等。

胜任力模型是戴维·麦克利兰于 1973 年正式提出,是指能将某一工作中有卓越成就者与普通者区分开来的个人的深层次特征,它可以是动机、特质、自我形象、态度或价值观、某领域知识、认知或行为技能等任何可以被可靠测量或计数的并且能显著区分优秀与一般绩效的个体特征。就业能力及其结构主要是指以个人能力为基础的就业能力,是学生为获得工作所具有的能力。[①] 而可雇佣能力从字面意思来讲主要指获得工作及做好工作的能力。美国教育与就业委员会将可雇佣能力界定为获得和保持工作的能力。从上述的相关界定可以看出,不论是胜任力还是就业力和可雇佣能力,都强调外在的职业或岗位的要求,进而依据外在要求来确定学习目标,进而开展教育活动和引导学生的学习。

2. 搭建多样化的人才培养平台

基于职业需求确立了学生学习目标的基础上,高校要注重搭建多样化的培养平台引导和帮助学生实现目标,尤其注重搭建产教融合的培养平台。

一方面,学校要注重课堂以外的生生互动、师生交流平台的搭建。牛津大学和巴黎高师等国际著名大学非常重视课堂外教学环境的设计,甚至以科研引领教学,将科研活动与教学活动充分融合以培养高质量创新人才。[②] 20 世纪 90 年代,为了帮助学生提高对实际问题的解决能力,MIT 实施的三种课外实践计划:本科研究导向计划(UROP),本科生在教授们指导下从事实验研究;本科实践导向计划(UPOP),组织学生参与企业某项设计或工程实践;技术创业计划,鼓励少数优秀学生参与探索创新活动。[③] 这些平台对于学生实践能力以及问题处理能力的提升具有重要的作用。另一方面,高校要注重搭建产教融合的培养平台。随着产业及职业更新速度的不断提升,为满足职业的需要,学生的学习活动必须与产业及职业更新地紧密衔接。这就要求政府更新人才培养的顶层制度设计,高校变革组织架构,引导行业、企业参与到人才培养中,搭建产教融合的人才培养平台,为学生学习提供良好的载体,不断提升学生的学习质量。

3. 注重学生学习力的形成和提升

职业逻辑下的学生学习活动强调学生的终身学习,也强调学生将所获得知识和技能转化为职业能力和工作能力,这些都离不开学生的学习力。所以,高校的人才培养过程中,必须要注重学生学习力的形成与不断提升。

学习力是指一个人或一个组织学习的动力、毅力、能力的综合体现。学习

① 史秋衡,王芳. 我国大学生就业能力的结构问题及要素调适[J]. 教育研究,2018(04):51-61.
② 史秋衡,郭建鹏. 我国大学生学情状态与影响机制的实证研究[J]. 教育研究,2012(02):109-121.
③ 杨院. 大学生学习模式:缘起、内涵与构建[J]. 中国高教研究,2013(09):25-27.

力是把知识资源转化为知识资本的能力。个人的学习力,不仅包含知识总量,即个人学习内容的宽广程度和组织与个人的开放程度,也包含它的知识质量,即学习者的综合素质、学习效率和学习品质,还包含它的学习流量,即学习的速度及吸纳和扩充知识的能力,更重要的是看它的知识增量,即学习成果的创新程度以及学习者把知识转化为价值的程度。实际上,学习力是个体或组织竞争力的集中体现。高校在人才培养的过程中,要注重学生学习力的培养和提升。激发学生的内在学习动机,引导学生学会深层学习,打造多样化的学习共同体,提升学习的品质和效果。

第二节 多学科视角的国家大学生学情理论分析

大学生学情的理论分析可以从已有的人力资本理论、政策评价理论、公共产品理论和教学论四个理论基础出发,在已有的基础上结合大学生学情的特殊情况加以解释,为大学生学情提供理论支撑,为后续的实证研究提供路径,并丰富已有的相关理论的研究。

国家大学生学情则是在零星的、个别的、民间组织的大学生学情调查的基础上,上升到国家层面,由政府相关部门组织和提供资金来源的(但调查主体可以由民间评价机构、大学科研人员等来从事具体的学情调查活动),常态性的大学生学情调查,为大学生的个人发展,推动大学教学活动的创新,提升人力资本质量提供重要的评价性指标,也可以把它看作是教育政策评价领域的一个重要的组成部分。

一、人力资本理论下大学生学习的理论分析

人力资本理论最早产生于经济学界,是 20 世纪的 60 年代,由美国一些经济学家开创和发展起来的,这些经济学家包括:西奥多·舒尔茨(Schultz T W)、爱德华·丹尼森(Denlson E)、雅各布·明塞尔(Mincer J)、加里·贝克尔(Becker G)等人,他们提出了人力资本的概念,从多个角度运用人力资本理论对很多教育问题进行了分析,包括接受教育对经济增长的拉动效应、高等教育的投资回报率差异、教育带来的收入分配效应、人力资本的投资给个人带来的经济回报的计算、基于性别学历以及种族及其他差异带来的人力资本投资回报的差异等等,在很多方面都形成了成系统的成果,形成和发展了经济学中的

人力资本理论,然后向不同学科扩大影响。教育学中由于多个研究主题和人力资本理论非常接近,也较早引入了人力资本理论,广泛应用于教育学的多个主题的研究,人力资本理论还直接推动了教育经济学的形成和发展,促使教育经济学成为经济学的一个分支,并成为教育学和经济学的一个交叉学科。

美国经济学家、诺贝尔经济学奖得主西奥多·舒尔茨最早对人力资本问题进行了论述,他认为人力资本而不是物质资本对经济增长起到了更大的拉动,首先界定了人力资本投资的范畴,包括正规的初级中级和高级教育,职业培训,医疗和保健,企业之外的培训,个人和家庭为了转换就业机会而进行的努力。[①]

另一位美国经济学家爱德华·丹尼森通过计量经济学的方法,建立了经济学模型,论证出某个阶段美国的经济增长有多大的比例应该归功人力资本投资的作用。在他们之后,雅各布·明塞尔发现了个人收入和接受培训之间的联系,并且证明了个人未来的工作收入是和所受教育的不同层次有关系的。加里·贝克尔则综合了之前的理论,提出了全面的人力资本理论框架。[②]

综合上述分析,人力资本投资对经济增长的宏观拉动效果是非常大的,从微观角度看,人力资本投资也可以显著地提升个体的收入,使个体成为社会上有一定经济地位和社会地位的个人,因此从宏观和微观两个角度看,人力资本投资的作用无论对于全社会的经济发展和社会进步,还是对于个人自身的成长,都是有巨大作用的。

人力资本的形成、积累和深化,主要通过正规学校教育以及工作后的在职培训,以及和同事间的互相学习和提高,这其中正规学校教育,尤其是高等教育,包括本科硕士博士阶段的教育,可能是最重要的,因为到高等教育阶段,个人的人力资本才能够说是真正形成,因为仅仅完成中学教育,是很难适应飞速发展的企业和社会的需要的,而由于人口众多,科学技术经济的飞速发展,很多岗位所需要的知识甚至都需要硕士才能够满足,因此高等教育在这方面的作用非常重要,近年来考研和出国读研的不断升温,2019年报考硕士研究生的考生已经达到290万人,2020年这个数字预计还将继续增长,也从另外的角度证明了这一点。

而高等教育教学过程中,大学生学习情况的好坏就显得非常重要,尤其在

---

① 张凤林.人力资本理论及其应用研究[M].北京:商务印书馆,2007:36-39.

② 王明杰,等.西方人力资本理论研究综述[J].中国行政管理,2006(08):92-95.

中国大学"严进宽出"的背景下,加上大学过于重科研轻教学的传统,过去一个时期内大学的教学被放在一个比较次要的地位,在很大程度上影响了大学生培养的质量,也使得毕业的大学生不能满足企业和其他用人单位的实际要求,不得不在入职以后重新强化培训,在很大程度上影响了中国的人力资本投资,这种状况必须加以扭转,因此高等教育教学过程中,必须通过大学生学情调查这种评价机制,来对我们的教学状况进行评估,进而找出其中的不足,有针对性地加以改进,才能保证人力资本的顺利形成、积累和深化。

大学生学习情况的好坏,很大程度上影响着其人力资本积累的质量,因此教学过程的评估,大学学习情况的调查非常重要,因为只有大学学情调查正确得当,反映出大学生培养的真实质量,从而采取有针对性的举措加以改进,人力资本才能够在数量的基础上保证质量的提升。中华人民共和国成立 70 多年来,我国高等教育的招生数量不断增多,培养层次也不断提高,高等教育也经历了从精英教育发展到大众教育,进而发展到普及教育的阶段,为科技进步、经济和社会发展提供了源源不断的人力资本支持,但这个人力资本支持仅仅是从数量角度保证,质量方面不一定有很大的提高,突出的表现就是产业和经济发展的高素质的、高档次的技术研发和管理人才还比较缺乏,这在很大程度上需要高等教育过程中的教学状况的改善来加以解决,因此从人力资本角度的考量,大学生学情调查非常必要,它从经济学的角度,提供了大学生学习调查必要性的合理解释。

二、政策评价理论下大学生学习的理论分析

大学生学情调查实际上是一个教育评价过程,更狭义地界定的话,属于高等教育教学层面的教育评价,而国家大学生学习调查,则上升到国家层面,是一个长期的、教育政策层面的教育评价过程,一定程度上属于政策范畴的含义,重要性不言而喻,因此可以用相近的政策评价理论来加以分析。

(一)政策评价理论的基本内容

政策评价从时态上可以分为三大类,第一类是前瞻性的评价,也就是说对将要出台的某项政策进行评价,第二类是正在运行过程中的某项政策进行评价,第三类是对已经发生的某项政策进行评价,政策评价的目的主要是获得政策运行的真实情况,并和之前拟定的政策目标进行比较,找出差距加以弥合,进而对政策进行微调、改进和修正,以更好地推动政策发挥其该有的效果。

政策评价的主体可以是政府有关部门的管理人员,也可以是研究机构或

高校的科研人员和教师,或者是专门的民间政策评价机构,尤其是近年来,民间政策评价机构的作用不断增加。①

(二)国家大学生学情的主体分析

国家大学生学习情况调查是一个复杂多层次的系统,评价主体可以是教育行政主管部门、高校和科研院所的科研人员和教师,或者民间的中介评价机构。参与主体,或者说被评价主体,包括大学生、学生家长、用人单位、大学教师、教学主管人员等等这个复杂多层次系统的任何个体。

(三)国家大学生学情调查的步骤

国家大学生学习情况调查属于政策评价的第 3 类范畴,即对已经发生的大学生学习情况,经过一段时间的间隔进行评价,其具体过程包括,设定一定的学情目标,然后从宏观和微观的层次探究学习情况的现状,第 3 步是比较学情现状和目标之间的差额,探究背后的深层次原因,第 4 步是反馈,包括反馈给教育行政主管部门、大学教师和大学的教学管理部门等,听取他们的意见,第 5 步是微调目标或保持目标,然后继续改进以弥补这个差距。

(四)国家大学生学情调查的目标设定

具体而言,首先要要根据经济和社会发展的要求,参考其他发达国家的同类型指标,科学合理地确定大学生学习情况的目标,宏观目标偏确定的数据多一些,如大学英语四六级全国大学生通过率应达到百分之多少,考研比率应达到百分之多少,基础课应该达到什么样的量化水平,专业课应该达到什么样的量化水平等等,但也需要有一些必要的微观指标,但微观目标可能偏大学生的主观评价一些。然后从宏观和微观两个层次,对已经发生的大学生学习情况进行评价,和设定的目标比较是否达到,或者差距有多大,为今后的改进提供一个事实的依据,这个目标不应由教育行政主管部门单独确定,而应该由教育行政主管部门和社会各界,包括产业界、民间的教育评价机构、学生家长等多方面的主体来综合确定,并需要参考国际经验,也就是其他发达国家的同类型指标,参考他们成熟的指标来设定,如中学生层面的 PISA 调查就是一个很好的例子,大学生层面的学习情况很多方面也可以充分参考国际经验。

(五)国家大学生学情调查的宏观和微观路径

宏观层面的大学生学习情况调查的路径应该偏教育经济学科特性一些,即使用经济学中的计量经济学方法,应用宏观的教育大数据,建立国家层面

---

① 袁国敏 . 经济政策评价[M]. 北京:中国经济出版社,2006：53-80.

的,全国范围内或区域范围内或省范围内的一些经典的国家大学生学习情况的宏观模型,并保证在一定时期内的可重复使用性,也就是说一定时期内该模型可以保持不变,用每年数据反复测算,当然若干年内如 3～5 年内要根据学习情况形势和国际经验,以及同行业的评价的变化加以调整,这是宏观层面的大学生学习情况的调查的路径。

微观角度则主要是做主观的问卷调查评价和深度访谈的质性研究,这个微观的调查偏教育管理学科特性一些,深入了解不同高校不同学科的大学生,对自己学习情况的主观评价,除此之外,还应该探究其他大学生学情的参与主体如教师、教学管理人员、教学管理部门的领导等对本校大学生学习情况的主观评价。另外,学生未来的雇主用人单位,也可以做问卷调查和深度访谈,分规模、分行业地了解大学生学习情况对未来工作的效应,其中深度访谈这个角度可以做成案例研究,争取整理出一些经典的面向用人单位的国家大学生学情的案例研究,这些案例研究可以起到很好的示范和深度剖析的作用,在这方面一些公立大学的学情调查课题组和教育领域的评价中介机构已经做了一些有益的尝试。

(六)国家大学生学情调查的反馈及教学改进

全国层面的大学生学习情况,待研究人员经过初步的数据整理,到建立模型,到形成案例研究等等之后形成研究报告,应该和受访的大学生、教师、教学管理部门人员进行反馈,双方会商找出其中的不足,是原来的目标定得过高还是过低,因为学情调查也可能会出现优于以前设定目标的情况,双方会商之后,如果觉得原来的目标并没有设定过高或过低,那就要找出存在差距的原因了,如果会商之后发现原来设定的目标过高,这可能是一种比较普遍的情况,那可能需要调整这个目标,并且在今后的国家大学生学情调查中合理设定目标,控制学习大跃进的倾向。

如果国家大学生学习调查的结果确实是和设定的目标有一定差距甚至较大差距,那就需要从国家层面或者分区域,依靠学情调查人员和教学研究人员,再进一步推进学情调查研究,找出存在差距的原因。学情调查也可能存在区域之间的教学差距,如东部发达地区如上海的英语教学,可能优于西部地区;城市的教学明显优于农村地区等,那就还存在着教学如何做好区际之间的平衡的问题,并且就这些存在的问题,要重新设定较细的区际平衡目标,比如,在下一个评估区间,也就是国家大学生学情调查情况期间,看这些差距是否有所改进。

（七）国家大学生学情调查的时间周期

这个要根据历史积累的数据以及教育和社会发展规划的时间来确定,鉴于我国的中长期发展规划一般以 5 年为界限,因此国家大学生学情调查也可以和 5 年保持一致,因为每年都进行的话,间隔过于频繁,而且改进的举措存在时间滞后,需要一定的时间才能看到改进的效果,不宜过于频繁地进行国家大学生学习调查,因此 5 年可能是个比较合适的时间间隔。

国家大学生学情调查由什么机构或人员来具体执行呢? 也就是国家大学生学习性调查的供给如何提供呢? 这就需要用下面的公共产品理论来进行分析。

三、公共产品理论下大学生学习的理论分析

按照西方经济学的解释,人类生存的经济社会中生产各种产品和服务,可以把它们分为公共产品、私人产品和半公共产品(也称为准公共产品)三大类。区分他们的标准主要依赖两个关键指标,第一个指标是排他性和非排他性,第二个指标是竞争性和非竞争性。排他性是指消费产品或服务的个人,可以被排除在消费某种产品或服务的收益之外,非排他性则相反。竞争性是指消费者的增加将引起该种产品或服务的生产成本的增加,非竞争性则反之。同时具备非竞争性和非排他性的就是公共产品,典型的公共产品包括水利、公共基础设施、基础教育等,同时具备竞争性和排他性的就是私人产品,典型的私人产品包括个人消费的服装、商业化的培训、房屋按揭贷款等,介于这两者之间的还有一种产品,即兼备了公共产品和私人产品特征的产品,有的具有非竞争性而不具有非排他性,有的只具有不充分的非竞争性和非排他性,这种产品就是半公共产品,典型的半公共产品包括高等教育、助学贷款等。

拿这两个标准来衡量国家大学生学情调查,我们就可以发现,国家大学生学情调查具有非排他性,所有大学生都可以享受国家大学生学情调查所带来的好处,比如教学改进以及随之而来的人力资本提高,等等,一些大学生获得这些好处,并不能够排斥其他人获得,而且国家大学生学习调查还具有一定的正外部效应,即大学生学情调查带来的学习改进,会促使大学生提高自己的人力资本含量,整个社会都可以从中受益,包括社会更加和谐,摩擦减少,效率更高等等,这种外部效应是无法把其他大学生排除在外的,因此,国家大学生学情调查具有非排他性的特征。

同时,国家大学生学情调查又具有非竞争性,即国家大学生学情调查的研

究结果一旦成文,多一些学生或者大学老师或者教育行政主管部门人员了解这份研究结果,并不会增加成本,因此国家大学生学习情况调查兼具非排他性和非竞争性的特征,基本上可以界定为公共产品,更详细地说属于高等教育领域的教育评价这种公共产品。

按照公共产品理论,公共产品一般是由公共部门来保证供给,不能由市场通过市场机制来供给,这是由公共产品的特点决定的,私人产品则可以由市场来供给。但政府可以通过购买的方式将国家大学生学情调查,外包给科研机构、大学甚至民间机构来完成,因为这样可能效率更高。[①] 即公私合作,也是近年来提供公共产品的一个流行的趋势,关于这方面,也有公私合作理论来加以解释。

四、教学论下大学生学习的理论分析

教学论贯穿整个大学生学情调查的始终,从前端到后端循环往复,一方面教学是大学生学情调查的起点,是大学生学情调查的主要对象,另一方面,调查结束以后,又会反馈到教学,对教学进行改进,这又成为新一轮国家大学生学情调查的起点,因此教学论贯穿整个国家大学生学情调查的始终,是这方面一个重要的理论解释的支撑。

教学论对国家大学生学习调查的解释,主要体现在两个方面,一个是教学系统的重塑,另一个是教学过程的升华和改进。

(一)大学生学情调查与教学系统重塑

教学系统一般而言分为教学内容、学生成长、教师发展和环境开发,这 4 个方面都和学情调查有着密切的联系,学情调查对整个教学系统的改进和重塑有着明显的导向作用。

教学内容方面,调查可以根据大学生、教师等相关主体的评价,结合社会经济发展的方向、科学技术的进步方向,及时淘汰旧的过时的教学内容,增加新的、符合社会发展潮流的教学内容,但这方面不能仅仅依靠大学生的意见,还应该结合教师群体及科学技术人员的意见,但应基于大学生的认知程度和理解能力,循序渐进一步一步地增加新内容,否则效果也未必很好。学生成长方面主要是培养学生的核心技能和一般能力,这个也应该在大学生学习情况

---

① 埃尔查南·科恩,特雷·G 盖斯克.教育经济学[M].上海:上海人民出版社,2009:299-300.

调查的核心指标中有所体现,应该在每次的大学生学情调查中,了解大学生的核心技能和一般能力是否足够,差距主要体现在哪些方面,并结合教学内容的范畴,做有针对性的改进和完善。

教师是教学的主体,学情调查的结果对教师个人的发展也要有很大的作用,如近期教育部出台的教师惩戒权的运用,就是对过去学情调查的教训的吸取和经验的反思。教师不敢严格要求学生,必然导致学生不好好学习,而教师惩戒权的出台,可以从制度层面保障教师的权利,但也要规范教师的义务,不能无节制地惩戒学生,类似这样的焦点环节,都可以从已有的学情调查的结果来进行优化,促进教师的全面发展,动态调整教师的权利和义务,来为下一轮的教学改进提供支撑。

环境开发也是大学生学情调查结果的指导下的一个重要改进方向,大学的文化应该怎样改变以适应新形势下教学的开展,信息技术可以怎样整合到教学过程中去?校园硬件和软件方面哪些可以得到更好的改进?这些都要在学情调查的指标中有所设定,并根据反馈的结果来加以充实和提高,然后形成一个动态的创新和螺旋式的上升过程。

（二）大学生学情调查与教学过程的改进

教学过程一般包括课程研制过程,课程规划和设计,教学目标课程的实施,教学方法,学习方式等。教学过程一方面构成了大学生学情调查的对象和起点,另一方面也是大学生学情调查反馈的终点,即最终的大学生学情调查结果要反馈到教学过程,用于指导教学过程的改善以更好地培养好大学生。

1. 课程研制、规划和设计

大学生学情调查的结果要反馈给课程研制的参与主体,包括政府的教育行政主管部门、大学、教育评估专家、关心高等教育的一般公众和学生家长,以及其他参与到学习情况相关过程中的主体包括教材出版商、考试机构、专业的一些中介学会等等,他们都应该从大学生学情调查的结果中获得反馈,汲取经验和教训并贡献自己的智力支持。如教育行政主管部门可能要调整课程的规划或者是培养目标的设定;大学要反思自己的教学计划的制定,以及是否研制出了足够多的创新的课程体系,这些课程是否跟得上社会经济发展和科学进步的需要,学校的课程相关机构是否给了教师足够的支持;教育评估专家则要从课程体系的角度,提出课程研制暴露出的不足以及他们的改进建议;关心高等教育的一般公众,则要从自身的视角结合专业背景提出对于课程研制的观点和看法;而学生家长则要从自己对学生的期望着手,根据自己孩子的成长规律和成长目标,提出对课程体系的建议;教材出版商,要根据大学生学习情况调查的结果,淘汰陈旧教材,追踪国外教材的发展状况,从学生可接受性、理论基础、知识含量丰富以及教材著作者积极性,如提高教材的著作报酬,市场化培育教材的全国统一市场,开拓境外的教材市场等等多个角度来培育大学生教材这个系统。

2. 课程实施、教学方法与学习方式

课程实施也是教学中一个非常重要的环节,它不仅包含着知识的传递、能力的培养,还可以实现人际的交往,以及学生全面的发展,而教学方法和学习方式也非常重要,它是学生能否顺利地领会所学习知识以及积累知识的一个重要变量。现有的课程实施、教学方法与学习方式是否不足,很大程度上都要由大学生学习情况的结果来评价。

教学过程中全方位都要接受大学生学习情况的反馈指导,教学效果的质量如何,教学过程有没有达到继承和创新,学生掌握基础知识扎实与否,学生的间接经验学习是否足够,直接经验是不是起到了一定的启发,智力因素是不是得到开发等等,都要依赖于大学生学习情况的反馈。从另一个角度来看,大学生的求知欲有没有在教学过程中被唤起,感受到新知识并且理解新知识,新知识巩固得是否扎实,运用新知识解决实际问题的能力有没有锻炼出来,都在很大程度上依赖于大学生学习情况调查的结果。

教学方法角度更是依赖于大学生学习情况调查的,进而加以改进的重要方面。以目前比较热的中式教学法和美式教学法的比较为例,中式教学法强调讲授、学生的领会以及大量的习题,而发达国家如美国的教学法强调学生参与度,即学生参与较多,教师反而参与较少,他们大量依靠讨论和课前预习,课后布置有深度的作业。我们的大学教学过程现在也越来越多地引进美式教学法,但是效果究竟如何,都要依赖于大学生学习情况调查的反馈,美式教学法也不一定适用于所有课程,中式教学法在基础课程方面可能还是有其优秀之处的,这甚至都可以在学情调查之前,设计好两个教学案例班级,加以比对来综合评估两种教学方法的优劣,因此在教学方法这个环节,大学生学情调查显得更为重要。除了上述课堂教学以外,实践教学方法中的参观、实际训练、主体参与、角色扮演等等,效果究竟如何也要依赖于大学生学习的反馈。在新的发展时期,教学方法显得更为重要,尤其在发达国家教育教学方式的冲击下,教学方法起着能否培养好大学生的非常关键的作用,因此教学方法和学情调查可以说是存在着相辅相成、互相配合的联系,在学情调查中可以设置专门的教学方法模块,从教学方法改革实验到学情调查形成一个一条龙式的、循环的、运用创新和反馈的流程,一方面更好地发挥大学生学习调查的作用,另一方面也起着实践教学方法创新的作用。

步入 21 世纪以来,高等教育面临更加严峻的挑战,发达国家的学习方式变革,也给中国的传统学习方式提出了一定的借鉴,传统的教师讲授,学生领会,巩固复习这种方式已经不能满足现实的需要,自主学习、合作学习、研究性学习等较新的学习方式被引入和应用,发挥了巨大的作用,这些学习方式的适用性到底怎样,与我们的教学过程和教学方法的衔接是否紧密,最大的评价指标就是依靠大学生学情调查的结果,而大学生学情调查又会推动学习方式的转变,以及与中国大学生教学实践的结合。

图 4-1 揭示了以上四种理论对国家大学生学情的分析,这些分析构成了国家大学生学情的理论基础,为后续的、相关的其他国家大学生学情的量化和质性研究、国际比较研究等提供着支撑作用,当然,理论研究也需要随着社会和教育形势的发展而不断动态演化和与时俱进,才能更好地支持其他研究。

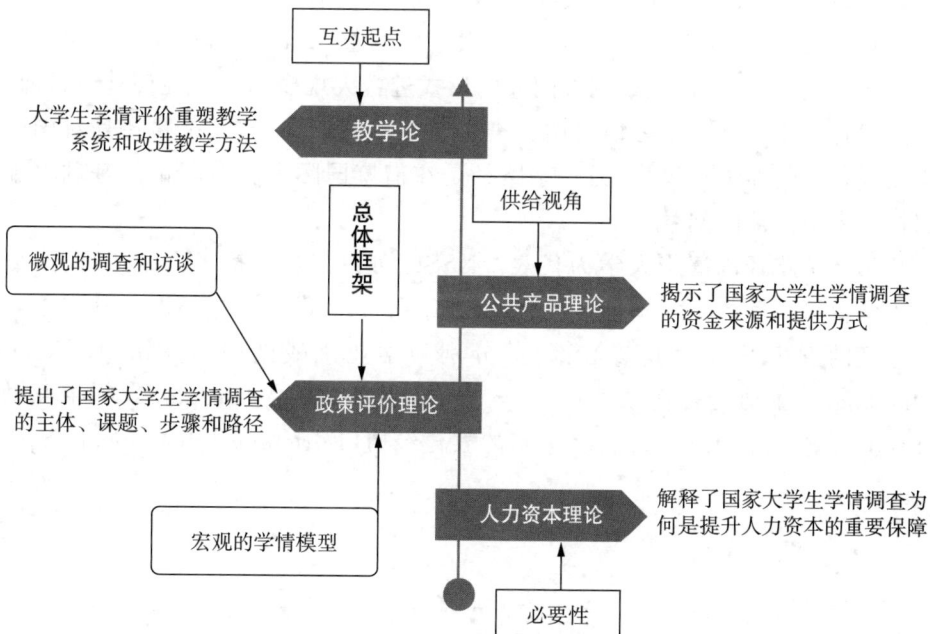

图 4-1　国家大学生学情的理论分析

第三节 国家大学生学情调查（NCSS）研究的原创之处

一、设计了普遍性与特殊性兼具的中国大学生学情调查工具

从国际的视角来看，对大学生学习进行评估最有效的方法之一就是采用自陈式调查问卷。由于调查问卷易于开发和管理、所需经费较少，所以也更受管理者和学者的青睐。[①] 学生调查问卷在院校管理中扮演非常重要的角色。根据美国学生学习成效评估研究院（National Institute for Learning Outcomes Assessment，NILOA）一项调查显示，76％的被调查者认为其所在的学校在评估过程中使用调查问卷。[②] 这也进一步说明对学生的学习情况进行问卷调查是评估大学生学习评估的有效方法之一。另外，许多国家都开发出了相关问卷对本国大学生的学习情况进行调查，比如，美国有"全美大学生学习投入度调查"、"研究型大学本科生就读经验调查"等；英国有"全英大学生调查"；澳大利亚有"课程体验调查"；日本有"全日大学生调查"。这些调查都与学生的学习情况相关，均采用自陈式调查问卷的形式进行大规模的全国性调查。目前，我国学者对于大学生学习情况的调查主要采取两条路径，一条路径是对国际比较成熟的问卷进行汉化，另一条路径是在借鉴国际上相关理论的基础上编制符合中国国情的问卷。

第一条路径以清华大学为代表。NSSE 问卷主要包括三大组成部分，分别为学习投入度的五大基准、学习收获量表和学生背景信息情况。其中学习投入度的五大基准为其核心部分，分别为学业挑战度（Level of Academic Challenge）、主动与合作学习（Active and Collaborative Learning）、师生互动（Student-Faculty Interaction）、丰富的教育经历（Enriching Educational Expe-

---

① Robert M Carini，George D Kuh，Stephen P Klein. Student Engagement and Student Learning：Testing the Linkages [J]. Research in Higher Education，2006，47(01)：1-32.

② Gary R Pike. NSSE Benchmarks and Institutional Outcomes：A Note on the Importance of Considering the Intended Uses of a Measure in Validity Studies [J]. Research in Higher Education，2013，54：149-170.

riences)以及支持性校园环境(Supportive Campus Environment)。[①] 在长期的发展和完善之后,该调查问卷成为测量学生学习投入度的重要工具而受到广泛关注。2013 年,调查问卷经过新一轮更新,其中 22%的题目维持不变,新加入 23%的题目,对 27%的题目有较大改动,28%的题目有细小改动[②]。更新后的调查问卷将之前的基准改变为投入度指标(Engagement Indicators)和高影响力实践活动(High-Impact Practices),这也是问卷变更的最大特色。其中,在投入度指标方面,将学业挑战度基准调整为反思与整合学习(Reflective & Integrative Learning)、高阶学习(Higher-Order Learning)、学习策略(Learning Strategies)以及定量推理(Quantitative Reasoning),将主动与合作学习基准调整为合作学习(Collaborative Learning)、师生互动调整为师生互动(Student-Faculty Interaction)、与多样化人群交流(Discussions with Diverse Others)、有效教学实践(Effective Teaching Practices),将支持性校园环境调整为支持性环境(Supportive Environment)、互动质量(Quality of Interactions);丰富的教育经历则调整为高影响力实践活动。[③]

清华大学于 2007 年将"全美大学生学习投入度调查"汉化,随后,在 2009年开展了全国性的调查。清华大学课题组对汉化版的"全美大学生学习投入度调查"的测量工具进行信效度分析后发现,与原调查问卷相比,汉化后的调查工具不仅保持了原版工具的信效度特征,在某些指标上甚至有一定程度的提高。对汉化后的调查工具进行验证性因素分析后发现,其五个可比指标的结构与原工具相一致。[④] 课题组通过对比中美两国研究型大学的学生在五大可比指标上的情况发现,在"校园环境支持度"和"教育经验丰富度"指标上,两国基本处于相同水平;在"学业挑战度"和"主动合作学习水平"指标上,两国的高年级学生存在差异,且中国学生的表现均低于美国同类学生;"生师互

① National Survey of Student Engagement. The NSSE 2000 Report：National Benchmarks of Effective Educational Practice [R]. Bloomington：Indiana University Center for Postsecondary Research，2000：3-4.

② Introducing the Updated NSSE Survey! [EB/OL]. (2014-01-03)[2019-10-17]. http://nsse.iub. edu/nsse-update/.

③ From Benchmarks to Engagement Indicators and High-Impact Practices[EB/OL]. (2014-01-03)[2019-10-17]. http://nsse.iub. edu/pdf/Benchmarks%20to%20Indicators. pdf.

④ 罗燕,海蒂·罗斯,岑逾豪. 国际比较视野中的高等教育测量——NSSE-China 工具的开发:文化适应与信度、效度报告[J]. 复旦教育论坛,2009(05):12-18.

动"则为两国学生表现差异最大的指标，可能是由两国的文化、质量水平和重视程度上的差异所引发的。①

第二条路径以厦门大学为代表。厦门大学高等教育质量与评估研究所以国家社会科学基金（教育学科）重点课题"大学生学习情况调查研究"（编号AIA100007）为依托，于 2011 年开始实施我国大学生学习情况调查。

在问卷开发的方式方面，NCSS 采用国际大学生学习研究领域流行的"两步研究设计模式"来进行问卷开发，即"先开展定性研究以从学生视角得出概念，再以此作为定量研究的基础"②。课题组在问卷开发过程中开展大量的质性访谈，问卷中的大量题目都是基于学生的视角来加以编制，使用探索性因子验证，后续重复调研时再使用验证性因子分析等对调查问卷进行检验③，使得调查问卷既符合中国大学生学习的实际情况又符合测量学的要求。在问卷开发的成果方面，在比格斯的"3P"模型的基础上，课题组成员自主开发了大学生学习观、学习环境感知、学习动机、学习策略、学习方式、学习收获、学习满意度、学习适应性等调查问卷，也即为"国家大学生学习情况调查"核心和主体。此外，还包括学生背景信息，如性别、年龄、就读高校与专业、家庭所在地、父母职业和受教育程度等。问卷采用六点自陈式量表，"1"为完全不同意（或非常不满意），"6"为完全同意（或非常满意）。在问卷的调查方式上，"国家大学生学习情况调查"采用网络调查平台的方式收集数据。2011 年，首轮调查开始，范围涉及来自我国东、中、西部共 23 个省、直辖市和自治区的 52 所高校的共92122 名大学生。其中，985 院校学生占 3.9%，211（不含 985 院校）学生占14.9%，一般本科院校（985、211 院校之外的本科院校）学生占 62.3%，高职高专院校学生占 18.9%。④

NCSS 具有明显的特征：调查问卷经由自主开发，且覆盖面最广、样本量最大。对参与调查的协作高校，课题组对当年的调查数据进行整理、分析，并

① 史静寰，涂冬波，王纾. 基于学习过程的本科教育学情调查报告 2009[J]. 清华大学教育研究，2011(04).

② Lonka K，Mäkinen J，Olkinuora E. Aspects and Prospects of Measuring Studying and Learning in Higher Education [J]. Educational Psychology Review，2004，16(04):301-323.

③ 信效度分析结果详见：史秋衡，汪雅霜. 大学生学习情况调查研究[M]. 北京：教育科学出版社，2005.

④ 史秋衡，郭建鹏. 我国大学生学情状态与影响机制的实证分析[J]. 教育研究，2012(02)：112.

及时向其反馈该校的《学情调查分析报告》,对促进学校了解在校学生的学习状况提供了很大帮助,逐年数据的趋势分析更是为学校教育教学改革成效提高了有效参照。课题研究成果丰硕,《教育研究》《新华文摘》等重量级刊物,以及《国内动态清样》(新华通讯社提交各省部级参阅的最高级别内参)上均有发表,并在向教育部的汇报以及国内外重要学术会议等重要场合中展示了相关研究成果。

二、构建了教育与心理相结合的中国大学生学情综合模型

国内外学者围绕大学生学习与发展构建了大量的理论模型,其中以艾斯汀的 I-E-O 模型、汀托的大学生退学模型,以及帕斯卡雷拉的整体变化评定模型(the general casual model)。艾斯汀的 I-E-O 模型认为大学生的学习经历包括"输入—环境—结果"三大部分,其中"输入"指学生的人口学特征、父母受教育水平等家庭背景信息、学生进入大学前所接受的教育经历等。"环境"主要包括学校的政策、专业、校园文化以及学生自身的学习经历。"结果"主要学生大学期间知识和能力的增值情况,包括知识、技能、态度价值观以及毕业后表现等。[1] 另外,艾斯汀还提出了学习参与(student involvement)这一重要概念。艾斯汀认为学习参与包括五个基本假设。第一,参与指的是参与到各种对象中的体力与心力;第二,对于某个对象,不同学生的参与程度不同。同一个学生对不同对象在不同时间参与程度也不同;第三,参与既有数量(时间)也有质量(策略)的特征;第四,学生的学业表现、个人发展水平与学生参与的数量和质量直接相关;第五,学校教育政策或实践的效果与该政策或实践促进学生参与的具体情况直接相关。[2] 汀托的大学生退学模型更加关注学生的辍学问题,更注重学生的纵向变化。该模型包括入学前特征、目标与承诺(前)、大学生学习经历、整合、目标与承诺(后)以及产出等部分。其中,汀托将大学生学习经历分为学术系统和社会系统。学术系统包括学业表现、与教师/教职工互动两方面。社会系统包括课外活动和同辈交流两个部分。汀托认为,如果学生在学习过程中学术系统和社会系统不能整合,那么这个学生辍学的概率

---

① Alexander Astin. The Methodology of Research on College Impact,Part One[J]. Sociology of Education,1970 (03):223-254.

② Astin A W. Student Involvement:A Developmental Theory for Higher Education[J]. Journal of College Student Personnel,1984,25,297-307.

就会增大。[①] 另外,汀托于 2012 年还提出了"大学生学业成功的院校行动模型"(Institutional Action Model for Student Success)。该模型包括学生的学业期望(Expectation)、学校的支持力度(Support)、学生学习参与度(Involvement)以及考核与反馈(Assessment and Feedback)这四大要素。[②] 帕斯卡雷拉的学生发展综合因果模型将影响大学生学习和认知发展的因素分为院校结构/组织特征、学生背景/入学特征、社会性互动、院校环境以及学生努力质量五大部分。其中,院校结构/组织特征包括招生人数、师生比、学生选拔性、住校生比率等。学生背景/入学特征包括入学前成绩、个性、学习动机以及人口统计学变量等。社会性互动包括师生互动、生生互动等。帕斯卡雷拉的学生发展综合因果模型还对大学生学习和认知发展的影响机制进行了研究,确实了各个变量的直接影响和间接影响。比如,院校结构/组织特征并不对大学生学习和认知发展产生直接影响,而是通过院校环境、社会性互动产生间接影响。学生背景/入学特征对大学生学习和认知发展产生直接影响,同时还可以通过学生努力质量、社会性互动等因素产生间接影响。通过分析可以看出这几个模型都是从系统论的视角来考察学生的学习与发展,重视大学环境与学生学习经历的互动,强调学生学习与发展的动态过程。但这几个模型更多的是从行为观的视角来分析大学生学习与发展,模型中缺少学生的心理要素。

NCSS 在借鉴国内外大量研究的基础上,构建了中国大学生学习与发展模型。该模型对大学生的学习要素分解为前置要素、过程要素和结果要素,并且以大学生作为学习质量的生成主体和主要的评价主体。就其内容而言,以学生入学前的经历、个体特征、院校环境作为学生的背景因素,影响着学习的各要素,在学习质量模型的构建过程中作为控制变量;以学生的学习和心理特点,即学习观和学校适应性作为前置要素;以学生对学习环境的感知和学习方法,即课堂环境感知和学习方式(包括学习动机和学习策略)作为过程要素;以学生的学习结果,包括学习收获和学习满意度作为结果要素。通过分析前置要素对过程要素以及前置要素与过程要素对结果要素的影响来建构学习质量模型。[③] 与西方主流模型不同,该模型纳入了学生的心理因素,强调学生对学

① Tinto V. Leaving College: Rethinking the Causes and Cures of Student Attritio (Second Edition)[M]. University of Chicago Press,1993.

② 魏署光,陈敏. 本科生学习效果影响机制研究——基于华中科技大学 SSLD 的分析[J]. 高等工程教育研究,2016(02).

③ 史秋衡,王芳. 国家大学生学习质量提升路径研究[M]. 厦门:厦门大学出版社,2018:34.

校的适应性。

大学生对大学学习的适应对学生的成长和成功有重要影响,学习适应性影响着大学生在高等教育阶段的学习收获,决定其能否顺利完成学业;甚至对学生的身心健康和未来成长轨迹有一定作用。[①] 人的发展是一切发展的基础,大学学习旨在促进人的全面发展。根据联合国所拟定的标准,大学生的学校适应已成为"健康"的重要内涵,学校适应水平的提高是促进实现大学生全面发展的重要保障。[②] 因此,学生学校适应性这一心理因素的纳入不仅弥补了目前国际上主流大学生学习与发展模型的不足,而且也极大地丰富了大学生学习与发展理论。

在大学生学习与发展模型中,课题组将学校适应分为学习适应、同伴适应和心理适应三个维度。调查结果表明在学校适应性上,我国大学生的心理适应的情况最为良好,对同伴关系的适应也较为良好,相较而言,对学习的适应情况则有较大差距,有较大的进步空间。在变化趋势上,心理适应呈现出逐年递增的趋势,而同伴适应的数据变化不大,较为平稳,学习适应则在 2013 年出现过短暂的下降之后呈现逐年改善的趋势。另外,调查还发现同伴适应是影响学习过程质量最重要的因素。对课堂环境感知的教学感知、同伴互动以及深层学习方式的主动思考、时间管理上的影响最大。这一研究发现也证实了模型中纳入学校适应性这一心理因素的必要性。

三、发现了中国大学生学情的普适规律与特殊规律

国际上有大量关于中国学生学习的研究,其中以比格斯和李瑾(Li J)为代表。20 世纪 90 年代,比格斯在一次国际会议上指出中国学生在学习中经常采取死记硬背的学习策略,依赖于教师对知识的讲授,追求学习可能带来的外在效益;这种学习方式被西方学者认为是一种浅层的学习方式,不利于学生的学习甚至会压抑学生的个性,但中国学生就是在使用这样一种学习方式的情况下,他们在国际数学和科学等多项测试中的得分都要高于西方学生。[③] 比格斯把这种现象称为"中国学习者悖论"(the Paradox of the Chinese Learner),教育学家对此的表述是:中国学生处于大班讲授教学和标准参照测

---

① 邹小勤. 我国大学生学校适应研究[D]. 厦门:厦门大学,2013:摘要.

② 史秋衡,王芳. 国家大学生学习质量提升路径研究[M]. 厦门:厦门大学出版社,2018:36.

③ 张华峰,史静寰. 走出"中国学习者悖论"——中国大学生主体性学习解释框架的构建[J]. 中国高教研究,2018(12):39-46.

试等教育情境中,倾向于使用浅层学习方式,却能在国际各类相关测试中有良好表现的现象。心理学家的表述是:中国学生考试分数高,学习成绩好,但焦虑程度高,自信水平低,这与西方学生的表现相反。① 而李瑾在《文化溯源:东方与西方的学习理念》一书中明确提出"美德导向"和"心智导向"两种学习模式。西方学习者以研究外在的世界为基本的学习途径。每个学习者内在有心智和知识情绪两大成分,其中以心智为主。学习者企图探究外在世界时有两个重要的过程:一方面要以各种形式来自我表达,另一方面则要有挑战权威和现存知识规范的精神。探究外在世界会得到两项成果:个人创造力和掌控世界。② 而以中国为代表的华人学习者的学习目的是在道德或社会层面上完善自己、为自己获取知识和技能以及贡献社会。华人学习者学习的原动过程包括勤奋、自发奋发、刻苦、恒心以及专心等。③ 近年来,国内学者围绕"中国学习者悖论"也开展了大量的研究。有学者对融合性学习者开展了大量的实证研究,并得到了与西方学者截然不同的研究发现。在西方学习情境中,同时采用深层学习方式和浅层学习方式的融合性学习者,往往是学习的失败者,他们也被称为"脱节学习者"或"异类学习者",但在中国学习情境中,融合性学习者在四种学习结果的得分与"深层主导型"学生没有差异,且都要高于学习游离型和浅层主导型学生。④ 这一发现也意味着在西方学界被普遍认为是相对消极的一些学习表现(如浅层学习方式、外部动机等),在中国文化传统和社会情境中有可能被融入学生的主体选择中,经过反复整合与多次加工,产生积极和正向的价值。⑤

因此,NCSS课题组并未对西方国家已有的调查工具采用直接翻译修订的方式加以运用,而是基于我国大学生学习状况的特殊性,编制本土化的学习情况调查问卷,这既与现有相关的研究成果相吻合,又符合我国大学生的特点。与此同时,问卷的测量工具信效度水平良好,因此说,"国家大学生学习情

① 张红霞."美德导向"的根源与前途:"中国学习者悖论"再考查[J].复旦教育论坛,2019(01):55-62,69.
② 李瑾.文化溯源:东方与西方的学习理念[M].上海:华东师范大学出版社,2015:32.
③ 李瑾.文化溯源:东方与西方的学习理念[M].上海:华东师范大学出版社,2015:77.
④ 吕林海.融合性学习:西方学生的梦魇,抑或中国学生的圣境——从普洛瑟的"脱节型学生"说起[J].现代远程教育研究,2018(02):45-52,64.
⑤ 张华峰,史静寰.走出"中国学习者悖论"——中国大学生主体性学习解释框架的构建[J].中国高教研究,2018(12):39-46.

况调查"能够较为准确有效地测量我国大学生真实的学习状态,这也为后续研究者开展相关研究提供了具有科学性的本土研究工具。

通过对调查数据进行分析,课题组得到了一些中国大学生特有的学习规律。课题组发现,学生对课堂教学环境的体验和感知主要包括四个维度:学生主体的教学方式、同伴关系、师生缺乏交流以及教学组织。有研究者发现,大学生对教学环境的认识包括教学质量、评价方式、教学目标的清晰度、学习的自由度以及课业负担。在调查内容上虽然有相似之处,但是在具体因子结构上却存在差异。比如,课题组发现得不到教师的建议、教学目标不清晰、教学内容难理解与上课没有机会和教师交流、课业负担过重同属一个因子,且均可用师生之间缺乏交流和沟通来解释,因此将此因子命名为师生缺乏交流,这实际上也反映了我国大学生对课堂教学环境体验和感知具有特殊性。此外,课题组在对我国大学生学习方式的研究中并没有发现 Entwistle 等人所提到的第三种学习方式——策略性学习方式。同时,策略性学习方式中的考试导向实际上属于我国大学生的表层学习方式,而时间管理则属于深层学习方式,这也反映了我国大学生的学习特点。[①]

与美国高校相比,中国大学特有的住宿制使得朋辈作用在大学生学习中扮演着非常重要的作用。课题组研究发现,室友关系是大学生最满意且对大学生的学习和发展最重要的要素,宿舍是我国大学生社交、生活、娱乐、学习的重要场所,因而,宿舍学习文化是我国大学生特有的学习组织方式,宿舍风气好坏对大学生的成长至关重要,影响着大学生全面发展的育人质量。[②]

国内学情调查较少关注高职院校学生的学习经历,但 NCSS 课题组却持续多年对高职院校学生开展调查。调查结果表明,在学习投入方面,高职院校学生互动性学习投入处于较高水平的同时,相对缺乏自主性学习投入。在学习投入度的影响因素上,学生学习兴趣对自主性学习投入和互动性学习投入有着重要的关联性,学习兴趣的增长会促使学生在自主性学习和互动性学习两方面的投入都得到提高;院校声誉与学生学习投入度并不一定呈正相关,与之相比,院校的支持与服务对学生学习投入度的提高有更明显的决定作用。[③]

---

① 史秋衡,郭建鹏.我国大学生学情状态与影响机制的实证分析[J].教育研究,2012(02):109-121.

② 史秋衡.大学生学习情况究竟怎样[J].中国高等教育,2015(Z1):68-70.

③ 汪雅霜,汪霞.高职院校学生学习投入度及其影响因素的实证研究[J].教育研究,2017(01).

在高职院校学生的学习收获方面,学生对学习收获整体持肯定态度,教师教学是最具解释力的影响因素,人际关系则是学习收获认知新的增长点,而高职院校对学生学习提供的校园支持尚不够理想。①

---

① 薛栋,文静. 满意度视域下高职院校学生学习质量实证研究[J]. 职业技术教育,2015
(13):44-48.

第五章 人才培养之大学教学论要义探究

人才培养是大学的本质职能，是本科教育的第一要务，是大学的根和本，具有战略性地位。大学教学是学生获得知识、形成能力、提升素质最为重要的主战场，是人才培养的主阵地、主渠道，在人才培养体系中具有基础性、综合性和全面性的作用。那么，人才培养究竟该从何抓起，人才培养与大学教学有着怎样的关联，大学教学具有什么基本特征、内在规律呢？这是一个看似习以为常、司空见惯的话题，但是值得深思，亟待溯本清源。

第一节 国家大学生学情研究是人才培养之核心抓手

大学生学习质量是衡量人才培养质量的出发点。20 世纪 80 年代，OBE 理念逐渐成为美国、英国、加拿大等国家教育改革的主流理念，OBE 成果导向教育（Outcome Based Education）是一种以学生的学习成果（Learning outcomes）为导向的教育理念，认为教学设计和教学实施的目标是学生通过教育过程最后所取得的学习成果。联合国教科文组织在 1998 年世界首届高等教育大会宣言中提出，"高等教育需要转向'以学生为中心'的新视角和新模式"，倡议高等学校"把学生及其需要作为关心的重点"。2015 年欧洲高等教育区第九届部长会议上通过的《埃里温公报》明确指出："鼓励、支持高等学校和教学人员进行教育教学创新，形成'以学生为中心'的学习环境。"因此，关注大学生学习成果，精准洞察大学生学习情况，是提高高等教育人才培养质量的重要切入点。教育部第 28 次直属高校咨询会暨高教年度工作会上强调，要以科学管理提升高等教育办学质量和发展水平，让学生忙起来，让教学活起来，让管理严起来。教育部《一流本科专业建设"双万计划"》明确提出，要坚持学生中心、产出导向、持续改进的基本理念，把学生学习效果作为关注的焦点。教育部《关于深化本科教育教学改革 全面提高人才培养质量的意见》提出，"增加学生投入学习的时间,提高自主学习时间比例,引导学生多读书、深思考、善提问、勤实践"。开展大学生学情调查,正是提升大学生学习质量,提高人才培养质量的必要之举,可以发挥诊断器、显微镜、衡量尺的作用。

一、大学生学情调查是学生视角在高等教育质量的映照

当前,研究教和学的学习科学(Learning Sciences)在全球日渐兴起,成为促进教育变革的重要力量。"人究竟是怎么学习的,怎样才能促进有效的学习?"如何用学习科学的知识来重新设计大学课堂和其他学习环境,是一个值得研究的课题。正如陶行知所言,"先生的责任不在于教,而在教学,教学生学"。离开了学生的"学",教学就不完整;离开了学生"学"的效果,就谈不上教学的效果。大学生的学习质量直接影响着人才培养质量和高等教育整体质量。

(一)提高人才培养质量,是世界高等教育质量提升的核心诉求

提高高等教育质量已经成为世界高等教育关注的焦点。自 20 世纪 90 年代开始,全球范围内高等教育的发展呈现新的形势,高等教育规模快速扩张。据联合国教科文组织的统计数据显示,全球在校生由 1998/1999 年的 6940 万人上升至 2010 年的 1 亿 5870 万人。① 教育规模的急剧扩张带来质量的下降,联合国教科文组织也指出,高等教育存在质量危机。我国高等教育在经历十多年的大扩招之后,在校生规模已跃居世界第一,这种急剧扩招使得师资队伍、教育经费、办学条件、培养模式、教学改革等方面不能适应高等教育人才培养的需要,造成一定意义上质量的下降。我国 2010 年颁布的《纲要》明确提出,高校需全面提升教育质量,实现由教育大国向教育强国的迈进。这预示着我国高等教育正式由规模扩张的外延式发展转向质量提升的内涵式发展阶段。提高高等教育质量已经成为高等教育工作的主旋律和人们的普遍共识。

提高人才培养质量是高等教育质量提升的核心诉求。在高等教育由"外延式发展"转向"内涵式发展"的背景下,提高人才培养质量成为社会各界关注的话题。人才作为世界上最宝贵的资源,是知识经济时代最核心的生产力,关注人才培养质量也反映出世界高等教育发展的客观趋势。21 世纪的发展注

---

① 宋伟新. 国际与中国高等教育质量保障的新进展与发展方向——基于"高等教育质量保障:国际经验与中国探索国际研讨会"的分析[J]. 教育探索,2016(12):51-56.

重人才资源和科技资源。① 人才资源的数量固然重要,但其质量更为关键。高等教育是人才培养的主阵地,高等教育阶段处于人才培养过程的核心阶段,因此,高等教育工作需解决好两个重要问题:一是教育需全面适应现代化建设对各种人才的需求;二是全面提高高等学校的办学质量和效益。② 这说明大力发展教育工作的同时必须注重人才培养的质量。正确把握高等教育质量与人才培养质量的关系,以高等教育质量提升促进人才培养质量的提高。人才培养质量不仅是高等教育质量的内在要求,也成为高等教育发展的客观需要。

（二）关注大学生学习质量,是高质量人才培养的根本要求

随着我国高等教育大众化、普及化,人才培养质量成为社会各界共同关注的话题。高等教育的根本任务是人才培养,提高人才培养质量是高等教育的永恒追求。③ 大学生是高校人才培养的对象,大学生的学习质量是人才培养质量的核心。关注大学生的学习质量符合高质量人才培养的根本要求,其主要表现在以下两个方面:第一,学生学习质量是衡量人才培养质量的出发点;第二,学生学习质量是提高人才培养质量的落脚点。

大学生学习质量是衡量人才培养质量的出发点。陈宝生在"新时代全国高等学校本科教育工作会议"上指出,人才培养是大学的本质职能,本科教育是大学的根和本,本科教育应放在人才培养的核心地位。我国高等教育进入全面提高质量的发展阶段,《全面提高高等教育质量的若干意见》明确表示:人才培养质量是高等教育质量的重中之重。大学生学习质量是人才培养质量的重要体现,是高等教育质量的微观层面。因此,高校人才培养中心工作是以人为本,即以学生为主体和以学生的学习为中心。④ 首先,大学生是高等教育最直接的参与者和体验者。以人为本的科学发展观表明,教育立足于学生作为独立个体,高校人才培养质量首先是指学生的学习质量,即"学生学习活动的客观状态及其对当前活动是否满足自身需要的主观感受"。其次,大学生的学习是高等教育最关注的部分。大学生学习质量反映高校人才培养质量。大学

①　童世骏,徐辉,陈锋,等.聚焦 2035 中国教育现代化(笔谈)[J].中国高教研究,2018(02):18-21.

②　吴崇恕,殷进平.高校发展与人才质量[J].高等教育研究,2001(04):53-54,67.

③　张建祥.高等学校人才培养绩效评估的内涵与本质特征[J].教育研究,2018,39(03):55-61.

④　贺武华."以学习者为中心"理念下的大学生学习力培养[J].教育研究,2013,34(03):106-111.

生学习质量是以学生视角对学生的学习投入、学习过程、学习成果的诠释,向外表现为高等教育人才培养质量,体现高校人才培养质量的高低与水平的优劣。① 因而,大学生学习质量是人才培养质量的最直接体现,大学生学习质量也是衡量人才培养质量的出发点。

大学生学习质量是提升人才培养质量的落脚点。大学生的学习是一个动态的活动过程,通过关注大学生的学习质量能够反映大学生在学习过程中的表现,可以了解学生的学习动机、学习方式、学习适应等与学习有关的特征;从学生学习质量中,我们还可以了解教师的教学行为是否有助于提高学生的学习质量、高校的学习环境是否符合学生需求等,故大学生学习质量作为提升人才培养质量的落脚点,对高校人才质量的提升有着不可估量的作用。② 关注大学生学习质量有利于学生了解自身存在的学习问题,进一步采取措施提高学习的积极性与主动性,激发学习的内生动力,能切实保证高校人才培养质量。关注大学生学习质量有利于教师转变教学理念、把握教学规律、改善教学方法、提高教学技能,为提高人才培养质量起到保障作用。关注大学生学习质量有利于学校管理层坚持正确的办学理念,以正确的人才质量观为导向,努力提高学校的办学条件和办学水平,达到提高人才培养质量的目的。③

(三)开展大学生学情调查,是理解大学生学习质量的关键

高等教育不只关注人才培养质量,而且更加关注学生的长期成长体验。以学生为本的大学生学情调查摒弃了以往从学校管理者出发的单一视角,不仅关注学校资源、条件、师资、教学,更加重视高等教育对象的需求。"学生通过怎样的方式学习"、"学生学到了什么"等都是大学生学情调查考察的方面。对大学生学习情况的细致考察是理解大学生学习质量的关键。④ 首先,大学生学情调查是大学生学习质量的客观反映。传统的教育质量观认为学校外部条件能带来教育质量的提升,然而,教育条件和教育资源能在多大程度上促进学生的学习无法知晓。《面向卓越评价》《大学究竟应关注些什么?》两本著作

---

① 杨院.学习模式:大学生学习质量形成的路径选择[J].江苏高教,2014(03):80-82.
② 史秋衡,王芳.国家大学生学习质量提升路径研究[M].厦门:厦门大学出版社,2019.
③ 钟秉林,王新凤.迈入普及化的中国高等教育:机遇、挑战与展望[J].中国高教研究,2019(08):7-13.
④ 史秋衡.大学生学习情况究竟怎样[J].中国高等教育,2015(Z1):68-70.

的问世,表明教育增值才是教育质量提升的关键。[①] 学生学习质量的评价指标也由重视"学习结果"转向重视"学习过程"、由重视"教师的教"转向重视"学生的学"。在此过程中,三个截然不同却又有所重叠的研究内容,包括自我调节学习、学习方式/模式以及学习参与。[②] 大学生学情调查自此就成为反映学生学习质量的重要工具。大学生学情调查是针对学生的学习过程和学习收获的调查,目的是考查学生接受高等教育后的动态变化,探究高等教育给学生带来的积极作用。开展大学生学习情况调查可了解学生持有的学习观和学习动机、对学习环境的感知、采取的学习策略、选择的学习方式、获得的学习结果及对学习满意程度等方面的现状,通过对调查现状的分析可以了解大学生学习质量的情况。因此,大学生学情调查是学生学习质量的反映。其次,大学生学情调查是评估大学生学习质量的重要依据。对学生的学习过程、学习效果评估是高等教育质量管理的一项重要举措。大学生学情调查已经成为诊断教与学问题、制定教学改革方案、建立教育质量评估体系的重要部分。学情调查作为推动教育质量发展的重要参考,其作为评估学生学习质量的工具被各国广泛应用。发达国家展开的学情调研工作国际上比较著名的有美国"全国大学生学习性投入调查(NSSE)"、英国"全国大学生调查(NSS)"、澳大利亚"大学生课程体验调查(CEQ)"、日本"全国大学生调查(CRUMP)"等。[③] 国内有关学情调查的研究有厦门大学的"国家大学生学习情况调查(NCSS)"、北京师范大学的"大学生学习经历问卷(CSEQ)"、清华大学的"中国大学生学习与发展追踪研究(CCSS)"、北京大学的"首都高校学生发展状况调查"等。[④] 采用学情调查评估大学生学习质量是世界趋势,可见,大学生学情调查已然成为评估大学生学习质量的重要依据。

二、大学生学情调查为高等教育改革理念到实践提供全方位支持

(一)学情调查是"以生为本"教育理念的体现

以人为本是科学发展观的本质和核心,"以生为本"是以人为本的科学发

① 倪晓晴,徐世爱,孙艳丽. 国内大学生学情分析的特点与问题研究[J]. 教书育人(高教论坛),2015(33):80-82.

② Zusho A. Toward an Integrated Model of Student Learning in the College Classroom[J]. Educational Psychology Review,2017(29):301-324.

③ 王芳. 我国大学生学习力模型研究[D]. 厦门:厦门大学,2019.

④ 史秋衡,汪雅霜. 大学生学习情况调查研究[M]. 北京:教育科学出版社,2016.

展观在教育场域的应用。"以生为本"凸显学生在教育中不可替代的主体地位与作用,"以生为本"的教育理念也表明以学生发展为本是教育的根本目的。"一切为了学生,为了一切学生,为了学生的一切"是高校开展各项工作的根本。"以生为本"也是高校在办学过程中的根本指导方针。大学生学习情况调查便是以学生的发展为根本,以学生的培养和教育,以学生的成才、全面发展为根本。因此,大学生学情调查是"以生为本"在高等教育人才培养中的应用。大学生学情调查以大学生为对象,并在矫正"人被物役"、"高校师生关系错位"等方面充分体现"以生为本"的教学理念。

首先,学情调查是对过去高校人、物倒置现象的矫正。过去有些高校盲目强调硬件建设,将大量教育资金投入到盖楼、购设备等学校基础设施的建设。尽管先进的设备、优质办学环境对高校是必要的,但过分强调外部资源而忘却人才培养才是高校办学的根本任务。事实上,人才的培养不能只靠硬件设施的"包装",其培养质量的好坏与基础设施建设优劣并非一定成正比。哈佛大学校长曾表示,大学的荣誉,不在于校舍和学生人数的多少,而在于一代又一代培养出的学生的质量。[①] 因此,应把学生看成是学校生存之本。大学是为大学生而设,办大学是为了培养学生,学校的各种资源与设备、管理与服务都是为学生配备的,学生才是教育的根本目的。大学生学情调查将大学生作为考察的主体,纠正人、物本末倒置的问题,特别重视学生的生活、学习和成长,并强调人才培养是高校办学第一要务,学情调查从行动上践行"以生为本"的教育理念。

其次,学情调查是对当今高校师生关系错位的纠正。随着经济的发展和社会价值取向的日益多元化,师生在价值取向、知识结构、志趣等方面存在差异,影响着教育活动中师生关系的深刻变化。有时学生津津乐道,老师满不在乎。原本单纯的师生关系转变为从属关系或是雇佣关系,甚至是敌对关系,这严重违背了"以生为本"的教育理念。大学生学情调查的开展强调教师的价值与学生成长紧密相连,教师应将学生置于教育的首位,教师是否优秀,其培养出的学生质量是重要的衡量标准。通过大学生学情调查报告的结果可以帮助教师转变传统的"教"与"学"的观念,树立以学生为主的意识,推动教师改变教学策略和教学方法,以激发学生主动学习的热情,师生之间相互尊重、平等对

---

① 胡亚敏. 以生为本 探索体验式教学的本科人才培养改革[J]. 中国高等教育,2011(18):38-39.

话、自由讨论,最终形成以学生为主体、师生平等、教学自由的学习氛围。

(二)学情调查是洞察大学生学习质量的"明镜"

关注大学生的学习投入,增强大学生学习主动性。学习投入是指学生在学习过程中投入的时间和精力。[①] 提高高等教育人才培养质量需要充分调动学生的学习积极性和主动性,而学生的积极性和主动性又表现为学生的学习投入,没有学习投入,学生的学习收获就无从产生。因此,了解学生学习投入背后的原因,是将学生学习投入转化为学习收获,进而提高学生学习质量的重要途径。这需要教师在教学过程中,加强对学生学习兴趣的引导和激发。如通过教学活动,让学生发现专业学习的乐趣,培养学生对学习的兴趣。其次,提高学生学习期待,鼓励学生对感兴趣的学习坚持不懈。研究表明教师对学生的学习期待在一定程度上会影响学生的学习投入,教师的鼓励与支持会提高学生信心与积极性。[②]

了解大学生的学习策略,改善大学生学习效果。学习策略是影响高校教育质量和学生学习效果的重要因素。随着学习策略研究的不断深化,大学生学习策略问题引发广泛关注。"学习策略是学习者为提高学习的效果和效率,有目的、有意识地制定有关学习过程的复杂方案"[③],学习策略分为主动思考和消极学习,不同的学习策略会对学生的学习产生不同的作用。在教育教学中,我们应该重视大学生学习策略问题,加强大学生学习策略的教学与指导。一方面,通过关注学生学习策略可以帮助学生调整学习策略,在学习和实践中检验学习策略的有效性;另一方面,对学生学习策略的指导可以激发学生的学习动力,提高学生自我效能感,从而增强学生学习的自主性。[④] 因此,了解并掌握大学生的学习策略,是提升高等教育质量和增强学生学习效果的基础。

重视大学生的学习收获,提高大学生学习质量。据《2017 年全国教育经费执行情况统计公告》显示,全国教育经费在 GDP 中的比例保持在 4% 以上。

---

① 汪雅霜.大学生学习投入度对学习收获影响的实证研究——基于多层线性模型的分析结果[J].国家教育行政学院学报,2015(07):76-81.

② 汪雅霜,汪霞.高职院校学生学习投入度及其影响因素的实证研究[J].教育研究,2017,38(01):77-84.

③ 陈琦,刘儒德.当代教育心理学(修订版)[M].北京:北京师范大学出版社,2007:363.

④ 杨院.大学生学习观对学习方式影响的实证研究——基于不同课堂学习环境的分析[J].国家教育行政学院学报,2013(09):75-80.

伴随教育经费投入的增加，人们对于大学生学习的收获感也越来越重视。学习收获是衡量高校教育质量的一个重要表征，也是评价学生发展的重要指标。大学生学习收获主要包括"通用技能"收获和"专业知识"收获两个方面。[①] 高校主要通过向学生提供丰富多彩的活动来提高学生的实践能力，并通过向学生提供完整的知识谱系来整合学生的"碎片化"知识，前者提高了学生的"通用知识"收获，后者则增加了学生的"专业知识"收获。此外，学者指出对良好同伴关系的感知也会增加对"通用知识"和"专业知识"的获得。高等教育需回归育人之道，坚守以学生的发展、学业上的收获为高校教育理念，从而达到高等教育质量和学生学习质量提升的目的。

（三）学情调查为学校教育教学改革提供实践方向

我国高校教学改革虽取得不少成果，但与社会对高素质人才的需求还有一定的距离。如何在前期改革的基础上理清教学改革的问题，进一步深化高校教育课程改革和教学改革，培养全面发展的优秀人才和杰出人才，是学校管理者的使命。大学生学情调查是本科教育改革的重要依据，也为高校教育教学改革提供实践方向。人才培养、教学、学生质量都是高校改革中不能回避的现实问题，任何教育改革如果未真正深入了解大学生学习情况及教学，都难以真正惠及学生，不能使学生投入到学习当中并从学习中受益。[②]

树立人才培养在高校的中心地位。随着社会的发展与变革，大学功能的不断扩展和延伸，但大学始终围绕着"人才培养"这个根本任务，致力于提高人才培养的质量和水平。[③] 如何调动大学生学习的积极性和主动性，如何激发学生的学习兴趣，如何使学生全身心地投入到学习中去，如何提高学生的学习满意度，都是高校人才培养必须考虑的问题。学情调查帮助高校明确人才培养是高校一切工作的出发点和落脚点，学情调查也帮助高校明晰如何培养德智体美全面发展的社会主义建设者和接班人。

树立教学工作在高校的基础地位。高校有三大功能，即教学、科研、社会服务。凡是有大学生要教育培养的地方，都必须把高质量的教学工作作为基

---

① 史秋衡，郭建鹏．我国大学生学情状态与影响机制的实证分析[J]．教育研究，2012(02)：109-121.
② 瞿振元．奋力发展公平而有质量的高等教育[J]．中国高等教育，2018(06)：1.
③ 周叶中．人才培养为本 本科教育是根——关于研究型大学本科教育改革的思考[J]．中国大学教学，2015(07)：4-8.

本的要求。[①] 高校的师资力量、资源配置、经费安排都以教学工作为中心。[②] 大学生学情调查有助于高校建立以教学质量为核心的教师考评体系,同时也有助于教师改进教学方式和方法,提高教学质量和水平。大学生学情调查很大程度上反映了教师的教学质量,高校管理者可以通过学情调查报告了解学生的学习效果,并将学生学习效果的结果作为教师考核的重要内容;教师可以通过分析学习情况调查结果适当调整教学方式和方法,在不断调整中取得满意的教学效果。

树立学习质量在高校管理中的重要地位。质量是高校生存之基,立校之本。[③] 提高人才培养质量,是实现高等教育内涵式发展的核心要义。本科教育必须树立追求卓越质量的指导思想,切实树立科学的学生质量观,因为学生学习质量是衡量高等教育质量的第一标准。高校办学的质量与水平不在于学校规模大小和在校人数的多寡,而在于大学生学习质量。大学生学情调查考察学生的学习投入、学习过程、学习产出等与学习相关的环节,这些环节是衡量和检验高校人才培养质量的依据和标准所在。对学生质量的检验有助于学校有的放矢地对教学工作和人才培养工作进行管理和控制,学校管理者可以充分了解学生的学习情况,为提高学生学习质量提供准确依据,从而达到改善学校管理工作的目的。

三、大学生学情调查是大学生学习质量的全过程监测手段与助力

大学生学习质量是个复杂的概念。它涉及学生的学习观、学习主动适应过程、学习方法的使用,以及在学习过程中对学习环境的主观感知,最终反映在学生学习收获以及学习满意度上。从这个角度来讲,大学生学习质量是大学生学习从输入到输出的综合体现。学情调查注重学生在大学就读期间的学习过程、学习结果的分析,来描述学生在学习上的"增量",贯穿整个大学生活的全部过程。其显著特点在于它对学生学习起点、过程与结果的共同关注,考

---

① 欧内斯特·博耶. 美国大学教育:现状、经验、问题及对策[M]. 上海:复旦大学出版社,1980:142.

② 赵炬明. 聚焦设计:实践与方法(下)——美国"以学生为中心"的本科教学改革研究之三[J]. 高等工程教育研究,2018(03):29-44.

③ 朱虹. 全面深化本科教育教学改革[J]. 江西师范大学学报(哲学社会科学版),2015,48(04):3-8.

量的目标是明确大学教育能够给学生带来的"增值"。[①] 学情调查一方面反映院校大学生学习质量的现状,同时对于学生学习质量的提升也发挥其独特的作用。学情调查存在溢出效应,所谓溢出效应是指一个组织在进行某项活动时,不仅会产生该活动所预期产生的效果,而且会对组织之外的人或社会产生影响。[②] 开展学情调查不仅能够帮助院校了解到学生学习的现状以及背后的影响因素,厘清问题根源所在,以采取有效的措施提高教育质量。同时,学情调查这一行为本身也存在现实意义。一方面,学情调查突出了学生学习主体的地位,让学生感受到其作为一个独立个体所受到的尊重与关注,利于塑造学生与学校间融洽的关系。另一方面,学情调查这一行为会让参与到此项实践活动中的学生潜移默化地反思自己的学习信念、学习过程以及学习收获等,反观自己在学习方面是否存在"懈怠"、"松散"等心理或行为,让学生及时意识到自身存在的不足,更有效地促进学生的学习与发展。

(一)开展大学生学情调查,有助于实现大学生的自我监控

学习观是学生对学习的一种主观观点和看法,它会随着认知发展和教育经验的增加不断发展变化。[③] 研究者发现学生中存在深层和浅层两种学习观,前者通常表现为应用知识的学习观,后者通常表现为记忆知识的学习观。学习观决定着学习的总方向,在整个学习过程中发挥价值支持与动力支撑的作用。进一步研究表明,学习观能够显著影响学生的学习方式。具体表现为:具有应用知识学习观的学生通常采用深层的学习方式,具有记忆知识学习观的学生通常采用浅层的学习方式。[④]

学习观也不是一成不变的,学生的学习观是学生先前经验、教育和文化背景共同作用的产物。通过学情调查反映出来的学生的背景因素,比如个体特征、家庭背景、学术背景以及环境因素,在一定程度上都可以解释大学生学习观形成的原因。此外,当学生实际融入到学情调查的实践活动中时,可以在一定程度上指导自身重新梳理并反思自己的学习观,加深学生对于学习本质、学

---

① 倪晓晴,徐世爱,孙艳丽.国内大学生学情分析的特点与问题研究[J].教书育人(高教论坛),2015(33):80-82.
② 杨明基.新编经济金融词典[M].北京:中国金融出版社,2015.
③ 郭建鹏,杨凌燕,史秋衡.西方高校师生教学信念研究的缘起、进展及趋势[J].复旦教育论坛,2013,11(02):25-29.
④ 杨院.大学生学习观对学习方式影响的实证研究——基于不同课堂学习环境的分析[J].国家教育行政学院学报,2013(09):75-80.

习目的以及学习者作用的正确认识,从而可以有针对性地引导学生形成关于学习的正确认识。

(二)开展大学生学情调查,有助于改善大学生的学习过程

学情调查突出学生主体地位,通过外在系统的问卷设计,使学生全面地审视自己的学习环境、自己的学习处境、学校的目标导向等,从而实现对自我学习的整体认知。人作为对象性的存在,通过环境来实现对自我的认知。但单个人的认识和精力是有限的,很多人无法系统识别自己所处的环境、所处的境地,从而导致对自己认识的片面性。针对人这一先天的缺陷,苏格拉底曾提出"认识你自己"。认识自己不是闭门造车式的空想,需要对照外在的标准。大学生由于学业以及其他个人原因无法科学系统地认识自己的学习,通过学情调查,借助外界标准,可以使大学生更加全面认识自己的处境,从而实现对自我学习的管理。学情调查作为一种工具性手段的存在,可以帮助学生改善自己的学习体验和学习投入。

学习体验是指学生对于自身所处学习情境的感知。[①] 研究表明,学生的学习体验与其所采取的学习方式关系密切,改善大学生的学习体验能够有效转变大学生的学习方式,提高大学生的学习质量。[②] 同时,学习观对于学习方式的影响也会因为不同的学习体验而有所改变。具体来说,良好的学习体验有助于增强学习观对于深层学习方式的作用,而不良的学习体验则会增强学习观对于浅层学习方式的影响力。[③] 此外,学习体验也不是一成不变的,学生的背景因素,如性别、学科、学校类型等也会影响学生的学习体验。[④]

学习投入有两个关键性特征:一是指学生应当在学习和其他有目的的教育活动上投入更多的时间和精力,二是大学应当合理分配教学资源和其他教育机会,促使学生更好地参与相关的教育活动。[⑤] 大学生学习领域的研究表

---

① 陆根书. 大学生的课程学习经历、学习方式与教学质量满意度的关系分析[J]. 西安交通大学学报(社会科学版),2013,33(02):96-103.

② 陆根书. 课堂学习环境、学习方式与大学生发展[J]. 复旦教育论坛,2012,10(04):46-55.

③ 杨院. 大学生学习观对学习方式影响的实证研究——基于不同课堂学习环境的分析[J]. 国家教育行政学院学报,2013(09):75-80.

④ John T E Richardson. Investigating the Relationship between Variations in Students' Perceptions of Their Academic Environment and Variations in Study Behaviour in Distance Education[J]. British Journal of Educational Psychology,2010(04).

⑤ 常桐善. 中美本科课程学习期望与学生学习投入度比较研究[J]. 中国高教研究,2019(04):10-19.

明，大学生的学习投入与之所取得的成就密切相关，学生在学习各方面的投入度越高，学生的学业成就、能力发展和学习满意度也就越高。① 同时研究发现，大学生的学习投入在学习体验和学业成就之间起到部分中介作用、在学习体验和共通能力之间起到完全中介的作用、在学习体验和满意度之间起到部分中介的作用。②

(三)开展大学生学情调查，有助于培养大学生的学习能力

大学生学习质量作为高等教育质量的重要基石，又是人才培养的质量的核心内容。为判断大学生学习质量的效果，学情调查这一科学的方法应运而生，学情调查通过收集全面、完整、系统的数据，并结合科学的数据分析方法，为大学生学习质量的提升"保驾护航"。学情调查对学习结果的考量主要从两个方面进行，一是学生在大学期间的学习收获，即学生在大学学习期间通过学习所获得的知识、技能以及情感态度价值观等诸多方面的综合发展；二是学生对学习过程以及学校环境等的满意度。③

大学生的学习收获存在两种不同的评估方式，一种以学生为主体，通过问卷调查对大学生的学习成果进行主观性评估，一种以教师为主体，采用课程考核的方式对大学生的学习成果进行客观评估。④ 研究发现两种方式既相关，又有区别。以课程考核为主的客观性评估方式更多地关注学生的专业性知识获得，以调查为主的大学生学习收获评估能够在一定程度上呈现大学生能力和情感变化。此外，作为大学生学习结果的学习收获，也受到大学生的学习动机、学习观、学习方式、学习投入等方面的复杂影响。

大学生的学习满意度则是大学生在经历大学学习过程以后对学习过程进行的整体感知性评价。德里克·博克认为，大学能轻而易举地识别低质量的教学，但对高质量的教学并不敏感。⑤ 龚放认为大学生能够在自己接触到的不同课程之间进行比较，能够有效地识别低质量的教学，本身就是满意度评价

① Kahu E R. Framing Student Engagement in Higher Education[J]. Studies in Higher Education, 2013,38(05):758-773.

② 郭建鹏,计国君. 大学生学习体验与学习结果的关系:学生投入的中介作用[J]. 心理科学, 2019,42(04):868-875.

③ 文静. 大学生学习满意度的模型修订与动向监测[J]. 教育研究,2018,39(05):50-58,75.

④ 万华. 我国大学生学习成果研究[D]. 厦门:厦门大学,2013.

⑤ 德里克·博克. 回归大学之道:对美国大学本科教育的反思与展望[M]. 侯定凯,等译. 上海:华东师范大学出版社,2008:187.

的一个重要意义。[1] 对大学生学习满意度进行研究发现,大学生的人口统计学特征和院校特征对大学生的学习满意度产生影响,大学生学习过程中的不同要素也显著影响了大学生的学习满意度。[2]

四、大学生学情调查为人才培养的不同责任主体提供现实依据

评估我国高校人才培养质量可以从以下两个指标类型入手:一是过程性质量指标,包括学生学习方式、学习投入度、课堂环境感知等指标;二是结果性质量指标,包括学生对教师、课程与学校环境的满意度以及学生通过学习所获得的知识、技能以及情感态度价值观等指标。通过学情调查,可以了解我国高等院校学生的学习现状,评估学生的学习状态、教师的教学方式以及学校的管理方式,进而有针对性地对学生进行引导,有效地提升人才培养质量,为高等教育改革提供抓手。

(一)学情调查改进教师课堂教学策略和方法

以学为本的大学生学情调查可以较为全面地反映我国本科教育的现状。一方面学情调查可以了解学生的学习现状和感受,学生所具备的发展潜质和需求;另一方面可以清晰地把握学校教育教学的现状,帮助教师改进课堂教学策略和方法。

我国本科教育以学科为基础,划分为不同专业,学生的人数相对传统中学教育的小班制教学来说,数量明显增多,教师不可能对每一位学生的学习情况有着清晰地了解。教师仅凭借平日的观察或交流来了解学生,只会获取到浅层面的认知,这种认知并不能反映学生的真实学情。实践证明,用科学的方法进行学情调查便于教师更加清晰地了解学生的学习观、学习方式、学习环境、学习投入、学习结果等与学习有关的各个方面。[3] 开展学情调查方便了解学生对日常学习的具体看法;了解学生的学习过程,比如学生对课堂活动的感知、学生学习方式与学习策略的选择;了解学生的学习结果,比如学生在知识、能力、情感态度价值观等方面的收获以及对学习环境、课程与教学的满意度,甚至可以从学生的背景因素,比如个体特征、家庭背景以及院校背景等方面去

① 龚放. 聚焦本科教育质量:重视"学生满意度"调查[J]. 江苏高教,2012(01):1-4.

② 文静. 我国大学生学习满意度研究[D]. 厦门:厦门大学,2013.

③ 迈克尔·普洛瑟,基思·特里格维尔. 理解教与学:高校教学策略[M]. 潘红,陈锵明,等译. 北京:北京大学出版社,2007.

深入挖掘学习观点和学习行为背后蕴藏的个体成因。学情调查在教师与学生之间搭建起了沟通了解的桥梁。作为一个独立个体,学生可以感受到教师对自己学习及人格发展的关注与尊重。同时也让教师深入走进学生的内心世界,倾听学生的看法,了解学生的需求。

在此基础上,学情调查有利于帮助教师更好地理解教与学,进而改善自己的教学。大学生学习研究有一个明显的取向,即指向改进教学以改善大学生的学习。普罗瑟和特里格维尔教授指出,在教学过程中,教师不应当把自己的教学观和学生的学习观看作是稳定不变的实体,事实上,这些现有经验是随着师生所处情境的变化而不断变化的。[①] 在这种情境下,教师应当创设更好的学习情境以促进学生的学习,同时需要不断地帮助学生更好地理解他们所处的处境;教师应当使用教学技巧来帮助教学,并且帮助学生更好地认识到自己所使用的技巧。

(二)学情调查助力高校人才培养质量提升

提升高等教育质量是高等教育发展的永恒主题。大学生作为高等教育的主体,是提高高等教育质量的核心着眼点。[②] 伴随着心理学的理论发展以及高等教育质量提升越来越聚焦于学生,从学生的视角和学生的体验来评价教学及区分什么是"好的教学"成为评价教育质量乃至高等教育质量的重要切入点。在以生为本的教育理念下,学生是学校教育教学的主体,教育教学理应要做到首先使学生满意,即学生在特定学校环境下的学习状态和学习结果达到了自己的预期期望。学生的学习满意度、学习收获反映了学校教育教学的质量,影响着学生对学校的归属感与认可度。因此,学校要提高教育质量就不得不关注学生的学习情况。

一方面,学情调查有利于学校对自身的教育过程进行自我诊断与自我评价,明确自己在本校教育投入方面不均衡的部分以及已经投入的要素或付出的努力到底取得了怎样的成效。通过了解学生学习情况来进一步对师资队伍水平、教育教学条件、课程体系设计和人才培养目标等进行评价。微观上看,评估课程设计和教学方式是否符合教学规律,学校是否为每一位学生都提供了充足的学习机会和实践活动,营造了和谐的学习环境,同时考查学生是否充

① 迈克尔·普洛瑟,基思·特里格维尔. 理解教与学:高校教学策略[M]. 潘红,陈锵明,等译. 北京:北京大学出版社,2007.
② 史秋衡,王芳. 国家大学生学习质量提升路径研究[M]. 厦门:厦门大学出版社,2018.

分合理地利用了这些资源。宏观上看,学情调查评估学校的所有政策、管理、资源配置是否合理,宏观学校定位、人才培养方式、产学研教育等是否得以实现。① 持续性的学情调查为学校的发展提供了立体化的数据支撑,建立起一个完整的动态教育教学质量评估与监控的数据库。学校将学情调查的结果放到我国大学机构治理和高等教育内涵式发展的大环境中来,发现教育过程中存在的问题,然后有针对性地进行教学改进和质量监控。

另一方面,学情调查有利于帮助学校基于社会需求视角去理解人才培养质量。教育的社会属性注定了纯粹的教育并不存在,教育既受社会制约,又反作用于社会,人才培养应与社会需求协同发展。"教育要培养什么样的人,使人具备什么样的知识和能力,并非完全由教育自身来决定,而要根据社会发展的需要。"② 在我国经济社会转型以及时代不断进步的大背景下,社会所需要的人才越来越多,并呈现多技能、多样化、多层次的新特点。高校人才培养必须以社会需求为导向,在充分了解社会实际工作岗位需求的基础上,调整人才培养方式,分专业组织教育教学活动,才能培养出适合社会发展的高层次人才。开展学情调查便于社会对人才培养质量做出评估。学校不仅需要向学生和学生家长交代高校的培养质量,更应该向社会、政府以及用人单位亮明我们培养的人才在多大程度上适应社会,将我们的培养效果用数据的形式来呈现。高等教育培养的人才最终都要经过社会的检验。③ 遵循以学生为主体的理念,以大数据发展规律为手段和方式,这是国际高等教育质量评估的新趋势。学情调查迎合了这样的一种发展趋势,因此它对与高等教育质量评估和过程评估来说显得格外重要。

(三)学情调查指明高等教育改革方向

学生是教育的起点和归宿,学情调查的必要性不仅仅体现在它可以直观地反映我国本科教育的现状,更重要的是通过学情调查可以发现教育教学过程中存在的问题,找到提升大学生学习质量的突破口,有效提高学生的学业成就。学情评估的目的不是为了对各级各类学校的人才培养质量进行简单地打

---

① Pascarella E T,Terenzini P T. How College Affects Students:A Third Decades of Research [M]. San Francisco:Jossey-Bass,2005:17.

② 史静寰. 走向质量治理:中国大学生学情调查的现状与发展[J]. 中国高教研究,2016(02):37-41.

③ 倪晓晴,徐世爱,孙艳丽. 国内大学生学情分析的特点与问题研究[J]. 教书育人(高教论坛),2015(33):80-82.

分比较,而是要将其所反映的深层次内涵运用于教育教学改革。

从微观角度分析,学情调查所反映出来的事实,有利于学校诊断教育过程中存在的不足,以便从课堂教学质量、教师授课形式、课程内容、教学观念、学习环境、校园文化氛围、社会性人际关系等方面进行改进。教育要因材施教,教育方法要因人而异,教师要了解学生对于学习的主观看法、学生的学习感受、学习方式以及非智力因素等各个方面的差异,从大学生的学情出发注重启发、引导、鼓励等方法的运用,实现教师角色定位的转换,从传统的知识传授者转向现代的学生发展的促进者。充分了解每个学生的学习特点,为不同学生找出与其学习特点密切结合的学习策略和科学的学习方法,是学情调查的目的,也是实现以学生为本、让学生科学发展的具体举措。[①]

从宏观角度来分析,学情调查也是高等教育内涵式发展的实践要义,它可以为国家层面的高等教育改革指明方向。党的十九大报告中明确提出要"实现"高等教育内涵发展。新时期我国高等教育内涵式发展转变为以提高教育质量为根本。而人才培养质量作为高等教育质量的核心,将重点关注学生的内在成长,大学生的学习与发展水平是人才培养质量的核心体现,也是高等教育内涵式发展的重要基石。研究大学生的学情不能仅仅局限于学校层面,而是应进入高等教育教学系统,特别是系统综合改革的更深层面。同时在国家层面乃至国际层面进行宏观学情调查,其调查结果可运用于跨院校、跨国家的比较。通过校际学情对比,清楚地反映不同院校本科生在学习观、学习策略、学习方式和学习结果等方面的特点,以及本校与他校在教育方式和教育管理上的差距,从而有目标性地改进教学,完善学生管理,以达到提高本科教育质量的目的。[②] 从学情调查这一实践活动出发,全面认识我国大学生的学习情况,再将学情调查的分析结果用于指导学校教育教学改革以及高等教育改革的实践中,有效地实现调查结论向教育事业发展政策的转变。

---

① 汪圣龙.学情调查:回归教育本质的起点[J].上海教育科研,2010(11):57-58.

② Glen A J. Governing Quality:Positioning Student Learning as a Core Objective of Institutional and System-Level Governance[J]. International Journal of Chinese Education,2013 (03).

第二节 国家大学生学情调查研究基础上的大学教学特殊性

习近平总书记在 2018 年全国教育大会上指出,要努力构建德智体美劳全面培养的教育体系,形成更高水平的人才培养体系。大学教学是学生获得知识、形成能力和提升素质最为重要的主战场,是人才培养的主阵地,在人才培养体系中具有基础性、综合性和全面性的作用。大学教学具有不同于中小学教学的特殊性,在教学任务、对象和教学内容上与中小学存在着重大区别,大学教学的主要任务是帮助大学生从学生身份走向社会人身份的建构,大学教学的对象是处于"青春中后期"并已接受过成人礼的"成人",身心发展规律截然不同,大学教学的教学内容具有专业性、前沿性和探索未知性。同时,大学不同学科之间的教学有着不同特点,大学生的参与、体验、动机与情感也影响着教学活动。因此,从教学任务、教学对象和教学内容的视角审视大学教学的特殊性,大学教学的特殊性可从大学教学的内涵、大学教学对大学生成长规律的遵循和大学教学与创新人才培养的呼应三个层面进行求解。显然,揭示并遵循大学教学的特殊性既是塑造大学教学品质之需,也是培养德智体美劳全面发展的人之应然之举。

一、大学教学内涵的特殊性

大学教学作为大学人挂在嘴边的高频词,谈到它,几乎每个人都可以列举一大堆的大学教学实践活动。但问及大学教学的内涵究竟是什么,人们却又往往莫衷一是,对大学教学内涵的认知说不清、道不明。也正因为此,人们对大学教学存在严重的认知误区和实践误区。大学教学的特殊性首先需要澄清这一误区,进而认识大学教学的内涵。

（一）大学教学的误区

大量的实践表明,在大学里,人们往往通过对某位教师讲课讲得怎么样,参加教学竞赛是否获奖,学生评教、同行评教、专家评教是否得高分等来衡量这名大学教师的教学水平和效果。于是,大学在组织实施大学教学的活动中,就往往容易出现以下主要现象:大学教学比赛成为大学课堂教学比赛,大学教师教学评价成为对教师课堂教学的评价,学生评价大学教师的教学效果成为评价大学教师的教。也就是说,人们在实践中出现对大学教学的简化和对大学教学的异化，最典型的误区是将"将大学教学等同于课堂教学，将大学教学等同于大学教师的教"，即"大学教学＝课堂教学＝教师的教"。具体表征如下：

1. 大学教学被简化为课堂教学

大学教学是一个复杂过程，从教学环境看，"第一课堂"和"第二课堂"都是其有机组成部分。从大学教学各主要环节看，大学教学包含课堂教学、实验实习教学、教学计划、教学大纲、课程建设、教材质量、毕业论文设计、教学改革、教学研究、辅导答疑和成绩评定等方面。由此可见，大学教学作为人才培养的主阵地，是一个复杂的系统工程，大学教学的水平与质量，取决于第一课堂与第二课堂的联动和大学教学各主要环节的相互渗透与融合。然而，由于长期以来人们普遍关注的是"普遍化课程式学习"，从而在认识上存在大学教学就是课堂教学（第一课堂），把第二课堂视为第一课堂可有可无的"附带品"、忽略其育人功能的误区。最终使得大学教学在实践中也将大学教学简化为课堂教学，最典型的表征有：在大学教学计划中，必修课和选修课等课程类型的设置，课程门数的计算，教学学时数的计算，绝大多数高校将大学教学直接简化为课堂教学，并没有将第二课堂纳入其中。在大学教学运行中，调停课的审批、督导专家听课，也主要指课堂教学，没有包含第二课堂和其他各主要教学环节；在大学教学评价中，教师的教学效果的评价和大学教学的绩效认定，也主要集中在课堂教学。事实上，人们在实践中已无异议地进行着"大学教学就是课堂教学、教师教学水平就是教师课堂教学水准、教师课堂教学讲得如何决定教师教学效果和教学质量"的实践。在这个链条中，教学水平是关键点，但这个逻辑却存在着明显的错误和误区。因为教学水平概念指代不清，究竟是指教师在第一课堂教学的教学水平还是第二课堂的教学水平，这很关键。如果仅指第一课堂教学 40 分钟的上课水平，而不包括教师参与第二课堂和各主要教学环节的教学工作水平，就导致了大学教学的内涵被窄化为课堂教学，从而就很难保证人才培养的质量。从 NCSS 十年的调查结果来看，第二课堂和各主要教学环节对人才培养质量的影响日臻明显，并早已成为大学教学的核心部分，将大学教学简化为课堂教学的误区，无疑值得高度警惕。

2. 大学教学被异化为教师的教

大学教学被简化为课堂教学外，由于传统大学教学是"知识灌输型"模式，这种模式下大学教学往往对教师的教表现出热切的关注，从而使大学教师的教成为各种大学教学活动的焦点，最终使得大学教学又被简化为教师的教，具体表征在大学教学实践中，最为典型的有：对教师大学教学质量的评价聚焦于教师的教，学生的学则长期处于缺位状态。

实际上，之所以出现上述对大学教学的认识误区和错误假设，将大学教学停留在中小学教学阶段，究其根由，就在于对大学教学的内涵认识不清楚。而大学教学的特殊性，首先体现在大学教学的内涵上。

（二）大学教学主要内涵的特殊性

大学教学的内涵不同于中小学教学，其主要内涵有多重意蕴。大学教学内涵的特殊性在于基于法理、大学之道和大学教学的理论基础三种不同的视角。

1. 从法理看，大学教学是以培养人才为中心的各种大学教学活动

《中华人民共和国高等教育法》（以下简称高教法）第四章高等学校的组织和活动之第三十一条规定："高等学校应当以培养人才为中心，开展教学、科学研究和社会服务，保证教育教学质量达到国家规定的标准。"高教法明确了培养人才在大学的中心地位和大学教学为大学的首要工作这一朴素的真理。因此，从法理视角看，大学教学的本质是培养人才，大学教学就是指大学中所有围绕培养人才所开展的各种教育教学活动，这也是大学教学广义的内涵。

2. 从大学之道看，大学教学是指围绕"以德为先，以创新为要，以善为归宿点"所开展的各种教学活动

《大学》开宗明义，"大学之道，在明明德，在新民，在止于至善"。大学之道表现在大学教学中，明明德即开发师生的良善本性，曰人格养成。新民则包括自新和新民两重意蕴，新取自"苟日新，日日新，又日新"。自新，针对大学教学的教育者自身而言，意味着大学教育者要有不断更新自己的终身学习能力和勇于探索的创新能力，这蕴含着大学教学中大学教师既是教育者，也是自身教学的学习者。新民指培养具备能为人民服务、有创新精神的人才。先自新，才能新民。通过"明德和新民"修德修才，实现至善，也就是培养德智体美劳全面发展的人。因此，从大学之道视角看，大学教学就是以德为先，通过构造和谐的师生关系和积极引导大学生勇于探索人类未知的教学过程，造就止于至善、全面发展的有用人才。舍此，大学教学便不足以为"大"，更不足以为"学"。

3. 从客观规律看，大学教学是指依据相关理论基础，科学地培养人才的各种教学活动

大学教学的特殊性体现在大学教学有其自身的理论基础作为科学开展大学教学的重要支撑。首先，以辩证唯物主义认识论为指导，大学教学需要从其

活动本身的特点去探索大学教学过程的基本规律。其次,大学教学的对象是大学生,因此,大学教学必须以教育心理学和大学生学情为基础,大学教学需要根据大学生成长规律来建立科学的大学教学体系,使大学教学活动满足大学生发展的需要。再次,以社会学为基础,大学教学需要根据社会需要开展教学活动,以培养适应社会需要的人才。最后,以系统论、信息论为基础,大学教学是一个复杂和发展的过程,大学教学需要将第一课堂与第二课堂作为一个整体,发挥其联动培养人才的作用,且在人工智能时代,实现信息技术与大学教学的深度融合。

综上,大学教学的核心内涵在于以德为先,以创新为要,在"为师生创造有意义的教与学的生命共同成长经历"文化氛围中,大学教师与学生形成教学共同体,依据大学教学的特殊规律,充分发挥第一课堂和第二课堂的联动作用,培养德才兼修、有创新精神、有服务人民之能的专业人才,这也是大学教学内涵的特殊性所在。

4. 大学教学的特征

从大学教学的内涵不难发现,大学教学的基本特征表现在以下几个方面。

第一,德性。大学教学是追求以德为先的德性教育。《大学》开篇明义地表明了大学教学起于德、至于善的境界。大学教学的德性首先表现在大学教学目标的德性,大学的使命是培养有社会责任感,有创新意识,勇于担当的德智体美劳全面发展的社会主义建设者和接班人,大学教学目标就在培养高尚品德、创新能力强,拥有为人民服务能力的人才。其次,大学教学的德性表现在大学教学的指向上的德性,大学教学指向具有生命意义的师生共教共学共创的共同体。最后,大学教学的德性体现为学生学习目标的德性,是为了成为"人"的学。

第二,专业性。与中小学不同,一方面,大学教学的对象既是大学的学生,也是大学某一个专业的大学生,大学教学输出的是高级专门人才。另一方面,大学教学内容是以高深知识、常识与未知融入一体为主的人类已有的经验与未知。因此,大学教学具有较很强的专业特征。

第三,探究性。从大学的基本职能看,大学教学既要传播高深知识,也要将高深知识的发现过程传授给学生,还将最新科学技术前沿融入教学,引导学生探求真知与新知。对大学教师而言,大学教师只有懂得大学教学的创新,才能有效地把自己所教的一切教学内容激活,从而把人类知识、情感态度及技能转化为大学生的生命成长。从大学生学习看,大学生学习是大学教学的关键要素,与中学生以知识习得的学习不同,大学生注重追寻真理和生命的意义向度,追求崇高的精神生活,因此,大学生的学习还是一种在教师指导下,以问题为导向选择研究主题、主动获取新知、应用新知,解决问题的"研究性学习",它以促进大学生创新能力、实践能力及大学生个性发展为旨归。可见,探究性是大学教学区别于中小学教学的典型特征。

第四,自主性与超越性。大学教学的对象是大学生,大学生已具备了自主学习能力,大学教学要给学生留自主学习的时间与空间。同时,大学本身是永无止境、创造高深知识的大学,具有不囿于现在,面向未来的超越品格,因此,大学教学也具有引导大学生面向未来,培养引领社会发展的创新人才的超越性。

二、大学生成长规律的特殊性

埃里克森关于人格发展的八阶段理论认为青年期处于人格发展的第五和第六阶段,这个阶段是自我角色塑造、对得到认同、人与人之间亲密关系有着重要需求的关键阶段。大学教学的对象是大学生,大学生正好处于这样的重要阶段,大学生成长规律的特殊性是区分大学生与中学生的关键。大学生成长规律是客观存在,对大学生成长规律的遵循是由大学人才培养的使命决定的。探讨大学生成长规律才能使大学教学科学化,依据大学生成长规律来进行大学教学才能有利于人才培养目标的实现。大学生成长规律是什么呢?国家大学生学情调查研究课题组(NCSS)与剑桥大学和哥伦比亚大学的联合研究表明,学生的成长受到学生主体的学习观、学习方法和学习风格、学习力与学习收获、学校适应与压力应对、学风与朋辈关系尤其是室友关系等因素的综合影响。全面关注学生在学期间影响其学业进步和成长成功的各种主客观因素,既能够让全体学生在学业上取得进步,也能提高毕业生素质与能力内化后的强大发展能力。[①] NCSS 的研究无疑揭示了大学生成长的特殊规律,其具体表征主要有以下几个方面。

(一)我国大学生的学习信念、学习观、课堂体验和学习方式存在特殊性

NCSS 的研究表明:与前几代大学生相比,当代大学生学习信念倾向重实用性和在学习上的自主性特征[②]。大学生学习观表现为记忆知识观和应用知

---

① 史秋衡. 从大学带走什么算得上优质毕业生[J]. 教育发展研究,2019,39(11):3.
② 卢丽君. 我国大学生学习信念的实证研究[D]. 厦门:厦门大学,2013.

识观。学生对课堂教学的体验主要体现在"学生主体的教学方式、师生互动情况、同伴关系和教学组织"四个层面;大学生学习方式主要表现为"表层学习方式和深层学习"[1]。大学生学习信念作为大学生学习的动机和行动的心理框架[2],是影响大学生学习质量的根本因素。因此,大学所教的任何内容都要与学生的已有生活经验建立起联系,就需要大学教学精心设计,以问题情境或其他方式把学科知识还原到现实生活中,把学生已经知道的挖掘出来,以生动的案例,激发起学生的内在学习动力,在学生心里种下真善美的种子,在此基础上建构新知。此外,大学教学还可针对大学生的学习观、课堂体验和学习方式的特殊性,采取适切的方法有效地开展教学。

(二)大学校园适应的"四阶段"典型特征

"适应"是每一个人成长过程中都会普遍遭遇到的问题。大学生进入大学校园后,首先,从大学生成长的视角看,大学生需要不断地对大学校园环境"适应",其次,从大学生学习的视角看,当大学生进入新的学习环境时,面对不同的培养目标,调整原有的学习方式,"适应"新的学习要求是学习收获的重要支撑。因此,大学生是否适应大学校园的生活是大学生成长的关键,关系着大学教学的有效性。NCSS 研究发现,与中小学生不同,大学生进入大学后,大学生大学适应表现出典型的"四阶段"特征,大学生适应四阶段特征是指大学生从进入大学伊始到大学毕业期间,其大学校园生活与学习的适应分为四个阶段,分别为蜜月期、震惊期、调适期和掌控期。具体而言,当大学生在蜜月期时,由于大学生刚进入大学不久,其对大学生生活与学习的接触还停留在初相识、接触不深上,因此,这个阶段表现出能很好地适应大学生活与学习,感受不到来自大学环境的压力。而随着大学生对大学的逐渐了解,他们随即会发现现实的大学生活与学习与自己想象中的大学有一段距离,于是产生消极情绪,出现大学生活与学习产生不同程度的不适应,这就是大学适应第二阶段的震惊期。处于震惊期的大学生在教师和同学的帮助下,若以积极的态度对自己的大学适应进行调适,就可进入第三个阶段的调适期。调试期的大学生能较好地适应大学生活,即便偶尔会出现不适应大学生活与学习的情况,大学生也能进行内省并以积极的态度去调整。第四个阶段是掌控期,这个阶段的大

① 史秋衡,郭建鹏. 我国大学生学情状态与影响机制的实证分析[J]. 教育研究,2012(02):109-121.
② 卢丽君. 我国大学生学习信念的实证研究[D]. 厦门:厦门大学,2013.

学生,已能完全适应大学生活和学习。在大学生大学适应过程中,无论哪个阶段,大学生实际上都有着对教师指导自我身心成长的需求,这种需求在某些阶段甚至超越对知识的获取。作为大学教师,需要敏锐地觉察到大学生的心理需求,摒弃把自己囿于知识传授者的角色,充分发挥课程思政的作用,演好学生成长引路人的角色。①

(三)"一二课堂"联动规律

"一二课堂"联动规律是指大学生大学期间的成长是一二课堂共同发挥作用的结果。第一课堂就像是树的主干,第二课堂就像是主干上的枝和叶,共同支撑着大学生的发展。因此,大学教学必须围绕以人才培养为中心,构建"一二课堂"课程一体化共育、教学资源共享的运行机制,实施"主干实""枝叶茂"的一二课堂融合育人,共同助力大学生成长。究竟什么是第一课堂和第二课堂呢?从实践的角度,第一课堂是基于本科人才培养方案与课程教学大纲的教学,是大学人才培养的主渠道。一般采用集权的计划模式,有着统一的教学计划、统一的教学大纲、统一的课程教材、统一的教学进度和统一的考试方式,是一种规训的教学。第二课堂则是在教学计划外,超越时间与空间,介于显性教育与隐性教育之间的,可承载更为丰富教育形式的教学阵地,是一种相对自由的教学。第二课堂是生成、是探究与创造,第一课堂是预设、是记忆、理解与应用,两者相辅相成、互相促进,又共同育人。而培养德智体美劳全面发展的人是新时代赋予大学的重大使命,显然,要实现这样的使命,既要依靠第一课堂,还需要充分发挥第二课堂的作用,遵循"一二课堂"联动规律。NCSS 的研究也证明了"一二课堂"联动规律的现实意义:学生学习收获、学习就业能力的形成是学生在一二课堂等多维学习体验的共同结果。且在培养人才因素中,大学生在第一课堂内的学习状态存在趋同性、大学生学习质量的提升更多得益于课堂外学习环境的设计。其中同伴互动、实习实训、创新创业等第二课堂对大学生就业能力的自我评价均产生了显著影响,学生对第一课堂教学、对同伴互动、实习实训等第二课堂体验越好,他们对就业能力的自我评价就越高。在学科理解力上,实习实训的影响最大,第一课堂的影响次之,同伴互动的影响最小,而在综合技能、自我效能和元认知三因子上,同伴互动的影响最大,实习实训的影响次之,第一课堂的影响最小。因此,只有第一课堂是远远不够的,以往一二课堂相互分离所带来的碎片化人才培养不利于大学生成长,要实

---

① 邹小勤. 我国大学生学校适应研究[D]. 厦门:厦门大学,2013.

现时代赋予大学的使命,大学教学必须遵循"一二课堂联动规律",将一二课堂从碎片化的操作转变为一体化的整体设计,使一二课堂同向同行,形成育人的合力。①②

(四)大学生"U"形年级发展规律

在 NCSS 的分析中发现,不同年级大学生在学习过程中呈现出明显的"U"形发展规律。所谓 U 形发展规律,是指大学生在大学生涯的学习过程中,学生学业成绩、学生情感在大一阶段标段表现不俗,进入大二后则出现下降,大三后也在依然处于低迷期但有回升现象,大四则又出现上升的状态。大学生的学习成绩与情感等大学生发展的主要维度在大学不同年级上呈现出字母"U"型特征。伴随着学业成绩下降的低谷期阶段背后,其实是大学生对自身身心发展得不到老师悉心指导的抗拒,是对教师只教书不育人的顽强抵制,是出现学业压力、情感压力与心理压力得不到合理释放的充分表征。教书育人,是师者最为朴素的本分和本色,"长者安之,朋友信之,少者怀之"当是师者育人之道。显然,大学教学如何对大学生发展的这一特殊规律加以运用,回归既教书也育人的初心,对构建和谐的师生关系及人才培养质量的整体提升的重要性是不言而喻的。

(五)大学生成长的"互动"律

大学生成长的"互动"律是指大学生成长受"师生互动"程度和"同伴互动"的制约,师生交流和同伴互动对大学生学习收获起作用。NCSS 在大学生学习投入类型及其与学习收获关系的实证研究中发现,大学生在大学期间"师生交流"与"学术性收获"的相关性最大,"同伴互动"与"社会性收获"的相关性最大。同时,NCSS 2012—2018 年调查结果也显示,我国大学生认为学习过程中最重要和最满意的因素都是与室友的关系。因此,大学教学中,既要建立"尊师爱生、民主平等、教学相长、心理相容、师生互动"的大学师生关系,也要重视大学生室友关系等同班互助的建设,充分发挥同伴互助作用,加强同伴互动和师生互动的大学教学制度设计,搭建丰富多彩的师生交流和同伴互动平台。③

① 史秋衡. 从大学带走什么算得上优质毕业生[J]. 教育发展研究,2019,39(11):3.
② 史秋衡,王芳. 我国大学生就业能力的结构问题及要素调适[J]. 教育研究,2018,39(04):51-61.
③ 杨院,李艳娜,丁楠. 大学生学习投入类型及其与学习收获关系的实证研究[J]. 高教探索,2017(03):74-77.

三、大学教学与人才培养相呼应的特殊性

大学教学承担着培养人才这一最为根本的职能,大学教学的特殊性还体现在其与人才培养相呼应。大学教学者必须有意识地强化大学教学与人才培养的联系。从认识上理清大学教学与人才培养的关系,从而有助于研究和回答大学生成长的问题,为什么这样讲呢?首先,不同类型的大学、高等教育的不同阶段,人才培养目标定位均不同。相应地,大学教学的地位及教学方式也不尽相同,复杂性和多样性成为当下大学教学的重要特征。其次,同一大学内不同的院系和专业,都有各自不同的人才培养定位、人才培养理念和人才培养特色的追求。这些因素决定了大学教学目标定位、教学内容的取舍、教学方式选择、教学管理运行机制的多种样态,使大学教学呈现出个性化的特点。但无论大学教学呈现出哪种特征,都需要与自己所在的大学和专业的人才培养相呼应。然而,当今中国大学教学普遍缺乏与人才培养的互相呼应是一个不争的事实,平庸的大学评教文化使大学教学丧失了追求人才培养目标的活力与动力。大学教学德性教育薄弱、大学教学无视大学生成长规律,一二课堂碎片化等问题很大程度上也是由于大学教学没有与人才培养相呼应所致。只有与人才培养相呼应,大学教学才有高远的追求。那么,如何促进大学教学与人才培养相呼应呢?首先,大学教学目标与人才培养的目标一脉相承是大学教学与人才培养相呼应的逻辑原点,其次是大学教学与人才培养规律相关联,并建立大学教学与学生学习的连接体。

（一）大学教学与人才培养目标相关联

人才培养目标是大学一切人才培养活动的出发点和旨归,也是大学人才培养的初心和使命,它关乎大学教学"为谁教、谁来教和怎样教"。人才培养目标由大学教学实践落实,大学教学实践由人才培养目标牵引。对大学而言,人才培养目标的制定,通常包含五个层面。第一个层面是教育目的,是国家人才培养的总体目标。第二个层面是学校层面,作为一所大学对自己培养人才期望达到的预期结果,这一层面的人才培养目标制定具有整体性和全局性。第三个层面是专业层面,也就是说大学的某一个专业的人才培养目标,是大学人才培养总目标下的具体专业目标。第四个层面是课程目标,是大学生学完一门课程后需要达到的人才培养目标,是人才培养目标在课程体系中的彰显;第五个层面是大学教学层面,这个层面的目标以第一、二、三、四层面的目标为参照,是将大学人才培养目标、专业目标及课程目标落地的关键,是目标体系之

"基"，是为大学人才培养目标的实现而服务的关键点。但从 NCSS 的研究发现，现实中的大学教学中，人才培养目标往往成为束之高阁的口号与摆设，大学教学存在三个"相互关联不够"，即大学教学目标与教育目的关联不够，大学教学目标对人才培养目标的体现不够，大学教学对专业目标的关联不够。导致这些关联不够的根源在于大学教师对人才培养目标如何转化为具体的大学教学活动的程序不清楚，大学教学评价者对如何评价大学教学对人才培养目标的实现的操作不清楚。因此，进一步提升大学教学质量，无疑要首先解决大学教学如何彰显人才培养目标的问题，实现大学教学与人才培养目标相互呼应。

（二）大学教学与大学生成长规律相呼应

建立大学教学与学生学习的连接体是大学教学与人才培养相呼应的逻辑旨归。但长期以来，我国大学教学广遭诟病的是，"人"的生命向度在大学教学中的旁落。作为大学教学的对象和主角，大学生的学习信念、学习观、学习风格、学习方式、教学体验、学习收获、学习满意度等在大学教学中并没有得到关照，大学生的声音也鲜见在大学教学中得以表达，更遑论大学教学与大学生学习的连接。大学教学是育人而非制器，大学教学只有遵循大学生成长规律，为大学生提供符合其成长规律的大学教学活动，大学教学才可能支撑起人才培养的目标。如何遵循大学生成长规律呢？

首先，爱是最好的大学教学。韩愈的《师说》道明了师生关系是"无贵无贱，无长无少，道之所存，师之所存"，因此，好的大学教学需要首先建立相互尊重、平等和谐的师生共同体关系。因为在大学"教"的活动中，教学活动的主体既是教师，也可以是学生，还可以是社会公民（广义的泛在的教师）；在大学"学"的活动中，学生和教师都是学习的主体（学生是自身学习的主体，教师是自身教学的学习主体）。而大学教学的客体是什么呢？是高深知识和关乎人成长的实践活动等知情意的教学内容，它们被师生双主体共同作用的同时又将两者有机联结，进而促进大学教学一二课堂的联动。

其次，建立大学教学与学生学习的连接体。大学教学与大学生学习本质是统一的。但较长一段时间以来，大学教学受高等教育大众化的影响，在教师的增加远远赶不上学生规模日益增长的背景下，课程形态、教学目标、教学手段也相应地发生了变化，大学管理者和大学教师又并没有来自必须不断寻求更好的教学方法并关心学生成长、提升大学生学习质量的压力，大学教学评价也停留在教师的教，从而导致大学教学成为"良心活"，教师的努力聚焦在如何把课"讲得好"而非大学生学得好上。如何改善这种情况呢？就需要从制度设计上建立大学教学与大学生学习的连接体。将大学教学与大学生学习的连接体现在人才培养方案和教学计划中,体现在大学教学目标和大学教学评价的指标中。在大学教学中设计相应的学习目标,激发每个学生的学习内在动力,促进他们德智体美劳全面发展。

最后,基于大学生学情的大学教学。大学教学需要首先回答大学生是谁,他们从哪里来,有哪些特征,要到哪里去,大学管理者和大学教师如何带他们到那里。显然,对人的思索和哲学思考,是大学教学的逻辑起点。君子务本,本立而道生。大学教学之本就是培养德智体美劳全面发展的人才,只有认清了大学教学之本,才会明白大学教学该如何基于大学生学情来开展,也唯有如此,才会把大学教学中"失去的人"找回来,才会提升大学生对大学教学的获得感,进而提升大学生对大学教学的满意度[①],引导大学生从片面发展走向全面发展。

"明德、新民、至善"是大学教学长青的内在基因,大学教学的魅力在于师生共同体共创共促自身个体精神生命发展的魅力。大学教学的特殊性呼唤大学教学本真意义的回归:大学教师从"教"的专家走向"学"的专家,大学教学从一二课堂分离走向一二课堂联动,大学教学从单声道走向互动,大学教学的创新从外在的要求走向内生的动力并渗透在日常大学教学实践中,大学教学从刻意为之的教学任务走向大学教学目的本身。

第三节　立德树人之高等教育理论创新

党的十八大报告首次明确提出立德树人的概念,把立德树人作为教育的根本任务,培养德智体美全面发展的社会主义建设者和接班人。这是在十七大"育人为本、德育为先"理念基础上的进一步凝练和提升。党的十九大报告进一步深刻指出:"要全面贯彻党的教育方针,落实立德树人根本任务,发展素质教育,推进教育公平,培养德智体美全面发展的社会主义建设者和接班

---

① 王芳．基于分层线性模型的大学生教学满意度影响因素分析[J]．复旦教育论坛,2018,16
(01):48-55,97.

人。"①习近平总书记在全国教育大会上强调,"要把立德树人融入思想道德教育、文化知识教育、社会实践教育各环节,贯穿基础教育、职业教育、高等教育各领域,学科体系、教学体系、教材体系、管理体系要围绕这个目标来设计,教师要围绕这个目标来教,学生要围绕这个目标来学。凡是不利于实现这个目标的做法都要坚决改过来"。2019 年 2 月,中共中央、国务院印发了《中国教育现代化 2035》,明确提出,"全面落实立德树人根本任务,广泛开展理想信念教育,厚植爱国主义情怀,加强品德修养,增长知识见识,培养奋斗精神,不断提高学生思想水平、政治觉悟、道德品质、文化素养"。2019 年 10 月,中共中央、国务院印发《新时代公民道德建设实施纲要》,提出"把立德树人贯穿学校教育全过程。学校是公民道德建设的重要阵地。要全面贯彻党的教育方针,坚持社会主义办学方向,坚持育人为本、德育为先,把思想品德作为学生核心素养、纳入学业质量标准,构建德智体美劳全面培养的教育体系"。可见,立德树人是新时代中国高等教育的根本任务,是高等学校的根本价值遵循,也是高校区别于其他社会组织的本质特征,是高等学校安身立命之本、生存发展之基,我们要高质量地完成这一根本任务就要进行高等教育理论创新。过去,中国高等教育理论创新是在回应和解答时代重大现实问题中实现的,未来,中国高等教育理论创新也必须在回应和破解时代重大现实问题中实现。

当前,"全面贯彻党的教育方针,解决好培养什么人、怎样培养人、为谁培养人这个根本问题"②。这些都需要深化立德树人之高等教育理论创新,大力提升人才培养质量。人的素质现代化是推进国家治理体系和治理能力现代化和全面建成小康社会必须解决好的一个重大现实课题。我国现代化建设的进程,在很大程度上取决于国民素质的提高和人才资源有效的开发。中国崛起关键是中华文明和中国文化的崛起,只有拥有高素质人的国家才有作为大国崛起的资格和条件。人的素质现代化是国家现代化必不可少的因素,它并不是现代化过程结束后的产物,而是国家现代化与社会发展的先决条件。

① 习近平.决胜全面建成小康社会 夺取新时代中国特色社会主义伟大胜利——在中国共产党第十九次全国代表大会的报告[R].北京:人民出版社,2017:45.
② 用新时代中国特色社会主义思想铸魂育人贯彻党的教育方针落实立德树人根本任务[N].人民日报,2019-03-19.

一、立德树人是高等教育强国建设的根本落脚点

（一）人的素质提升是我国改革开放的成功经验，也是未来竞争的实质和关键

1978 年改革开放以来中国快速崛起是引人注目的世界历史性事件，这一世界历史性事件不仅决定性地影响中国的前途和命运，而且已经并正在深刻影响世界力量格局与全球治理格局。中国改革开放发展道路为世界提供了成功经验，这集中体现在解放人和开发人的成效上。改革开放以来，国人日益认识到人的素质问题的重要性。可以说，改革开放是促进中国发展和中国人素质提升的"关键一招"。四十年来我们通过改革开放进行制度优化，既激发了社会活力，为人的发展提供机会，也有利于促进社会公平，为人的发展提供保障。如果说"改革"提供的是人的素质现代化的"内部动力"，那么"开放"提供的则是人的素质现代化的"外部动力"。总的说来，中国深化改革、扩大开放根本上是破除束缚中国人能力发展和发挥的种种不合时宜的体制和机制障碍，为中国人的素质提升创设制度、体制和机制条件。开放是中国加速发展的关键，只有扩大开放，才能真正使中国人站在世界历史的高度来审视自身的能力素质问题，也才能为人的素质现代化提供舞台和平台。其实，社会进步从根本上说是人的进步，实现现代化从根本上说主要是人的素质现代化，综合国力从根本上说是人的素质提高和能力的增强。

"世界范围内的经济竞争、综合国力竞争，实质上是人才和全民素质的竞争。"[1]如果说 20 世纪属于财富主要源于"物质资源"的时代，那么 21 世纪则是财富主要属于"人力资源"和"人才资源"的时代。在激烈的国际竞争面前，谁有高素质人才，谁就能抓住机遇，掌控发展制高点和主动权；谁缺少高素质人才，谁就会错失机会，就会被别国甩在后边，陷入被动不利地位。为此，应把提升人的素质作为赢取国际竞争的关键，培养创新型人才。立德树人作为高等教育的根本任务，是实施科教兴国战略和人才强国战略、建设高等教育强国、实现我国现代化建设目标的必然要求和保障。[2]

（二）当前从教育大国向教育强国转变中，面临着立德树人的根本任务

从宏观角度来看，中华人民共和国成立七十多年来尤其是改革开放四十多年来，中国发生了历史性变革，取得了历史性成就，产生了世界性影响，从经

---

[1] 袁贵仁. 人的素质论[M]. 北京：中国青年出版社，1993：1.

[2] 谭秀森. 论高校立德树人根本任务的实现机制[J]. 思想教育研究，2013(11)：51-54.

济结构到社会结构,从人们的生活方式到人们的思维方式都发生了深刻变化,这些变化增加了高校思想政治教育工作的难度,也对高校理论创新提出新挑战,立德树人这一历史使命的提出具有重要而深远的理论和现实意义。与此同时,中国高等教育还不能完全适应中国崛起和中华民族伟大复兴的现实需要,还有一些"弱项"和"短板",其中之一就是我国还没有从高等教育"大国"迈向高等教育"强国"。高等教育的公平和效率问题、高等教育的二元结构问题仍未得到解决,其主要表现为人才培养质量不能满足当前社会发展的实际需要。高等教育的质量建设与内涵式发展的最终目标是促使人才培养的质量和规格适应当前经济结构转型需要。从高校学生培养工作层面来看,近年来,屡屡可见大学生思想道德观念匮乏、学术失范、大学生在校期间适应性不足、毕业生职业道德不高等问题,也不断引发我们对培养什么人,怎么培养人这一根本问题的思考。"人无德不立,国无德不兴。"从人才培养的角度来说,在新时代,由高等教育"大国"迈向高等教育"强国"必须进一步激活立德树人的历史责任感和历史使命感,不断改革创新,更好地满足中国发展和中华民族伟大复兴对人才培养的新需求。

党的十八大报告提出,"全面实施素质教育,深化教育领域综合改革,着力提高教育质量,培养学生社会责任感、创造精神、实践能力"。这正是对这一历史使命的现实呼唤,高校应承担起立德树人的根本使命,致力于培养能够肩负时代重担的社会人才。立德树人是高校的根本政治任务,也是全体高校人的使命与初心,其他各项工作都要围绕并服从和服务于这个根本政治任务。在中国由大国迈向强国历史进程中,中国高等教育责任重大、使命光荣。伟大中国梦的实现,要靠一大批具有核心竞争力的人才、靠数以亿计的建设者和接班人,而这些人才的培养和教育则是中国高等教育的初心与使命。

"'立德树人'这一命题深刻揭示了教育的本质规律,指明了高等教育改革发展的方向。"[①]中国高等教育理论创新和实践探索要以立德树人为基本方向。我们要紧紧围绕"立德树人"这一总任务,以改革创新精神和使命担当意识深化思政课程改革,形成教学、科研与社会服务"三位一体"的办学模式和人才培养模式。立德树人不仅是一个理论问题,而且是一个实践问题。当前,我们要加快一流大学和一流学科建设,实现高等教育内涵式发展,为党、国家和民族事业发展培养更好更多人才。

---

① 靳诺.立德树人:高等教育的根本任务和时代使命[J].中国高等教育,2017(18):8-12.

二、立德树人在高等教育理论创新的丰富意蕴和重要作用

(一)立德树人是在高等教育领域践行社会主义核心价值观的充分表现

立德树人,最重要的是加强党的领导。"加强党对教育工作的全面领导,是办好教育的根本保证。"①"办好我国高等教育,必须坚持党的领导,牢牢掌握党对高校工作的领导权,使高校成为坚持党的领导的坚强阵地。""各级党委要把高校思想政治工作摆在重要位置,加强领导和指导,形成党委统一领导、各部门各方面齐抓共管的工作格局。"②立德树人需要坚守社会主义的办学方向,坚持以党的领导带领高校领导班子,将思想政治工作和立德树人理念融入学校教育教学工作和学生培养活动的全过程。培养德智体美劳全面发展的社会主义事业的接班人、办有中国特色的世界一流大学,都需要我们将中华民族的传统美德、思想政治建设工作和学生素质能力培养结合起来,这也是贯彻我国科教兴国和人才强国战略的根本体现。同时,把学生成长成才与学校党建工作紧密结合,营造良好的育人环境,提升人才综合培养质量。③加强育人机制建设,提高高校党委领导下的办学水平,加强教师的思想觉悟和教学能力,这也是促进推进立德树人工作的关键环节。

"青年的价值取向决定了未来整个社会的价值取向"④,当代大学生承担着社会主义现代化建设和民族复兴的伟大责任,是实现中华民族繁荣富强的主力军。"少年强则国强,少年智则国智,少年富则国富,少年独立则国独立。"⑤青年一代在社会的转型和变革中成长,接触到眼花缭乱的新事物新现象,互联网、人工智能等先进技术带给社会诸多便利的同时,也使青年学生面临着重大考验。在自我学习和管理方面,受到网络游戏、网络主播、校园贷等不良影响;个人价值观取向方面,可能会受到拜金主义、自由主义等不良思想

---

① 习近平. 坚持中国特色社会主义教育发展道路　培养德智体美劳全面发展的社会主义建设者和接班人[N]. 人民日报,2018-09-11 (01).

② 习近平在全国高校思想政治工作会议上强调:把思想政治工作贯穿教育教学全过程　开创我国高等教育事业发展新局面[N]. 人民日报, 2016-12-09(01).

③ 刘瑞,周海亮. 以立德树人为根基的高校"三全育人"工作机制建构研究[J]. 学校党建与思想教育,2019(03):82-84.

④ 习近平. 青年要自觉践行社会主义核心价值观——在北京大学师生座谈会上的讲话[EB/OL]. (2014-05-05) [2017-10-24]. http://news. xinhuanet. com/politics/2014-05/05/c_1110528066_3. htm.

⑤ 梁启超. 少年中国说[M]. 西安:陕西师范大学出版社,2010.

的侵蚀。大学期间是青年人价值观形成和稳固的重要时期,如何调节当下面临的矛盾和冲突,引导学生成为祖国建设的栋梁之材,需要积极倡导立德树人,将社会主义核心价值观融入进学生的成长和思想中,促使学生从接受先进思想文化和价值取向,到自主践行社会主义核心价值,真正成为德才兼备的有用人才。

(二)立德树人作为教育根本任务是对人才培养基本职能的强调和重申

立德树人作为教育的根本任务,这意味着对高校培养人才这一基本职能的重视和强调。《高等教育法》第五条规定:高等教育的任务是培养具有社会责任感、创新精神和实践能力的高级专门人才,发展科学技术文化,促进社会主义现代化建设。由此可见,落实立德树人根本任务是高等学校的法定义务,也是高等学校广大教师的法定职责。在新时代更好地立德树人,人才培养是关键。可以说,立德树人构成了中国高校人才培养的价值性追求,也是对中国高校"培养什么人"、"怎样培养人"、"为谁培养人"的时代回答。当前,我国高等教育蓬勃发展中,从高等教育的内涵式发展、"双一流"建设关注学科和专业发展,大学排行榜关注学术研究,高校产学研发展关注学校的社会服务等等,这些现象在当前发展局势中同时存在。我们对高等教育所具有的各种职能都有不同程度的关注,科学研究、社会服务、国际交流、文化传承和创新等,都获得重大发展。但是,高等学校最本质也是最基本的职能是培养人才,高校所有其他职能都是基于人才培养职能而衍生出来的,也必将服务于这一基本职能。研究型大学在科学研究方面表现突出,这与其人才培养的目标定位也是一致的,研究型院校致力于培养具有科学研究潜质、能够从事基础研究的创新性人才。应用型大学在产教融合、服务地方方面表现突出,则是与其人才培养规格和服务面向是分不开的,毕业生主要面向地方中小企业,具有技术应用和创新意识,能够分析和解决生产工艺升级和技术革新等实际问题。由此可见,大学所进行的科学研究、社会服务等活动应基于学生培养工作进行,培养人才是高校一切工作的主旋律。这也是十八大报告中"把立德树人作为教育的根本任务"这一命题的重要缘由,这一命题明确回答了"培养什么人,怎么培养人"这两个根本问题。"要成才,先成人;要成人,先立德。"面对当前可能存在着的对教育本性的迷失,如重科研和发表、与企业项目合作、热衷学校的更名升格而忽视教学工作和学生指导等现象,这一命题有着强烈的现实针对性和正本清源的意义。①

国家大学生学情关注学生的成长和成功,助力"树人"过程中学生成长的综合素质的发展。国家大学生学情调查将立德树人、素质教育和高等教育质量紧密结合,以在校大学生为调查对象,以学生学习活动和学习状态为调查内容,从调查和实践角度真正做到关注学生的主体地位,关注高等学校最基本的育人职能。

(三)立德树人的核心是人的全面发展和综合素质的提升

爱因斯坦说过:"衡量一个学校教育水平的高低是在学生书本知识遗忘之后,还留下怎样的素质。"人的全面发展和实现人的现代化是教育的最终目的,也是立德树人的核心所在。所谓立德意指明大德、守公德、严私德,识大德、修大德,引导青年学生忠于自己的祖国和人民,遵守社会主义社会的公德、法律;所谓树人意指孜孜求真、求善、求美的完整的人,综合素质不断提升,能够有能力为社会主义社会的建设事业做出应有的贡献。大学阶段是其人生"拔节孕穗"的关键期,此时要给青年学生心灵世界播种下真、善、美的种子,引导青年学生"扣好人生第一粒扣子",从而为其成才夯实根基,关键是推进立德树人之高等教育理论创新。

立德树人是新时期实现人的全面发展的现实路径与要求。"人才培养是大学与生俱来的基本功能,但人才培养不仅是智力的开发和知识的传递,也是人格心理的陶冶和文化的传承,是'立德'与'立智'的辩证统一。"②立德树人作为高校的根本任务,体现在人才培养目标定位上,就是要培养学生具有良好的思想品德、扎实的专业基础、较强的职业能力和社会适应性。衡量大学所培养的学生质量时,应对学生品德、素质、学业、能力做出综合评价,而不是过分看重学历、毕业学校背景等单一性指标。德育作为一项特殊的教育内容,以课堂教学的形式并不能产生最佳效果和深厚影响,与之相反,立德树人所强调的素质教育和人的全面发展,需要在整个育人体系和过程中以融合式和综合性的方式进行,同时还需要将德育意识和道德内涵与学科专业所蕴含的价值观念相结合,实现知识、能力和价值观的共同发展和有机统一。要以学生的全面发展为目标,健全学生的人格和品性,促进学生的身心健康发展,提高综合素质和能力,着力培育信念执着、品德优良、知识丰富、本领过硬的高素质专门

---

① 龚克. 立德树人、素质教育与内涵式发展[J]. 中国高等教育,2013(02):6-8.
② 史秋衡,王爱萍. 立德树人的历史责任与路径设计[J]. 中国高等教育,2018(24):4-6.

人才和拔尖创新人才。①

国家大学生学情调查对学生发展过程中所形成的学习能力、综合素养等进行全方位、持续性的追踪和评价,运用大学生学习理论等科学的理论基础,基于持续性大规模实践调查,针对性地提出的各项教育措施也具有很高的科学性和实效性。因而,也成为观测学生全面发展的重要手段和方式,为学校和用人单位提供了很好的评价参照,也是衡量高等教育质量高低和立德树人历史使命的落实情况的科学方式。

三、大学生学情调查研究是创新立德树人理论与实践的发展路径

(一)促进高校的育人文化建设,实现立德树人的教化氛围

高等教育是优秀文化传承的重要载体和思想文化创新的重要源泉,要积极发挥文化育人作用。"中国拥有独特的历史、独特的文化、独特的国情,决定了我国必须走自己的高等教育发展道路"②,高校立身之本在于立德树人,要把立德树人作为中心环节,把思想政治工作贯穿教育教学全过程,要更加注重以文化人、以文育人。可见,文化育人作为思想政治教育的一种方法手段,在高校人才培养中不可或缺。③ 积极发挥大学生的主体地位在立德树人过程中的作用,立德树人的最终目标是要使学生能够"主动立德",实现从观念到行动上的最终转变。因此,积极倡导学生自主学习、自主管理、自我教育、自我服务的大学文化内涵。在学校的校风、学风、教风上营造健康有序的氛围和传统,形成学生个性发展、全面发展。学生能够对学校产生深厚的感情,强烈的认同感会促使学生自觉遵守学校规章制度、积极维护学校荣誉,共同承担学校发展的未来责任。学生在学校优良的人文和自然环境中,受到潜移默化的熏陶,对学生未来长远发展也会产生良好影响。让学生在自我教育、自我管理、自我服务中锤炼思想、提升素质、增长才干,学生的主体地位得到发挥,个人权利受到保护,学校也得益于学生培养质量的提升得到持续发展,传统文化中的"尊师重教"局面得以形成,这既是人才培养规律的必然要求,也是高校立德树人的目的所在。④

① 瞿振元. 高等教育内涵式发展的实现途径[J]. 中国高等教育,2013(02):12-13,21.
② 习近平在全国高校思想政治工作会议上强调:把思想政治工作贯穿教育教学全过程开创我国高等教育事业发展新局面[N]. 人民日报, 2016-12-09(01).
③ 郝桂荣. 高校文化育人研究[D]. 沈阳:辽宁大学,2017.
④ 谭秀森. 论高校立德树人根本任务的实现机制[J]. 思想教育研究,2013(11):51-54.

进行国家大学生学情调查是基于对大学生的学习的重视,能够提高社会和高校对大学生的学习信念、学习方式、学习观念、学习收获、学习满意度等方面的关注,形成促进大学生学习的大学文化建设。"学生的学习成效代表着大学的品质和效能,也是大学的首要目标和衡量大学文化建设的关键。因此,通过管理方式的变革、教学模式的转变、教师理念的更新、学习资源的配备来达到提升学生学习的最终目的,是大学文化建设的根本诉求。"[①]国家大学生学情调查中所进行的基于提升学生学习的大学文化调查,对大学核心价值、制度文化、行为文化和物质文化等方面进行调查,[②]发现大学文化能够为学生学习成长提供制度和机制保障,促进育人目标的实现。同时要进一步加强教师对学生的指导和投入,以及提高职能部门的服务意识和工作效率,提高学生自我管理的参与性,为学生提供更多的自由创新发展空间。

(二)关注大学思想政治理论课教学情况,促进其作用发挥

高校思想政治工作关系到"高校培养什么样的人、如何培养人以及为谁培养人"的根本问题,[③]要落实立德树人,高校应重视思想政治工作,在教育教学的全过程加以重视,立德树人是办好中国特色社会主义高等教育的首要任务和根本使命,高校思想政治工作更是本中之本、根中之根,是实现全程育人、全方位育人和全员育人的关键。高校思想政治理论教育要遵循政治工作规律、遵循教书育人规律、遵循学生成长规律。[④]

当前,对高校所进行的思想政治理论课高度关注的同时,也存在一定的争议,主要是对该课程的教学方法、内容、效果等表示质疑。实际上,思想政治理论课是促进学生深入理解马克思主义基本理论,中国特色社会主义发展道路的历史、现在和未来,习近平新时代中国特色社会主义理论等的重要手段。大学生作为明日栋梁,要成为合格的社会主义事业接班人,需要对人类社会发展的历史与规律、国际形势、我国大政方针政策有全面而深刻的把握,才能形成

① 史秋衡,卢丽君.大学文化:提升学生学习的育人文化[J].云南师范大学学报(哲学社会科学版),2012,44(03):128-133.
② 史秋衡,卢丽君.大学文化:提升学生学习的育人文化[J].云南师范大学学报(哲学社会科学版),2012,44(03):128-133.
③ 习近平在全国高校思想政治工作会议上强调:把思想政治工作贯穿教育教学全过程开创我国高等教育事业发展新局面[N].人民日报,2016-12-09(01).
④ 习近平在全国高校思想政治工作会议上强调:把思想政治工作贯穿教育教学全过程开创我国高等教育事业发展新局面[N].人民日报,2016-12-09(01).

正确的价值观,真正理解当前我国所面临的政治、经济、文化、教育等情况,自觉肩负起实现社会现代化建设、民族复兴的时代重任。从个人学业角度来说,也将对自己提出更高的要求,在学习态度和积极性上更加端正,致力于个人能力和素质的提高。从这个角度来说,思想政治理论课是促进立德树人和高等教育未来发展的重要方式之一。同时,经由课堂授课的方式,能够提高思想政治理论知识传授的效率,这也是思想政治理论课之所以必须长期存在并不断被重视的一个重要原因。

我国高校思想政治理论课的教学效果取得了重要改善,但当前加强和改进大学生思想政治教育、提高大学生素质依然是我国高校的首要任务。[①] 当前,思想政治理论课教学面临着诸多困境,专业教师本人对教学内容不感兴趣、认同感不高,提升教学能力积极性不足,课程考核方式单一化、机械化问题屡见不鲜。学生通常以应付了事的心态对待思想政治理论课,普遍存在着认为授课内容枯燥无味、授课方式单一等看法,因此难以达到思想政治理论课的教学效果,通过思想政治理论课促进立德树人和高等教育质量提升的预期目标。这一问题需要得到重视,以使思想政治理论课更好地引导和教育大学生树立正确的价值观,促进高校立德树人根本任务的达成。从学校管理层来说,要加大对思想理论课的重视,在教师配备上既要注重数量也要把关质量。同时促进教师的专业发展,从教学能力、教学方法和内容等方面加以提升,同时提高学生对课程的重视和兴趣,将思想政治理论课打造成学生综合素质提升和推进立德树人的有效平台。

大学生学情调查进行了关于思想政治理论课教学情况的调查,从学生的满意度、对课程的认知和个人表现等情况,对教学水平、教学效果、课程设置、教学内容、教学方法,是否入党以及入党动机等方面的评价入手,了解大学思想政治理论课的开展情况。从大学生的主体角度出发,研究思想政治理论课的课程设置、教学内容和方法,教师教学水平和能力方面可能存在的不足,以期改进和提升教学效果,促进大学生思想政治理论课程上的收获得以提升,学生的思想政治理论修养和素质能够适应当前我国社会主义事业建设发展的实际需要。

(三)关注三全育人,契合立德树人的内在要求

习近平指出,"要坚持把立德树人作为中心环节,把思想政治工作贯穿教

---

① 史秋衡.大学生学习情况究竟怎样[J].中国高等教育,2015(Z1):68-70.

育教学全过程,实现全程育人、全方位育人,努力开创我国高等教育事业发展新局面"①。"把立德树人融入思想道德教育、文化知识教育、社会实践教育各环节,贯穿基础教育、职业教育、高等教育各领域,学科体系、教学体系、教材体系、管理体系要围绕这个目标来设计,教师要围绕这个目标来教,学生要围绕这个目标来学;凡是不利于实现这个目标的做法都要坚决改过来。"②

大学生学情关注与学生相关的各利益主体,发挥全员推进立德树人的作用。学校的领导者和管理者、职能部门工作人员、任课教师、辅导员都要在促进学生培养质量、提高学生的综合素质方面发挥应有的作用。在工作中时时牢记学生的主体地位,任何工作的开展都需要以学生为中心,提高服务能力和意识,营造良好的制度和人文环境,实现教书育人、管理育人、服务育人的新形态。如此,在提高学生的学习质量的同时,也可以增强学生对所在学校、所在学院和班级的认同感、归属感和荣誉感,促进和谐校园的可持续发展。"一个老师如果在是非、曲直、善恶、义利、得失等方面老出问题,怎么能担起立德树人的责任?"③《全面深化新时代教师队伍建设改革的意见》提出,要加强师德师风建设,提高教师专业素养等要求,造就党和人民满意的创新型教师队伍。④ 要落实立德树人根本任务,需要不断激发教师的荣誉感和使命感。教育者首先要接受教育,高校教师要提高对教书育人和立德树人的思想认识,提高站位。确保中国特色社会主义事业后继有人、源源不断。必须要"坚持教书和育人相统一,坚持言传和身教相统一,坚持潜心问道和关注社会相统一,坚持学术自由和学术规范相统一"。教师不仅"言传"而且"身教",积极引导大学生成长成才,做到既讲故事又讲道理,为党和国家培养更好更多创新型人才。国家大学生学情调查涉及学生对高校中的任课教师、职能部门工作人员、后勤服务人员、辅导员等的满意度和评价,是推进全员育人的有力手段,通过研究大学生对各个利益相关者的满意度情况,可以发现目前在推进立德树人方面

① 习近平在全国高校思想政治工作会议上强调:把思想政治工作贯穿教育教学全过程开创我国高等教育事业发展新局面[N]. 人民日报, 2016-12-09(01).

② 专题_2018年全国教育大会[EB/OL]. [2019-10-17]. http://www.moe.gov.cn/jyb_xwfb/xw_zt/moe_357/jyzt_2018n/2018_zt18/.

③ 习近平. 做党和人民满意的好老师——同北京师范大学师生代表座谈时的讲话[N]. 人民日报,2014-09-09 (01).

④ 中共中央 国务院关于全面深化新时代教师队伍建设改革的意见[EB/OL]. [2019-10-17]. http://www.moe.gov.cn/jyb_xwfb/moe_1946/fj_2018/201801/t20180131_326148.html.

尚不完善之处并不断改进。

　　大学生学情持续关注大学生在整个大学生涯中的成长变化,全过程把控学生学习质量。对高等教育质量和大学生学习质量的关注不能只停留在高等教育的入口和出口,更应该关注学生在整个大学生生涯中的各个方面的成长和变化,学生的情感、价值观、习惯性格养成,学生的学习能力、学习方法培养,学生对学校、学院、班级、教师等的满意度等,学生在学科专业和未来要从事工作和专业方向上的认同感,都是关注立德树人过程中必须重视的问题。大学生的成长变化是一个持续的渐进过程,因此需要不断予以关注,给予学生足够的成长空间和时间。大学生学习情况调查持续调查和监测学生在大一到大四不同年级在以上各个指标中的表现,可结合学生在培养过程中的关键环节,如毕业论文(设计)、实习、期末考核等方面的表现,对学生不同阶段的发展状况有一个全面而深入的了解,同时对于学生成长的关键阶段应着重关注,并提前做好对学生的指导和调适工作,以促进学生学习状态和学习质量的稳定提高。大学生学情调查的结果发现,大三学年是学生学习状态的重要时期,学生入学后教育调适不足,不适应性持续存在,学习活动和心理变化缺乏一定的稳定性,直到大四阶段才趋于好转[1]。大学生学情调查与立德树人的基本要求相一致,关注学生的全过程成长,对学生学习质量进行阶段性的观测和把控,是将全过程育人落到实处的一种表现,能够在高等教育理论指导下进行教育实践活动,过程中发现的规律性的现象和认识将有利于高等教育理论的进一步完善和创新。

　　大学生学情关注学生学校、课堂、宿舍内外各个场景下的状态,实现全方位育人。立德树人需要紧紧抓住全方位育人的理念,围绕学生活动的各个场景开展相关教育,使得学生在整体氛围和环境下得到熏陶和培养。从关注思政课程到关注"课程思政"的过程,体现了将立德树人融合到各个专业的课堂教学和学生学习的理念要求。传统的课堂教学形式,已经不足以促进学生的全面发展,学生在课堂学习之外的大量其他活动也应该纳入立德树人的范围内。学生校内的上课以及课堂外的社团活动、助学助教、勤工俭学等,是当代大学生学习和生活的重要组成部分,但是,相比教学活动,这些并没有受到相应的重视,实际上却发挥着促进学生人生观、世界观、价值观形成,影响学生兴趣爱好的建立和未来择业方向的重要作用。同时,学生在宿舍、社团等非正式

---

① 史秋衡.大学生学习情况究竟怎样[J].中国高等教育,2015(Z1):68-70.

集体环境下活动和生活,对学生的人际关系、沟通能力也是一个非常难得的锻炼机会,能够促进学生未来步入社会时社会适应能力的提升。大学生学情调查,关注学生参与校内社团和志愿者活动情况、是否加入中国共产党、课外自学和教师指导情况、实习实训情况、助学助研助教情况、参加创新创业项目情况、境外交流学习情况、社会实践活动情况等等,与舍友、辅导员、任课教师等的关系等,涵盖了大学生在校期间各种环境下的状况,是践行立德树人理念,关注学生全面发展的重要表现。同时,调查的研究结果也表明,相比其他因素,舍友关系对大学生学习具有更加重要的影响。"高校要充分重视宿舍文化建设,把大学宿舍作为人才培养的一个重要阵地,积极引导和建设宿舍文化,同时努力改善住宿条件和宿舍规范管理,充分发挥宿舍的文化教育和育人功能,从而提升大学生全面发展的成效与育人质量。"[1]这实际上也与立德树人的内涵相一致,在我们传统观点中,对学生学习本身的关注胜于一切,殊不知,间接影响学生学习的因素反而发挥着更加重要的作用。当下,我们提倡立德树人,即是进一步强调了"树人"的方式和途径,从全方位各个角度去促使学生获得成长。

---

[1]　史秋衡. 大学生学习情况究竟怎样[J]. 中国高等教育,2015(Z1):68-70.

附　录

附录一

2011—2020 年我国大学生总体学习收获的分布情况

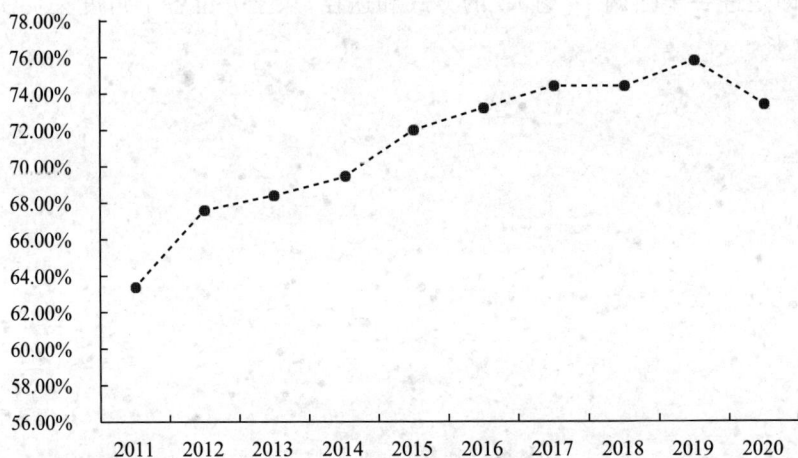

附图 1　2011—2020 年我国大学生总体学习收获的年度趋势

附录二

2011—2020 年我国大学生总体学校满意度的分布情况

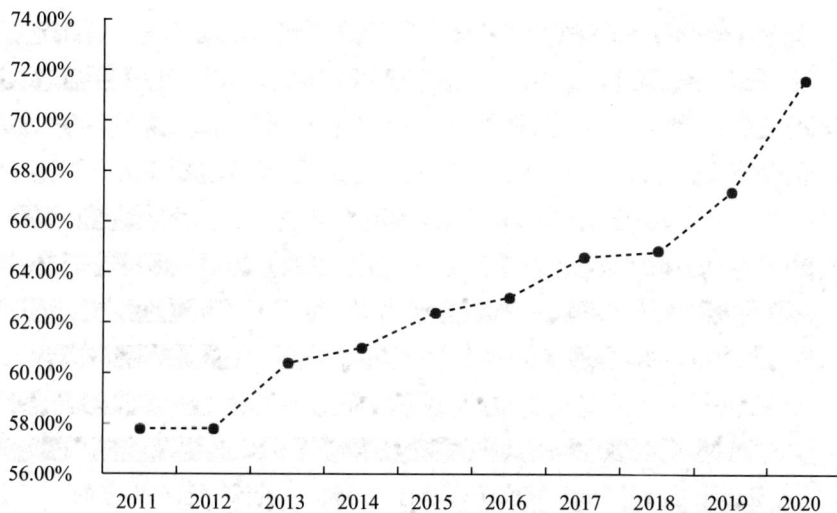

附图 2　2011—2020 年我国大学生总体学校满意度的年度趋势

附录三

2011—2020 年我国大学生目标规划的分布情况

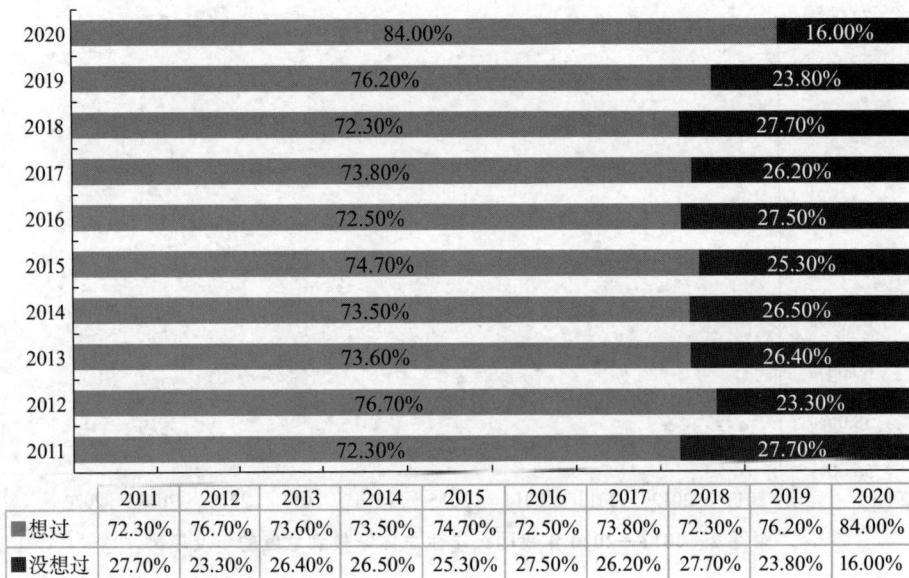

	2011	2012	2013	2014	2015	2016	2017	2018	2019	2020
■想过	72.30%	76.70%	73.60%	73.50%	74.70%	72.50%	73.80%	72.30%	76.20%	84.00%
■没想过	27.70%	23.30%	26.40%	26.50%	25.30%	27.50%	26.20%	27.70%	23.80%	16.00%

附图 3　2011—2020 年我国大学生目标规划的分布情况

附录四

2012—2020 年我国大学生学校归属感的分布情况

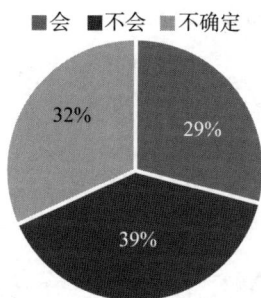

附图 4　2012 年我国大学生"会不会重新选择就读目前这所大学"的比例分布

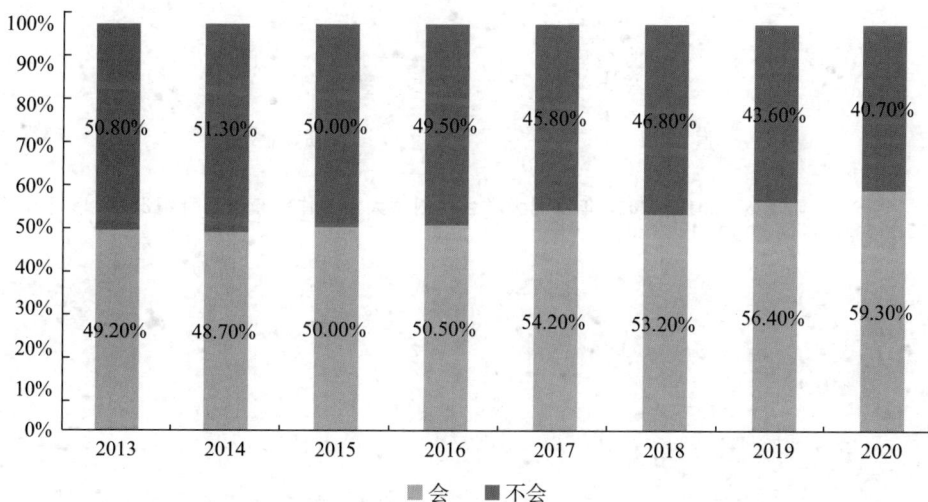

附图 5　2013—2020 年我国大学生"会不会重新选择就读目前这所大学"的比例分布

附录五

2018—2020 年我国大学生在剑桥大学合作调查的自评情况

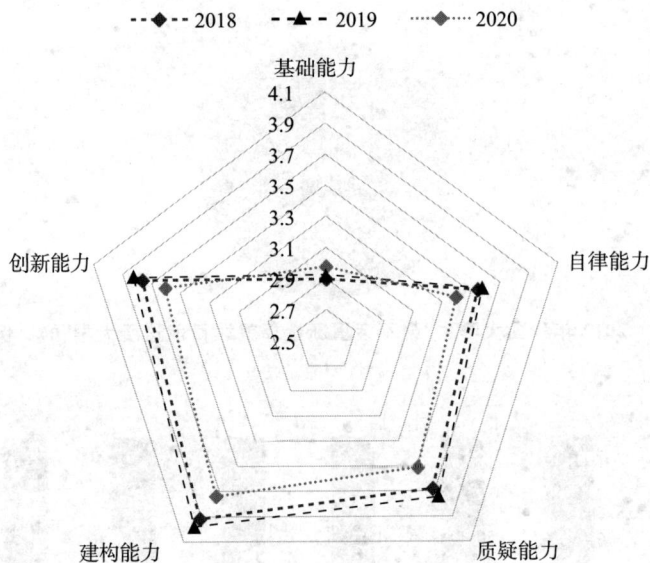

附图 6 2018—2020 年我国大学生在剑桥大学合作调查的自评情况

后 记

　　立教强国,不忘初心。2018 年 9 月,全国教育大会精神传递着国家对"遵循教育规律"、"人才培养"和"立德树人"的重视,而这一切的核心要素就是学生。作为高等教育研究者,笔者深知"国家大学生学情研究"对高等教育人才培养质量提升、对高等教育强国建设的重要性。因此,值此国家社科基金重点项目"大学生学习情况调查研究"立项暨"国家大学生学情调查研究数据库(NCSS)"建立十周年之际,笔者作下此书,既是对国家大学生学情研究十年工作的总结与反思,又是对高等教育研究与实践现实核心问题的回应。笔者期望这本书能为高等教育研究者和高等学校管理者、教师和学生带来启发和反思。

　　探索教育,遥望中西。笔者目前同时在厦门大学与贵州师范大学工作,贵州师范大学前身为成立于 1941 年的国立贵阳师范学院,建基于分自厦门大学的大夏大学教育学院教育系,大夏大学曾经的辉煌史与厦门大学、贵州师范大学和华东师范大学都有着密切的传承关系。美国哥伦比亚大学师范学院约翰·杜威(John Dewey)教授曾于 1921 年 4 月在厦大开校仪式发表了题为"大学的旨趣"的演讲,指出学校是学生共同生活的场所,这种共同生活基础上的学以致用,目的在于"培养领袖型人才"。也许是时空穿越,在贵师大教育学院诞生满月之际的 2019 年 7 月,应笔者邀请,美国哥伦比亚大学师范学院校长托马斯·贝利(Thomas Bailey)教授欣然来访贵师大,在"大学生成长与成功国际研讨会"上,做了主旨演讲"Improving Higher Education Outcomes for All Students in a World of Rapidly Changing Technology"。关注教育之根本,人才培养之成效,百年来未曾改变。

　　2021 年是厦门大学建校的第 100 周年。回顾这 100 年的发展历程,无论是出资建校的校主陈嘉庚,还是为了学校发展的历任校长,如林文庆、萨本栋、王亚南等,无不心系中国高等教育的发展和人才的培养。本书对国家大学生学情研究的关注,既满足了新时代高等教育发展的需要,又服务了人才培养的根本任务,是对"厦大精神"的弘扬与发展,也是献给厦门大学 100 周年校庆最好的礼物。

史秋衡
2020 年 6 月